ISBN : 2-7475-6122-4
EAN : 9782747561228

# L'ÉLOGE MAZDÉEN DE L'IVRESSE

*Édition, traduction et commentaire du Hōm Stōd*

Reproductions de la couverture :
Vladimir Tchernychev, la déesse Kubaba
Yvonne Thiry, Sans titre, Peinture à l'huile sur bois, 27 cm x 22 cm (11 octobre 1918)



Ce volume a été imprimé par

Collection KUBABA
Série Antiquité IV

Éric PIRART

# L'ÉLOGE MAZDÉEN DE L'IVRESSE

*Édition, traduction et commentaire du Hōm Stōd*

Association KUBABA, Université de Paris I,
Panthéon – Sorbonne,
12 Place du Panthéon 75231 Paris CEDEX 05

L'Harmattan
5-7, rue de l'École-Polytechnique
75005 Paris
FRANCE

L'Harmattan Hongrie
Hargita u. 3
1026 Budapest
HONGRIE

L'Harmattan Italia
Via Bava, 37
10214 Torino
ITALIE

## *Bibliothèque KUBABA*

***Revue KUBABA***
*L'Eau : symboles, croyances et réalité*
*La Marginalité : entre l'exclusion et la transgression*
*La Marginalité : utopie et réalité*
*La Ville : fondation et développement* (2 volumes)

***Cahiers KUBABA* (chez L'Harmattan)**
*Fêtes et Festivités*
*Rites et célébrations*
*La campagne antique : espace sauvage, terre domestiquée*
*La campagne colonisée* (sous pressse)
***Collection KUBABA* (chez L'Harmattan)**
*Série Actes*
*Ville et pouvoir : origines et développements*, volume 1
*Le pouvoir et la ville à l'époque moderne et contemporaine,* volume 2 (M. Mazoyer, J. Pérez, R. Lebrun, F. Malbran-Labat, éd.). Actes du Premier Colloque de Paris, *La ville au cœur du pouvoir* (7 et 8 décembre 2000)
*L'Arbre : symbole et réalité*, (*eidem*, éd.). Actes des Premières Journées universitaires de Hérisson, 21 et 22 juin 2002

*Série Antiquité*
Dominique Briquel, *Le forum brûle (18-19 mars 210 Av. J.-C.). Un épisode méconnu de la deuxième guerre punique*
Michel Mazoyer, *Télipinu, le dieu au marécage. Essai sur les mythes fondateurs du Royaume hittite*
Jacques Freu, *Histoire du Mitanni*

*Série Monde Moderne, Monde Contemporain*
Patrick Guelpa, *Un homme de désirs, le poète islandais Einar Benediktsson (1864-1940)*

En préparation :
Catherine Cousin, *Les Grecs et l'au-delà*
Jorge Pérez Rey, *A propos du dernier francophile espagnol*

A Llanos

# PRÉAMBULE

C'est avec témérité que j'annonçais en 1997 et encore en 1999 la sortie d'un ouvrage intitulé *Hōm Stōm. À la louange de l'Ivresse*[1], mais, le temps passant, j'ai fini par ne plus pouvoir cautionner son contenu et par avertir en 2001[2] qu'il ne verrait pas le jour.

Le travail présent en est donc une nouvelle moûture, fort différente et plus sage, qui se limite à la présentation, à la critique et à la traduction de ce texte important du mazdéisme qu'est le Hōm Stōd. Pour la commodité, j'y joins un *Commentaire* sur le contenu, un *Commentaire métrique* et un *Lexique*.

La Malve, le 30 juin 2003

---

[1] 1997 : 71; 1999: 517.

[2] 2001: 87.

# SOMMAIRE

# ABRÉVIATIONS

## 1. PÉRIODIQUES

ACF = Annuaire du Collège de France, Paris.

AI = Acta Iranica, Leiden.

AION = Annali dell'Istituto Universitario Orientale di Napoli, Napoli.

Aula Or. = Aula Orientalis, Sabadell.

BAEO = Boletín de la Asociación Española de Orientalistas, Madrid.

BSL = Bulletin de la Société de linguistique, Paris.

DLZ = Deutsche Literaturzeitung für Kritik der internationalen Wissenschaft, Berlin.

EJVS = Electronic Journal of Vedic Studies, Cambridge (MA).

IIJ = Indo-Iranian Journal, Dordrecht.

JA = Journal Asiatique, Paris.

KZ = Zeitschrift für Vergleichende Sprachforschung. Begründet von Adalbert Kuhn, Göttingen.

MIO = Mitteilungen des Instituts für Orientforschung, Berlin.

MSS = Münchener Studien zur Sprachwissenschaft, München.

Spr. = Die Sprache. Zeitschrift für Sprachwissenschaft, Wiesbaden - Wien.

St. As. = Studia Asiatica, Bucarest.

StIr = Studia Iranica, Paris.

## 2. ABRÉVIATIONS GÉNÉRALES LES PLUS COURANTES

abl. = ablatif

acc. = accusatif

act. = actif

adj. = adjectif

adv. = adverbe

av. = avestique

corr. = correction

dat. = datif

e. g. = par exemple; notamment
fém. = féminin
fut. = futur
gén. = génitif
ie. = proto-indo-européen
ii. = proto-indo-iranien
impft. = imparfait
impér. = impératif
indic. = indicatif
inj. = injonctif
instr. = instrumental
lo. = langue originale
loc. = locatif
masc. = masculin
moy. = moyen
ms(s). = manuscrit(s)
nom. = nominatif
n. p. = nom propre
nt. = neutre
opt. = optatif
pehl. = pehlevi
pft. = parfait
pl. = pluriel
prés. = présent
pron. = pronom
scr. = sanscrit
sg. = singulier
sq. = et suivante
sqq. = et suivantes
subj. = subjonctif
s. v. = sous le mot
trad. = traduction
v.-av. = vieil-avestique
véd. = védique
voc. = vocatif
v.-p. = vieux-perse.

## 3. TEXTES INDO-IRANIENS ANCIENS[3]

A = Āfrīnagān (Avesta).
AB = Aitareyabrāhmaṇa (Veda).
AS = Atharvavedasaṁhitā de Śaunaka (Veda).
Az = Āfrīn ī Zardušt (Avesta)
BĀUK = Bṛhadāraṇyakopaniṣad des Kāṇva (Veda)
DPd = Inscription d de Darius Ier à Persépolis.
FiO = Frahang ī ōīm (édition Klingenschmitt).
FrW = Fragment Westergaard (Avesta).
GB = Gopathabrāhmaṇa (Veda).
H = Fragments du Hādōxt Nask (Avesta).
HS = Hōm Stōd (Avesta).
JB = Jaiminīyabrāhmaṇa (Veda).
MBh = Mahābhārata (édition critique).
N = Nīrangestān (Avesta).
Ny = Niyāyišn (Avesta).
P = Pursišnīhā.
RLB = Recueil des liturgies brèves (Avesta).
RLL = Récitatif de la liturgie longue (Avesta).
RS = Ṛgvedasaṁhitā (Veda).
ŚBM = Śatapathabrāhmaṇa des Mādhyandina (Veda).
TS = Taittirīyasaṁhitā (Veda).
V = Vidēvdād (Avesta).
Vr = (Avesta).
VSind = manuscrits du Vidēvdād sāda indien.
VSir = manuscrits du Vidēvdād sāda iranien.
VSK = Vājasaneyisaṁhitā des Kāṇva (Veda).
Vyt = Vištāsp Yašt (Avesta).
XPf = inscription f de Xerxès Ier à Persépolis.
Y = Yasna (Avesta).
YPind = manuscrits du Yasna pehlevi indien.
YPir = manuscrits du Yasna pehlevi iranien.
YS = manuscrits du Yasna sāda.

[3] Pour les sigles des mss., voir Geldner 1886-96: I; Kellens 1998.

Yscr = manuscrits du Yasna sanscrit.
YH = Yasna Haptahāti (Avesta).
Yt = Yašt (Avesta).

4. VALEUR DES SIGNES

Les mots soulignés appartiennent à la langue originale telle que je la reconstitue.

+ indique une correction effectuée avec l'aide des manuscrits.

× indique une correction effectuée sans l'aide des manuscrits.

† précède un mot d'analyse désespérée.

* indique une reconstruction.

° indique l'amputation.

- indique l'analyse interne (et, pour la lo., l'analyse d'un composé).

+ indique l'analyse d'un composé.

| indique l'analyse du sandhi externe.

> est l'étymon de.

< a pour étymon.

[ ] entourent tout ce qui est en sus: indications liturgiques (en pāzand), interpolations, incises dues à la composition, répétitions diascévastiques.

< > entourent ce qui manque.

( ) entourent les mots que, dans la traduction, j'ajoute, ou parce qu'ils sont effectivement sous-entendus, ou pour faciliter la compréhension.

{} entourent ce qui est sous-entendu.

V sépare deux vers successifs.

# INTRODUCTION

## 1. L'Avesta

De l'Avesta, le canon mazdéen zoroastrien fixé au début de l'époque sassanide, seuls des fragments, tels que ceux du Hādōxt Nask («Le livre des illustrations»), du Vaēθā Nask («Le livre qui commence par 'je sais'»), du Nīrangestān («Sur la liturgie») et du Hērbedestān («Sur les études»), sont arrivés jusques à nous, mais nous avons conservé deux collections de textes qui en étaient tirés ou qui correspondaient à des textes y figurant, collections qui, parallèlement, s'étaient constituées de bonne heure à des fins liturgiques. Ce sont celles auxquelles Karl Friedrich Geldner a fait place dans son édition monumentale, indûment intitulée «Avesta», et que Jean Kellens[1] a nommées respectivement le Récitatif de la liturgie longue (RLL) et le Recueil des liturgies brèves (RLB).

La difficulté à laquelle nous sommes donc confrontés est de pouvoir déterminer duquel des vingt et un Nask ou livres de l'Avesta sassanide (sept livres gâthiques, sept livres liturgiques et sept livres juridiques) ont été tirées les pièces constitutives des deux collections que nous possédons. Cette recherche d'identification de nos textes est parfois facilitée par la description que le Dēnkard, une encyclopédie mazdéenne des IXe et Xe siècles de notre ère, nous offre des contenus des livres avestiques. Cependant, le Dēnkard avoue parfois lui-même son ignorance concernant certains livres et reste trop évasif ou sommaire dans sa description d'autres. La bijection entre livres avestiques et pièces des collections s'avère souvent impossible à établir de façon assurée.

Le RLL se compose de trois grands ensembles appelés Yasna «sacrifice» (Y), Visprad «tous les patrons» (Vr) et Vidēvdād «dispositions antidémoniaques» (V); le RLB, de deux: le Xorda Avesta «petit Avesta» (Ny, etc.) et la série des 22 Yašt «textes de sacrifice» (Yt). Le texte que nous présentons, intitulé Hōm Stōd, figure dans le Yasna (Y 9-11),

---

[1] 1998 : 453 et 479.

mais une de ses parties figure aussi dans la série des 22 Yašt (Yt 20). Plusieurs autres cas de doublets existent entre le Yasna et le RLB. Le Srōš Yašt «texte du sacrifice offert au (dieu de la déclamation,) Srauša» est l'exemple le plus net: Y 57 = Yt 11a, les autres étant toujours partiels. Le début de l'Ardvīsūr Bānūg Yašt ou Ābān Yašt «texte du sacrifice offert à la dame R̥dvī Sūrā ou aux (déesses) Eaux/Rivières» (Yt 5) existe ainsi en plusieurs exemplaires[2].

## 2. La place du Hōm Stōd dans le Yasna

L'ensemble homogène, fait de huit chapitres fort litaniques (Y 1-8), qui, dans le Yasna, précède notre texte a été commenté assez récemment de façon approfondie par Jean Kellens[3]. Cet ensemble est clôturé par un groupe de formules précatives (Y 8.5-8) qu'il est habituel de désigner par son premier mot: *vasasca* «et à loisir». Ce groupe se retrouve, avec ou sans modifications, plusieurs autres fois dans le Yasna pour y délimiter des ensembles de huit ou trois chapitres (pehl. *hād* < av. *hāiti-* fém. «ensemble») autour d'un noyau beaucoup plus vaste: Y 11.12-15, 52.5-8, 60.8-10, 68.16-19, 71.26-28. Les quantités de hād entre les *vasasca* sont en effet les suivantes[4]: 8 + 3 + 42 + 8 + 8 + 3 + 1. Nous voyons que le Hōm Stōd, tout à la fois précédé et suivi du *vasasca*, se trouve ainsi parfaitement balisé à l'intérieur du Yasna.

Ce n'est pas le cas de ce qui le suit: avant d'arriver au prochain *vasasca*, plus de quarante chapitres ou hād se succèdent qui sont de types assez divers:

— les trois chapitres qui suivent[5] (*frauuarānē*, *frastuiiē* et *āstuiiē*[6]: Y 11.16; 11.17-12.8; 12.8-13.8) rassemblent des formules rédigées dans un dialecte plus ancien;

---

[2] Voir Pirart, 2000c : 108 sq.; 2003b.

[3] 1996 : 37-108.

[4] Corriger ainsi Pirart 2000c : 77 n. 3; 2003c.

[5] Mal séparés entre eux dans l'édition de Geldner: voir Darmesteter 1892-1893 : I 115.

[6] «Je m'engage à (être mazdéen)», «Je me promeus (comme mazdéen)», «Je suis fier (d'être mazdéen)».

— viennent ensuite cinq chapitres litaniques (Y 14-18), comparables donc à ceux du premier ensemble;

— les trois hād Y 19-21, dont l'ensemble reçoit parfois le nom abusif de Bagān Yašt[7], reproduisent les trois premiers chapitres du Bag Nask[8], le quatrième livre gâthique de l'Avesta sassanide;

— le groupe des six hād Y 22-27, elles aussi litaniques, dont Y 23 et 26, plus spécialement consacrées aux déesses Fravr̥ti, comportent plusieurs paragraphes ou parties de paragraphes en commun avec le Yt 13, finit avec le recueil de trois formules plus anciennes (Y 27.13, 27.14 et 27.15.3) qui portent les noms respectifs d'Ahuna Variya[9] («Contenant les mots 'à choisir avec l'existence'»), de R̥ta Vahišta[10] («Contenant les mots 'harmonie excellente' ») et de Yahya Hatām[11] («Contenant les mots 'aux êtres de chacun desquels'»), la première étant même rédigée dans le dialecte archaïque dit vieil-avestique;

— les sept hād Y 28-34 forment la première des cinq Gāθā («poèmes à chanter») ou textes vieil-avestiques rédigés en vers: l'Ahunavatī Gāθā («la Gāθā qui est accompagnée de l'Ahuna Variya»);

— les hād 35-41, le Yasna Haptahāti («sacrifice fait de sept ensembles»), texte vieil-avestique rédigé en prose;

— la hād 42, moins ancienne, augmente le YH;

— les neuf ([ 2 × 4 ] + 1) hād Y 43-46, 47-50 et 51 contiennent les deuxième, troisième et quatrième Gāθā: l'Uštavatī Gāθā («la Gāθā qui commence avec le mot 'à volonté'»), la Spantāmanyu Gāθā («la Gāθā qui commence avec les mots 'savante opinion'»), la Vahuxšaθrā Gāθā («la Gāθā qui commence avec les mots 'bonne emprise'»);

— la hād Y 52, moins ancienne, augmente la quatrième

---

[7] À ne pas confondre avec le Bagān Yašt Nask («livre du culte rendu aux dieux») qui est l'un des livres de l'Avesta sassanide.

[8] «livre de la répartition»?

[9] Sur ce texte, voir le Commentaire de Y 9.14.

[10] Sur ce texte, voir le Commentaire de Y 11.11.

[11] Sur ce texte, voir le Commentaire de Y 10.21.4.

Gāθā et s'achève sur un *vasasca* (Y 52.5-8);

— la hād Y 53 constitue la dernière Gāθā: la Vahištaišti Gāθā («la Gāθā qui commence avec les mots 'excellente doctrine'»);

— la hād Y 54 ne contient que la formule vieil-avestique intitulée Aryaman Išaya[12] («Commençant avec les mots 'tribu vigoureuse'»);

— la hād Y 55 fait l'éloge des Gāθā;

— la hād Y 56, appelé parfois Petit Srōš Yašt (Srōš Yašt ī keh), est construit, en réalité, autour de quelques bribes vieil-avestiques;

— la hād Y 57 est le Grand Srōš Yašt (Srōš Yašt ī meh);

— la hād Y 58 est consacré au Fšuša Manθra, «Formule pour obtenir du bétail» rédigée en vieil avestique;

— la hād Y 59, litanique, est essentiellement faite de répétitions des hād 17 et 16;

— la hād Y 60, qui contient la Dahmā Āfrīti «l'experte propitiation» dont le caractère partiellement vieil-avestique reste mal assuré, paraît être l'écrin original du *vasasca* (Y 60.8-10);

— la hād Y 61 exalte l'Ahuna Variya, le R̥ta Vahišta, le Yahya Hatām et la Dahmā Āfrīti;

— la hād Y 62 partage la plupart de ses paragraphes avec l'Ātaš Niyāyišn («Investiture du feu») du Xorda Avesta (Ny 5);

— les six hād Y 63-68 forment l'Āb Zōhr («Libation dans l'eau») qui s'achève sur un *vasasca* (Y 68.16-19);

— la hād Y 69, rattachée à l'Āb Zōhr, est faite de répétitions du chapitre Y 15;

— les trois dernières hād (Y 70-72) sont faites de litanies, mais un *vasasca* vient y marquer une interruption (Y 71.26-28).

Comme on voit, le Yasna est fait d'une suite de litanies que ponctuent des textes fort différents les uns des autres parmi lesquels figurent les textes les plus anciens, qui sont vénérés comme des dieux et sont rédigés dans le dialecte archaïque dit vieil-avestique. Cet ensemble vieil-avestique constituait l'essentiel des 22 premiers chapitres du Stōd Yašt Nask, le

---

[12] Cf. védique *iṣayú-*.

premier livre gâthique de l'Avesta sassanide.

La raison qui a limité, dans le Yasna, la reproduction du Bag Nask à ses trois premiers chapitres doit être arithmologique: il fallait obtenir une quantité de onze chapitres comme celle que formaient les trois du Hōm Stōd avec les huit premiers. Les trois chapitres du *frauuarānē*, du *frastuiiē* et de l'*āstuiiē*, suivis de cinq chapitres litaniques, appartiennent, comme ceux-ci et comme les huit premiers, aux nécessités propres de la liturgie longue. Par contre, le Hōm Stōd et l'extrait du Bag Nask, peut-on penser, ne consistent jamais qu'en de l'accompagnement verbal destiné à combler du vide existant entre les litanies. Ce vide avait une dimension, sans doute régie par des considérations arithmologiques et rituelles, et les textes sollicités pour le combler durent en prendre les dimensions. Cela signifie que le nombre original de chapitres dans le HS n'était peut-être pas trois, que l'on se livrât secondairement à des divisions ou que l'on opérât un collage en vue d'y arriver.

Bien sûr, le choix du Hōm Stōd comme premier texte destiné à meubler n'est pas le fruit du hasard puisque le dieu Hauma qui s'y trouve glorifié n'est autre que l'ingrédient clé de l'offrande que la liturgie longue accompagne: le Yasna est le culte que l'on rend au grand dieu Ahura Mazdā en lui offrant le jus d'une plante divinisée appelée Hauma.

### 3. La place du Hōm Stōd dans l'Avesta

De quel livre de l'Avesta sassanide les trois chapitres du Hōm Stōd ont-ils été tirés? La réponse qui a été donnée à cette question n'a pas tenu compte du fait que notre texte était à distinguer de ceux qui ont été rassemblés dans le RLB pour y former la collection des 22 Yašt. Cette collection contient pourtant un Hōm Yašt qui pourrait parfaitement être considéré comme un doublet, certes incomplet, du Hōm Stōd. Dans cette optique, le Hōm Stōd devait provenir du livre de l'Avesta sassanide qui contenait tous les Yašt: le Bagān Yašt Nask. Comme celui-ci était le dernier des sept livres juridiques, il n'est même pas certain que les différents Yašt que nous possédons, pour la plupart de type liturgique, en proviennent[13]. D'une part, le Hōm Stōd n'a rien d'un texte juridique comme ceux dans lesquels Ahura Mazdā enjoint à Zaraduštra d'offrir le sacrifice: c'est un texte de louange ou de glorification. D'autre part, si le titre de Yašt est à prendre dans son sens le plus strict qui est de désigner un texte marqué par le verbe *yazamaide* (yazāmadai) «nous offrons le sacrifice», le Hōm Stōd ne peut appartenir au Bagān Yašt Nask. Il faut donc bien avouer que, dans l'état actuel de nos connaissances, il est impossible de répondre à la question.

En réalité, la question est bien plus complexe si notre texte est à reconnaître comme le conglomérat de divers morceaux de textes et si les textes auxquels ces morceaux ont été puisés sont de natures assez variées. Avant de se poser la question de l'origine du HS, il faut d'abord se pencher sur celle de son unité et de sa cohérence. Et constater la grande fréquence de l'incohérence que, sans parangon dans la littérature universelle, présentent les textes avestiques du RLL et du RLB, n'explique rien. Les textes de l'Avesta étaient-ils déjà si incohérents ou sont-ce les nécessités du rituel qui causèrent de tels ravages? La correspondance que l'on recherche entre les chapitres de nos collections et les livres de l'Avesta sassanide n'est pas nécessairement possible si lesdits chapitres s'avèrent être de complexes toiles d'Arlequin, ce que ne devaient pas être en principe les livres de l'Avesta. Il est vrai que le Vidēvdād, qui reproduit théoriquement le Vidēvdād Nask ou cinquième livre juridique de l'Avesta, manque lui-même aussi de cohérence: ses chapitres, quoi qu'en dise le Dēnkard, ne traitent pas tous de dispositions anti-démoniaques et ceux qui en traitent paraissent parfois amputés ou bien désordonnés.

### 4. Le titre du Hōm Stōd[14]

Il est abusif de donner à notre texte le titre de Hōm Yašt: les manuscrits ne le font pas, et ce titre de Hōm Yašt est à réserver au texte servant au culte rendu à Hauma en tant que

[13] Pirart 2002c : 211; 2003b.

[14] Cf. Kellens 1998 : 493 n. 70.

divinité associée au patron du dernier jour du mois et figurant dans la collection des 22 Yašt que l'on trouve dans le RLB. Ce Hōm Yašt (Yt 20) est un texte caractérisé par le verbe *yazamaide* «nous offrons le sacrifice» comme il est normal pour un Yašt «texte sacrificiel». Notre texte, quant à lui, n'est caractérisé par le verbe *yazamaide* qu'au terme de son deuxième chapitre, c'est-à-dire de façon marginale et discrète, mais cette partie finale du deuxième chapitre est en réalité la reprise du Yt 20. Le verbe emblématique du texte que nous présentons est *staomi* «je fais l'éloge», si bien que nous attendons un titre qui s'en fasse l'écho. Or des manuscrits rencontrent nos attentes: Pt4 et J3 suggèrent Hōm Stōd ou Hōm Stōm.

Le titre avestique du Hōm Stōd que le Hōm Stōd lui-même pourrait proposer serait Hauma-stuti (Y 10.6.2 *haoma.stūiti-*), mais le titre pehlevi à lire *h|mst|||* ou *hwmstwww* que lui donne le manuscrit Pt4, s'il faut le corriger en ˣ*hwmstwt|* (*Hōm Stōd*) ou, d'après le titre sanscrit *hūmastūma-* que lui donne J3, en ˣ*hwmstwm* (*Hōm Stōm*), renverrait plutôt à un mot Hauma-stauta (**haoma.staota-*) ou Hauma-stauma (**haoma.staoma-*). Départager les possibilités reste inutile, toutes trois étant compatibles puisqu'elles désignent respectivement: l'action ou exécution, le texte, la séquence liturgique de la louange de Hauma.

Le caractère original des deux possibilités suggérées par la tradition médiévale peut se défendre sur base du fait que, d'une part, stauma- est contenu dans le dérivé *staomāiiū-* «celle convenant pour le stauma» présent à la ligne 10.18b et que, d'autre part, il faudrait peut-être reconnaître la présence de stauta- à la ligne 10.19.3b *vārəθraγniš həntəm āstaoite* si les traductions médiévales (pehlevi *pērōzgar hē ka-t stāyēnd* «You are victorious when they praise you»[15]; sanscrit *vijayino bhavanti te stotāraḥ* «Thy extollers become victorious»[16]) nous invitent à la reconstituer comme suit: vārθragnayah hantu stautai «(tes ivresses) doivent permettre de briser les obstacles lorsque l'on exécute le stauta». Si j'ai choisi Hōm Stōd «texte de

[15] Trad. Josephson.

[16] Trad. Unvala.

louange de Hauma», c'est uniquement par souci de lui donner un titre (*staota- «texte de louange») qui fût parallèle à ceux que reçoivent les Yašt (*yašta- «texte de sacrifice»)[17].

Dès lors, nous nous attendrons à lire un texte qui fait la louange du dieu Hauma, celui que l'Inde védique nomme Soma: un dieu plante, une plante dont l'extraction du jus enivrant, hallucinogène ou simple tonifiant, stimulant, se fait par pressurage lors d'une cérémonie[18]. Ce jus constitue l'ingrédient fondamental des libations offertes aux dieux.

Le Hōm Stōd que nous possédons est celui qui figure dans le Yasna (Y 9-11). Il constitue donc une partie du RLL et ses limites ont été dictées par les exigences de la cérémonie. Cela signifie que ses limites ne sont pas plus originales que celles du Bagān Yašt (Y 19-21), ce dernier ne reproduisant que les trois premiers chapitres du Bag Nask de l'Avesta sassanide. Comme je l'ai montré[19] dans ma contribution aux mélanges en l'honneur de Gherardo Gnoli, la quantité de paragraphes de chacun des trois chapitres du Hōm Stōd est artificielle, dictée par une figure arithmologique: 32 = (3 × 11) – 1; 21 = (2 × 11) – 1; 10 = (1 × 11) – 1.

### 5. Études et traductions

Le Hōm Stōd, comme l'ensemble du Yasna, possède une traduction pehlevie émaillée de commentaires qui est à son tour à l'origine d'une traduction sanscrite du 13e siècle et d'une traduction persane qui, via questions et réponses, fut faite à Anquetil-Duperron, mais plusieurs différences entre ces traductions conduisent à penser que les sanscrite et persane reposent non exactement sur la traduction pehlevie qui est arrivée jusques à nous, mais sur des traductions pehlevies qui lui sont apparentées. Cependant, toutes ces traductions comportent de nombreuses erreurs en commun. Comme, en outre, le texte avestique qui leur a servi de base était déjà lui-même grevé d'imperfections et de lacunes, ces traductions

---

[17] Pirart 1997a : 379; 2000c : 81.

[18] Cf. l'Agniṣṭoma védique.

[19] Pirart 2003c.

pehlevies ou autres ne sont guère fiables: il faut toujours les confronter au postulat linguistique consistant à s'appuyer sur la comparaison avec le Veda dans la détermination du sens d'un mot ou d'une phrase avestique.

La traduction sanscrite, due à Neriyosangh, repose donc sur une traduction pehlevie qui, probablement, différait légèrement de celle dont nous disposons. Il semble même qu'elle devait être meilleure, mais l'auteur de la traduction sanscrite a visiblement voulu tenir compte de l'original avestique si bien que nous ne pouvons complètement exclure que certaines différences au moins soient dues non à une traduction pehlevie différente, mais bien plutôt aux connaissances encore honorables que Neriyosangh, à la fin du 13e siècle de notre ère[20], avait de la langue avestique qui avait cessé d'être vivante depuis bien plus de mille ans. Cependant, le texte avestique des manuscrits qui contiennent aussi la traduction sanscrite et qui, de fait, dérivent du manuscrit dont disposait Neriyosangh ne correspond pas toujours bien à cette traduction. Ceci peut s'expliquer par le fait que ce traducteur était homme de religion et que, comme tel, il devait connaître le texte de mémoire. Les traductions médiévales constituent donc des reflets de ces versions du texte original qu'en étaient les mémorisations.

La traduction sanscrite a été remarquablement étudiée par Unvala (1924), et, fort récemment, la traduction pehlevie l'a été brillamment par Josephson (1997). Comme ce dernier travail, récent, présente aussi l'original avestique avec des notes bibliographiques généreuses, cela me dispense de refaire ici l'histoire des études et traductions du Hōm Stōd. L'ouvrage d'Unvala contenait déjà la traduction pehlevie, mais les connaissances de cette langue ont beaucoup évolué depuis lors. Si cet ouvrage est, de ce point de vue, remplacé par celui de Josephson, il reste pourtant d'un certain intérêt en plus de son étude de la traduction sanscrite en ceci que les notes font état de la traduction persane, difficilement accessible, lorsque celle-ci divergeait des autres.

---

[20] Sur la date de Neriyosangh, voir Kellens 1998 : 463.

Le travail que je présente ici est donc naturellement tributaire de ces deux études.

### 6. La transmission du texte

#### a. Les manuscrits

Le texte avestique du HS nous est parvenu par le biais d'une tradition manuscrite dont Jean Kellens[21], dans un vaste examen critique, a récemment refait l'histoire. Six familles ou types de manuscrits nous transmettent le Yasna:

— les manuscrits iraniens qui nous donnent le Yasna accompagné de la traduction pehlevie (les principaux, Mf1, Mf4 et Pt4, ne remontent qu'au 18e siècle) [YPir];

— les manuscrits indiens qui nous donnent le Yasna accompagné de la traduction pehlevie (les principaux, J2 et K5, remontent au 14e siècle) [YPind];

— les manuscrits indiens qui nous donnent le Yasna accompagné de la traduction sanscrite (les principaux, J3 et S1, remontent au 14e ou au 15e siècle) [Yscr];

— les manuscrits dits *sāda* «purs» en ce qu'ils nous donnent le Yasna sans aucune traduction (les principaux, C1, H1, Lb2 et P6, sont probablement antérieurs à 1700) [YS];

— les manuscrits iraniens dits *sāda* en ce qu'ils donnent l'ensemble du Yasna et du Vidēvdād sans aucune traduction (Jp1, K4 et Mf2, qui remontent aux 17e et 18e siècle) [VSir];

— les nombreux manuscrits indiens dits *sāda* en ce qu'ils nous donnent l'ensemble du Yasna et du Vidēvdād sans aucune traduction (les plus anciens sont sans doute B2 et L1 qui peuvent remonter au 15e siècle) [VSind].

Comme on voit, ces manuscrits ne sont guère anciens: aucun d'eux ne nous permet de remonter à l'époque sassanide.

#### b. Les lacunes

En outre, comme tous les manuscrits comportent de mêmes fautes graves[22] et les mêmes lacunes, que celles-ci ne

---

[21] 1998 : 452-488.

[22] Exemples: *mē* pour **hē*; *aiβi.tūtuiiā̊* mis pour ˣ*aiβi.tuiiā̊*; *vī* pour ˣ*niš*; *abauuat̰* pour **ubaiiā̊*; *nəmō* pour ˣ*aməm*; *vastrəm* pour ˣ*vāstrəm*.

sont pas corrigées ou comblées par les traductions médiévales et, à l'opposé, que des divergences orthographiques s'avèrent irréductibles[23], il est bien difficile de se faire une idée sur l'état du texte à l'époque sassanide. Le nombre des lacunes pourrait bien être assez élevé. En voici une liste possible:

— Y 9.1.1. <*mrūmaide*> ou <*mruiiē*>;

— Y 9.1.2c. <*fra*>;

— Y 9.1.4c. <*kəhrpa*>;

— Y 9.7.3c'. <*vīsō.puθrō āθβiiānōiš*>;

— Y 9.13.4a'. <*drəjiia paiti zbarahi*>;

— Y 9.14a'. <*vaŋhuiiå dāitiiaiiå*>;

— Y 9.31.2b'. <*yā āhūiriš zaraθuštriš*>;

— Y 9.32.2a. La séquence †*yaṯ hē*† est le moignon de tout un syntagme;

— Y 10.19.3a. <*tē*>.

**c. Deux exemples complexes**

Certaines fautes générales n'ont pourtant pas de reflet unanime dans les traductions médiévales. Ainsi, à la ligne Y 10.5.1a *uta mazå huruθma*, le mot *mazå* «grand» n'est-il donné que par Mf1 et Mf4 [ YPir ]. De surcroît, c'y est le fruit d'une correction de la leçon *mazdå* «Mazdā», celle que donnent tous les autres manuscrits, y compris J3 et S1 [ Yscr ] qui doivent reproduire la tradition qui passa entre les mains de Neriyosangh, alors que les traductions médiévales contiennent bien «grand». Curieusement, la traduction pehlevie *u-t ēdōn ohrmazd meh ārōyišn* «And with(?) the good growth of Mazda»[24] contient tout à la fois *meh* «grand» et *ohrmazd* «Mazdā» tandis que la sanscrite *evam mahattarodayam* «de même la grande croissance» ne contient que *mahattara-* «grand». Il semble donc que des faits d'homogénéisation de la tradition manuscrite se sont produits postérieurement à la

[23] Exemple: pour la ligne Y 9.14f, la tradition manuscrite est partagée entre des leçons conduisant à orthographier *xraoždiiehe* selon les règles habituelles et d'autres invitant à adopter *xraoždaiiehiiā* avec une graphie d'un type généralement observé pour les textes vieil-avestiques.

[24] Trad. Josephson.

traduction que Neriyosangh avait entreprise à partir d'une traduction pehlevie qui n'est pas celle que nous connaissons.

Autre cas curieux, à la ligne Y 11.4a où il est question de la part qui, de la victime sacrificielle, est réservée au dieu Hauma, *us*, fautif pour ˣ*uši* «les deux oreilles», sans reflet dans la traduction pehlevie et rendu hasardeusement par *uccaiḥ* «on high» dans la sanscrite comme si c'était effectivement le préverbe (védique *út*), a pourtant subsisté dans la traduction persane *har dō gōš* «toutes deux oreilles» qui est donnée de l'épithète *haŋᵛharəne* «accompagnées des mâchoires». Pour sa part, la traduction pehlevie, que la sanscrite, ici endommagée, devait probablement suivre, faute de reconnaître le substantif «oreilles», a transformé l'adjectif *haŋᵛharəne* qui s'y rapporte en substantif: *ērvārag* «the jaws». L'absence des oreilles, causée par la faute, a pris racine dans un ouvrage pehlevi, le Cim ī Gāhān «sur le sens des Gāθā» (1.6)[25]: «sauf la langue, les mâchoires et l'oeil gauche, car ils sont la part de Hauma comme il ressort du passage *hizuuąm frārənaot̰*». Il est incertain que le passage auquel le Cim ī Gāhān fait allusion soit notre texte: la différence que montre cette citation par rapport à lui (*frārənaot̰ ... haŋᵛharəne mat̰.hizuuō hōiiūmca dōiθrəm*), tant pour la forme que le livre pehlevi donne du mot avestique «langue» que pour l'ordre dans lequel il énumère les organes, langue + mâchoires + oeil gauche, peut inciter à reconnaître dans cette citation non une variante, mais un texte distinct du nôtre et lui offrant ce parallèle (*hizuuąm frārənaot̰ <haŋᵛharənąm hōiiūmca dōiθrəm>*). Si l'existence de ce texte inconnu est à admettre, il pourrait confirmer l'absence des oreilles dans l'énumérations des organes devant constituer la part sacrificielle réservée à Hauma[26], mais la grammaire nous impose de rechercher un substantif neutre duel auquel nous puissions accorder les adjectifs *haŋᵛharəne* et *mat̰.hizuuō*. Évidemment, l'obligation n'est pas absolue, mais il faudrait alors admettre que la

[25] West 1880 : 338.

[26] L'Inde védique nous offre aussi un texte parallèle, mais qui n'atteste que de la haute antiquité du thème: *hanū sajihve* «les mâchoires avec la langue» (AB 7.1.1, GB 1.3.18).

diascévase ait introduit ici un adjectif *haŋᵛharəne* «avec les mâchoires» en lieu et place d'un substantif **xᵛarəne* «les mâchoires», ce qui est invérifiable. Il n'est même pas certain que, par ce raisonnement, nous fassions bonne route : il pourrait être ruiné si, comme régime de *frə̄rənaot̰* «il a octroyé», l'apposition de l'énumération des organes au mot *draonō* «la part sacrificielle» devait être jugée peu grammaticale.

### 7. Les graphies

Les graphies que la tradition manuscrite reflète reproduisent la prononciation liturgique qui était donnée du texte à l'époque médiévale. Le postulat linguistique ne peut nous guider dans la détermination exacte de la graphie puisque celle-ci doit reproduire la prononciation liturgique que le clergé avait du texte grosso modo 1500 ou 2000 ans après la rédaction des pièces de ce texte. Entre la langue originale et la liturgie médiévale, qui a développé ses propres lois, le fossé est parfois difficile à franchir: la graphie, reflet de la prononciation liturgique, confond e. g. des finales datives telles que lo. °yāi, °iyāi et °āyāi, ne nous permettant plus de reconnaître l'exacte morphologie du thème. Par exemple, le thème de *maoδanō.kairiiāi* (Y 9.32.1b) — lo. maudana-karā- ou maudana-karī- ou maudana-karyā- ? — ne peut être déterminé qu'en recourant à la grammaire védique: lo. maudana-karā-.

Il convient aussi de reconnaître que deux systèmes graphiques, c'est-à-dire deux modes liturgiques[27], se chevauchent ou alternent dans le plus grand désordre: l'un de ces deux systèmes est celui qui est généralement en usage pour les textes vieil-avestiques (graphie du type I); l'autre est habituellement préféré pour les textes rédigés dans le dialecte plus récent (graphie du type II). Le premier système s'accompagne souvent d'un allongement systématique de toutes les finales, mais certains mots, dans les passages où elles sont systématiquement allongées, suivent pourtant les règles orthographiques de l'autre système. Aucun texte n'est

---

[27] Sur le problème des graphies concurrentes, voir Kellens & Pirart 1988-1991 : I 51 sqq.

orthographié de façon cohérente, en recourant strictement à un système unique. Le Hōm Stōd n'échappe pas à la règle. Voici quelques exemples: la finale d'instr.-dat.-abl. duel lo. °byā est rendue par °*biia* aux lignes Y 9.29.1ab, selon une graphie du premier type, et par °*uue* à la ligne Y 9.28.2d, selon une graphie du second type; de même, °byah de dat.-abl. plur. est représenté e. g. par °*biiō* à la ligne Y 10.8.2d, mais par °*uuaiiō* à la ligne Y 9.8.3a[28]. La graphie de *ərəžuxδəm* (Y 9.25.3b) contraste avec celles de *aršuxδa* (Y 10.18d) et de *arš.dātō* (Y 9.16.3a).

Le recueil que le paragraphe Y 11.9 fait de onze segments vieil-avestiques diverge dans ses choix orthographiques des passages vieil-avestiques dont ils sont extraits, sans qu'il soit possible de dire pourquoi et en vertu de quels critères. La situation y est parfois déroutante: Y 34.11a *aṯ tōi ubē*, où °*b*° relève du premier système et °*ē* du second, est devenu *aṯ tē uiiē* dans Y 11.9b où la graphie du second type a été adoptée pour les deux derniers mots.

Il n'est pas exclu que les manuscrits eux-mêmes divergent ou hésitent dans ce choix: un bel exemple est celui de *xraoždaiiehiiā* (Pt4, Mf4) / *xraoždiiehe* (H1) pour lo. xraužd̲yahyā «avec la plus dure» (Y 9.14f).

Il arrive aussi qu'une erreur repose sur une graphie du premier type: *abauuaṯ* (Y 9.15.2d) renvoie à **ubaiiå* (lo. ubayāh génitif masc. duel de uba-), mais le parallèle Yt 13.76b qui a permis de repérer l'erreur observe une graphie du second type *uuaiiå*[29].

Les lois qui régissent les deux types de graphie ne sont pas encore toutes bien connues et mériteraient des études nouvelles et plus approfondies que celles qui ont été menées jusqu'ici. Il faut aussi constater que les deux systèmes ne sont pas incompatibles au sein d'un seul et même mot (cf. Y 34.11a *ubē* au lieu de **ubōi* ou de **uiiē*).

---

[28] Les autres exemples de ii. *°*bh*° > av. °*uu*° que notre texte contienne sont: *auui*, *uiiē* (avec dissimilation de °*uu*° en °*ii*°), *gaēθāuuaiiō, gaδauuarō, gauuaēibiia* (avec coexistence de °*uu*° et de °*b*°), *gəuruuaiia, graūsca* (avec °*ū*° réduction de *°*uuə*°), *dauuaiieiṇti, pāδauue, māuuōiia, sruuarəm.*

[29] Geldner d'après Mf3, K13; *vaiiå* K38; *auuaiiå* F1, Pt1, E1, L18.

## 8. La langue et la diascévase

La langue originale du texte, une variété d'iranien ancien, n'est pourtant pas reconstituable en ne résorbant que tous ces faits de graphie reflétant les prononciations médiévales. Comme je l'ai montré[30], les textes avestiques sont grevés de manipulations grammaticales qui, pour être présentes aussi dans les inscriptions cunéiformes achéménides, doivent dater d'une époque bien antérieure. Ces manipulations ont affecté plusieurs pans de la grammaire.

### a. L'analyse des sandhi

Le texte est donné mot à mot (ce que les Indiens nomment padapāṭha), c'est-à-dire sans admettre de liaisons ni d'autres sandhi ou modifications phonétiques de contact entre mots. Cependant, quelques exceptions surnagent:

— devant °*ca* et °*ciṯ*: *gāθåsca* (Y 9.1.2c), *kərəsāspasca* (Y 9.10.3d), *aojåsca* (Y 9.22.1c), *tåsciṯ* (Y 9.23.1a), *vīspə̄sca* (Y 10.5.2bcd), *haēnaiiåsca* (Y 9.18i);

— *imåsə* (Y 10.18a, 10.19.1), *kasə* (Y 9.3.3a) et *yasə* (Y 10.13.3c) devant dentale sourde;

— *šē* (Y 9.28.2e) pour *hē* derrière °*i*[31];

— *ā* (Y 9.1.3, 10.12.2a) pour *āaṯ* devant dentale.

La plupart des composés nominaux et verbaux sont analysés, mais quelques sandhi compositionnels ont subsisté:

— *yaoždaθəṇtəm* (Y 9.1.2b);

— *ərəžuxδanąm* (Y 9.25.2b), *dužūxtahe* (Y 10.16c);

— *višpaθa* (Y 10.5.1c, 10.11f).

Le nom de Zaraduštra montre un sandhi secondaire: lo. zaraduštra- > analyse diascévastique *zarat+uštra- > nouveau sandhi compositionnel zaraθuštra-. L'antiquité de la prononciation intellectuelle que la graphie *zaraθuštra-* reflète se défend notamment par ses attestations en grec: Diodore à la suite de Ctésias emploie la forme *Zaθraústēs*[32].

---

[30] 2000a : 369-409.

[31] Voir Pirart 2000a : 399 n. 109.

[32] Voir Pirart 2000a : 399 n. 109.

Dans quelques cas, phénomène attesté aussi dans les inscriptions cunéiformes achéménides, le sandhi et son analyse cohabitent: *niš.hāδaiiaṯ* (Y 9.24.1b), *aiβiš.hutəm* (Y 11.3.2), *niš.haδaiti* (Y 10.15.3b), *pairiš.x*$^{v}$*axtəm* (Y 11.7g).

Généralement, °ā̆+ devient °ō.+ (e. g. *vīspō.paēsaŋhəm*, *āθrauuō.puθrīm*), mais quelques exceptions sont à enregistrer:

— les préverbes (e.g. *ā.rapiθβinəm*, *hixra.frā.kərəsta*, *apa.xšaθrəm*);

— °a+ > °ā.+: *hazaŋrā.yaoxštīm* (Y 9.8.1c), *vaēiδiiā.paite* (Y 9.27c);

— °a+ > °a.+: *haoma.hūitiš* (Y 10.6.2a), *haoma.stūitiš* (Y 10.6.2b), *haoma.x*$^{v}$*arəitiš* (Y 10.6.2c), *hixra.frā.kərəsta* (Y 10.7.1a), *vərəθra.tauruuā̊* (Y 10.9.2b), *spəṇta.fradixšta* (Y 10.11a);

— dans les dvandva, °ā̆+ > °a.+: e. g. *āpa.uruuaire* (Y 9.4.4c), *staēra.starō.sāra* (Y 10.11d);

— sandhi de upasta+ābarā-: *upastā.bairiiāi* (Y 9.32.1b).

Pour d'autres finales que °a+, il n'y a pas de changement, mais il convient de signaler quelques cas particuliers:

— maintien d'une finale casuelle logique: *vīsō.puθrō* (Y 9.7.3c'), *drujəm.vanō* (Y 9.17.2c), *ahūm.mərəcō* (Y 9.31.2b);

— introduction d'une finale casuelle illogique: *vaŋhuš.dātō* (Y 9.16.3b), *gāuš.drafšō* (Y 10.14.1a).

L'analyse peut aussi isoler un suffixe secondaire ou une désinence: e. g. *pāθmainiiō.təmō* (Y 9.16.4b), *būiδiiōi.maiδi* (Y 9.21df).

Le composé *uparō.kairiiō* (Y 9.10.4b), mis pour lo. uparikaryah, contient un fait de graphie mal explicable.

**b. Les retouches morphologiques**

Il y a eu retouche de la morphologie interne de plusieurs mots:

— Y 9.1.2b *yaoždaθəṇtəm*, avec un thème *yaoždaθəṇt-* au lieu de **yaoždaδat-*;

— Y 9.31.b *aiβi.vōiždaiiaṇtahe*, avec un thème *aiβi.vōiždaiiaṇta-* au lieu de **aiβi.vōiždəṇt-*;

— Y 9.31.2d *apaiiaṇtahe*, avec un thème *apaiiaṇta-* au lieu de **apaiiaṇt-*;

— Y 9.32.1a *yātumat(a)iiāi*, avec un thème *yātumatā-* au lieu de **yātumaitī-*;

— Y 9.8.1c *xšuuaš.ašīm*, avec un thème *xšuuaš.aši-* au lieu de **xšuuaš.aša-*;

— Y 9.11.2b *ārəštiiō.barəza*, avec un thème *ārəštiiō.barəzan-* au lieu de **ārəštiiō.barəzah-* (ou faute de transmission?);

— Y 9.17.2c *t̰baēšō.tauruuå*, 9.20.2c *vərəθrajå* et 10.9.2b *vərəθra.tauruuå*; avec un thème en °*ant-*/°*ah-* au lieu de *°*an-* (pour ce cas de °*å* face à lo. °ā̱, j'ai conservé l'étiquette de «sigmatisation secondaire du nominatif»);

— Y 9.11.4 *aiiaŋhō*, avec un thème *aiiah-* au lieu de **āiiaŋha-*;

— Y 11.5c *daθat̰* (si ce n'est pas la réutilisation d'une forme de subjonctif), avec un thème *daθa-* au lieu de **daδā-*;

— Y 9.3.4b *cit̰*, avec un thème *ci-* au lieu de **ka-*.

Le changement affecte la morphologie de certaines terminaisons casuelles:

— emploi de la terminaison °*ąm* de génitif pluriel des thèmes consonantiques au lieu de °*nąm* des vocaliques (Y 9.18d *yāθβąm*; Y 9.18e *kaoiiąm*);

— emploi de la terminaison °*hu* de locatif pluriel suivi de **ā* au lieu de °*hu* seul (10.12.1a *pauruuatāhuua*; 10.17.4b *barəšnušuua*; 10.17.4c *jafšnušuua*).

Plusieurs fois, le pronom enclitique a été remplacé par la forme tonique correspondante:

— aux lignes Y 9.2.3abc, 9.4.2a, 11.1.3cd, 11.2.2d et 11.3.2c, *mąm* est mis pour **mā*;

— à la ligne Y 10.13.3a, *tūm* est mis pour **tū*;

— aux lignes Y 9.3.3a et 9.19.1a, *θβąm* est mis pour **θβā*;

— à la ligne Y 9.26.2a, *aŋ́he* (loc. fém. sg. mis pour le gén. masc. sg.?) est mis pour **hē*.

Plusieurs changements de cas ou de genre affectent la déclinaison des adjectifs-pronoms:

— aux lignes Y 9.4.4a, 10.13.1a et 10.13.2a, *yat̰* est mis pour *yō*; à la ligne Y 9.11.3a, *yim*, pour le loc. sg.; aux lignes Y 9.20.1c, 9.20.2c et 10.16g, *yaθa*, pour *yat̰*; à la ligne Y 9.32.1c, *yeŋhe*, pour le fém.; aux lignes Y 10.9.1b et 2b, *yābiiō*, pour l'instr.;

— à la ligne Y 9.19.1a, *iməm*, pour le nt.; à la ligne Y 9.22.1a *aēibiš*, pour le dat.;

— à la ligne Y 10.16g, *apəməm*, pour le fém. (ou erreur d'analyse?); aux lignes Y 9.21ccdf, *pauruua* et, à la ligne Y 9.18b, *vīspanąm*, suivent la déclinaison des noms; aux lignes Y 9.15.1b et 10.21.2, *vīspe* est mis pour l'acc.

Plusieurs changements de cas, de genre ou de nombre affectent la déclinaison des noms:

— le nominatif pour l'accusatif (Y 9.15.1b *vīspe daēuua*; Y 10.21.2 *vīspe haoma*);

— l'accusatif pour le nominatif (Y 10.20.1a *aməm*);

— l'accusatif pour le génitif (Y 9.15.2d *dāmąn*);

— l'instrumental pour le locatif (Y 9.15.1d *āiia zəmā* et 9.20.1d *zəmā*);

— l'instrumental pour le datif (Y 9.22.2a *āzīzanāiti.biš*);

— l'instrumental pour l'ablatif (Y 9.28.1a *t̰baēšā.biš*; Y 10.17.5a *ərəzataēna ... tašta*);

— le datif pour le génitif (Y 9.3.3b *astuuaiθiiāi ... gaēθaiiāi*; Y 9.32.1a *yātumat(a)iiāi*);

— le dat.-abl. pour l'instrumental (Y10.12.2b *maiiābiiō*);

— le génitif pour l'accusatif (Y 10.9.1a *baēšazanąm*; 10.9.2a *vārəθraγnanąm*);

— le génitif pour le locatif (Y 10.10.2c *haraiθiiō paiti barəzaiiå*);

— le locatif (ou vocatif?) pour l'instrumental (Y 10.8.1b *xruuī.druuō*; 11.4d *mat̰.hizuuō*);

— le masculin pour le neutre (Y 9.17.1e *vīspō.tanūm*);

— le féminin pour le masculin (Y 10.12.1a *āhuua pauruuatāhuua*);

— le féminin pour le neutre (Y 10.17.4e *dərəzrāhu*);

— le singulier pour le pluriel (Y 10.1.1b *daēuuaiiō*; 10.19.2ab *maδō*);

— le duel pour le pluriel (Y 10.11b *vīžuuaṇca*)[33];

— l'ablatif singulier pour l'accusatif duel (Y 10.11e

[33] Ou faute de transmission?

*kusrāδa.kusrō.patāδa*).

Il y a eu échange malicieux des finales dans Y 10.10.2c *haraiθiiō ... barəzaiiā̊* mis pour ***haraiiā̊ ... bərəzaiθiiō*[34]; éventuellement dans Y 10.12.1 *haomō gaoma* mis pour ***haoma gaomō*.

Plusieurs changements de temps, de mode et de personne affectent la conjugaison:

— la 2e personne de l'indicatif pour la 3e de l'injonctif (Y 9.5.2a *fracarōiθe*; Y 9.10.3c *us.zaiiōiθe*);

— l'optatif pour l'injonctif (Y 9.5.2c *xšaiiōit̰*);

— l'emploi de la finale du subjonctif pour l'indicatif parfait (Y 10.10.1b *tatašat̰*; Y 10.10.2b *nidaθat̰*; peut-être Y 9.8.3c *fraca.kərəṇtat̰*).

Certains préverbes ont été répétés:

— Y 9.1.1 [*ā.*]<*mruiiē*>;

— Y 9.14f [*fra*]*srūiti*;

— Y 10.15.3b [*niš.*]*haδaiti*.

**c. Les retouches syntaxiques**

La syntaxe de la phrase a été retouchée:

— Y 9.4.4a *yat̰ kərənaot̰ aŋ́he xšaθrāδa*;

— Y 9.24.1c *xšaθrō.kāmiia*;

— Y 9.27c *spanaŋha*;

— Y 10.12.2a *baēšaza*;

— Y 11.1.3b *də̄uš.srauuā̊ hacimnō*;

— ? Y 11.4d *mat̰.hizuuō* (voir ci-dessus 6c).

**d. Les retouches phonologiques**

Des modifications ont affecté le consonantisme de certains mots sans qu'il soit possible de dire si elles sont à mettre sur le même pied que celles qui affectent la grammaire:

— *xš* pour *š* dans *xšuuaš*, *xštūm*, *fraxštāne* (lo. frahištānai), *spəṇta.fradixšta* et peut-être *hazaŋrā.yaoxštīm*. Ce phénomène[35] est encore attesté dans le Šāh-nāma qui donne *zarduhšt* < **zaraduxštra-*;

[34] Pirart 2000a : 397 n. 102.

[35] Cf. *frapixšta-* sur lequel Pirart 1999a : 499 n. 116.

— *š* pour *xš* dans *ašibiia, xšuuaš.ašīm, parą̄š* et *frą̄š*;
— *xt* pour *t* dans *āxtūirīm*.

**e. Les influences pehlevies**

Certains faits de grammaire, à l'opposé des maniplations grammaticales qui sont anciennes, peuvent provenir de l'influence de la langue médiévale:

— l'eḍāfe *yaṯ*, à la ligne Y 9.27f ×*θrumāica yaṯ pouru.baoxšnahe*, agrammatical en avestique, reflète sans doute la construction pehlevie: *padēxīh-iz ī purr-bōzišn* «as well as prosperity full of salvation»[36].

— la copule *asti*, dans la phrase Y 10.6.2cd *nitəmaciṯ haoma.*$x^{v}$*arəitiš hazaŋraγniiāi asti daēuuanąm*, inusuelle en avestique, répond à une nécessité en pehlevi *ud pad-iz ān ī nidom hōm-xvarišnīh ā-š ō devān hazār-ganišnīh ast* «and through the smallest consuming of Hōm, by means of these there are a thousand blows to the demons»[37].

**9. Dialectologie**

La langue du HS est l'avestique récent comme pour les Yašt avec lesquels il partage de nombreuses lignes. Ce dialecte ne peut être situé géographiquement, mais il est très proche du dialecte «aspa» du vieux perse. Voici le stemma que je propose des langues indo-iraniennes anciennes avec l'exemple du thème de présent de «appeler, invoquer»:

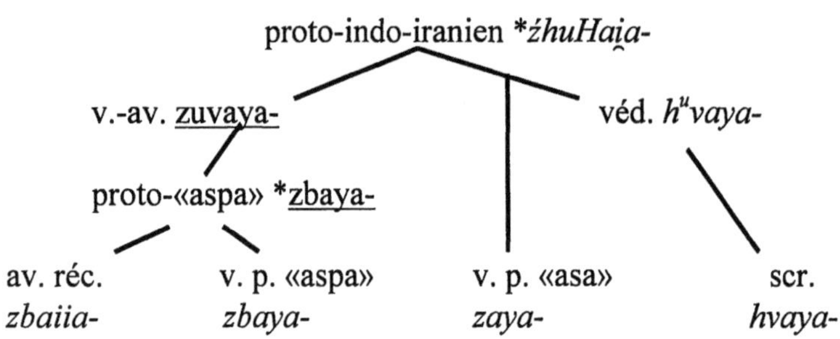


36 Trad. Josephson.
37 Trad. Josephson.

Les textes avestiques sont rédigés dans un dialecte iranien ancien. Comme nous ne savons pas de quelle tribu c'était la langue, nous lui avons donné le nom conventionnel d'avestique. Cependant, la question n'est pas aussi désespérée si nous prenons en considération les éléments positifs et négatifs suivants. L'Avesta ignore ou ne mentionne pas par leur nom des peuples iraniens (*airiiā-*) aussi importants dans l'histoire du monde ancien que le sont les Perses, les Mèdes, les Parthes et les Scythes, mais bien les Iraniens d'Asie centrale et des alentours du Hindukuš (la Chorasmie, la Margiane, l'Arie, la Bactriane, la Sogdiane, le haut Iaxarte, l'Arachosie, le pays du fleuve Étymandre, la chaîne du Paropanise, le haut Indus), sans doute les Massagètes (*dāhī-*)[38], des nations indo-iraniennes inconnues dont les noms sont de lecture incertaine (*tūiriiā-, sāinī-, xiiaonī-*) et parmi lesquelles il faut peut-être reconnaître les Sarmates (*sairimā-*). En revanche, la ville mède de Ragā[39] est presentée comme capitale religieuse, si bien que nous devrions peut-être accepter la donnée que nous apporte Hérodote que les Mèdes se donnaient autrefois le nom d'*Árioi*.

Le peu que nous sachions de la langue des Mèdes coïncide avec l'avestique, et la langue des Kurdes confirme cette parenté. Néanmoins, les caractéristiques de cette langue se retrouvent, quoique ce soit de façon parfois mêlée à d'autres, dans l'Asie centrale médiévale, précisément dans les pays mentionnés que l'Avesta considère comme arya. Dès lors, il convient d'envisager tant la Médie que ces régions qui entourent le Hindukuš et d'écarter celles de l'Iran méridional où vivaient les tribus perses (Élam, Perside, Carmanie, Sagartie), celles du Caucase et d'Anatolie, occupées par les Phrygiens, les Arméniens et les Urartéens, la Mésopotamie des Chaldéens, Assyriens et Araméens, les régions indiennes de Gédrosie, de

---

[38] Ptolémée (6.10.2) divise les Gètes orientaux du nord de la Margiane en plusieurs tribus parmi lesquelles il y aurait notamment les *Derbíkkai*, les *Massagétai* et les *Dáai*. Les *Massagétai* portent leur propre nom, mais *Derbíkkai* et *Dáai* sont des façons de les taxer d'impies. Voir Pirart 1998 : 539.

[39] Voir Pirart 2002b : 133.

Sattagydie et du bassin de l'Indus, les steppes et déserts des Sères, des Scythes, des Sarmates et des Massagètes.

Nous ne pouvons exclure que les peuples ou nations de l'Asie centrale et les Mèdes partageaient un même dialecte et que celui-ci fût l'avestique. En tout cas, l'avestique est un dialecte qui, en chronologie relative, est aussi ancien que le sanscrit védique, mais clairement plus ancien que la langue hybride des inscriptions achéménides de la fin du sixième siècle avant notre ère. Il a été démontré que la langue de ces inscriptions était le mélange arbitraire de deux dialectes, ceux que j'appelle conventionnellement «asa» et «aspa» d'après le nom qu'ils donnent au cheval. Le dialecte «aspa» est celui qui ressemble à l'avestique[40].

Cependant, pour l'Avesta, l'avestique n'a jamais été qu'une langue d'adoption: l'analyse métrique des textes archaïques rassemblés dans le Stōd Yašt Nask démontre que leur langue présentait des caractéristiques phonétiques distinctes. Par exemple, le verbe *zbaiieiti*, «il appelle, invoque», connu aussi du dialecte «aspa» des inscriptions achéménides, doit être lu non zbayati, mais zuvayati tandis que la forme de ce verbe dans le dialecte «asa» était zayati. Si tant zbayati de l'Avesta et du dialecte «aspa» que zayati du dialecte «asa» peuvent provenir de l'archaïque zuvayati, nous nous trouvons avec ce dernier en présence d'une forme très ancienne, antérieure à la différenciation dialectale des langues iraniennes, c'est-à-dire dans l'impossibilité de déterminer quel était le groupe ethnique iranien au sein duquel furent composées les fameuses Gāθā.

En revanche, les textes plus récents de l'Avesta, tels les Yašt, peuvent être d'origine mède puisque leur dialecte, dans lequel *zbaiieiti*, sur base de la métrique de quelques octosyllabes, ne compte que trois syllabes et doit donc bien être lu zbayati, est une variété de «aspa» plus ancienne que le dialecte «aspa» des inscriptions achéménides.

Les données de l'Avesta nous conduisent à penser qu'il existait un ensemble politique plus ou moins centralisé qui

[40] Pirart 2000c : 82 n. 22.

regroupait Ragā et des régions d'Asie centrale avant ou bien avant qu'elles ne passassent sous domination perse, mais le silence total de l'histoire à ce sujet nous laisse fort perplexes.

## 10. Curiosités grammaticales

Le HS, par tout ce qu'il illustre en fait de grammaire, est un document qui peut intéresser le linguiste. Voici un choix de curiosités morphologiques.

### a. Le verbe

#### Les thèmes de présent

La dextérité linguistique des auteurs est manifeste avec les jeux de thèmes *mitaiiatu* ... *miθnatu* (Y 10.1.2) et de racines *dauuaiieiṇti* ... *dapta* (Y 10.15.2). Le HS contient deux thèmes de présent non ou mal identifiés: *dasti* (Y 10.15.3d), *raosta* (Y 9.24.1c). Il illustre la productivité du suffixe *-sa-* (= véd. *-chá-*) en av. récent: *tafsa-*, *frā+θβərəsa-*, *ā* ... *yāsa-*, *vīsa-*, *x*ᵛ*īsa-*; la tendance de l'avestique à étoffer en *-i̯a-* des thèmes qui, en indien, se passent de cette complication: *uxšiia-*, *yaēšiia-*. Le HS contient plusieurs exemples futurs en *-hiia-*[41]: *amarəšəṇta* (Y 9.4.4b), *taxšəṇti* (Y 9.22.1b), *å̊ŋhəṇte* (Y 9.22.3b), *nāšəmnāi* (Y 9.30.1c), *saošiiaṇt-*.

Notons quelques différences de thèmes entre védique et avestique: √ *huš* «sécher» produit un bhvādi moyen en avestique (*aŋhaošəmne* Y 9.4.4c); √ *vaxš* «croître», un divādi; √*yah* «bouillir» combine le redoublement avec la caractéristique des divādi.

Le svādi de √ *hu*, attesté sans thématisation à l'injonctif *hunūta*, est thématisé à l'impératif: *hunuuaŋ*ᵛ*ha*. Un autre exemple de thématisation à l'impératif est offert par *miθnatu* (Y 10.1.2b). Peut-être y a-t-il aussi *nī.manō* (Y 10.12.4a) si c'est la corruption d'un original <u>ni-mina</u>.

Signalons enfin un cas de dénominatif en *+i̯a-* sur °*i-*: *fšaonaiiehe* (Y 11.1.3d).

---

[41] Voir Lexique. Éventuellement aussi *aŋhaošəmne* (Y 9.4.4c).

**Les désinences du système de présent**

La désinence de la 2e personne du duel de la voix moyenne de l'indicatif présent des verbes thématiques est attestée par notre texte, mais c'est chaque fois en tant que 3e personne de l'injonctif[42]: *fracarōiθe* (Y 9.5.2a), *us.zaiiōiθe* (Y 9.10.3c).

Le HS atteste la rare désinence °*āire* de 3e personne du pluriel de la voix moyenne de l'indicatif présent: *ą̊ŋhāire* (Y 9.23.1b)[43]; il contient le seul exemple avestique récent de la désinence °*i* de la première personne du singulier de la voix moyenne de l'injonctif présent d'un verbe athématique: *nīri* (Y 10.17.5c); l'un des deux seuls exemples d'inj. prés. passif de 3e personne du singulier en °*i*: *ərənāuui* (Y 9.3.4a)[44].

**Le participe présent**

Notre texte illustre l'existence des participes en °*a*- de thèmes verbaux athématiques: *ākərənauuō* (Y 9.15.1a), *daδō* (Y 10.9.4a); et thématiques: *frasrāuuaiiō* (Y 9.14d), *pāθmainiiō.təmō* (Y 9.16.4b); *daēuuaiiō* (Y 10.1.1b), *ərəjahe* (Y 10.17.5d), *baēšazaiia-* (Y 9.16.3b, 10.18f), *karəšuiią̊* (? Y 11.2.2f), *vāstriiō* (Y 11.6c).

**Le système de l'aoriste**

L'avestique récent ne connaît plus bien l'aoriste, mais notre texte en conserve pourtant deux formes d'optatif: *buiią̊* et *pairi ... daiią̊*; et le seul exemple avestique récent d'injonctif passif de 3e personne du singulier: *acairi* (Y 10.14.1b).

**Le système du parfait**

Bien attesté dans le HS, le parfait reste vivant en avestique récent. Un fait curieux, mais incertain: il est possible qu'il faille reconnaître la conservation d'un suffixe nominal dans le parfait *irīriθβarə* (Y 10.12.2a) du dénominatif de *raēθβa-* «ingrédient, mélange». Signalons aussi que le HS contient le seul exemple avestique de la 2e personne du singulier de la voix moyenne de l'optatif parfait: *urūruδiša* (Y 10.3.2b).

---

[42] Voir Kellens 1984 : 226.

[43] Voir Kellens 1984 : 216 sq.

[44] L'autre étant *jaini*.

**L'infinitif**

Notre texte en contient quatre de controversés[45]: *staomaine* (Y 9.2.3c), *drājaŋhe* (Y 9.26.2c), *taxše* (Y 10.17.5b) et *raose* (Y 10.5.1b).

**b. Le nom**

**Les suffixes**

Le HS contient une belle manne de dérivés en *-ti-* témoignant ainsi de la grande vitalité de cette formation nominale: *ā*+√ *ar* :: *aṣ̌i-*, √ *cit* :: *cistiuuastara-*, √ *ji* :: *darəγō.jīti-*, *nī*+√ *θaŋ* :: *niθaxti-*, *aiβi*+√ *dā* (?) :: *aiβiδāiti-*, *mą*+√ *dā* :: *masti-*, *yaoš*+√ *dā* (?) :: *hazaŋrā.yaoxšti-*, √ *yuj* :: *yūxti-*, *nī*+√ *van* :: *niuuāiti-*, *frā*+√ *var* :: *frauuaṣ̌i-*, *vī*+√ *vard* :: *vīuuarəzdiuuaṇt-*, *aiβi*+√ *stā* (?) :: *aiβišti-*, √ *stu* :: *haoma.stūiti-*, *frā*+√ *sru* :: *frasrūiti-*, √ *sruš* :: *asrušti-*, *frā*+√ *zam* :: *afrazaiṇti-*, *frazaiṇti-*, *aiβi*+√ *had* :: *aiβišasti-*, *ā*+√ *hi* :: *āhiti-*, √*hu* :: *haoma.hūiti-*, √ *x*ᵛ*ar* :: *haoma.x*ᵛ*arəiti-*, *x*ᵛ*arəiti-*.

Le HS offre un exemple du suffixe secondaire *+i̯u-*, rarissime en avestique, de surcroît au féminin (*+i̯ū-*): *staomāuiiō* (Y 10.18b) < lo. staumāyuvah.

Comme l'illustre notamment le HS, l'avestique récent confirme la possibilité, connue surtout par le latin °*issimus*, de la sigmatisation (rythmique?) des suffixes secondaires en *+t*°: *vərəθrająstara-*, °*stəma-*, *aṣ̌auuasta-*.

La ligne Y 10.17.5b apporte un argument de poids à l'idée que le suffixe des adjectifs de matière est authentiquement non *-aēna-*, mais *-in-*: *zaranaēnəm* (Y 10.17.5b) correspond au védique *hiraṇín-* < ii. **źhr̥Hani̯-ín-* et montre comme lui la chute de *°i̯° devant *°i°.

**La composition**

Le HS offre deux exemples d'adjectifs tirés du composé adverbial (avyayībhāva): *ā.rapiθβinəm* (Y 9.11.3c), *āxtūirīm* (Y 9.14e).

**Déclinaisons**

Signalons un exemple de génitif singulier marqué de

[45] Voir Lexique.

l'indice de polarité *-u-*: *janiiaoš*[46] (Y 10.15.1a); les vocatifs *vīmanō* (Y 9.28.1b), *auruuō* (Y 10.4.2b), *gaomō* (Y 10.12.1c) et *aṣ̌auuāzō* (Y 10.14.3a).

### c. Les indéclinables

La tmèse du préverbe est un phénomène encore largement représenté dans notre texte: *ā ... yāsaŋᵛha* (Y 9.2.3a), *frā ... hunuuaŋᵛha* (Y 9.2.3b), *nī ... mruiiē* (Y 9.17.1a), *nī ... janāṯ* (Y 9.24.3b), *frā ... baraṯ* (Y 9.26.1a), **niš ... bara* (Y 9.28.1a), *pairi ... vərənūiδi* (Y 9.28.2e), *paiti ... jaiδi* (Y 9.30.1a), *frā ... vīsāite* (Y 10.8.2e), *frā ... vīsāi* (Y 10.9.3), *pairi ... daδąmi* (Y 10.14.3b), *apa ... yāsāiti* (Y 11.5b), *pairi ... daiią̊* (Y 11.10.3a). Il en existe même un exemple avec le participe: *mą°* ... *daθānahe* (Y 9.31.2c). En outre, le HS possède aussi deux exemples de postverbes, dont l'un avec le participe: *patəṇtu vī ... vī* (Y 10.1.1b), *dərətå̄ŋhō ... upa* (Y 10.17.4e).

Le préverbe est régulièrement sous-entendu aux lignes Y 9.3.4a, Y 9.3.4b et Y 9.25.3b, auxquelles il faut sans doute ajouter Y 10.15.3b où la métrique dénonce sa restauration.

Remarquons enfin:

— un bel exemple de l'emploi de la préposition *ā* construite avec l'ablatif de temps (Y 10.16g);

— une attestation de la particule *u* dans son sens adversatif (Y 9.31.2c *mąs* < ˣ*mą u*ˣ);

— la survivance, avec *nauua* (Y 11.3.2), de la négation ii. **ná* qui partout ailleurs a été remplacée par *nōiṯ*;

— une belle manne d'exemples de *mā* + optatif.

## 11. Style

Le style est fort apparenté à celui des Yašt puisque bon nombre de syntagmes peuvent s'y retrouver. Le retour périodique d'un mot, d'un syntagme ou de toute une phrase, parfois avec la variation d'un mot, est un procédé fréquent. Les phrases sont plutôt courtes et simples. Parmi les subordonnées conjonctives, il y en a peut-être qui sont à reconnaître comme subordonnées tonales (Y 10.6.1, 10.8.1, 11.6).

---

[46] Pirart 1993 : 337-340.

En réalité, il est difficile de parler de style dans un texte qui donne çà et là l'impression d'être traversé de collages. Je traite de cette question dans le Commentaire métrique. Le caractère artificiel du texte où chaque complément occupe, par inertie, une place fixe quelle que soit sa dimension et ses dépendances est bien illustré par le cas extrême du Y 9.31.1.

### 12. Date, lieu, auteur

L'auteur (les auteurs) des différents morceaux qui constituent le HS n'est pas connu; l'époque et le lieu précis où il vécut, non plus; les diascévastes qui ont travaillé la lettre des différents morceaux, non plus; le compositeur du HS, qui a mis bout à bout les différents morceaux, qui, pour ce faire, s'est livré à des opérations arithmologiques et qui a introduit le HS dans le Yasna, non plus. Tout au plus pouvons-nous avancer l'hypothèse que la diascévase dut être menée à bien aux alentours du sixième siècle avant notre ère puisque l'inscription que Darius Ier fit graver en 519 sur le rocher de Bīsotūn atteste l'existence d'une diascévase semblable. La langue originale de notre texte, en chronologie relative fondée sur le degré d'évolution linguistique, est plus ancienne que celle de l'inscription de Bīsotūn.

Pour ce qui est de la détermination de l'environnement géographique dans lequel l'auteur du quatrième morceau du deuxième chapitre devrait avoir vécu, soulignons que le catalogue que les lignes Y 10.10.2c-Y 10.11g dressent des montagnes est trompeur: d'une part, la position de la ligne Y 10.10.2c *haraiθiiō paiti barəzaiiå* «sur (le sommet de) la haute Harā» rejetée en fin de phrase n'inspire pas confiance et la reprise de cette donnée par l'adverbe *aθra* à la ligne suivante, s'il n'est pas à corriger en +*haθra* «simultanément»[47], est contextuellement déficiente («là» au lieu de «de là»); d'autre part, comme les seuls autres oronymes connus, Iškata et Uparisaina, sont ceux qui forment une ligne excédentaire et qui sont aussi les seuls à figurer dans le catalogue des montagnes qui ouvre le Zamyād Yašt, leur présence dans le texte doit être

[47] Ce qui n'arrange pas grand chose.

secondaire (voir Commentaire). L'introduction d'oronymes supplémentaires pourrait même être imputée au compositeur du HS, qui a réalisé l'ajustement arithmologique, basé sur le nombre onze, des différents morceaux: notre texte dresse un catalogue de **onze** montagnes.

Il est sans doute aventureux de déduire de l'introduction des trois oronymes Harā, Iškata et Uparisaina (Alborz ?, montagnes au nord du Ferghāna?, Hindukuš) que le compositeur aurait vécu quelque part sur le territoire que ces montagnes délimitent. L'extension de ce territoire est de toute façon telle que la réponse est pratiquement inutile ou dépourvue d'intérêt.

### 13. Hauma, dieu indo-iranien

Comme le dit son titre, le Hōm Stōd est «le texte de l'éloge (rituel) de Hauma». Hauma est tout à la fois une plante, un breuvage extrait des tiges de cette plante par pressurage et un dieu qui personnifie cette plante ou le breuvage qui en est tiré. Nous ignorons quelle était cette plante[48], mais nous savons que son usage rituel était probablement le fait de la plupart des peuples indo-iraniens : la littérature religieuse des Indiens védiques est en grande partie consacrée au *sóma-*, la même plante, le même breuvage sous son nom exactement superposable à l'avestique *haoma-*, et les Scythes amyrgiens portent un nom qui fait état chez eux de cet usage (*Amúrgioi* < v.-p. $h^a$*-u-ma-va-*$r^a$*-ga-*)[49].

Pour comprendre le contenu du Hōm Stōd, il est donc essentiel de savoir ce que vient faire le suc de cette plante dans l'économie générale du sacrifice indo-iranien. Toute cérémonie sacrificielle de quelque importance requérait le pressurage de cette plante. Pourquoi ? Quel rapport y a-t-il entre la mythologie du dieu védique Soma et la matière sacrificielle, c'est-à-dire le jus d'une plante que l'on pressure et dont, ensuite, on offre le suc aux dieux. Le fait mythique le plus fréquemment évoqué, si

---

[48] Sur les tentatives d'identification de cette plante, voir Houben 2003.

[49] Sur les noms de peuples indo-iraniens anciens, voir Pirart 1995a : 58 sqq.

ce n'est pas celui auquel il est toujours fait allusion dans le Veda, c'est le mariage de Soma avec la fille du Soleil[50]. D'autre part, les faits le plus fréquemment traités de manipulation rituelle concernant le Soma sont le pressurage, le filtrage et le coupage. On se posera donc nécessairement la question de savoir s'il existe un lien entre le mythe du mariage et les opérations de pressurage, filtrage et coupage.

Selon Duchesne-Guillemin[51], Zoroastre aurait proscrit le Hauma, mais l'Avesta récent l'aurait réadmis. Cette position dérive de celle que Zoroastre doit être un réformateur, voire un prophète. Je ne la partage pas : pour le dire, Duchesne-Guillemin se base sur les strophes gâthiques Y 32.14 et 48.10 où il semble effectivement être question du Hauma, mais ce qu'elles condamnent est, non le Hauma, mais bien le mauvais usage qu'en font les prêtres honnis.

### 14. La louange

Si le Yasna est une collection de textes empruntés à l'Avesta et ordonnés selon les nécessités rituelles[52], la place qu'y occupe le Hōm Stōd a peu de chance d'être significative pour ce qui est de son contenu. Le caractère arbitraire du dépeçage de l'Avesta est assez manifeste : l'arithmétique rituelle a primé sur le contenu et le Bagān Yašt n'a que trois hād parce que la préoccupation arithmologique lui a imposé cette quantité. C'est sans nul doute le même souci qui a donné au Hōm Stōd sa quantité de trois chapitres. Cependant, à la différence du Bagān Yašt dont le contenu n'évoque en rien le rituel du Yasna, le Hōm Stōd est lié à cette cérémonie sacrificielle en ce que le Hauma dont il traite en est la matière sacrificielle clé. Il n'en reste pas moins vrai que le Hōm Stōd ne

---

[50] Voir Pirart 1995-2000 : I 54 sq., 186 sq., 216 sq., 236 sq., 246 sqq., 250 sq., 261, 390 ; II 147, 150, 181, 227, 238, 255, 269, 269 n. 8. Le mythe est présent dans les Brāhmaṇa (e. g. AB 4.2.1-3).

[51] 1987 : 127-131.

[52] Semblable collection existait déjà à l'époque des premiers Sassanides (voir Darmesteter 1892-1893 : I lxxxviii). Le Nīrangestān y fait d'ailleurs allusion.

compte jamais que trois hād, ce qui, à première vue, est peu quand on sait que ce texte traite d'une matière sacrificielle aussi fondamentale que le Hauma. À cela s'ajoute que les textes de notre Avesta mentionnent relativement peu le Hauma ou n'y font aucune allusion[53].

Son titre de Hōm Stōm «Louange de Hauma» ou de Hōm Stōd[54] «Texte de la louange de Hauma»[55] correspond au fait que notre texte, pour ce qui est de ses parties en *staomi* «je loue», est d'un type exceptionnel parmi les textes avestiques que nous ayons conservés. Le seul autre texte en *staomi* est représenté par le fragment vieil-avestique *staomī aṣ̌əm* (Y 11.19) «je loue R̥ta» (cf. v.-av. *aṣ̌ā.staomiia-*), mais nous savons par le Yt 13.157 qu'il a dû exister des Stauma d'Ahura Mazdā et des Amr̥ta Spanta : ... *staomāca rāzarəca barəṇtu daθušō ahurāi mazdāi aməṣ̌anąmca spəṇtanąm* ...

Vu que des passages comme Yt 5.8 *kō mąm* *⁺stauuat̰*[56] *kō yazāite* ... «Qui va m'adresser la louange, qui m'offrir le sacrifice?» ou RS 6.47.15 || *ká īṁ stavat káḥ pr̥ṇāt kó yajāte* V «Qui va entonner sa louange, qui lui faire des offrandes, qui lui offrir le sacrifice?» montrent bien que la louange et le sacrifice sont des séquences rituelles distinctes, je pense qu'il y avait des textes de louange distincts de ceux qui étaient utilisés pour le sacrifice proprement dit et que l'indication des mss. que Y 9–11 est un Stōd doit être prise en considération. Les Yašt authentiques se caractérisent en effet par le retour périodique d'une phrase dont le verbe est une forme de √ *yaz* «offrir le sacrifice», le plus souvent *yazamaide*, ce qui n'est pas le cas de Y 9–11.

L'idée que Hauma est digne que la louange lui soit adressée, si l'on tient compte de l'opposition de *staomī aṣ̌əm*

---

53 Le mot est absent des textes vieil-avestiques.

54 Voir Geldner 1886-1896 : I 38b.

55 Sur le sens de *staota-* (Stōd), Pirart 1992 : 225 n. 1. Le *staota-* est le texte, la *stūiti-* l'action et le *staoma-* (Stōm) la séquence rituelle de la louange. Sur **yašta-* (Yašt), Pirart 1997a : 363–379.

56 Corriger *stauuāt̰* en *⁺stauuat̰* (Pirart 2003b : § 21, malgré Kellens 1984 : 92).

«je fais l'éloge de l'harmonie» (Y 11.19) et de *nāismī daēuuō*[57] «je décrie les démons» (Y 12.1), implique la négation de ce que la racine antonyme *nid* exprime. Or l'une des deux seules attestations du védique *anindyá-*[58] «qui ne doit pas être décrié » concerne Soma (RS 9.82.4). Il faut en conclure que la louange du Hauma doit avoir quelque importance ou quelque raison fondamentale.

S'il faut en croire la R̥gvedasaṁhitā et les textes avestiques, la cérémonie comportait plusieurs séquences verbales parmi lesquelles il faut compter, dans l'ordre, au moins la louange (*STU* :: √ *stu*) et le sacrifice (*YAJ* :: √ *yaz*). L'expression *staota- yesniia-* signifie littéralement «texte de louange relatif au sacrifice». Sans doute faut-il comprendre «texte de louange qui précède le texte qui accompagne le sacrifice offert». Les deux textes devaient se ressembler et, dans le cas du sacrifice offert à Hauma, cérémonie qui, soit dit en passant, pourrait être circulaire si le Hauma est la matière sacrificielle, ce serait la variante laudatoire qui aurait été conservée plutôt que la variante sacrificielle proprement dite. Comment savoir si le septième livre légal de l'Avesta sassanide envisageait ces deux séquences de la cérémonie ?

S'il n'est pas tout à fait certain que le HS et le Hōm Yašt primitifs avaient leur place dans le Bagān Yašt Nask, nous ignorons à fortiori quelle était cette place. Comme on voit, rien ne peut être tiré de la place du Hōm Stōd dans l'Avesta, qu'il s'agisse du nôtre (le RLL) ou de celui qui existait sous Šābuhr Ier : dans le premier cas, elle est la conséquence d'un souci arithmologique et, dans le second, elle est inconnue.

Le retour périodique d'un verbe est notamment attesté dans la RS pour le cas de l'appel et de la demande d'aide[59], et son antiquité, dans le cas du sacrifice proprement dit ou de l'usage de *yazamaide*, est garantie par le YH 37–39. Les Gāθā elles-mêmes illustrent le retour périodique d'un verbe de parole constituant la clé de définition du type textuel : *spəṇtəm aṯ θβā*

[57] Mis pour l'acc. pl.

[58] Sur quoi voir Pirart 1995-2000 : I 346.

[59] E. g. RS 1.112 (voir Pirart 1995-2000 : I 122).

*mazdā mə̄ŋhī ahurā* « Je fais état de la bonne opinion que j'ai de toi, ô Mazdā» (Y 43) est la marque d'un «avis» (manyu) ; *tat̰ θβā pərəsā* «je te pose cette question» (Y 44) est celle d'un «entretien» (frasā ou frašna).

Il n'est guère douteux que les Gāθā supposent l'existence de paroles sacrificielles et de louanges (cf. Y 34.6cc') et qu'il existait donc ce que j'appellerais des proto-yašt et proto-stōd. Sans doute est-on en droit de penser que le Stōd primitif était un texte dans lequel le verbe √ *stu* utilisé à la première personne du singulier ou du pluriel revenait périodiquement. Or, dans le HS, si le verbe √ *stu* est effectivement là, il ne l'est pourtant pas de cette façon caractéristique, périodique. Il est impossible de découper le texte en plusieurs mouvements tous introduits par une phrase basée sur le verbe √ *stu* conjugué à la première personne. On a donc l'impression d'avoir affaire à un Stōd imparfait, à un substitut faisant fonction ou à un texte qui aurait puisé certains de ses matériaux à un Hōm Stōd authentique.

### 15. Hauma est-il un Yazata ?

Il faut ajouter à cette incertitude que, Hauma étant la matière sacrificielle même du sacrifice offert aux dieux (Yt 5.8[60], 5.63[61], 8.15[62] ; cf. 10.120), il n'est pas à écarter que l'idée d'un sacrifice offert à Hauma soit absurde et à exclure[63]. Cela

---

[60] *kō mąm stauuāt̰ kō yazāite haomauuaitibiiō gaomauuaitibiiō zaoθrābiiō yaoždātābiiō pairi-aŋharštābiiō* «Qui me (= la déesse rivière céleste) louera? Qui m'offrira en sacrifice les libations de Hauma au lait, adéquates et filtrées?»

[61] *hazaŋrəm tē azəm zaoθranąm haomauuaitinąm pairiaŋharštanąm barāni* «je t'apporterai mille libations de Hauma filtré (à toi, ô déesse rivière céleste)».

[62] *kō mąm nūrąm frāiiazāite gaomauuaitibiiō haomauuaitibiiō zaoθrābiiō* «Qui donc m'offrira à présent (à moi Tištriya = Sirius) le sacrifice au moyen de libations additionnées de lait et de Hauma?»

[63] Au Y 7.26 *haoməmca ... yazamaide*, le sacrifice n'est pas offert à Hauma, la construction de √ *yaz* devant être de l'autre modèle : il ne faut pas rendre le syntagme par «nous offrons le sacrifice à Hauma», mais par «nous consacrons le Hauma comme matière sacrificielle». Un débat brāhmaṇique

signifierait que, primitivement, n'existait aucun Hōm Yašt et que celui (Yt 20) qui est arrivé entre nos mains ne serait jamais qu'une création secondaire, visant à honorer Hauma en tant qu'associé du patron de l'un des jours du mois.

Un cas tout à la fois différent et semblable est celui du Feu, divinité clé de toute activité rituelle. Ātr̥, le dieu feu, n'est honoré par aucun Yašt, mais il existe un Ātaš Niyāyišn, un texte destiné à accompagner l'installation du Feu dans sa charge et dans ses prérogatives sacerdotales[64]. Le Feu étant un intermédiaire obligé, pouvait-il, dans le sacrifice, jouer ce rôle entre lui-même et l'orant ? Autrement dit, un Ātaš Yašt a-t-il pu exister ? était-il pensable ?

Hauma, par contre, s'offre lui-même en sacrifice (Yt 9.17 *tąm yazata haomō*; Yt 10.88 et Y 57.19 *yim yazata haomō*) à d'autres dieux (la déesse Druva-aspā, les dieux Miθra et Srauša)[65]. Hauma n'est donc peut-être pas à considérer comme un Yazata au sens strict[66]. Par contre, il est, comme Soma, l'objet de la louange.

---

concernant le statut d'Agni et de Soma par rapport aux autres divinités est attesté : ŚBM 1.6.3.18 sqq.

[64] Le mot *niyāyišn* dérive probablement de av. *nī*+√ *dā* = véd. *ní DHĀ* «installer dans une fonction». Cf. RS 6.15.15 [V] *ní tvā dadhīta ródasī yájadhyai* | «(Ô Agni,) qu'on t'installe pour que tu sacrifies aux deux Rodas!» ; 3.29.4 | *jā́tavedo ní dhīmahy* [V] *ágne havyā́ya vóḻhave* || «Ô Agni, toi qui connais les générations des dieux, puissions-nous t'installer pour que tu transportes l'offrande!» Le vieux-perse *a-ç-i-y-a-di-i-y-*, nom d'un mois, ne peut faire argument pour dire qu'un Ātaš Yašt est pensable : le sandhi que l'on invoque pour une étymologie par ii. **ātr̥*+√ *i̯aź* (Kent 1953) est inacceptable, la composition exigeant un sandhi externe (Kellens 1990 : 118 sq.).

[65] Le fait est-il attesté pour Soma dans la RS en 9.74.2c *sémé mahī́ ródasī yakṣad āvŕ̥tā*?

[66] Si la RS donne pourtant bien l'épithète correspondante de *yajatá-* «digne que lui soit offert le sacrifice» à Soma (8.17.15, 9.69.3, 9.86.14), il faut remarquer que le mot *sóma-* ou l'un de ses synonymes ne sont jamais, dans la RS, le complément à l'acc. de *YAJ*, si ce n'est en 10.66.7 qui est une exception compréhensible : || *agnī́ṣómā* ... [V] ... | *yā́v ījiré vŕ̥ṣaṇo devayajyáyā* [V] «Agni et Soma que les mâles (Marut) ont pour rôle de consacrer dans leurs fonctions

Cela n'invite pas nécessairement à situer le Hōm Stōd hors du Bagān Yašt Nask : le Dēnkard précise que, en plus du culte (*yašt*) d'Ahura Mazdā et des autres divinités visibles et invisibles qui ont donné leurs noms aux jours du mois, le Bagān Yašt Nask avait aussi pour objet le soin qu'on prête et les prières qu'on adresse aux autres divinités qui sont invoquées en grand nombre et nommément dans le sacrifice[67].

### 16. Hauma symbole de l'âme

Pour comprendre l'importance du **sáuma-* dans la philosophie religieuse des Indo-Iraniens, il convient de faire un détour par une réflexion sur le sacrifice humain[68]. Tout d'abord, assez logiquement, les dieux, s'ils sont spirituels, ne peuvent consommer ce qui est matériel. Il faut donc extraire le spirituel du matériel et le leur envoyer. La victime, qui leur a été consacrée ou sacrifiée, devra donc être immolée afin de séparer son âme ou partie spirituelle de son corps ou partie matérielle. Ensuite, la personne qui désire rendre un culte solennel à la divinité, c'est-à-dire celui qui paiera les frais d'organisation d'une cérémonie religieuse et qui engagera les services de prêtres, devra, avant que la cérémonie sacrificielle proprement dite n'ait lieu, se préparer à entrer dans le sacré. Cette personne, «le sacrifiant» (véd. *yájamāna-*), qui est à distinguer des officiants (véd. *r̥tvíj-*) qui, eux, appartiennent pour ainsi dire déjà à l'univers sacré en raison même de leur appartenance à la caste sacerdotale, cette personne doit donc être admise dans le sacré, être consacrée, «sacrifiée». Bien sûr, on ne fera que la «sacrifier», on ne l'immolera pas.

La mise en condition du yajamāna indien, son initiation, sa purification, ses ablutions, son observance en matière d'alimentation par exemple, sa consécration, tel est le vrai

---

sacrificielles respectives vis-à-vis des dieux» est un passage qui illustre plutôt l'autre modèle de la construction de *YAJ*. Remarquons qu'Agni est parfois donné, comme Soma, pour le sacrifié (e. g. 6.11.2cd où il est sacrifié à lui-même par lui-même).

67 Voir Sanjana 1916 : 36 ; Darmesteter 1892-1893 : II xxvii.

68 Pirart 1996 : 1–36.

«sacrifice», comme l'a bien souligné Malamoud[69], tandis que la suite de la cérémonie, le gros de la cérémonie, qui passe pour être la cérémonie proprement dite, au cours de laquelle un végétal sera pressuré ou un animal immolé, constitue une sorte d'ersatz : les dieux accepteront que le «sacrifiant» soit remplacé par une plante ou une victime animale. On leur adressera le jus enivrant de cette plante, son ivresse ou partie spirituelle, en lieu et place de l'âme du yajamāna. Lors de sa consécration (véd. *dīkṣā-*), le yajamāna, c'est-à-dire le commanditaire de la cérémonie sacrificielle, est annoncé aux dieux comme si c'était lui qui allait leur être envoyé, leur être immolé. Nous savons, par Strabon, que les Iraniens sacrifiaient des vaches, les immolaient pour n'envoyer aux dieux que l'âme de ces bestiaux. Cette donnée est confirmée par l'Avesta lui-même. Il faut alors se demander comment s'articule le sacrifice et l'immolation d'une vache avec le sacrifice et l'immolation symbolique de l'homme. On s'interrogera aussi sur les buts de ce double sacrifice, sur son utilité, sur sa raison d'être.

Si nous nous penchons sur le traitement qui, selon les textes, est réservé à cette plante, possible ersatz de l'homme, que les Iraniens appelaient Hauma et les Indiens Soma, le mécanisme ou la conception qui fonde le sacrifice peut être décryptée. La plante est lavée, pressurée ; son jus est ensuite filtré et additionné du lait d'une vache. Un peu de sève de grenadier fera cailler le mélange ou, du moins, l'épaissira : le suc de Hauma et le lait seront ainsi intimement unis. Dans l'au-delà, le troisième jour après la mort qui, en définitive, est une immolation, l'âme du défunt, nous explique un passage de l'Avesta, voit venir à sa rencontre une jeune femme particulièrement belle, à l'image de la beauté ou de la pieuse correction avec laquelle ce fidèle aura observé et accompli les rites de son vivant. Cette jeune femme représente la conscience religieuse (*daēnā-*) qui fut celle de ce fidèle.

Détail important : elle est à peu près immédiatement enceinte. Sans doute des œuvres de l'âme du défunt. Or, la vache que l'on immole est, elle aussi, une vache pleine. Il est

---

[69] 1989 : 61, 77, 105 sq., 214.

donc bien clair qu'un parallélisme doit être tracé entre les trois paires suivantes : l'homme pieux et la vache sacrificielle, le jus de Hauma et le lait, l'âme et la jeune femme en question.

L'âme de la vache est symbolisée par son lait et celle de l'homme pieux par le jus de Hauma. Le précipité de leur mélange est à l'image de la fécondité de la vache et de la jeune femme, faut-il comprendre : un fils devra naître dans l'au-delà tout comme l'homme pieux aura eu soin d'avoir, en ce monde, des fils. Ceux-ci, en effet, ont un rôle fondamental dans le processus : à la mort de leur père, ils assureront la relève, poursuivront la suite des cérémonies cultuelles, faisant ainsi du monde sacré que les pratiques rituelles et la piété de leur père avaient charpenté un monde continué, continu, éternel. Nous voyons ainsi comment la cérémonie sacrificielle, comment le continuum espace-temps du rite est la préfiguration d'une existence éternelle dans l'au-delà. L'âme de la vache ou le lait de la vache, ce qui semble revenir au même, et, d'autre part, le suc de Hauma sont eux aussi des préfigurations. Envoyés aux dieux moyennant le pressurage et l'immolation, ils occupent dans l'au-delà les places que, lors de cet ultime sacrifice qu'est la mort, viendront occuper l'âme du sacrifiant et sa conscience religieuse. Les pratiques religieuses ont donc pour fonction de produire des substituts qui préparent dans l'au-delà la venue et la vie éternelle et fructueuse de l'âme. L'ivresse de Hauma, dans l'autre monde, pourrions-nous dire, réserve la place que l'âme du fidèle compte y occuper aux côtés des dieux. Voilà pourquoi le sacrifiant est sacrifié.

La jeune femme que, selon les conceptions iraniennes, l'âme du défunt rencontrera dans l'au-delà sera donc mère d'un fils. Qui est donc ce fils de l'âme? Je crois que les fils des âmes pieuses sont à reconnaître sous le nom de Saušyant[70], ces êtres qui, à la fin des temps, auront grossi les rangs des armées d'Ahura Mazdā et pourront alors avoir définitivement raison des forces ténébreuses. Le plus insigne des Saušyant est bien évidemment le fils de l'âme de Zaraduštra, l'homme pieux par

---

[70] Voir Lexique.

excellence, puisque c'est lui qui passe pour avoir donné au rituel sa forme le plus adéquate, sa forme correcte.

Le monde éternel et spirituel s'appuie ainsi sur le monde matériel où le rituel parvient à combattre le mal et les ténèbres sur leur propre terrain. Le rituel soustrait le spirituel au matériel et en frustre les forces ténébreuses. La mort en devient cosmologiquement utile à la victoire définitive du bien. L'homme est sacrifié pour que son âme, par de fructueuses amours, accroisse les forces lumineuses et que la fin des temps soit aussi la fin des ténèbres.

La seule étymologie mystique du mot *sóma-* que les textes brāhmaṇiques conservés (ŚBM 3.9.4.22)[71] nous livrent confirme que Soma est l'ersatz de l'âme : «Maintenant, la raison du nom de *soma.* (Soma), quand, au commencement, il devint offrande faite aux dieux, considéra : "Non! Il ne faut pas que je sois offrande faite aux dieux de tout mon être!" Ce qui de lui était le corps très exquis, il le mit en lieu sûr. Or, les dieux triomphèrent (des démons). Ils dirent (à Soma) : "Va rechercher ton corps de sorte que, par ce corps, tu sois offrande!" (Soma, ne pouvant que s'exécuter suite à leur triomphe, dut) aller le rechercher bien loin, (mais il se fit alors cette réflexion :) "Et dire que ce (corps) **m'**appartient **en propre**!" (Le fait qu'il s'était fait cette réflexion) explique pourquoi il porte le nom de *soma*». L'étymologie que le texte propose est que *sóma-* dérive de *svá- ... me* «propre de moi».

Autre confirmation : dans l'énumération des épouses des dieux qui constitue l'une des séquences préparatoires de l'Agniṣṭoma, le dieu Soma a pour épouse Dīkṣā, c'est-à-dire la déification de la séquence au cours de laquelle le sacrifiant est sacrifié. Soma, immolé en lieu et place de l'homme, lui ressemble : le sacrifice de Soma compte neuf pressurages parce

---

[71] *átha yásmāt sómo nā́ma | yátra vā́'eṣó'gre devā́nām̐ havír babhū́va tád dhekṣā́ṁ cakre màivá sárveṇevātmánā devā́nām̐ havír bhūvam íti tásya yā́ júṣṭatamā tanū́r ā́sa tā́m apaní dadhe tád vái devā́ aspṛṇvata té hocur úpaivàitā́ṁ prá vṛhasva sahàivá na etáyā havír edhī́ti tā́ṁ dūrá'ivopaprā́vṛhata svā́ vái ma'eṣéti tásmāt sómo nā́ma* || 22 ||. Voir Minard 1949-1956 : I § 378.

que l'homme à la place de qui il est immolé comporte neuf orifices et, partant, sans pourtant qu'il faille se livrer à une vérification de l'opportunité de pareil nombre, neuf fonctions ou parties immortelles à extraire de sa matière mortelle. Le grand dieu lui-même, s'il est là-bas, ne peut qu'avoir été immolé. Le monde, qui n'est autre que sa matière, résulte ainsi d'un sacrifice primordial.

Le mariage met les époux en condition de sacrifier, c'est-à-dire d'installer un monde sacré, et les funérailles introduisent à l'au-delà[72]. On s'attendra à ce que, dans l'au-delà, l'âme se marie afin d'être en condition d'installer ou de maintenir son éternité tout comme le mariage avait fait de l'adorateur un homme capable d'offrir le sacrifice. Le mariage de Soma avec Sūryā, qui est le modèle de tout mariage, dans la mesure où les Gṛhyasūtra (manuels des rites domestiques) exposent pour cette cérémonie quelle est l'importance de recourir à la récitation des strophes du Sūryāsūkta ou «poème (du mariage) de Sūryā» (RS 10.85), doit symboliser ce mariage de l'âme. Cependant, rien n'est dit, à ma connaissance, de l'épouse de l'âme du défunt. Ce mariage est préparé, préfiguré, dans la cérémonie sacrificielle, par cette manipulation dont font si souvent état les textes et qui consiste en le mélange du suc de Soma avec le lait de la vache. Dans les Yašt[73], le Hauma entre également avec le lait dans la composition de la matière oblatoire (*haomauuaitibiiō gaomauuaitibiiō zaoθrābiiō*)[74].

Le début du Hōm Stōd a une allure similaire à celui du fragment H 2 du Hādōxt Nask, un texte qui concerne le vécu de l'âme les premières nuits après la mort. L'âme rencontre sa promise qui en est immédiatement enceinte. Cette promise n'est autre que sa propre conscience religieuse, sa propre Dainā (*daēnā-*)[75]. Celle-ci représente la façon dont le sacrifiant a eu

[72] Voir Malamoud 1989 : 60.

[73] Yt 5.8,63, 8.15, Ny 1.16. Aussi N 76.

[74] Ailleurs, le nombre des ingrédients est plus élevé : eau, hauma, lait et sève de grenadier (Y 3.3, 7.3, 22.1,2, 66.1, 68.1, V 14.4, Vr 11.4).

[75] Je renonce à l'étymologie de *daēnā-* par la racine √ *dī* «voir» et me rallie à l'ancienne proposition qui rapproche le mot de védique *dhénā-*: voir

conscience de ses devoirs religieux et a voulu s'en acquitter. Il faut donc envisager un parallélisme entre la préparation du Hauma dans la cérémonie et celle de l'âme par la mort : le Hauma est uni au lait comme l'âme (*uruuan-*) s'unit à la Dainā.

La purification du sacrifiant védique lors de sa consécration initiatique (*dīkṣā-*) avant le sacrifice peut être comparée avec la clarification du jus de Soma, son filtrage. Or, la strophe RS 9.69.3 rassemble cette clarification de Soma et son désir de trouver épouse. Cette épouse y est appelée «petite-fille d'Aditi» (*naptī́- áditeḥ*), personnage qui, donc, ne saurait être distinct de Sūryā, la fille de l'Āditya Soleil.

Immolé, Hauma/Soma n'a plus de corps, plus de sensibilité. Est-ce la raison pour laquelle la portion de l'animal sacrifié qui lui est offerte est, entre autres, constituée des oreilles et de la langue qui, en dernière analyse, sont les organes qui permettent d'écouter et de se faire entendre, écouter et faire entendre les hymnes qui doivent donner au monde sacré sa structure tout comme l'âme prononce l'Uštavatī Gāθā pour donner une forme sensible à son existence éternelle.

Que ces organes soient accompagnés de l'œil gauche de la victime, s'il est, comme on peut le penser, l'œil qui regarde vers le Nord, c'est une donnée à rapprocher du fait que, dans l'AB 1.2.2, le Nord est la région dont la garde est attribuée à Soma. Il n'est sans doute pas inintéressant de souligner que le frère de Sūryā n'est autre que Yama[76], le souverain des morts, et qu'Héraclite a dit que Dionysos et Hadès ne faisaient qu'un[77].

La louange et les textes sacrés que l'on récite, par leur sonorité, structurent l'existence de Hauma au delà de son immolation. La portion sacrificielle qui lui est réservée est faite des oreilles, de la langue, des mâchoires et de l'œil gauche de la victime animale, sans doute pour lui rendre l'ouïe, la parole et les facultés de manger et regarder.

---

Lexique.

[76] Est-il exclu que la soeur jumelle (véd. *yamī́-*) de Yama soit identique à Sūryā? Voir Pirart 2003a: 155 n. 83.

[77] Fragment 15.

# TEXTE ET TRADUCTION

**Avertissements**

Les notes, que le travail de Josephson permet de limiter, ne concernent généralement que des choix de leçons ou de formes, les quelques discussions grammaticales étant le plus souvent rejetées au Lexique.

Le texte est divisé en chapitres (pehl. *kardag*) en accord avec la tradition manuscrite et en paragraphes en suivant Geldner, mais j'introduis de commodes divisions (sous-paragraphes et lignes) à l'intérieur des paragraphes et les regroupe en «morceaux». Ceux-ci, dont les limites sont justifiées dans le Commentaire, correspondent souvent aux ensembles qui, chez Geldner, sont délimités par la ponctuation forte °₀° que, de toutes façons, je reproduis.

Les propositions de Hoffmann[1] sont adoptées pour les distinctions à opérer entre *ŋ*, *ŋ́* et *ŋ*ᵛ, entre *š*, *š́* et *ṣ̌*. Les signes pour *n* mouillé et *m* aspiré, d'une existence trop évanescente, n'ont pas été retenus.

[1] 1975-1992 : I 321 sq.

# Hōm Stōd[2]
# Éloge de Hauma

**Chapitre I**

**Premier morceau**

Y 9.1.1.

[ zōṯ u rāspī .·. ]

*hāuuanīm ā ratūm* [*ā*[3]] <...>

[ Tous les officiants[4]: ] <Nous nous> a<dressons> au Ratu Hāvani.

**Deuxième morceau**

Y 9.1.2.

a. *haomō*[5] *upāit̰ zaraθuštrəm*
b. *ātrəm pairi*[6] *yaoždaθəṇtəm*[7]
c. *gāθā̊sca*[8] *<fra>srāuuaiiaṇtəm*[9] .·.

Hauma vint à Zaraduštra

---

[2] Sur ce titre pehlevi, voir Introduction 4.

[3] Répétition diascévastique du préverbe et ablation abusive du verbe <*mrūmaide*>? Cf. Y 13.1. Les traductions médiévales font de cette ligne un complément circonstanciel de temps de Y 9.1.2. Selon Bartholomae, *ā* est un préverbe en combinaison avec *upāit̰*, mais c'est un ordre de succession inadmissible des préverbes *ā* et *upa*.

[4] L'indication en pāzand (moyen iranien tardif, fort proche du persan, écrit avec les signes employés pour l'avestique) nomme deux officiants qui l'un, *zōt* en pehlevi, est l'héritier du *zaotar* avestique et l'autre, *rāspīg* en pehlevi, s'est substitué à l'ensemble des autres officiants anciens.

[5] C'est bien un début de texte puisqu'il n'y a pas de particule *āat̰*.

[6] La préposition *pairi*, employée ici absolument, sous-entend un ablatif. Bartholomae y voit le préverbe.

[7] La thématisation en °*a*- du thème de présent est-elle primaire ou secondaire?

[8] À corriger en ˣ*gāθβā̊sca* ? Voir Commentaire métrique de Y 10.19.3.

[9] Contre les traductions médiévales et, donc, antérieurement à leur réalisation, il faut, sur base de N 33 (15.1) et 72, envisager une haplographie approximative ˣ*frasrā°* > *srā°*.

alors que celui-ci était occupé à nettoyer l'(autel du) feu de (quelques impuretés)
et <ré>citait les Gāθā.

Y 9.1.3.
*ā*[10] *dim pərəsat̰ zaraθuštrō* .·.
Zaraduštra lui fit cette question :

Y 9.1.4.
a. *kō narə* ⁺*ahi*[11] *yim*[12] *azəm* (cf. H 2.10.2a, Vyt 57.2a)
b. *vīspahe aŋhə̄uš astuuatō*[13] (= Yt 8.54d; cf. Yt 1.2e, 19.79.2a, etc.)
c. *sraēštəm dādarəsa*[14] (cf. H 2.10.2c, Vyt 57.2c)
d. *$x^{v}$ahe*[15] *gaiiehe* (cf. Yt 8.11g, 10.55g)
e. *$x^{v}$anuuatō aməṣ̌ahe*[16] .·. (= Yt 8.11h, 10.55h)
Qui es-tu, seigneur, pour être,

---

[10] Sandhi pour *āat̰*.

[11] Geldner *ahī*, mais il est vrai que c'est avec la majorité des mss. Après ce mot, le commentaire pehlevi contient une citation avestique: Y 9.1Ca *miθrō.ziiāt̰ zaraθuštrəm* «loin de celui qui prive Miθra (de la part sacrificielle qui lui revient), à Zaraduštra» ou «loin de celui qui fait dévier l'échange (que le rituel établit entre les mondes), à Zaraduštra». Cf. Yt 10.82.2c.

[12] Geldner commence avec ce mot une nouvelle ligne qui s'achève avec *aŋhə̄uš*.

[13] Geldner rejette ce mot à la ligne suivante.

[14] La longue est secondaire.

[15] Les lignes de n'en font qu'une chez Geldner. L'adjectif possessif réfléchi *$x^{v}$ahe* devant en principe renvoyer au sujet, je ne puis accepter le statut grammatical que Josephson, inspirée par les versions médiévales, donne à cette fin de phrase: «with your own radiant immortal life».

[16] Après ce mot, le commentaire pehlevi contient une citation avestique: Y 9.1Cb *amərəza gaiiehe stūna*. Cette citation est inséparable du Yt 10.71.2d *mərəzuca stūnō gaiiehe* «et le cou "Colonne de vie"» (trad. Tremblay 1999 : 206), mais la forme *amərəza* reste mal explicable à partir de *mərəzu-* et, dans le passage parallèle, *stūnō* serait à corriger en $^{\times}$*stūna* sur base du védique *sthū́ṇā-* et du vieux perse stūnā-.

de toute l'existence osseuse,
(physiquement) le plus beau que j'aie vu
(et le plus beau que j'aie vu) de ma propre vie
ensoleillée et immortelle ?

Y 9.2.1. (= Y 9.4.1, 9.7.1, 9.10.1, 9.13.1)
a. *āat̰ *hē*[17] *aēm* ⁺*paiti.aoxta*[18] (cf. V 2.3.3a, 2.5.1a)
b. [ *haomō aṣ̌auua dūraošō* ][19] ∴ (= Y 9.2.2b; cf. Y 11.3.2f)
Alors celui-ci lui répondit[,
le r̥tavan Hauma durauša[20]] :

Y 9.2.2.
a. *azəm ahmi zaraθuštra*
b. *haomō aṣ̌auua dūraošō* ∴ (= Y 9.2.1b)
Moi, ô Zaraduštra, je suis
le r̥tavan Hauma durauša.

Y 9.2.3.
a. *ā mąm*[21] *yāsaŋ$^v$ha spitama*
b. *frā mąm*[22] *hunuuaŋ$^v$ha*[23] *x$^v$arətōe*
c. *aoi*[24] *mąm*[25] *staomaine stūiδi*

---

[17] Geldner *mē*. L'erreur peut avoir été favorisée par la ressemblance des signes pehlevis pour *m* et *h*. Les traductions médiévales suivent le texte erroné.

[18] Geldner *paitiiaoxta*.

[19] L'anticipation sur le nom complet de Hauma ne me paraît pas la bienvenue après l'emploi de *aēm*. Sans doute la diascévase scolaire a-t-elle voulu expliciter ce pronom. H 2.11.1 *āat̰ hē paiti.aoxta yā hauua daēna* et A 4.6.1 (= H 1.2.1, etc.) *paiti šē aoxta ahurō mazdā̊* sont les exemples de la situation normale.

[20] Sur l'épithète *dūraoša-*, voir le Commentaire.

[21] Mis pour **mā*.

[22] Mis pour **mā*.

[23] La thématisation en °*a-* de ce thème de présent sans doute est-elle primaire.

[24] **auuat̰* corrélatif de *yaθa* ? Car *aiβi*+√ *stu*, dont le correspondant

d. *yaθa mā aparacit̰ saošiiaṇtō stauuąn*[26] ∴.

Cueille-moi, ô descendant de Spitāma !

Fais de moi une boisson en me pressurant !

Adresse-moi la louange pour qu'on me l'adresse de la même façon

que le feront les futurs Saušyant!

**Troisième morceau**

Y 9.3.1. (= Y 9.16.1, 10.17.1, 11.8.1, Yt 1.5.1, 3.2.1, etc.)

*āat̰ aoxta zaraθuštrō* ∴.

Alors Zaraduštra dit :

Y 9.3.2. (= Y 9.16.2, 10.17.3, 11.8.3; cf. Y 10.13.1a,2a, 10.17.2a, 11.8.2a, Yt 17.5.2a)

[ *nəmō haomāi* ∴. ]

[ Hommage à Hauma ! ]

Y 9.3.3.

a. *kasə θβąm*[27] *paoiriiō haoma mašiiō*

b. *astuuaiθiiāi*[28] *hunūta* +*gaēθaiiāi*[29] ∴. (= Y 9.6.1b, 9.7.2b, 9.9.1b, 9.10.2c, 9.12.1b, 9.13.2b)

Ô Hauma, quel est le mortel qui, le premier

du monde osseux, te pressura ?

Y 9.3.4. (= Y 9.6.2, 9.9.2, 9.12.2)

a. *kā ahmāi*[30] *ašiš ərənāuui*[31]

---

RS est assez rare, ne serait pas autrement attesté en avestique.

[25] Mis pour **mā*.

[26] Graphie préservatrice de la voyelle du morphème de subjonctif (graphie du type I ?): < lo. stavan. Un autre exemple de ce type de graphie est ˣ*xᵛairiiąm* (Y 9.4.4d).

[27] Mis pour **θβā*.

[28] Mis pour le génitif ou fautif pour le génitif (cf. Yt 13.89.3a *yō paoiriiō stōiš astuuaiθiią̊*). Le datif est mal compréhensible vu la voix moyenne du verbe (contre Hintze 2000 : 273).

[29] Geldner *gaēθiiāi*.

[30] Pourquoi la forme tonique du pronom? Aussi e. g. Vyt 46.

b. *cit̰*[32] *ahmāi jasat̰*[33] *āiiaptəm* ∴.
Quelle chance (= Ārti) lui arriva-t-il ?
En quoi fut-il accédé à sa demande de faveur ?

Y 9.4.1. (= Y 9.2.1)
a. *āat̰* **hē aēm* $^{+}$*paiti.aoxta*
b. [ *haomō aṣ̌auua dūraošō* ] ∴.
Alors celui-ci lui répondit[,
le r̥tavan Hauma durauša] :

Y 9.4.2.
a. *vīuuaŋ*$^{v}$*hå mąm*[34] *paoiriiō maṣ̌iiō*
b. *astuuaiθiiāi hunūta* $^{+}$*gaēθaiiāi* ∴. (= Y 9.3.3b)
Le mortel qui, le premier du monde osseux,
me pressura fut Vivahvant.

Y 9.4.3.
a. *hā ahmāi aṣ̌iš ərənāuui* (= Y 9.7.3a, 9.10.3a, 9.13.3a)
b. *tat̰ ahmāi jasat̰ āiiaptəm* (= Y 9.7.3b, 9.10.3b, 9.13.3b)
c. *yat̰ hē puθrō us.zaiiata* (= Y 9.7.3c; 9.10.3c)
d. *yō yimō xšaētō huuąθβō* (= Yt 15.15.1b, V 2.20.2d, 2.21.2b)
e. *x*$^{v}$*arənaŋ*$^{v}$*hastəmō*[35] *zātanąm* (= Yt 15.16.3b)
f. *huuarə.darəsō maṣ̌iiānąm* ∴. (= Yt 15.16.3c)
La chance qu'il lui arriva
et la demande de faveur à laquelle il lui fut accédé
furent qu'il lui naquit un fils :
le splendide Yama aux bons troupeaux
qui, de tous les mortels nés (jusqu'ici), fut le plus pourvu du hvarnah

---

[31] Économie du préverbe **ā* pour le verbe en raison de sa présence dans le substantif.

[32] Mis pour **kat̰*? Emploi du pronom en lieu et place de l'adjectif.

[33] Économie du préverbe **ā* pour le verbe en raison de sa présence dans le substantif.

[34] Mis pour **mā*.

[35] Voir Lexique.

et était (le seul qui eût) l'aspect du Soleil,

Y 9.4.4.
a. [36]*yat̰ kərənaot̰ aŋ́he xšaθrāδa* (cf. Yt 15.16.4a, 19.32.2a)
b. +*amarəšəṇta*[37] *pasu.vīra*[38] (= Yt 15.16.4b, 19.32.2c)
c. *aŋhaošəmne āpa.uruuaire*[39] (= Yt 15.16.4c, 19.32.2d)
d. ×*xᵛairiiąm*[40] *xᵛarəθəm ajaiiamnəm*[41] .·. (= Yt 15.16.4d; cf. Yt 13.50.2b, 19.32.2b)

(Yama) qui, du fait de l'emprise rituelle qu'il (exerçait sur les dieux), rendit
la tête de bétail et le héros[42] immortels,
affranchit rivière et végétal de la sécheresse
et fit que la nourriture comestible fût inépuisable.

Y 9.5.1. (= Yt 15.16.5; cf. V 2.5.3)
a. *yimahe xšaθre auruuahe* (cf. Yt 19.33.1a)
b. *nōit̰ aotəm*[43] *å̊ŋha nōit̰ garəməm* (= Yt 19.33.1b)
c. *nōit̰ zauruua å̊ŋha nōit̰ məraiθiiuš* (= Yt 19.33.1c)

---

[36] Rédaction incorrecte pour ***yō ākərənaot̰ huxšaθrō*? Car, la présence, corroborée par les traductions médiévales, d'un même être à deux cas distincts au sein d'une seule et même proposition (le sujet de *kərənaot̰* et *aŋ́he*) est grammaticalement inacceptable. Voir Commentaire métrique.

[37] Geldner *amarṣ̌əṇta*; Bartholomae +*amaršaṇta*; Josephson, Hintze (1994), Humbach & Ichaporia (1998) +*amarəšaṇta.*

[38] Geldner en deux mots. Dvandva (Bartholomae).

[39] Geldner en deux mots. Dvandva (Bartholomae).

[40] Geldner *xᵛairiiąn*. Adjectif verbal en *-iia-* à l'acc. nt. sing. (cf. trad. pehl. *xvarišn xvarān* «nourriture à manger», scr. *kṣudhitānāṁ khādyam* «nourriture pour ceux qui veulent manger»). Graphie préservatrice en °*ą*° (graphie du type I ?).

[41] Bartholomae +*ajiiamnəm*. Graphie °*ai*° de *°*ī*°.

[42] Traduction conventionnelle: il s'agit en réalité du fils arrivé à l'âge d'être capable de suivre et de défendre les troupeaux de son père.

[43] S'il faut tenir compte du V 2.5.3, il n'est pas exclu que les nt. *aotəm* et *garəməm* soient mis pour des masculins **aotō* ... **garəmō* sous-entendant *vātō* «le vent».

d. *nōit̰ araskō daēuuō.dātō*[44] .·. (= Yt 19.33.1d)

Quand l'ūrva Yama exerçait l'emprise rituelle (sur les dieux),

il n'y eut ni (vent) froid ni (vent) chaud,

il n'y eut ni vieillesse ni mort

ni convoitise instiguée par le Daiva.

Y 9.5.2.

a. *paṇca.dasa fracarōiθe*[45]

b. $^{\times}$*ptā*[46] *puθrasca raoδaēšuua* [*katarascit̰*][47]

c. *yauuata xšaiiōit̰*[48] *huuąθβō*

d. *yimō vīuuaŋ*$^{v}$*hatō puθrō* .·.

L'âge[49] de quinze ans

gardaient père et fils, [l'un comme l'autre,]

tant que(, sur les dieux,) exerça l'emprise rituelle l'(homme) aux bons troupeaux,

Yama fils de Vivahvant.

Y 9.6.1.

a. *kasə θβąm*[50] *bitiiō haoma maṣ̌iiō*

b. *astuuaiθiiāi hunūta* $^{+}$*gaēθaiiāi* .·. (= Y 9.3.3b)

Ô Hauma, quel est le mortel qui, le deuxième

du monde osseux, te pressura ?

Y 9.6.2. (= Y 9.3.4)

a. *kā ahmāi aṣ̌iš ərənāuui*

b. *cit̰ ahmāi jasat̰ āiiaptəm* .·.

---

[44] Le premier terme de ce composé est senti comme un pluriel par le traducteur pehlevi (*dēvān-dād*). La traduction sanscrite reproduit le composé. Comme sa fréquence l'oppose à *mazdaδāta-*, j'avance l'hypothèse que son premier terme représente Ahra Manyu.

[45] Mis pour **fracaraētəm*.

[46] Geldner *pita*. Voir Lexique.

[47] Voir Commentaire métrique.

[48] Mis pour **xšaiiat̰* (contre Kellens 1995a : 47 n. 62).

[49] Littéralement «parmi les âges».

[50] Mis pour **θβā*.

Quelle chance lui arriva-t-il ?
En quoi fut-il accédé à sa demande de faveur ?

Y 9.7.1. (= Y 9.2.1)
a. *āaṯ *hē aēm ⁺paiti.aoxta*
b. [ *haomō aṣ̌auua dūraošō* ] .·.
Alors celui-ci lui répondit[,
le r̥tavan Hauma durauša] :

Y 9.7.2.
a. *āθβiiō mąm*[51] *bitiiō maṣ̌iiō*
b. *astuuaiθiiāi hunūta ⁺gaēθaiiāi* .·. (= Y 9.3.3b)
Le mortel qui, le deuxième du monde osseux,
me pressura fut Āθpiya.

Y 9.7.3.
a. *hā ahmāi aṣ̌iš ərənāuui* (= Y 9.4.3a)
b. *taṯ ahmāi jasaṯ āiiaptəm* (= Y 9.4.3b)
c. *yaṯ hē puθrō us.zaiiata* (= Y 9.4.3c)
c'. <*vīsō.puθrō*[52] *āθβiiānōiš*> (= Yt 5.33b, 15.23b, 17.33b, 17.35b, 19.36.2b)
d. *vīsō sūraiią̊ θraētaonō* .·. (= Yt 5.33c, 15.23c, 17.33c, 17.35c, 19.36.2c)
La chance qu'il lui arriva
et la demande de faveur à laquelle il lui fut accédé
furent qu'il lui naquit un fils,
le <prince> Θrāitauna
du clan opulent <des Āθpiyāna>,

---

[51] Mis pour **mā*.

[52] Geldner en deux mots. La ligne c' est à restituer sur base des parallèles, mais contre les traductions médiévales qui, en outre, sont ici divergentes: *vīsō sūraiią̊* est traité comme un composé qualifiant *θraētaonō* et signifiant pehl. *abzār-vis* «of powerful clan» (trad. Josephson) ou scr. *veśmaśastraḥ* «possessing weapons in (his) house» (trad. Unvala).

Y 9.8.1. (= Yt 14.40.2, 19.37.1)

a. *yō janat̰*[53] *ažīm dahākəm* (cf. Yt 5.34.3b, 9.14.2b, 15.24.3b, 17.34.3b)

b. *θrizafanəm θrikamərəδəm* (= Yt 5.34.3c, 9.14.2c, 15.24.3c, 17.34.3c)

c. *xšuuaš.ašīm*[54] *hazaŋrā.yaoxštīm*[55] (= Yt 5.34.3d, 9.14.2d, 15.24.3d, 17.34.3d; cf. Yt 19.35.2c)

(Θrāitauna) qui frappa le serpent Dāhaka
aux trois gueules, aux trois sales têtes,
aux six sales yeux et aux mille facultés,

Y 9.8.2. (= Yt 5.34.4, 9.14.3, 14.40.3, 15.24.4, 17.34.4, 19.37.2)

+*aš.aojaŋhəm*[56] ×*daēiuuīm*[57] *drujəm*[58]

(Θrāitauna qui frappa) la très puissante Daivī Druj,

Y 9.8.3. (= Yt 5.34.5, 9.14.4, 14.40.4, 15.24.5, 17.34.5, 19.37.3)

a. *ayəm* +*gaēθāuuaiiō*[59] *druuaṇtəm*

b. *yąm* ×*aš.aojastəmąm*[60] *drujəm*[61]

c. *fraca.kərəṇtat̰*[62] *aŋrō mainiiuš* (cf. V 1.2.2ab)

---

[53] Voir Commentaire métrique.

[54] Mis pour *°šəm (hypercorrection diascévastique). Cf. RS 10.99.6 *dā́sam ... ṣaḷakṣáṁ triśīrṣā́ṇam*. Consonantisme artificiel du nom de l'oeil *aši-* pour axši-.

[55] Consonantisme artificiel pour lo. hazahra-yauštim ?

[56] Geldner *ašaojaŋhəm*. Correction avec Bartholomae.

[57] Geldner *daēuuīm*.

[58] Bartholomae +*drujim*.

[59] Geldner *gaēθāuuiiō*. Correction avec Bartholomae. Langue originale gaiθābyah.

[60] Geldner *ašaojastəmąm*. Correction avec Bartholomae.

[61] Bartholomae +*drujim*.

[62] Geldner *fraca kərəṇtat̰* en deux mots. La coordination elliptique °*ca*, dont les traductions médiévales ne rendent pas compte, pourrait refléter le redoublement du parfait (lo. cakarta ?). Pour Bartholomae, *fraca* est l'instr.

d. *aoi yąm astuuaitīm gaēθąm* (= Yt 11a.23.1b; cf. Yt 19.94.2d)

e. [63][ *mahrkāi aṣ̌ahe gaēθanąm*[64] ].·. (= Yt 19.50.2g)

(Θrāitauna qui frappa) Drugvant qui était funeste pour les êtres vivants,

(Drugvant qui était accompagné de)[65] Druj qu'Ahra Manyu

programma extrêmement puissante
à destination du monde osseux,
dans le but de détruire les êtres vivants de R̥ta.

Y 9.9.1.
a. *kasə θβąm*[66] *θritiiō haoma maṣ̌iiō*
b. *astuuaiθiiāi hunūta* ⁺*gaēθaiiāi* .·. (= Y 9.3.3b)
Ô Hauma, quel est le mortel qui, le troisième
du monde osseux, te pressura ?

Y 9.9.2. (= Y 9.3.4)
a. *kā ahmāi aṣ̌iš ərənāuui*
b. *ciṯ ahmāi jasaṯ āiiaptəm* .·.
Quelle chance lui arriva-t-il ?
En quoi fut-il accédé à sa demande de faveur ?

Y 9.10.1. (= Y 9.2.1)
a. *āaṯ *hē aēm* ⁺*paiti.aoxta*
b. [ *haomō aṣ̌auua dūraošō* ] .·.

---

adv. de *frå̄ṇc-*. Déformation sous l'influence du V 7.12? Pour d'autres parfaits en °*aṯ*, voir Y 10.10.

63 Cette ligne sent la glose et, de fait, elle aurait été reprise dans ce but à un autre texte.

64 Après ce mot, le commentaire pehlevi contient une citation avestique: Y 9.8C *kō θβąm yim ahurəm mazdąm* «Qui, ô Ahura Mazdā, te (...)?»

65 Il est recouru à cette parenthèse afin de lever la difficulté de l'antécédent introduit dans la relative. Voir Kellens 1999 : 459 n. 4. Drugvant est-il Ahra Manyu ?

66 Mis pour **θβā*.

Alors celui-ci lui répondit[,
le r̥tavan Hauma durauša] :

Y 9.10.2.
a. [67]*θritō sāmanąm səuuištō*
b. *θritiiō mąm*[68] *maṣ̌iiō*
c. *astuuaiθiiāi hunūta* +*gaēθaiiāi* ∴ (= Y 9.3.3b)
Le mortel qui, le troisième du
monde osseux, me pressura
fut Θrita, qui, parmi les descendants de Sama, parvint le mieux à fournir (les dieux) en savah.

Y 9.10.3.
a. *hā ahmāi aṣ̌iš ərənāuui* (= Y 9.4.3a)
b. *tat̰ ahmāi jasat̰ āiiaptəm* (= Y 9.4.3b)
c. *yat̰ hē puθra us.zaiiōiθe*[69]
d. +*uruuā.xšaiiō*[70] *kərəsāspasca* ∴
La chance qu'il lui arriva
et la demande de faveur à laquelle il lui fut accédé
furent que lui naquirent deux fils:
Ruvāxšaya et Kr̥sāspa.

Y 9.10.4.
a. *t̰kaēšō aniiō dātō.rāzō*
b. *āat̰ aniiō uparō.kairiiō*
c. *yauua gaēsuš gaδauuarō*[71] ∴ (cf. Yt 13.61.2c)
Tandis que le premier se consacrait à l'étude et à l'enseignement des dāta,
l'autre, aux incomparables prouesses, porteur d'une massue,
arrivé à maturité et ayant les cheveux bouclés, (c'est lui)

---

[67] Cette ligne et la suivante n'en font qu'une chez Geldner.

[68] Mis pour **mā*.

[69] Mis pour **us.zaiiaētəm*.

[70] Geldner *uruuāxšaiiō*.

[71] Lo. gadā-barah.

Y 9.11.1. (= Yt 19.40.1)
a. *yō janat̰ ažīm sruuarəm*
b. *yim aspō.garəm* +*narə.garəm*[72]
c. *yim vīšauuaṇtəm zairitəm*
qui frappa le serpent Srūbara
dévoreur de chevaux, dévoreur d'hommes,
venimeux, jaunâtre,

Y 9.11.2. (= Yt 19.40.2)
a. *yim upairi* ˣ*vīšəm*[73] +*raodat̰*[74]
b. +*ārəštiiō.barəza*[75] *zairitəm*[76] .·.
le jaunâtre au-dessus de qui le poison s'élevait
sur la hauteur d'une portée de lance,

Y 9.11.3. (= Yt 19.40.3)
a. *yim*[77] *upairi kərəsāspō*
b. *aiiaŋha*[78] *pitūm pacata*

---

[72] Geldner *narə.garəm*. Le traitement indo-iranien de *°r̥ final est *°*ar*.

[73] Geldner *vīš*; Bartholomae +*viš*. Corrigé d'après les composés le contenant et d'après RS *viṣá-* contre Kellens (1974 : 366 sqq.).

[74] Geldner *araoδat̰*; Bartholomae +*raoδat̰*. La succession *δ* ... *t̰* n'est pas souhaitable. L'importante var. lect. *raorat̰* ne mène à rien.

[75] Geldner *ārštiiō.barəza*. Mis pour *+*barəzō*: retouche diascévastique ou faute par anticipation sur l'initiale du mot suivant?

[76] Après ce mot, le commentaire pehlevi contient une citation avestique: Y 9.11C (= Yt 19.40C) <*yim upairi* ˣ*vīšəm* +*raodat̰*> *xšuuaēpaiia vaēnaiia barəšna* «(ce monstre) au-dessus de qui le poison s'élevait du haut de sa queue et de sa face». Humbach & Ichaporia (1998) *viš araoδat̰ xšuuaēpaiia vaēnaiia barəšna.*

[77] Mis pour **yahmi*. Voir Commentaire métrique. Pour un autre exemple de °*əm* / °*im* < lo. °ahmi, cf. Yt 5.94.2b *kəm iδa tē zaoθrå̊ bauuaiṇti* (kahmi tai zauθrāh bavanti) «qu'advient-il de tes libations?». Voir aussi Pirart 2000a : 380 n. 41; 2001 : 108 n. 61, 118 n. 86, 141.

[78] Peut représenter l'instrumental singulier de lo. áyah- comme de son dérivé lo. āyahá-. Cf. Y 11.7g. Le manuscrit J2 donne *aiiaŋhe* qui oriente vers le locatif, ce qui est en accord avec les traductions médiévales.

c̲. *ā.rapiθβinəm*[79] *zruuānəm* ∴.
d̲. *tafsat̰ca hō*[80] *mairiiō x*ᵛ*īsat̰ca* ∴.
(serpent) au-dessus de qui Kr̥sāspa
se cuisinait le repas avec un (chaudron) en fer
avant le temps de midi (= pour le temps de midi) —
le marya attrapait chaud et suait,

Y 9.11.4. (= Yt 19.40.4)
a̲. *frąš aiiaŋhō*[81] *frasparat̰*
b̲. *yaēšiiaṇtīm āpəm parā̊ŋhāt̰*[82]
c̲. *parąš tarštō apatacat̰*
d̲. *naire.manå kərəsāspō* ∴. (= Yt 5.37.1b, 15.27.1b)
si bien qu'il sauta sous le (chaudron) en fer
et renversa l'eau bouillante,
tandis que Kr̥sāspa à la pensée masculine,
effrayé, prenait la fuite —.

Y 9.12.1.
a̲. *kasə θβąm tūiriiō haoma maṣ̌iiō*
b̲. *astuuaiθiiāi hunūta* ⁺*gaēθaiiāi* ∴. (= Y 9.3.3b)

---

[79] Geldner en deux mots. Adjectif tiré de l'avyayībhāva comme dans la traduction sanscrite (*ārapithvinikālam* | *āmadhyāhnasaṁdhyākālam*). Cf. trad. pehl. *ān tā ō rapihvin zamān* «le temps qui va jusqu'à midi».

[80] Cet adj.-pron. paraît signaler que cette ligne est la première d'un ensemble qui va jusqu'au terme de 9.11.4 et par lequel un détail anecdotique du mythe est rappelé.

[81] Mis pour **aiiaŋhahe*? Génitif partitif. Objet direct selon les traductions médiévales.

[82] Analyse et interprétation abusivement compliquées chez Kellens (1984 : 400, 423). Subjonctif présent de *para*+√ ²*ah*, consécutif, mais les autres verbes sont apparemment à l'injonctif. Je conjecture que le caractère consécutif n'a été retenu que dans le cas du renversement de l'eau bouillante pour être le seul procès à être envisagé par rapport à l'un des autres formant la série qui va de Y 9.11.3d à 9.11.4d, celui de sauter sous le chaudron. En effet, les deux procès de 9.11.4d sont coordonnés par °*ca* et ceux de 9.11.4a et c se trouvent mis en parallèles par les adjectifs *frąš* et *parąš*, ce qui laisse *parā̊ŋhāt̰* dans une position particulière.

Ô Hauma, quel est le mortel qui, le quatrième
du monde osseux, te pressura ?

Y 9.12.2. (= Y 9.3.4)
a. *kā ahmāi aṣ̌iš ərənāuui*
b. *ciṯ ahmāi jasaṯ āiiaptəm* .·.
Quelle chance lui arriva-t-il ?
En quoi fut-il accédé à sa demande de faveur ?

Y 9.13.1. (= Y 9.2.1)
a. *āaṯ *hē aēm +paiti.aoxta*
b. [ *haomō aṣ̌auua dūraošō* ] .·.
Alors celui-ci lui répondit[,
le r̥tavan Hauma durauša] :

Y 9.13.2.
a. *+paourušaspō*[83] *mąm tūiriiō maṣ̌iiō*
b. *astuuaiθiiāi hunūta +gaēθaiiāi* .·. (= Y 9.3.3b)
Le mortel qui, le quatrième du monde osseux,
me pressura fut Parušāspa.

Y 9.13.3.
a. *hā ahmāi aṣ̌iš ərənāuui* (= Y 9.4.3a)
b. *taṯ ahmāi jasaṯ āiiaptəm* (= Y 9.4.3b)
c. *yaṯ hē tūm us.zaiiaŋha*
La chance qui lui arriva
et la demande de faveur à laquelle il lui fut accédé
furent que tu lui naquis.

Y 9.13.4.
a. *tūm ərəzuuō zaraθuštra*
a'. <*drəjiia paiti zbarahi*> (= V 19.4.2d, 19.11.2a)
b. *nmānahe*[84] *+paourušaspahe*[85] (= V 19.4.2e)

---

[83] Geldner *pouruṣ̌aspō*.

[84] Les traductions médiévales, victimes de l'absence de a', en font un locatif (*andar mān ī porušasp*; *mandire pouruśaspīye*), ce que j'avais suivi aveuglément encore tout récemment (2002a : 24).

c. *vīdaēuuō ahura.tkaēšō* ∴ (= Y 12.1.2c, etc.; cf. Yt 5.1.1d, 13.89.3, etc.)

Toi (qui as une diction) rectiligne, ô Zaraduštra,
<dans le ...>[86]
de la maison de Parušāspa,
(tu es) séparé des Daiva et as reçu les enseignements d'Ahura (Mazdā).

Y 9.14.

a. *srūtō*[87] *airiiene* ˣ*vaējahi*[88] (= V 2.20.1d, 2.20.2d, 2.21.1d, 2.21.2d; cf. Yt 5.17.1c, etc.)
a'. <*vaŋhuiiā̊ dāitiiaiiā̊*>[89] (= Yt 5.17.1d, V 2.20.1e, etc.)
b. *tūm paoiriiō zaraθuštra*
c. *ahunəm vairīm* (cf. Yt 19.81a)
d. *frasrāuuaiiō* (cf. Yt 19.81c, V 19.2.1)
e. ⁺*vī.bərəθβaṇtəm*[90] *āxtūirīm*[91] (= Yt 19.81d)
f. *aparəm* ⁺*xraoždiiehe*[92] [*fra*]*srūiti* ∴ (= Yt 19.81e)

Toi, tu es, dans l'Aryāna Vaijah
<de la Vahvī Dātiyā>,
ô Zaraduštra, connu pour avoir le premier
récité
l'Ahuna Variya
d'un bout à l'autre quatre fois[93],

---

[85] Geldner *pouruṣ̌aspahe*.

[86] Voir Commentaire.

[87] Pour la construction de *srūtō* avec le locatif et le nominatif, cf. RS 8.33.10 | *vŕ̥ṣā hy ùgra śr̥ṇviṣé parāváti* ᵛ *vŕ̥ṣo arvāváti śrutáḥ* || «Car, ô puissant (Indra), tu es connu comme étant le mâle dans l'au-delà, mais connu aussi comme étant le mâle ici-bas». Pour les traductions médiévales, *srūtō* est un locatif se rapportant à ˣ*vaējahi*.

[88] Geldner *vaējahe*. Correction d'après les parallèles.

[89] Absente des traductions médiévales, cette ligne est pourtant évoquée dans le commentaire pehlevi.

[90] Geldner *vībərəθβaṇtəm*.

[91] °*x*° aberrant.

[92] Geldner *xraoždiiehiia*. Les mss. Pt4 et Mf4 donnent à ce mot une graphie de type vieil-avestique: *xraoždaiiehiiā*. Voir Introduction 7.

en prononçant la seconde partie de cette strophe selon une diction plus dure,

Y 9.15.1.
a. *tūm* *+zəmarə.gūzō*[94] *ākərənauuō*[95] (cf. Yt 19.81f)
b. [96]*vīspe daēuua zaraθuštra* (cf. Yt 19.81g)
c. *yōi para ahmāt̰ vīrō.raoδa*
d. *apataiiən paiti* [97]*āiia zəmā* ∴. (cf. Yt 19.80.1a)
et pour avoir fait, ô Zaraduštra,
se cacher tous les Daiva sous terre,
eux qui, auparavant, empêchant (que naquissent) les héros[98],
infestaient la terre,

Y 9.15.2.
a. *yō aojištō yō tanc̣ištō* (cf. Yt 10.98.3ab, 10.141.2ab, 11a.12.2ab)
b. *yō θβaxšištō yō āsištō* (cf. Yt 10.98.3cd, 11a.12.2cd)
c. *yō* *+aṣ̌a*[99] *vərəθrająstəmō* (cf. Yt 10.98.3e)
d. **ubaiiā̊*[100] *mainiuuā̊ dāmąn*[101] ∘∘∘ (= Yt 13.76b)

---

[93] Selon la traduction pehlevie, «en marquant les quatre pauses»; selon la sanscrite, «sans mot à mot et sans commentaire».

[94] Geldner *zəmargūrō* (coquille?); Bartholomae *ˣzəmargūzō*. Mis pour l'accusatif pluriel (lo. zamar-guzānh).

[95] La répétition de *tūm* — mais le Yt 19.81a peut suggérer de lire *tē* acc. masc. pl. proleptique — permet de coordonner les deux participes *frasrāuuaiiō* et *ākərən(a)uuō*. Pour le préverbe de ce dernier, voir RS 1.55.7 *arvā́ñcā hárī*... *ā́ kr̥dhi* «(ô Indra), place ici-bas (tes) deux (chevaux) bais!»

[96] Mis pour l'accusatif.

[97] Mis pour le loc. Voir Commentaire métrique.

[98] Pehl. *vīr-ārōyišn* «in human shape» (trad. Josephson); scr. *vīravikramāḥ* «with the walk of man» (trad. Unvala). Voir Commentaire métrique.

[99] Geldner *as*. Les traductions médiévales y voient le verbe «être». Comme il est grammaticalement peu vraisemblable qu'il faille admettre la concurrence d'un préfixe *aš* et du suffixe de superlatif, je préfère la correction *+aṣ̌a* instr. sing. Voir Commentaire métrique.

(car tu as été, avec l'Ahuna Variya,) le plus puissant, le plus ferme,

le plus efficace, le plus rapide
et, avec le R̥ta, le plus briseur d'obstacles
parmi les Dāman des deux Manyu.

**Quatrième morceau**
Y 9.16.1. (= Y 9.3.1)
*āaṯ aoxta zaraθuštrō* .·.
Alors Zaraduštra dit :

Y 9.16.2. (= Y 9.3.2)
[ *nəmō haomāi* ]
[ Hommage (soit) au Hauma ! ]

Y 9.16.3.
a. [ *vaŋhuš haomō hudātō haomō* +*arš.dātō*[102] (cf. Y 10.17.2b)
b. *vaŋhuš.dātō*[103] *baēšaziiō*
c. *hukərəfš huuarəš vərəθrajå*[104]
d. *zairi.gaonō* ×*nąmi.ąsuš*[105] ]

[ Le Vahu Hauma est bien instauré et rectilignement instauré.

Il a été instauré par le Vahu (Mazdā) qui l'a préposé à la guérison.

Il a un beau corps, une belle action, brise les obstacles,

---

[100] Geldner *abauuaṯ*. Corrigé d'après le Yt 13.76b *uuaiiå*. Les traductions médiévales sont basées sur le texte erroné: *kē hast kū pērōzgartar dād ēstē az ān ī mēnōgān dām* «it is [so] that you have been created the most victorious of the creation of the spirits» (trad. Josephson); *yo'sti vijayavattamo jātaḥ paralokināṁ sr̥ṣṭibhyaḥ* «thou, who art born the most victorious among the creations of the spiritual ones» (trad. Unvala).

[101] Mis pour *dām(a)nąm.

[102] Geldner *aršdātō*. Correction avec Bartholomae.

[103] Geldner, Josephson, en deux mots contre le pehl. *ī vehdāg*!

[104] Sigmatisation secondaire du nominatif.

[105] Geldner *nąmiiąsuš*.

lui qui a la robe jaune et la tige flexible, ]

Y 9.16.4.
a. [ *yaθa xᵛarəṇte vahištō*
b. *urunaēca ⁺pāθmainiiō.təmō*[106] ∴ ]
[ puisqu'il est excellent pour celui qui le boit
et (qu'il est) le meilleur viatique (qui soit) pour le ruvan. ]

Y 9.17.1. (= Yt 20.1.2)
a. *nī tē zāire maδəm mruiiē*
b. *nī aməm nī vərəθraγnəm*
c. *nī dasuuarə*[107] *nī baēšazəm*
d. *nī fradaθəm nī varədaθəm*
e. *nī aojō vīspō.tanūm*[108]
f. *nī mastīm vīspō.paēsaŋhəm* ∴ (cf. Yt 11a.19.1b)
Ô (Hauma) jaune, je te formule mon souhait d'ivresse,
d'avoir la force d'attaquer (les puissances mauvaises) et de briser les obstacles,
de santé et de guérison,
de prospérité et de croissance,
de puissance pour tout mon corps (eschatologique)
et de compréhension de tous les ornements,

Y 9.17.2. (= Yt 20.1.3)
a. *nī taṯ yaθa gaēθāhuua*
b. *vasō.xšaθrō fracarāne* (cf. Yt 10.112.4b, 11a.23.1a)
c. *ṯbaēšō.tauruuā̊*[109] *drujəm.vanō*[110] ∴ (= Y 9.20.1e,2e)
de disposer de toute l'emprise rituelle que je veux
à l'instant de me gagner les mondes,

---

[106] Geldner *pāθmainiiōtəmō*. Corr. avec Bartholomae.

[107] Graphique pour **dasuuarəm*. La réduction de °*əm* à °*ə* n'est pas rare après °*ar*°.

[108] Mis pour le neutre.

[109] Geldner en deux mots. Bartholomae en composé. Sigmatisation secondaire du nominatif. Cité par le Yt 1.14d.

[110] Geldner en deux mots. Josephson en composé. Bartholomae ⁺*drujim.vanō*.

de sorte que je puisse surmonter les nuisances et vaincre Druj,

Y 9.18. (= Yt 20.1.4)

a. *nī tat̰ yaθa tauruuaiieni* (cf. Yt 5.13.1d, 14.4a)

b. *vīspanąm*[111] *t̰bišuuatąm t̰baēšå* (= Yt 5.13.1e, 13.33.2d, 14.4b; cf. Y 52.2c, Yt 1.10b, etc.)

c. *daēuuanąm maṣ̌iiānąmca* (= Y 52.2d, Yt 1.10c, 5.13.1f, etc.)

d. *yāθβąm*[112] *pairikanąmca* (= Yt 1.10d, 5.13.1g, etc.)

e. [113]*sāθrąm kaoiiąm*[114] *karafnąmca* (= Yt 1.10e, 5.13.1h, etc.)

f. *mairiianąmca* ⁺*bizəŋgranąm*[115] (= Yt 1.10f)

g. *aṣ̌əmaoγanąmca* ⁺*bizəŋgranąm* (= Yt 1.10g)

h. *vəhrkanąmca* ⁺*caθβarə.zəŋgranąm* (= Yt 1.10h)

i. ˣ*haēnaiiåsca*[116] *pərəθu.ainikaiiå* (= Yt 1.11a; cf. Yt 4.3.1a, 5.131.2h)

j. *dauuąiθiiå*[117] *patąiθiiå* °°°

de surmonter les nuisances
que causent tous les nuisibles,

---

[111] Mis pour **vīspaēšąm*.

[112] Emploi secondaire et artificiel de la finale de génitif pluriel des thèmes consonantiques en lieu et place de celle qu'exigent les thèmes vocaliques.

[113] Tandis que la traduction pehlevie *ud sāstārān ud kayagān ud karbān* se borne tant bien que mal à calquer le texte, la sanscrite *anyāyīkānām adarśakānām aśrotr̥̄ṇām ca* «de ceux qui sont sans jugement, des aveugles et des sourds» paraît correspondre à un texte différent proche du Yt 5.93.1cd *aṇdåsca karənåsca ... mūråsca* (sur quoi Pirart 2003 : § 53).

[114] Emploi secondaire et artificiel de la finale de génitif pluriel des thèmes consonantiques en lieu et place de celle qu'exigent les thèmes vocaliques.

[115] Geldner °*zaŋgra*°. Corr. avec Bartholomae.

[116] Geldner *haēniiåsca*. Corr. avec Josephson. Les Huns (*h(a)yūna-*) selon la traduction sanscrite.

[117] Les traductions médiévales suggèrent que c'est le participe présent de √ *dab* «léser».

Daiva et (mauvais) mortels (leur rendant un culte),
Yātu et Parikā,
sātar, kavi et kr̥pan,
bipèdes marya,
bipèdes qui faussent R̥ta
et loups quadrupèdes,
et la horde aux armes perforantes
qui fond (sur notre pays et le) ravage.

**Cinquième morceau**

Y 9.19.1.

a̲. *iməm*[118] *θβąm*[119] *paoirīm yānəm*
b̲. *haoma jaiδiiemi dūraoša* ∴. (= Y 9.19.2b, 9.19.3b, etc.)
c̲. *vahištəm ahūm aṣ̌aonąm* (= Y 11.10.3c, 62.6e, etc.; cf. Y 68.11h, Yt 12.36.1b)
d̲. [120]*raocaŋhəm vīspō.x<sup>v</sup>āθrəm* ∴. (= Y 11.10.3d, 62.6f, 68.11i, etc., Yt 12.36.1c)

Je t'adresse cette première
demande, ô Hauma durauša :
l'excellente existence (purement) diurne
et bienheureuse des r̥tavan.

Y 9.19.2.

a̲. *iməm θβąm bitīm yānəm*
b̲. *haoma jaiδiiemi dūraoša* ∴. (= Y 9.19.1b)
c̲. *druuatātəm aŋhå̊sə*[121] *tanuuō* ∴. (cf. Yt 10.108.2b, A 1.8i)

Je t'adresse cette deuxième
demande, ô Hauma durauša :
la fermeté de ce corps.

Y 9.19.3.

---

[118] Mis pour le neutre. Cf. DPd 20-21.

[119] Mis pour **θβā*.

[120] Cf. Y 31.7.

[121] Le démonstratif paraît indiquer que le corps n'est pas celui de Hauma.

a. *iməm θβąm θritīm yānəm*
b. *haoma jaiδiiemi dūraoša* .·. (= Y 9.19.1b)
c. *darəγō.jītīm uštānahe* .·. (= A 1.8h)
Je t'adresse cette troisième
demande, ô Hauma durauša :
la victoire définitive de l'uštāna.

Y 9.20.1.
a. *iməm θβąm tūirīm yānəm*
b. *haoma jaiδiiemi dūraoša* .·. (= Y 9.19.1b)
c. *yaθa*[122] *aēšō amauuā̊ θrąfəδō*[123]
d. *fraxštāne*[124] *zəmā*[125] *paiti* (= Y 9.20.2d; cf. Yt 10.98.3f, 13.97c)
e. *t̰baēšō.tauruuā̊ drujəm.vanō* .·. (= Y 9.17.2c, 9.20.2e)
Je t'adresse cette quatrième
demande, ô Hauma durauša :
que, vigoureux, fort et prospère,
je surgisse sur la terre,
de sorte que je puisse surmonter les nuisances et vaincre Druj.

Y 9.20.2.
a. *iməm θβąm puxδəm yānəm*
b. *haoma jaiδiiemi dūraoša* .·. (= Y 9.19.1b)
c. *yaθa*[126] *vərəθrajā̊*[127] *vanat̰.pəṣ̌anō*
d. *fraxštāne zəmā paiti* (= Y 9.20.1d)
e. *t̰baēšō.tauruuā̊ drujəm.vanō* .·. (= Y 9.20.1e)
Je t'adresse cette cinquième
demande, ô Hauma durauša :

---

[122] Mis pour **yat̰*.

[123] Geldner rejette ce mot à la ligne suivante. Étymologie inconnue. Rendu d'après les traductions médiévales.

[124] Graphie spéciale pour lo. fra-hištānai.

[125] Mis pour le locatif: cf. Y 10.17.4c.

[126] Mis pour **yat̰*.

[127] Sigmatisation secondaire du nominatif.

que, capable de briser les obstacles et de vaincre l'attaquant,

je surgisse sur la terre,

de sorte que je puisse surmonter les nuisances et vaincre Druj.

Y 9.21.

a. *iməm θβąm xštūm yānəm*

b. *haoma jaiδiiemi dūraoša* .·. (= Y 9.19.1b)

c. *pauruua*[128] *tāiiūm pauruua gaδəm*

d. *pauruua vəhrkəm* ⁺*būiδiiōi.maiδi* .·.

e. *mā ciš pauruuō būiδiiaēta nō* .·.

f. ⁺*vīspə̄*[129] *pauruua* ⁺*būiδiiōi.maiδi*[130] ∘∘∘

Je t'adresse cette sixième

demande, ô Hauma Durauša :

puissions-nous détecter les premiers la présence du voleur,

les premiers celle du brigand, les premiers celle du loup !

Puisse nul (d'entre eux) ne détecter notre présence le premier !

Puissions-nous les premiers détecter la présence d'eux tous !

**Sixième morceau**

Y 9.22.1.

a. *haomō aēibiš*[131] *yōi auruuaṇtō*

b. *hita taxšəṇti*[132] *arənāum*

c. *zāuuarə aojå̄sca*[133] *baxšaiti* .·.

---

[128] Nominatif masculin pluriel (quatre fois) selon le paradigme des noms contre véd. *pū́rve*.

[129] Geldner *vīspe*.

[130] Geldner *būiδiiōimaiδe* (voir Kellens 1984 : 292). On ne peut avoir plus d'une épenthèse par mot graphique.

[131] Mis pour le datif.

[132] Josephson ⁺*tixšəṇti* désidératif, d'après Hoffmann (apud Mayrhofer 1964 : 142 sq.) et Kellens (1984 : 198 n. 3). Pour moi, c'est le futur en *-hiia-* de √ *tac*.

Hauma, aux coursiers qui,
attelés, sont prêts à faire la route au galop,
impartit l'accélération et la puissance.

Y 9.22.2.
a. *haomō* +*āzīzanāiti.biš*[134]
b. *daδāiti xšaētō.puθrīm*
c. *uta aṣ̌auua*[135] *frazaiṇtīm* ∴.
Hauma, aux femelles fécondes,
confère le pouvoir d'engendrer des fils splendides
et, harmonieux, de fonder une famille.

Y 9.22.3.
a. *haomō taēciṯ*[136] *yōi kataiiō*[137]
b. *naskō.frasā̊ŋhō ā̊ŋhəṇte*[138]
c. *spānō mastīmca baxšaiti* ∴. (cf. Y 62.4f, Yt 5.86.2c, 10.33g)
Hauma, aussi à ceux qui, aussi nombreux soient-ils,
sont prêts à se consacrer au commentaire des livres,
impartit de pouvoir étudier et enseigner.

Y 9.23.1.
a. *haomō tā̊sciṯ*[139] *yā̊ kainīnō*
b. ˣ*ā̊ŋhāire*[140] *darəγəm aγruuō* (cf. Yt 17.59.2d)
c. [141]*haiθīm rāδəmca baxšaiti*

---

[133] La disparité numérique que montrent les deux termes de la coordination n'est sans doute pas originale.

[134] Geldner en un mot. Mis pour le datif. Sur le thème, voir Lexique.

[135] Premier terme de composé selon Geldner.

[136] Antiptose pour le datif.

[137] Les traductions médiévales y voient des domestiques (*kadāgīg*; *gr̥hasthāḥ*). Je préfère y reconnaître un adjectif indéfini apparenté à l'adverbe védique *káti*.

[138] Futur en *-hiia-*.

[139] Antiptose pour le datif.

[140] Geldner *ā̊ŋhaire*. Corr. avec Kellens (1984 : 216 sq.).

[141] Bartholomae ˣ*paiθīm*. Cf. Y 11.1.1a. Pehl. *ā-šān ān ī āškārag ān ī*

Hauma, aussi aux jeunes filles (et aux jeunes femelles)
qui sont restées longtemps sans partenaire,
impartit (l'avantage d'être sous la protection d')un saint (homme) et (d')un chef de harde.

Y 9.23.2.
*mošu*[142] *jaiδiiamnō huxratuš* .·.
(Hauma exauce tout cela) sans tarder si ce lui est demandé par de bonnes performances (sacrificielles).

Y 9.24.1.
a. *haomō təmcit̰ yim* ⁺*kərəsānəm*[143]
b. *apa.xšaθrəm* ˣ*niš.hāδaiiat̰*[144]
c. *yō raosta*[145] *xšaθrō.kāmiia*[146]
d. *yō dauuata* .·.
Hauma, aussi à ce descendant de Kr̥sa,
retira tout pouvoir d'influence (sur les dieux),
(descendant de Kr̥sa) qui se révolta (?) par désir d'emprise rituelle,
(descendant de Kr̥sa) qui proféra :

---

*rād baxšēd (kū-šān šōy be paydāgēnēd)* «Hōm [...] grants the manifest one, the master (he reveals to them a husband)» (trad. Josephson); scr. *tābhyaḥ* ... *prakaṭaṁ dātāraṁ ca varṣati* | *kila tābhyo bhartāraṁ prakāśayati* «Hūma bestows on those (virgins) [...] a renowned (man) as (and sic.) the supporter of the family, [i. e. he shows them a husband]» (trad. Unvala). La coordination par °*ca* oblige à reconnaître deux êtres distincts. Je fais l'hypothèse que le passage fait allusion aussi aux femelles dépourvues de protecteur. Dans cette hypothèse, *rāδa*- dérivera de √ *rad* «tracer le chemin»: nom d'agent en °*a*- sur degré fléchi de la racine.

142 Cf. RS 8.33.3 | *makṣū́ gómantam īmahe* || «(ô Indra), nous (te) demandons sans tarder (la richesse) en vaches».

143 Geldner *kərəsānīm*.

144 Geldner *nišāδaiiat̰*. Var. lect. *nišhāδaiiat̰*.

145 Voir Lexique.

146 Instr. haplologique mis pour le nom. masc. sg. de l'adjectif (participe en °*a*- tiré du dénominatif)?

Y 9.24.2.
a. *nōit̰ mē apąm āθrauua*[147] *aiβištiš*[148]
b. ⁺*varəiδiiē*[149] *daŋ́hauua carāt̰* .·.
[150]«Je ferai tout pour que l'aθarvan jamais plus ne circule dans le pays de Vr̥dya».

Y 9.24.3.
a. *hō* ⁺*vīspə̄*[151] ˣ*varəiδinąt̰*[152] ˣ*vanat̰*[153]
b. *nī* ⁺*vīspə̄* ˣ*varəiδinąt̰* ˣ*janat̰* °°°
[154](Mais Hauma) vainquit tous les Vr̥dyāna, abattit tous les Vr̥dyāna!

**Septième morceau**
Y 9.25.1.
a. *ušta tē yō xᵛā aojaŋha*
b. *vasō.xšaθrō*[155] *ahi haoma* .·.

---

[147] Geldner commence une nouvelle ligne avec ce mot et rassemble les précédents avec Y 9.24.1d.

[148] Instr. pl. «grâce à mes efforts» ? La traduction pehlevie donne *pad abar-ōšmurišnīh* «about instructing» (trad. Josephson).

[149] Bartholomae ⁺*vərəiδiie*. Serait-ce un ethnique accordé avec *daŋ́hauu°* et montrant une haplographie pour **varəδiieiiē* (lo. vr̥dyāyā) «dans la nation vr̥dyā»? La traduction pehlevie donne *pad kāmag* «at will» (trad. Josephson).

[150] Traduction très conjecturale.

[151] Geldner *vīspe* les deux fois.

[152] Geldner *vərəiδinąm* les deux fois. Serait-ce l'acc. pl. du dérivé en °āna- de vr̥dya-, vr̥dyāna- «descendant de Vr̥dya»? Pour ⁺*vīspə̄* ˣ*varəiδinąt̰*, la traduction pehlevie donne les deux fois *harvispīn gurdīh* «all growth» (trad. Josephson).

[153] Geldner *vanāt̰ ... janāt̰*. Au lieu d'accepter la lecture du subjonctif et de lui accorder la valeur du futur, il vaut peut-être mieux y reconnaître une faute de persévération depuis *carāt̰* et opter pour l'injonctif.

[154] Traduction très conjecturale.

[155] L'allusion au xšaθra peut avoir guidé le choix de ce passage après le Y 9.24 puisque ce dernier y faisait aussi allusion.

À volonté pour toi, ô Hauma, qui, par ta propre puissance,

bénéficie à ton gré des effets de l'exercice de l'emprise rituelle (sur les dieux)!

Y 9.25.2.
a. *ušta tē* ×*apiuuatahi*[156]
b. ×*pouru*[157] +*vacąm ərəžuxδanąm*[158] .·.
À volonté pour toi! Tu comprends la portée
de nombreuses (phrases) contenues dans les textes qui se récitent rectilignement.

Y 9.25.3.
a. *ušta tē nōit̰* ×*paiti.frāsa*[159]
b. *ərəžuxδəm pərəsahe*[160] *vācim* .·.
À volonté pour toi! Avec l'exégète, tu ne
t'entretiens pas au sujet du texte rectiligne.

**Huitième morceau**
Y 9.26.1[161].
a. *frā tē mazdå̄ barat̰*
b. *pauruuanīm*[162] *aiβiiå̄ŋhanəm*
c. *stəhrpaēsaŋhəm* +*mainiiu.tāštəm*[163] (= Yt 10.143.3c, 13.3.1b; cf. Yt 10.90.1c)

---

[156] Geldner °*he*. Corrigé d'après RS *ápi VAT* actif tantum.

[157] Geldner *pouruuacąm*. Corr. Josephson d'après Duchesne-Guillemin (1936 : § 173).

[158] Après ce mot, le commentaire pehlevi contient une citation avestique: Y 9.25C *kā nā vaca aršuxδa* «Quel est donc le texte à la récitation rectiligne duquel il a eu recours?».

[159] Geldner *pairi.frāsa*. Cf. AS 2.27, Y 57.8, Yt 5.91, 10.33, V 18.51, Vr 14.1, 16.0.

[160] Josephson +*pərəsahi*, mais *paiti*+√*fras* doit se conjuguer au moyen (cf. V 18.7,29). Le préverbe est sous-entendu en raison de sa présence dans l'instrumental interne.

[161] Sans découpe en lignes chez Geldner.

[162] Voir Lexique.

d. [164][*vaŋᵛhīm daēnąm māzdaiiasnīm*] .·. (= V 19.16.4b; cf. Yt 13.94.2b)

Mazdā t'a apporté
la ceinture qui se met autour des reins,
que les étoiles décorent, oeuvre de (Spanta) Manyu [:
la Vahvī Dainā Māzdayasni].

Y 9.26.2[165].

a. *āat̰ aŋ́he*[166] *ahi aiβiiāstō*
b. ˣ*barəšnušu*[167] *paiti gairinąm* (= Y 10.3.1c; cf. Y 10.17.4b, V 2.23c)
c. *drājaŋ́he*[168] *aiβiδāitīšca*
d. ⁺*graūsca*[169] *mąθrahe* °₀°

Et il t'a ceint (de cette ceinture),
sur le sommet des montagnes,
afin que tu assures les ...
et les puisées du Manθra.

**Neuvième morceau**

Y 9.27.

a. *haoma nmąnō.paite vīspaite*
b. ⁺*zaṇtu.paite*[170] ⁺*daŋ́hu.paite*[171]
c. *spanaŋha*[172] ⁺*vaēiδiiā.paite*[173] .·.

---

163 Geldner *mainiiutāštəm*. Corr. avec Bartholomae.

164 Pareille apposition ne doit pas être originale.

165 Sans découpe en lignes chez Geldner.

166 Mis pour **hē*.

167 Geldner *baršnuš*.

168 Mis pour **dražaŋhe* ? Voir Lexique.

169 Geldner *grauuasca*; Josephson ˣ*grauuūsca*. Lo. grabāns ca. Voir Commentaire.

170 Geldner *zaṇtupaite*. Comme il reçoit aussi celui de «maître de science», il n'est guère attendu que Hauma soit d'abord interpellé avec des titres politiques au lieu des saderdotaux correspondants (*nmāniia-*, *vīsiia-*, *zaṇtuma-*, *daxiiuma-*).

171 Geldner *daiŋ́hupaite*.

172 Mis pour **spanaŋᵛhō* vocatif de *spanaŋᵛhaṇt-*.

d. *amāica θβā vərəθraγnāica*
e. *māuuōiia upa.mruiiē tanuiiē*[174]
f. ˣ*θrumāica*[175] [ *yat̰* ][176] *pouru.baoxšnahe* .·.
Ô Hauma maître de maison, maître de village,
maître de région, maître de pays,
toi qui possèdes l'enseignement et la science,
je m'adresse à toi pour que tu apportes
à mon corps la force, la résistance
et l'aliment si réjouissant.

**Dixième morceau**

Y 9.28.1.
a. *vī*[177] *nō t̰bišuuatąm* ⁺*t̰baēšə.bīš*[178]
b. ⁺*vīmanō*[179] *bara graməṇtąm* .·.
(Ô Hauma,) toi qui as le mental déployé, sépare-nous
des nuisances des nuisibles qui sont furieux !

Y 9.28.2.
a. [180]*yō cišca ahmi nmāne*[181] *yō aŋ́he vīsi* (cf. Vr 12.5.1e)
b. *yō ahmi zaṇtuuō yō aŋ́he daŋ́huuō* (cf. Vr 12.5.1f)
c. ˣ*aēnaŋᵛhą̊*[182] *asti maṣ̌iiō*
d. *gəuruuaiia*[183] *hē pāδauue*[184] *zāuuarə*

---

[173] Geldner *vaēδiiā paite* en deux mots; Bartholomae *vaēδiiā.paite* en composé.

[174] Sur la construction, voir Haudry 1977 : 78.

[175] Geldner *θrimāica*.

[176] Grammaticalement illicite. Voir Introduction 8e.

[177] Mis pour **niš* (faute ou fait de diascévase?).

[178] Geldner *t̰baēšəbīš*. Mis pour l'ablatif.

[179] Geldner *vī manō* en deux mots.

[180] Les deux premières lignes ne sont pas séparées chez Geldner.

[181] L'allusion aux cercles d'appartenance sociale peut avoir guidé le choix de ce passage après le Y 9.27 puisque ce dernier y faisait aussi allusion.

[182] Geldner *aēnaŋhą̊*; Josephson ˣ*aēnaŋ́hą̊*.

[183] < lo. grbāya.

[184] < lo. padbyā.

e. *pairi šē uši vərənūiδi* (cf. Yt 1.27.3b)
f. *skəṇdəm* **hē*[185] *manō kərənūiδi* ∴.
S'il y a dans cette maison, s'il y a dans ce bourg,
s'il y a dans ce district, s'il y a dans ce pays
un mortel dont le rituel est empreint de violence,
prends la force de ses pieds,
obstrue-lui les oreilles,
paralyse sa pensée !

Y 9.29.1.
a. *mā zbaraθaēibiia fratuiiå̊*
b. *mā gauuaēibiia*[186] ˣ*aiβi.tuiiå̊*[187]
(Ô Hauma, dis-lui ceci :) «Puisses-tu être incapable de (tes) sales jambes,
être incapable de (tes) sales mains!»

Y 9.29.2.
a. *mā ząm vaēnōiṯ ašibiia*[188]
b. *mā gąm vaēnōiṯ ašibiia* (cf. Y 32.10a'b)
c. *yō* ˣ*aēnaŋ́heiti*[189] *nō manō*
d. *yō* ˣ*aēnaŋ́heiti nō kəhrpəm*[190] ° °°
Puisse-t-il ne voir ni la terre
ni la vache (aurore) de ses yeux,
celui d'entre nous qui cherche à (te) faire violence
à la pensée comme au corps !

**Onzième morceau**
Y 9.30.1.
a. *paiti ažōiš zairitahe*
b. *simahe vīšō.vaēpahe*

---

[185] Geldner *šē*.

[186] Lo. gabaibyā. Mélange de graphies des deux types (II puis I).

[187] Geldner *aiβi.tūtuiiå̊*. Corr. avec Josephson (d'après Junker 1970).

[188] Consonantisme artificiel pour lo. axši- (analogique de *uši*?).

[189] Geldner *aēnaŋhaiti*; Josephson ⁺*aēnaŋ́həiti* (d'après Kellens 1984).

[190] Le singulier pour le pluriel? Le mot *kəhrpəm* assure la concaténation de ce morceau avec le suivant (9.30.1c).

c. *kəhrpəm nāšəmnāi*[191] *aṣ̌aone* (= Y 9.30.2c, 9.31.1c, etc.)

d. *haoma zāire vadarə jaiδi* .·. (= Y 9.30.2d, etc.)

Pour l'harmonieux prêt à partir pour (l'excellente existence),

frappe de ton arme sur le corps
du jaunâtre serpent
lance-venin Sima, ô Hauma jaune !

Y 9.30.2.

a. [192]*paiti gaδahe* ×*vīuuarəzdiuuatō*[193]

b. +*xruuīšiiaṇtō*[194] *zazarānō*

c. *kəhrpəm nāšəmnāi aṣ̌aone* (= Y 9.30.1c)

d. *haoma zāire vadarə jaiδi* .·. (= Y 9.30.1d)

Pour l'harmonieux prêt à partir pour (l'excellente existence),

frappe de ton arme sur le corps
du bandit bien équipé
et sanguinaire, ô Hauma jaune, avec fureur !

Y 9.31.1.

a. [195]*paiti maṣ̌iiehe druuatō sāstarš*

b. *aiβi.vōiždaiiaṇtahe*[196] *kamərəδəm*[197]

---

[191] Futur en *-hiia-* de √ $^{1}$*nas* (cf. RS 10.36.3 *svàrvaj jyótir avr̥kám naśīmahi* «puissions-nous partir pour le monde de la lumière solaire où il n'y a pas de loup!»). Aussi Yt 13.58, Vyt 29. Selon les traductions médiévales qui le tirent de √ $^{2}$*nas*, ce participe est à accorder avec les génitifs des lignes précédentes.

[192] Les deux premières lignes ne sont pas séparées chez Geldner.

[193] Geldner *vīuuarəzdauuatō*.

[194] Geldner *xruuīš́iiatō*. Erreur par persévération de la finale du mot précédent.

[195] Les deux premières lignes ne sont pas séparées chez Geldner.

[196] Croisement secondaire de *vōižda-* (cf. Y 32.10) avec **vīždaiia-* (véd. *vīḻáya-*). Participe avec thématisation secondaire. La forme à reconstituer eût donné **aiβi.vōiždəṇtō*.

[197] Non traduit en pehlevi, mais bien en sanscrit: *be mardom ī druvand*

c. *kəhrpəm nāšəmnāi aṣ̌aone* (= Y 9.30.1c)
d. *haoma zāire vadarə jaiδi* .·. (= Y 9.30.1d)

Pour l'harmonieux prêt à partir (pour l'excellente existence),
frappe de ton arme sur le corps
du mortel drugvant qui, tenant haut la sale tête,
donne de (mauvaises) instructions, ô Hauma jaune !

Y 9.31.2.

a. [198]*paiti aṣ̌əmaoγahe anaṣ̌aonō*
b. +*ahūm.mərəcō*[199] *aŋ́hå daēnaiiå*[200]
b'. <*yā āhūiriš zaraθuštriš*>
c. *mąs*[201] *vaca*[202] *daθānahe*
d. *nōiṯ š́iiaoθnāiš*[203] *apaiiaṇtahe*[204]
e. *kəhrpəm nāšəmnāi aṣ̌aone* (= Y 9.30.1c)
f. *haoma zāire vadarə jaiδi* .·. (= Y 9.30.1d)

Pour l'harmonieux prêt à partir (pour l'excellente existence),
ô Hauma jaune, frappe de ton arme sur le corps
de celui qui fait dévier l'harmonie et n'est pas harmonieux,
qui, destructeur de l'existence, comprend quels doivent être (la pensée), la parole

---

*ī sāstār kē abar ōšišn dād ēstēd (kē kasān padiš ōšēd)* «Against the lying man, the tyrant who is created for much destruction (who destroys persons thereby)» (trad. Josephson); *upari manuṣyasya durgatimato 'nyāyino 'dhikanindādātur mastake* «Against the head of the hellish, unjust man, causing much calumny» (trad. Unvala).

[198] Les lignes a-d ne sont pas séparées chez Geldner.

[199] Geldner, Josephson *ahūm.mərəṇcō*; Bartholomae +*ahū.mərəṇcō*. Voir Kellens 1974 : 61.

[200] Non traduit en pehlevi, mais bien en sanscrit. Voir Commentaire métrique.

[201] Corruption (par confusion de signes) pour ˣ*mą u* < lo. manh u ?

[202] Mis pour l'acc. ?

[203] Mis pour l'accusatif ? Pluriel elliptique.

[204] Thématisation secondaire de ce participe.

et l'acte rituels que dicte cette Dainā
<mazdéenne zoroastrienne>,
mais ne leur fait pas atteindre le but !

Y 9.32.1.
a. [205]*paiti jahikaiiāi*[206] *yātumaitiiāi*[207]
b. *maoδanō.kairiiāi* ⁺*upastā.bairiiāi*[208]
c. *yeŋ́he*[209] ˣ*frafrauuaite*[210] *manō*
d. *yaθa aβrəm vātō.šūtəm*
e. *kəhrpəm nāšəmnāi aṣ̌aone* (= Y 9.30.1c)
f. *haoma zāire vadarə jaiδi* .·. (= Y 9.30.1d)
Pour l'harmonieux prêt à partir (pour l'excellente existence),
frappe de ton arme sur le corps
de la jahī adoratrice des Yātu,
fille de joie qui offre son vagin
et de qui flotte l'esprit
comme le nuage poussé par le vent, ô Hauma jaune !

Y 9.32.2.
a. [211]†*yat̰* †*hē*
b. *kəhrpəm nāšəmnāi aṣ̌aone* (= Y 9.30.1c)
c. *haoma zāire vadarə jaiδi* °°°° (= Y 9.30.1d)
Pour l'harmonieux prêt à partir (pour l'excellente existence),

---

[205] Les deux premières lignes ne sont pas séparées chez Geldner.

[206] Le datif de ce mot et de ses épithètes est mis pour le génitif. Sur base des autres attestations de *yātumaitī-*, il faudrait restituer le génitif de *jahī-*.

[207] Mis pour **yātumaiθiiå*.

[208] Geldner *upaštā.bairiiāi*.

[209] Mis pour le génitif fém. sg.

[210] Geldner °*ti*. Corrigé avec Bartholomae et d'après le védique (e. g. JB 1.165). Hésitation chez Kellens (1984 : 77).

[211] Sans découpe en lignes chez Geldner. Une lacune évidente caractérisait déjà le texte qui fut traduit en pehlevi et en sanscrit. Voir Commentaire métrique.

frappe de ton arme <sur> le corps
de <la jahī épouse du crasseux>, ô Hauma jaune !

**Chapitre II**
**Premier morceau**
Y 10.1.1.
a. *+víša*[212] *apąm iδa*[213] *patəṇtu*
b. *vī daēuuā̊ŋhō vī daēuuaiiō*[214] .·.
Que dorénavant décampent
les Daiva et leurs adorateurs !

Y 10.1.2.
a. *vaŋhuš sraošō mitaiiatu*
b. *aṣ̌iš vaŋ$^{v}$hi iδa miθnatu*[215]
Que réside le Vahu Srauša
et réside ici la Vahvī Ārti !

Y 10.1.3.
a. *aṣ̌iš vaŋ$^{v}$hi rāmiiat̰*[216] *iδa*
b. *upa imat̰ nmānəm yat̰ āhūiri*
c. *yat̰ haomahe aṣ̌auuazaŋhō* .·. (cf. Y 8.9.2a, Yt 20.0.17, 20.3.3, S 1.30f)
La Vahvī Ārti s'est arrêtée ici,
aux alentours de la maison mazdéenne
de Hauma qui a R̥ta pour véhicule.

**Deuxième morceau**
Y 10.2.1.
a. *fratarəmcit̰ tē hauuanəm*
b. *vaca upa.staomi huxratuuō* (= Y 10.2.2b)
c. *yō ąsuš haṇgəuruuaiieiti* .·.

---

[212] Geldner *viš*.

[213] **it* particule comme dans RS *sádam ít* (e. g. 1.27.3c).

[214] Mis pour le pluriel.

[215] Voir Commentaire métrique.

[216] Narten (1982 : 31 n. 19), suivie par Hintze (2000 : 275), propose *+rāmaiiat̰*, mais ce serait un causatif sans objet exprimé. Je préfère le divādi.

Avec le texte, je fais l'éloge annexe, ô performant,
de la pierre inférieure du pressoir
qui contient tes tiges.

Y 10.2.2.
a. *uparəmcit̰ tē hauuanəm*
b. *vaca upa.staomi huxratuuō* (= Y 10.2.1b)
c. *yahmi niγne narš aojaŋha* ∴.
Avec le texte, je fais l'éloge annexe, ô performant,
de la pierre supérieure du pressoir
que j'abats sur toi avec la force que m'octroie le seigneur (pour lequel j'officie).

Y 10.3.1.
a. *staomi maēγəmca vārəmca*
b. *yā tē kəhrpəm vaxšaiiatō*
c. ˣ*barəšnušu*[217] *paiti gairinąm* ∴. (= Y 9.26.2b)
Je loue le brouillard et la pluie:
c'est qu'ils font croître ton corps
sur le sommet des montagnes.

Y 10.3.2.
a. *staomi garaiiō bərəzaṇtō̆*[218]
b. *yaθra haoma* ˣ*urūruδiša*[219] ∴.
Ma louange donne le nom de «hautes montagnes»
aux endroits où tu pousses habituellement, ô Hauma.

Y 10.4.1.
a. *staomi ząm pərəθβīm paθanąm*
b. ⁺*varəzi.aŋhuuąm*[220] *xᵛāparąm*
c. *barəθrīm tē haoma aṣ̌āum* ∴.

---

[217] Geldner *baršnuš*.

[218] Cf. RS 5.57.8. Le nominatif se justifie par des guillemets.

[219] Geldner *urūruδuṣ̌a*; Josephson ⁺*urūruδuš(a)* (participe: Kellens 1984 : 401, mais voir 404 n. 36; la forme est absente 424). Corr. de Bartholomae. Optatif d'évocation et parfait de caractérisation ?

[220] Geldner *vərəziiaŋhuuąm*; Josephson ⁺*varəziiaŋhuuąm*.

Je loue la terre large et spacieuse,
où l'existence est agréable et les lendemains prometteurs,
car elle te porte (en son sein), ô r̥tavan Hauma.

Y 10.4.2.
a̲. *staomi zəmō* +*yaθra*[221] *raoδahe*
b̲. *hubaoiδiš auruuō*[222] ×*carainīm*[223] .·.
Je loue le lopin de terre
où tu pousses avec une bonne odeur, ô coursier.

Y 10.5.1.
a̲. *uta* +*mazą̊*[224] *huruθma*[225] .·.
b̲. *haoma raose*[226] *gara paiti*
c̲. *uta frāδaēša vīšpaθa*[227]
d̲. *haiθīm[ca]*[228] *aṣ̌ahe xą̊ ahi* .·.
Ô Hauma, tu as à nouveau de bonnes racines pour être grand
et croître sur la montagne.
Puisses-tu prospérer à nouveau avec exubérance !
Comme c'est vrai, tu es la source de R̥ta.

Y 10.5.2.
a̲. *varəδaiiaŋᵛha* [ rāspī .·. ] *mana*[229] *vaca*
b̲. *vīspə̄sca paiti varšajīš*[230]

---

[221] Geldner *yaθa*. Corr. d'après la traduction sanscrite *yasmin sthāne* «endroit où».

[222] Par sa position, ce vocatif clôture la subordonnée.

[223] Geldner *carānəm*. Cf. V 5.5.2 *nā taṯ āpəm hiṇcaiti auui yauuō.carānīm* «l'homme irrigue alors le champ d'orge».

[224] Geldner *mazdą̊*. Voir Introduction 6c.

[225] J'attendais ×*huruθmiš*. Voir Commentaire métrique.

[226] Infinitif en *-he* (cf. Y 10.17.4b *taxše*) complément de l'adjectif?

[227] Nom de montagne au Y 10.11.

[228] °*ca* n'a pas de reflet dans les traductions médiévales.

[229] Comment justifier cet emploi de la forme tonique du pronom personnel? Faut-il considérer que c'est plutôt l'instr. masc. sg. de l'adjectif possessif *ma-* (manā)?

c̲. *vīspāsca paiti frasparəyā*[231]
d̲. *vīspāsca paiti frauuāxšā* °₀° [ du bār ]
Sous l'effet de ma parole, [ Les autres officiants: ] croîs-y
de toutes tes racines,
de toutes tes tiges,
de toutes tes branches ! [ bis ]

**Troisième morceau**
Y 10.6.1.
[ zōt̰ .·. ]
a̲. *haomō uxšiieiti stauuanō .·.*
b̲. *aθa nā yō dim staoiti* (= Y 10.18C)
c̲. *vərəθrająstarō bauuaiti*
[ Le zautar: ] Hauma croît quand il est loué.
D'autre part, le seigneur qui le loue
augmente sa capacité à briser les obstacles.

Y 10.6.2.
a̲. *nitəmacit̰ haoma.hūitiš*[232]
b̲. *nitəmacit̰ haoma.stūitiš*
c̲. *nitəmacit̰ haoma.xᵛarəitiš*
d̲. *hazaŋraγniiāi* [ *asti* ][233] *daēuuanąm .·.*
Tout particulièrement indiqué est le pressurage de Hauma,
tout particulièrement indiquée est la louange de Hauma,
tout particulièrement indiquée est la consommation de Hauma,
si l'on veut frapper mille Daiva.

Y 10.7.1.
a̲. *nasiieiti* ˣ*hixra.frā.kərəsta*[234]

---

[230] Bartholomae ⁺*varəšajīš*.

[231] Josephson ⁺*frasparəyā*.

[232] Geldner en deux mots. Bartholomae en composé. Idem en b̲ et en c̲.

[233] Grammaticalement superflu.

[234] Geldner *haθra* avec tous les mss.; *haθra frākərəsta* en deux mots. Correction non seulement sur base de la confusion facile des signes pour *aθ* et

b. *ahmaṯ haca nmānāṯ āhitiš*
c. *yaθra bāδa upāzaiti*
d. *yaθra bāδa* +*upa.staoiti*[235]
e. *haomahe baēšaziiehe*
f. *ciθrəm dasuuarə*[236] *baēšazəm*
L'affection programmée par le (Daiva) Hixra
disparaît de la maison
dès que l'on (= l'officiant?) y conduit Hauma
et qu'on le loue
pour ses propriétés médicinales
(en disant que) la santé et la guérison (sont ce qu'il apporte).

Y 10.7.2.
[237][ *ahe* +*vīsi*[238] *uta*[239] *maēθanəm*[240] ] .·.
[ Dans son village et dans sa résidence. ]

Y 10.8.1.
a. *vīspe zī aniiē* +*maδåŋhō*[241] (cf. Yt 17.5.2b)
b. *aēšma hacinte* +*xruuī.druuō*[242] (= Yt 17.5.2c)

---

*ix*, mais aussi en tenant compte de la traduction sanscrite *ekahelayā prakr̥ṣṭaṁ kr̥tāḥ* «ayant été fortement produites par une seule attaque» qui semble se souvenir de ˣ*hixra*.

235 Geldner *upastaoiti*.

236 Graphique pour **dasuuarəm*.

237 Selon les traductions médiévales, cette ligne compléterait *ciθrəm* qui serait le centre de la principale par rapport notamment à Y 10.7.1d, mais, en principe, le pronom *ahe* n'est compatible avec le sujet de *upa.staoiti* que s'il renvoie à une personne distincte. Cette ligne est habituellement considérée comme une citation marginale qui aurait fait son chemin dans le texte (Wolff 1910 : 35 n. 10).

238 Geldner *vīse*.

239 Var. lect. *upa*(°).

240 Mis pour le locatif.

241 Geldner *maiδiiåŋhō*. Corr. Bartholomae.

242 Geldner *xruuīm.druuō*. Corr. Bartholomae. Vocatif (ou locatif) mis pour l'instrumental.

c. *āat̰ hō yō haomahe maδō* (= Yt 17.5.2d)
d. ˣ*aši*[243] *hacaite uruuāsmana* ∴. (cf. Yt 17.5.2e)
Car, tandis que toutes les autres ivresses
sont accompagnées par Išma à la javeline cruelle,
l'ivresse de Hauma
est accompagnée par la réjouissante Ārti.

Y 10.8.2.
a. *rənjaiti haomahe maδō*
b. *yō yaθa puθrəm taurunəm*
c. *haoməm vaṇdaēta maṣiiō*
d. *frā ābiiō*[244] *tanubiiō haomō*
e. *vīsāite*[245] *baēšazāi* ∴.
L'ivresse de Hauma donne l'élan
au mortel qui, comme s'il chérissait
un tendre fils, se sert, pour soigner
ces corps, du Hauma comme remède.

**Quatrième morceau**
Y 10.9.1.
a. *haoma dazdi mē baēšazanąm*[246]
b. *yābiiō*[247] *ahi baēšazaδå* ∴.
Ô Hauma, donne-moi les remèdes
qui font de toi un donneur de remèdes !

Y 10.9.2.
a. *haoma dazdi mē* ⁺*vārəθraγnanąm*[248]

---

[243] Geldner *aṣa*. Contre les traductions médiévales (pehl. *ahlāyīh*; scr. *puṇyena*), mais celles-ci confondent souvent *aṣa-* et *aṣ̌i-*. Voir Commentaire.

[244] Le démonstratif précise que les corps envisagés n'appartiennent pas au sujet de la phrase (cf. Y 9.19.2c). Pourquoi le pluriel?

[245] Indicatif malgré la graphie. Le verbe *frā* ... *vīsāite* assure la concaténation de ce morceau avec le suivant (Y 10.9.3).

[246] Génitif diascévastique mis pour l'accusatif.

[247] Mis pour l'instrumental neutre pluriel.

[248] Geldner, Josephson °*yninąm*. Correction par Bartholomae. Génitif mis pour l'accusatif. L'apparente vṛddhi est secondaire.

b. *yābiiō*[249] *ahi vərəθra.tauruuå*[250] ∴.
Hauma, donne-moi les moyens de briser les obstacles
qui font de toi un surmonteur d'obstacles !

Y 10.9.3.
[251]*frā tē vīsāi uruuaθō staota* ∴.
Je me mets à ton service comme observant et laudateur.

Y 10.9.4.
a. *uruuaθəm staotārəm vaŋhaŋhəm daδō*[252]
b. *aoxta ahurō mazdå*
c. *yaθa*[253] *aṣ̌əm yat̰ vahištəm* ° ° °
Ahura Mazdā déclara être
celui qui rend l'observant laudateur
aussi bon que l'excellent R̥ta.

Y 10.10.1.
a. *auruuaṇtəm θβā dāmiδātəm* (= Y 10.10.2a)
b. *bayō tatašat̰*[254] *huuāpå*[255] ∴.
(Mazdā), le guide aux bonnes œuvres, lui l'instaurateur
qui t'a fait place, t'a donné la forme du coursier.

Y 10.10.2.
a. *auruuaṇtəm θβā dāmiδātəm* (= Y 10.10.1a)
b. *bayō nidaθat̰ huuāpå*
c. *haraiθiiō*[256] *paiti barəzaiiå*[257] ∴. (= Yt 10.50j, 10.88.2e, 10.90.1d, 11a.18.2e)

---

[249] Mis pour l'instrumental neutre pluriel.

[250] Sigmatisation secondaire du nominatif.

[251] Cf. Y 41.5, 50.11.

[252] Participe présent en °*a*-. Geldner rejette ce mot à la ligne suivante.

[253] Introduit le complément du comparatif comme au V 18.65 (comparaison d'égalité).

[254] Y a-t-il un autre cas de parfait en °*at̰* au Y 9.8.3 ?

[255] Cf. RS 1.130.6, 5.2.11.

[256] Graphie spéciale pour °*θiiå*. Aussi Y 42.3, 57.19 (Jp1), Yt 5.89, 12.25, 13.134. Présence forcée de ce vers: voir Commentaire.

(Mazdā), le guide aux bonnes œuvres, lui l'instaurateur
qui t'a fait place, t'a chargé d'être coursier
au (sommet) de la haute Harā.

Y 10.11.
a̱. *āaṯ θβā* ⁺*haθra*[258] ˣ*spəṇta.fradixšta*[259]
ḇ. *mərəya vīžuuaṇca*[260] ⁺*vī.barən*[261]
c̱. *auui* [262]⁺*iškata.upāiri.saēna*
ḏ. *auui* [263]*staēra.starō.sāra*
e̱. *auui kusrāδa.kusrō.patāδa*
f̱. *auui* [264]*paβrāna.vīšpaθa*
g̱. *auui* [265]ˣ*spiti.gaona gairi* ∴.

(De là), les oiseaux, instruits par le savant (Ahura Mazdā), simultanément,
t'ont transporté dans toutes les directions,
au (Mont) Iškata et au (Mont) Au-delà-des-aigles,
au (Mont) Massif et au (Mont) Étoiles-sur-la-tête,
au (Mont) Rond et au (Mont) ...-rond,
au (Mont) Juteux et au (Mont) Exubérant,
aux deux Monts à robe blanche.

---

[257] Jeu (secondaire?) pour **haraiiå paiti bərəzaiθiiō**.

[258] Geldner *aθra*. Comme le sens de *aθra* «là» est théoriquement celui du locatif et que le contexte demande un ablatif «de là», j'opte pour ⁺*haθra* «simultanément».

[259] Geldner *spəṇta fradaxšta*. Adj. verbal de *frā*+√ *dis*: < **fradišta-*. Consonantisme artificiel.

[260] Nominatif masc. duel mis pour le nom. masc. pluriel ou faute par persévération (°*a.vī*° ... °*ō.vī*° > °*a.vī*° ... °*a.vī*°).

[261] Geldner *vībarən*.

[262] Geldner *išata*. Série de dvandva, ce que Geldner ne signale pas. À la ligne e̱, la diascévase paraît avoir voulu marquer le coup en affublant les deux termes d'une finale °*āδa*. Voir Commentaire métrique.

[263] Humbach & Ichaporia (1998: 70) corrigent le premier terme en ˣ*taēra*.

[264] Voir Lexique.

[265] Geldner *spita.gaona*.

Y 10.12.1.
a. *āat̰ āhuua pauruuatāhu*[*ua*][266]
b. *pouru.sarəδō vīraoδahe*
c. [267]×*haoma* ×*gaomō zairi.gaonō* ∴
Ô Hauma, toi que (l'on mélange) à du lait,
parmi ces massifs montagneux,
tu te développes en de nombreux groupes avec des fleurs jaunes.

Y 10.12.2.
a. *ā*[268] *tē*[269] *baēšaza*[270] ×*irīriθβarə*[271]
b. *vaŋhə̄uš manaŋhō maiiābiiō*[272] ∴
Les médecins t'ont toujours mélangé
(à du lait) selon les recommandations[273] de Vahu Manah.

Y 10.12.3.
a. *āat̰ mē ahe*[274] +*duš.saŋhahe*[275]
b. *parāca*[276] *vaēpaiia manō* ∴
Alors vicie la transe de la pensée
de celui qui a pour moi de mauvaises définitions !

Y 10.12.4.
a. *āat̰ ahe nī.manō*[277] *manō*

---

[266] Mis pour **pauruuatāhu*, voire même **pauruuataēšu*.

[267] Geldner *haomō gaoma*.

[268] Forme en sandhi de *āat̰*.

[269] Génitif partitif.

[270] Mis pour le nom. plur. de *bišaz-*. Les traductions médiévales sont divergentes, la pehlevie suggérant le nom.-acc. plur. de *baēšaza-*, l'autre son instr. sg.

[271] Geldner *irīraθarə*. Corr. +*irīriθarə* Josephson d'après Kellens (1984). Voir Lexique.

[272] Cf. Y 43.2. Mis pour l'instr.

[273] En accord avec les traductions médiévales contre Josephson.

[274] Paraît servir à empêcher l'accord de *mē* avec +*duš.saŋhahe*.

[275] Geldner *dušsa°*. Corr. Bartholomae.

[276] Coordination elliptique? Sous-entend *āca*?

b̲. *yō mē ⁺duš.saŋhō*[278] *hištaite* °°°
Fais échouer la pensée de celui
qui se dresse devant moi avec de mauvaises définitions !

**Cinquième morceau**
Y 10.13.1.
a̲. [ *nəmō haomāi yat̰*[279] *kərənaoiti* (= Y 10.13.2a)
b̲. *driγaoš hauuat̰.masō*[280] *manō* (= Y 10.13.2b)
c̲. *yaθa raēuuastəmahecit̰* .·. ]
[ Hommage à Hauma qui rend
l'esprit du pauvre aussi grand
que même celui du plus riche ! ]

Y 10.13.2.
a̲. [ *nəmō haomāi yat̰*[281] *kərənaoiti* (= Y 10.13.1a)
b̲. *driγaoš hauuat̰.masō*[282] *manō* (= Y 10.13.1b)
c̲. [283]*yat̰ usnąm.aēiti*[284] *⁺vaēiδiia*[285] .·. ]
[ Hommage à Hauma qui rend
l'esprit du pauvre aussi grand:
c'est qu'il le développe avec la science ! ]

Y 10.13.3.
a̲. *⁺pouru.narəm*[286] *tūm kərənūši*

---

[277] Geldner en deux mots. Devrait représenter un impératif (kryādi thématisé de *nī*+√ *mī* ?).

[278] Geldner *duššaº*. Corr. Bartholomae.

[279] Mis pour **yō*.

[280] ˣ*auuat̰.masō* ? Cf. Yt 5.3.

[281] Mis pour **yō*.

[282] ˣ*auuat̰.masō* ?

[283] Pehl. *ciyōn hunsandīh raft ēstēd*, avec un *ciyōn* que Josephson traduit par «when»: «when contentment has progressed». Le mot à mot scr. fait défaut, seul ayant subsisté le commentaire.

[284] Geldner en deux mots. Mis pour **us.nəmaiti* ou **us.nəmaite* (ou avec voyelle radicale longue?).

[285] Geldner *vaēδiia*.

[286] Geldner *pourunarəm*. Corr. Bartholomae.

b. *spainiiaŋhəm cistiuuastarəm*
c. *yasə tē bāδa haoma zāire*
d. *gauua iristahe baxšaite*[287] ∴.
Toi, tu rends riche en hommes,
mieux capable d'étudier et d'enseigner (les textes et leur commentaire)
celui qui, ô Hauma jaune,
te consomme aussitôt mêlé de lait.

Y 10.14.1.
a. *mā mē yaθa gāuš.drafšō*[288]
b. *āsitō*[289] *vārəm* ×*acairī*[290] ∴.
Il n'est pas bon pour moi qu'il y ait déjà des gouttes de lait
(dans le Hauma) lorsqu'on le verse sur tout le filtre.

Y 10.14.2.
a. *fraša fraiiaṇtu tē maδō*[291] (= Y 10.19.2a)
b. +*varəzi.aŋᵛhåŋhō*[292] *jasəṇtu* ∴.
Que tes ivresses avancent avec force
et que, sources d'une existence agréable, elles aillent (pour nous chez les dieux)!

Y 10.14.3. (= Y 11.10.1)
a. *pairi tē haoma aṣ̌āum aṣ̌auuāzō*[293] (cf. Y 13.4.1a)
b. *daδąmi imąm tanūm* (cf. Y 13.4.1b)

---

[287] Après ce mot, le commentaire pehlevi contient une citation avestique: Y 10.13C *aršuxδanąmca*.

[288] Geldner en deux mots; Josephson **gaoš drafšō* en deux mots d'après Humbach 1960 : 27 sq. Voir Commentaire.

[289] Fautif pour **aiβitō*? Voir Commentaire et Lexique.

[290] Geldner *acaire*. Voir Commentaire.

[291] Mis pour le pluriel. Voir Commentaire.

[292] Geldner *vərəziiaŋuhåŋhō*; Josephson +*varəziiaŋᵛhåŋhō*. Cf. Y 10.4.1.

[293] Le mot n'a pas été correctement identifié par les traductions médiévales. Voir Lexique.

c̱. *yā mē vaēnaite huraoδa* ៰៰៰
Je te livre, ô r̥tavan Hauma,
toi qui as R̥ta pour véhicule,
mon corps qui a l'aspect du bel âge (= l'âge de l'adolescent de quinze ans).

**Sixième morceau**
Y 10.15.1.
a̱. *auuaŋhərəzāmi janiiaoš ūnąm*
ḇ. *mairiiaiią̊ ˣəuuītō.xᵛarəδaiią̊*[294]
Je fais sortir vers le bas le vagin de la Jani (= je la fais avorter [?])
maryā aux fientes répugnantes.

Y 10.15.2.
a̱. *yā ˣmainiiete*[295] *dauuaiieiṇti*[296]
ḇ. *āθrauuanəmca haoməmca*
c̱. *hā [yā]*[297] *dapta apanasiieiti* ∴
Elle qui croit pouvoir tromper
l'aθarvan et Hauma,
elle-même détruite, disparaît.

Y 10.15.3.
a̱. *yā tat̰ yat̰ haomahe draonō*
ḇ. *nigą̊ŋhəṇti*[298] *ˣ[niš.]haδaiti*[299]
c̱. *nōit̰ tąm āθrauuō.puθrīm*

---

[294] Geldner, Josephson *əuuītō.xarəδaiią̊*; Bartholomae ⁺*əuuītō.xraδaiią̊*. Correction sur base d'un étymon ii. **a+u̯īta+su̯ardhā-* (cf. *kaxᵛarəδa-*). Non traduit en pehlevi. Neriyosangh, qui semble avoir lu ou mémorisé un composé **əuuītō.xratu-* ou **əuuītō.xraθβa-*, traduit le mot par *paribhraṣṭabuddhi-* «à l'esprit perdu».

[295] Geldner *mainiieiṇti*. Corr. Josephson d'après Kellens.

[296] Jeu de racines (√ *dab* et √ *daf* = véd. *DABH* et *DAMBH*).

[297] Grammaticalement superflu.

[298] Dénominatif.

[299] Geldner *nišhaδaiti*; Bartholomae ⁺*nišhiδaiti*; Josephson ˣ*nīšhiδaiti*. Voir Commentaire métrique.

d. *naēδa dasti*[300] *hupuθrīm* °₀°
Elle qui s'assied pour dévorer
la part réservée à Hauma,
il lui échoit de n'avoir ni d'enfants aθarvan
ni même d'avoir d'enfants du tout.

**Septième morceau**
Y 10.16.
a. *paṇcanąm ahmi paṇcanąm nōit̰ ahmi* ∴.
b. *humatahe ahmi dušmatahe nōit̰ ahmi* ∴.
c. *hūxtahe ahmi dužūxtahe nōit̰ ahmi* ∴.
d. [301]+*huuarəštahe ahmi* +*dužuuarəštahe nōit̰ ahmi* ∴.
e. *sraošahe ahmi asruštōiš nōit̰ ahmi* ∴.
f. *aṣ̌aonō ahmi druuatō nōit̰ ahmi*
g. *at̰cit̰*[302] *ahmāt̰ yaθa*[303] *apəməm*[304]
h. +*mainiuuā̊*[305] *aŋhat̰ niuuāitiš* °₀°
Je relève des cinq et suis sans relation avec les (autres) cinq :
je relève de la bonne pensée et suis sans relation avec la mauvaise pensée ;
je relève de la bonne parole et suis sans relation avec la mauvaise parole ;
je relève de la bonne action et suis sans relation avec la mauvaise action ;
je relève de Srauša et suis sans relation avec Asrušti ;
je relève de R̥tavan (= Spanta Manyu) et suis sans relation avec Drugvant (= Ahra Manyu);
(et cela) jusqu'à ce qu'ait lieu
le combat décisif des deux Manyu.

---

300 Mot inconnu. Voir Lexique.

301 Geldner °*uuaršt*° les deux fois.

302 *ā̆ *cit* «avant même».

303 Fautif ou mis pour *yat̰*.

304 Mis pour le féminin?

305 Geldner *maniuuā̊*.

**Huitième morceau**

Y 10.17.1. (= Y 9.3.1, 9.16.1, 11.8.1)
*āaṯ aoxta zaraθuštrō* .·.
Alors Zaraduštra dit :

Y 10.17.2. (= Y 11.8.2)
a. [ *nəmō haomāi mazdaδātāi* .·.
b. *vaŋhuš haomō mazdaδātō* .·.] (cf. Y 9.16.3a)
[ Hommage à Hauma à qui Mazdā a donné lieu.
Le Vahu Hauma à qui Mazdā a donné lieu. ]

Y 10.17.3. (= Y 9.3.2, 9.16.2, 11.8.3)
[ *nəmō haomāi* .·. ]
[ Hommage à Hauma.]

Y 10.17.4.
a.[306]*vīspe haoma* +*upa.staomi*[307]
b. ×*yaēciṯ*[308] +*barəšnušu[ua]*[309] *gairinąm* (cf. Y 9.26.2b, V 2.23c)
c. ×*yaēciṯ*[310] *jąfnušu[ua] raonąm* (cf. V 2.23d)
d. *yaēciṯ*[311] *ązahu dərətå̊ŋhō*
e. *jaininąm* [312]+*upa* ×*dərəzrāhu* .·.
Je fais l'éloge de tous les Hauma,
aussi bien de ceux du sommet des montagnes
que de ceux du fond des vallées,
même si les Jani les ont
retenus dans les nœuds solides.

---

306 Mis pour l'accusatif.

307 Geldner *upastaomi*. Corr. Bartholomae.

308 Geldner *yaṯciṯ*.

309 Geldner *baršnuṣuua*.

310 Geldner *yaṯciṯ*.

311 Josephson +*yaṯciṯ*.

312 Geldner *upadarəzāhu*; Bartholomae +*upa* +*dərəzāhu*. Mis pour **dərəzraēšu*. Manque dans les trad. médiévales.

Y 10.17.5.
a. [313]*ərəzataēna haca tašta*
b. *zaranaēnəm aoi taxše*[314] .·.
c. *mā tē*[315] +*nīri*[316] *zəmi*[317] *paiti*
d. *iθa*[318] *raēuuaṇtō*[319] *arəjahe* °o°
Pour le transvasement depuis la coupe
façonnée en argent à celle façonnée en or,
il me faut(, ô Hauma,) ne rien répandre de toi sur le sol:
tu es si riche et précieux !

**Neuvième morceau**
Y 10.18[320].
a. *imå̊sə tē haoma gāθå̊*
b. *imå̊ həṇti* ˣ*staomāuiiō*[321]
c. *imå̊ həṇti* +*cīcišānå̊*[322]
d. *ime həṇti aršuxδa vācō*[323]
e. *dāsmainiš*[324] *vārəθraγniš*[325]
f. *paiti.bišiš baēšaziia* .·. (cf. FrW 9.1)
Voici : (je) te (récite) les Gāθā, ô Hauma.
Les voici convenir à la louange.

---

[313] Mis pour l'ablatif.

[314] Infinitif en *-he*.

[315] Génitif partitif.

[316] Geldner *nīre*.

[317] Bartholomae +*zəme*.

[318] Josephson ˣ*iδa* !?

[319] Mis pour le génitif.

[320] Sans découpe en lignes chez Geldner.

[321] Geldner *staomāiiō* (d'après le Yscr. et le YS). Corr. d'après le YPind (cf. YPir et VSir *staomaoiiō, staomaōiiō*). Fém. plur. du dérivé en *+iiu-* de *staoma-*: < ii. **stauma+yuH-ah* (cf. VSK *ukthāyū́-*).

[322] Geldner *cīcašānå̊*.

[323] Après ce mot, le commentaire pehlevi contient une citation avestique: Y 10.18C (= Y 10.6.1b) ˣ*aθa nā yō dim staoiti* (Geldner *iθa*).

[324] Paraît être la corruption d'un dérivé de *dasuuarəm*.

[325] Nominatif masc. sing. du dérivé par vr̥ddhi de l'initiale et thématisation en °*i-* comme au Y 10.19.3b.

Les voici commentées.
Voici les textes à réciter en dictio continua,
qui permettent de ...., de briser les obstacles,
de contrecarrer les nuisances et de guérir.

Y 10.19.1.
*imā̊sə tūmcit̰ māuuōiia* .·.
Voici : à ton tour, tu les (réciteras) pour moi !

**Dixième morceau**
Y 10.19.2.
a. *fraša fraiiaṇtu tē maδō*[326] (= Y 10.14.2a)
b. *raoxšna fraiiaṇtu tē maδō*[327] .·.
Que tes ivresses aillent de l'avant,
que tes ivresses aillent et brillent !

Y 10.19.3.
a. *rəṇjiiō*[328] *vazaiti*[329] <*tē*>[330] *maδō*
b. *vārəθrayniš hənṭəm*[331] *āstaoite*[332]
c. *haθra.ana*[333] *gāθβiia vaca* .·. (= Y 65.14.1i, etc.)
Que (nous) transportent de plus rapides ivresses
permettant de briser les obstacles lors de l'éloge
au moyen du discours tiré des Gāθā ...:

---

[326] Mis pour le pluriel. Cf. RS 9.63.22, 9.97.6, 9.101.4. Voir Lexique.

[327] Mis pour le pluriel.

[328] Adjectif apparenté au comparatif: cf. RS 10.147.4. Neriyosangh *laghutaram.*

[329] Bartholomae ⁺*vazaiṇte*. Reconstituer l'impératif pluriel ***rəṇjiia vazəṇtu tē maδa vārəθrayniiō həṇtu staoite* (ranjyā vazantu tai madā vārθragnayah hantu stautai) en harmonie avec 10.19.2 ?

[330] Bartholomae.

[331] Kellens ˣ*spəṇtəm* (1994 : 24). Voir Commentaire métrique.

[332] La correction ⁺*āstaoiti* proposée par Bartholomae est critiquée par Kellens (1984 : 34 n. 35), mais il n'est pas certain que ce soit une forme verbale. Voir Introduction 4.

[333] Geldner en deux mots. Voir Commentaire métrique.

Y 10.20.1. (= Yt 14.61.3)
a. *gauue* ˣ*amǝm*[334]
b. *gauue nǝmō*
c. *gauue uxδǝm*
d. *gauue vǝrǝθrǝm*
e. *gauue xᵛarǝθǝm*[335]
f. *gauue* ˣ*vāstrǝm*[336] ∴
La force est pour la Vache,
l'hommage est pour la Vache,
l'hymne est pour la Vache,
la protection est pour la Vache,
la nourriture est pour la Vache,
la pâture est pour la Vache.

Y 10.20.2. (= Y 48.5dd', Yt 14.61.4)
*gauuē vǝrǝziiātąm tąm nā xᵛarǝθāi fšuiiō* °₀°
«Que soient accomplis (ces gestes rituels) pour la vache! Ne cesse pas de t'occuper d'elle afin d'assurer notre nourriture!»

**Onzième morceau**

Y 10.21.1. (= Yt 20.1.1, Yt 20.2.1, S 2.30.8-10)
a. *haomǝm zāirīm bǝrǝzaṇtǝm yazamaide* ∴ (cf. Y 42.5a)
b. *haomǝm frāšmīm frādaṯ.gaēθǝm yazamaide* ∴ (= Y 42.5b)
c. *haomǝm dūraošǝm yazamaide* ∴ (= Y 42.5c)
Nous offrons le sacrifice à Hauma jaune et haut.
Nous offrons le sacrifice à Hauma aphrodisiaque qui fait prospérer les êtres vivants.
Nous offrons le sacrifice à Hauma durauša.

Y 10.21.2. (= Yt 20.2.2)
[337]*vīspe haoma yazamaide* ∴

---

[334] Geldner *nǝmō*. Correction d'après Yt 14.61.3 (acc. mis pour le nom.), mais contre les traductions médiévales. Ou ˣ*amō*?

[335] Cf. V 19.41.

[336] Geldner *vastrǝm*. Cf. V 5.20, Vr 2.11, Y 35.4. Corr. d'après Benveniste & Renou (1934 : 8 n. 3), mais contre les traductions médiévales.

Nous offrons le sacrifice à tous les Hauma.

Y 10.21.3[338]. (= Vr 16.2.1, Y 6.18.2, Yt 13.87.2, 20.2.3, etc.)

a̲. *zaraθuštrahe spitāmahe iδa*[339] *aṣ̌aonō*
b̲. *aṣ̌īmca frauuaṣ̌īmca yazamaide* ∴.
Nous offrons ici le sacrifice à l'Ārti et à la Fravr̥ti
du r̥tavan Zaraduštra descendant de Spitāma.

Y 10.21.4 (= Y 27.15.3, Yt 1.22.5, 20.2.4, etc.)

a̲. *yeŋ́he hātąm āat̰*[340] *yesnē paitī vaŋ́hō*
b̲. *mazdā̊ ahurō vaēθā aṣ̌āt̰ hacā*
c̲. *yā̊ŋhąmca tąscā tā̊scā yazamaide* ⁘ ⁘
«Nous sacrifions aux Hant et aux Hatī[341] de chacun desquels,
sur base de la mise en place des offrandes, lors de chaque sacrifice,
Ahura Mazdā reconnaît la qualité de bonne divinité partisane du R̥ta.»

**Chapitre III**
**Premier morceau**

Y 11.1.1.

[ zōt̰ u rāspī ∴ ]
a̲. *θrāiiō haiθīm*[342] *aṣ̌auuanō*

---

[337] Mis pour l'accusatif.

[338] Sans découpe en lignes chez Geldner.

[339] Lire ×*iθa* «ainsi, comme il convient»?

[340] La place de cette particule est anormale: corriger en ×*āδa* instr. sg. de v.-av. *ādā-* fém. «mise en place (des offrandes)» ?

[341] Désignation générale des êtres surnaturels mâles et femelles.

[342] Josephson *haiθīm.aṣ̌auuanō* en composé. Désignation générale de tous les participants de la cérémonie sacrificielle, qu'ils soient sacrifiants ou officiants. Cf. Y 9.23 ? Cf. RS 1.76.5 *hotaḥ satyatara* «ô libateur rituel», 1.180.7 *jaritā́raḥ satyā́ḥ* «les chantres rituels», 3.4.10 *hótā satyátaraḥ* «le libateur rituel». Les traductions médiévales ne sont pas claires: *āškārag*, *parisphuṭam* sont-ils adv. ou adj.?

b. +*āfri.vacaŋhō*[343] ×*zauuaiṇte*[344]
c. *gāušca aspasca haomasca* .·.
[ Tous les officiants: ] Trois r̥tavan (immolés) peuvent maudire un haθya
en recourant à des paroles propitiatoires :
la vache, le cheval et Hauma.

Y 11.1.2
*gāuš zaotārəm* +*zauuaite*[345] .·.
La vache qui maudit le zautar lui dit :

Y 11.1.3
a. *uta buiiā̊ afrazaiṇtiš* (= Y 11.3.2a)
b. *uta dāuš.srauuā̊*[346] *hacimnō* (= Y 11.3.2b)
c. *yō mąm*[347] *xᵛāstąm nōit̰* +*baxšahi*[348] .·.
d. *āat̰ mąm*[349] *tūm fšaonaiiehe*[350]
e. [351]*nāiriiā̊ vā puθrahe vā*
f. *haoiiā̊ vā maršuiiā̊*[352] .·.
Puisses-tu ne plus avoir de descendance
et perdre ta capacité à te faire écouter (des dieux) en leur récitant des hymnes
si, au lieu de m'assaisonner et de me donner comme part,
toi, tu m'engraisses
pour ta femme ou pour ton fils
ou pour ton propre sale ventre[353] !

---

[343] Geldner *āfriuuacaŋhō*. Corr. Bartholomae.

[344] Geldner *zauuaiṇti*. Pour la correction, voir Lexique.

[345] Geldner *zauuaiti*. Pour la correction, voir Lexique.

[346] Emploi irrégulier du bahuvrīhi en lieu et place d'un complément régi par *hacimnō*.

[347] Mis pour *mā*.

[348] Geldner *baxšahe*. Corr. Josephson d'après Kellens.

[349] Mis pour *mā*.

[350] Il n'est pas nécessaire de corriger en ×°*niiehe* (Josephson d'après Kellens), *°*i+y*° pouvant parfaitement s'orthographier °*aii*°.

[351] Cf. N 54.

[352] Voir Mayrhofer 1986-2001 : II 334.

Y 11.2.1.
*aspō bā̊ṣ̌ārəm* ˣ*zauuaite*[354] .·.
Le cheval qui maudit le cavalier lui dit :

Y 11.2.2.
a̲. *mā buiiā̊ auruuatąm yūxta*[355]
b̲. *mā auruuatąm aiβišasta*[356]
c̲. *mā auruuatąm niθaxta*[357]
d̲. *yō mąm*[358] *zāuuarə nōiṯ* ⁺*jaiδiiehe*[359]
e̲. ⁺*pouru.maiti*[360] *hanjamaine*

---

[353] D'après les trad. médiévales.

[354] Geldner *zauuaiti*. Pour la correction, voir Lexique.

[355] *yūxta* et *niθaxta* paraissent renvoyer à Yt 10.136.2, mais, si ce sont des dérivés en *-tar-*, la graphie du premier est acceptable tandis que celle de l'autre reste insupportable. Il faut donc se tourner vers une autre solution: *yūxta, aiβišasta* et *niθaxta* sont des dérivés en *-ti-* mis au locatif singulier, possibilité qui s'argumente aisément sur base de passages tels que RS 7.46.4b *mā́ te bhūma prásitau hī̱ḷitásya* «ne soyons pas (pris) dans les rets de toi courroucé!» (trad. Renou); 8.3.2a *bhūyā́ma te sumatáu vājíno vayám* «puissions-nous bénéficier de ta bienveillance et connaître la félicité!»; Yt 16.3.1a *aθanā buiiąn āxšta* «puissent-ils donc se trouver en paix de la même manière!».

[356] Au lieu de me tourner vers le védique *abhíKṢAD* «dépecer, immoler», je préfère m'en tenir aux suggestions médiévales (*abar nišastan*) même si le védique *abhíṢAD* n'existe pas et que *aiβi*+√ *had* ne serait pas autrement attesté.

[357] Certes *nī*+√ *θaṇg* n'est pas autrement attesté, mais la traduction pehlevie reproduit servilement la situation avec l'infinitif ˣ*nihixtan* (correction Josephson), que le commentaire explicite par *abāz dāštan* «retenir». L'économie du passage recommande qu'après l'attelage et la monte vienne la conduite (les mss. donnent d'ailleurs l'impossible *nihāxtan* «conduire» — ce devait être **nišāxtan* —), sens pour lequel l'avestique recourt plutôt à *frā*+√*θaṇg*, mais, pour le sens, *nī*+√ *θaṇg* ne devait pas en être fort différent.

[358] Mis pour *mā*. N'est pas mis pour le datif, puisque ce dernier est sans doute à reconnaître dans la voix moyenne du verbe ou dans f̲.

[359] Geldner *jaiδiiehi* (S1 seul).

f. *pouru.naraiiā̊ karšuiiā̊*[361] .·.
Puisses-tu ne plus pouvoir atteler de coursiers,
ne plus pouvoir monter de coursiers,
ne plus pouvoir diriger de coursiers,
si tu ne me demandes pas, lors du grand rassemblement, l'accélération
pour ... aux nombreux seigneurs !

Y 11.3.1.
*haomō xᵛāṣ̌ārəm* ˣ*zauuaite*[362] .·.
Le hauma qui maudit le consommateur lui dit :

Y 11.3.2.
a. *uta buiiā̊ afrazaiṇtiš* (= Y 11.1.3a)
b. *uta dǝ̄uš.srauuā̊ hacimnō* (= Y 11.1.3b)
c. *yō mąm*[363] [⁺*aiβiš.*]*hutəm*[364] ⁺*dāraiiehe*[365]
d. *yaθa tāiiūm pəṣ̌ō.sārəm* .·.
e. *nauua*[366] *ahmi pəṣ̌ō.sārō*
f. *azəm yō haomō aṣ̌auua dūraošō* °ₒ° (cf. Y 9.2.1b)
Puisses-tu ne plus avoir de descendance

---

360 Geldner, Josephson *pourumaiti*. Corr. Bartholomae.

361 Voir Mayrhofer 1986-2001 : I 320. Le FiO traduit *zəmō karšuuiā̊* par *zamīg ī kiš-cār* «terre arable» (zmyk ZY kyš c'l).

362 Geldner *zauuaiti*. Pour la correction, voir Lexique.

363 Mis pour **mā*.

364 Geldner *aiβišhutəm*; Josephson ⁺*aiβiš.hutəm*. Mis pour **aiβiš.hutōit*? C'est du moins ce que suggère la traduction pehlevie *kē man be az hunišn dārē*. Comme *aiβiš.hutəm* au Vr 9.3 est rendu en pehlevi par *abar* ˣ*hunišnīh* et qu'il ne l'est ici que par *be az hunišn*, il est licite de se demander si *aiβiš* ne résulterait pas d'une interpolation.

365 Geldner *dāraiiehi*. La voix active est maintenue chez Kellens (1984 : 143), mais le Y 44.4 *dərətā ... nabā̊s*° ... *auuapastōiš* «il a retenu les nuages de tomber» suggère le moyen (voir 1984 : 26).

366 S'il faut garder °*uua* — le Yt 6.3 y invite — et l'interpréter comme graphie de la particule *vā*, la valeur de cette dernière est inattendue. Sans doute est-ce plutôt le correspondant approximatif du vieil-avestique *vōi* et du védique *vái*.

et perdre ta capacité à te faire écouter (des dieux) en leur récitant des hymnes
si, empêchant que l'on me pressure, tu me tiens prisonnier
comme si j'étais un voleur de qui la tête est soldée
alors que ma tête à moi le r̥tavan
Hauma durauša n'est pas soldée !

**Deuxième morceau**

Y 11.4.
a. ˣ*uši*[367] *mē* ˣ*ptā*[368] [ *haomāi* ] *draonō frārənaot̰*[369]
b. *ahurō mazdå aṣ̌auua*[370] (= Y 11.5d, Yt 10.89.1b, etc.)
c. *haŋᵛharəne* (= Y 11.5e)
d. *mat̰.hizuuō*[371] *hōiiūmca dōiθrəm* .·. (= Y 11.5f)
Mon père le r̥tavan Ahura Mazdā
m'a octroyé comme portion, à moi Hauma,
les oreilles accompagnées des mâchoires et de la langue
ainsi que l'œil gauche (de la victime).

Y 11.5.
a. *yō mąm*[372] *tat̰ draonō zināt̰*[373] *vā*
b. *trəfiiāt̰ vā apa vā yāsāiti*
c. *yat̰ mē daθat̰*[374]
d. *ahurō mazdå aṣ̌auua*[375] (= Y 11.4b)

---

[367] Geldner *us*. Sans reflet dans la traduction pehlevie. Cette correction, à laquelle invite l'anomalie d'une succession de préverbes *us* ... *frārənaot̰*, est suggérée par la traduction persane *har dō gōš* «toutes deux oreilles» qui est donnée de *haŋᵛharəne*. Voir Introduction 6c.

[368] Geldner *pita*. Voir Lexique.

[369] Geldner rejette ce mot à la ligne suivante.

[370] Geldner rejette ce mot à la ligne suivante.

[371] Bartholomae, Josephson *mat̰ hizuuō* en deux mots. Locatif masc.-nt. singulier mis pour l'accusatif masc.-nt. duel.

[372] Mis pour **mā*.

[373] Injonctif mis pour le subjonctif.

[374] Subjonctif (?) mis pour l'injonctif (**daδāt̰*). Geldner rattache les deux premiers mots de la ligne suivante à celle-ci.

[375] Geldner rejette ce mot à la ligne suivante.

e. *haŋᵛharəne* (= Y 11.4c)
f. *mat̰.hizuuō hōiiūmca dōiθrəm* ∴ (= Y 11.4d)
Celui qui me prive de la portion
que m'a octroyée
le r̥tavan Ahura Mazdā —
(les oreilles) avec les mâchoires
et la langue ainsi que l'œil gauche (de la victime sacrificielle) —,
celui qui la détourne ou la relègue,

Y 11.6.
a. *nōit̰ ahmi nmāne zānāite*
b. *āθrauua naēδa raθaēštā̊*
c. *naēδa vāstriiō fšuiią̇s*[376] ∴
d. *āat̰ ahmi nmāne zaiią̊n̦te*
e. *dahakāca mūrakāca*[377]
f. *pouru.sarəδa varšnāca* ∴
chez lui ne naîtra
ni aθarvan, ni guerrier,
ni pâtre ou éleveur,
mais, chez lui naîtront,
en troupes nombreuses, les impies,
les sots et les impotents[378].

Y 11.7.
a. *θβāṣ̌əm ā gə̄uš frāθβərəsō*
b. *tan̦cištāi haomāi draonō* ∴
c. *mā θβā haomō ban̦daiiāt̰*
d. *yaθa mairīm ban̦daiiat̰* (cf. Yt 19.77.4d)
e. *yim tūirīm fraŋrasiiānəm* (cf. Yt 19.77.4c)
f. *maδəme θrišuue aŋhā̊ zəmō*

---

[376] Josephson *vāstriiō.fšuiią̇s* en composé.

[377] Cf. RS 4.26.7 | *átrā púraṁdhir ajahād árātīr* ᵛ *máde sómasya mūrā́ ámūraḥ* || «Dès lors la gravide a délaissé les absences d'offrandes; dans l'ivresse de Soma, celui qui n'est pas sot (a délaissé) celles qui sont sottes».

[378] Conjectural. Selon le commentaire pehlevi, le mot désigne ceux qui beaucoup entreprennent, mais ne mènent rien à bien.

g. *+pairiš.x*$^{v}$*axtəm*[379] *aiiaŋhahe*[380] ∵
Si tu as découpé sans tarder de la vache
cette portion pour le très ferme Hauma,
(tu peux espérer) que Hauma ne t'enchaînera pas
comme il enchaîna le marya
Frahrasyān descendant de Tura
enserré dans les chaînes de fer
dans le tiers central de cette terre !

**Troisième morceau**
Y 11.8.1. (= Y 9.3.1, 9.16.1, 10.17.1)
*āat̰ aoxta zaraθuštrō* ∴
Alors Zaraduštra dit :

Y 11.8.2. (= 10.17.2)
a. [ *nəmō haomāi mazdaδātai* ∴
b. *vaŋhuš haomō mazdaδātō* ∴ ] (cf. Y 9.16.3a)
[ Hommage à Hauma à qui Mazdā a donné lieu.
Le Vahu Hauma à qui Mazdā a donné lieu. ]

Y 11.8.3. (= Y 9.3.2, 9.16.2, 10.17.3)
[ *nəmō haomāi* ] ∵
[ Hommage à Hauma! ]

Y 11.9[381]. (Recueil de onze segments vieil-avestiques)
[ rāspī ∴ ]
a. [ *yō nō aēuuō* (extrait de Y 29.8)
b. *at̰ tē uiiē* (extrait de Y 34.11)
c. *+θrāiiō.diiāi*[382] (extrait de Y 34.5)
d. *tūrahe* (extrait de Y 46.12)
e. *×mən̨daidiiāi*[383] (extrait de Y 44.8)
f. *xšuuīdəm* (extrait de Y 29.7)

---

379 Geldner *pairišx*$^{v}$*axtəm*. Corr. Bartholomae.

380 Langue originale āyaha- ?

381 Sans découpe en lignes chez Geldner.

382 Geldner *θrāiiōidiiāi*.

383 Geldner *man̨dāidiiāi*; Bartholomae *+mən̨dāidiiāi*.

g. ×*hapti* (extrait de Y 31.22)
h. ×*āždiiāi*[384] (extrait de Y 51.17)
i. *nauua* (extrait de Y 35.6)
j. +*dasəmē*[385] (extrait de Y 28.9)
k. *yōi vā̊ yaēθma* °₀° ] (extrait de Y 28.9)
[ Tous les officiants sauf le zautar: ] [ Le seul qui nous.
Elles deux pour toi.
Pour protéger.
De Tura.
Pour comprendre.
Le lait.
Il honore.
Pour atteindre.
Ou le seigneur.
Au cours de la cérémonie.
Nous qui avons pris place devant vous. ]

Y 11.10.1. (= Y 10.14.3) [ zōt̰ .·. ]
a. *pairi tē haoma aṣ̌āum aṣ̌auuāzō*
b. *daδąmi imąm tanūm*
c. *yā mē vaēnaite huraoδa*
[ Le zautar:] Je te livre, ô r̥tavan Hauma,
toi qui as le R̥ta pour véhicule,
mon corps qui a l'aspect du bel âge.

Y 11.10.2[386].
a. *θβaxšāi*[387] ×*haoma*[388] *maδāi*
b. *hauuaŋᵛhāi aṣ̌auuastāi* .·.
Pour que tu en prennes soin, ô Hauma, pour que tu l'enivres,
pour sa bonne existence, pour sa qualité de r̥tavan.

---

384 Pour gh, Geldner *haptāždiiāi.*

385 Geldner *dasme.*

386 Sans découpe en lignes chez Geldner.

387 Mis pour **θβaxšaŋ́he*?

388 Geldner *haomāi.*

Y 11.10.3.
a. *pairi mē tūmcit̰ daiią̊*
b. *haoma* ˣ*aṣ̌āum*[389] *dūraoša*
c. *vahištəm ahūm aṣ̌aonąm* (= Y 9.19.1c)
d. *raocaŋhəm vīspō.xᵛāθrəm* °₀° (= Y 9.19.1d)
Puisses-tu m'accorder, à ton tour,
ô r̥tavan Hauma durauša,
l'existence excellente, (purement) diurne
et pleine de bien-être, qui est réservée aux r̥tavan !

**Formule conclusive de l'ensemble du HS**

Y 11.11.1. (= Y 27.14, Yt 1.0.10, etc.)
a. *aṣ̌əm vohū vahištəm*
b. *astī uštā astī uštā ahmāi*
c. *hiiat̰ aṣ̌āi vahištāi aṣ̌əm* ∴ [si bār]

L'excellent (mot) est (dans le syntagme) «la bonne harmonie» (de Y 51.20b)

et (l'exclamation) «à volonté» est (dans le syntagme) «À volonté pour lui» (de Y 43.1a),

(syntagme dans lequel il faut comprendre, d'après le segment *uštā yə̄ aṣ̌əm* «ce qui est à volonté est harmonie» du Y 51.8 [390],) que l'excellente harmonie est pour l'harmonie. [ ter ]

Y 11.11.2. (= Y 11.11.1) [ rāspī ∴ ]
a. *aṣ̌əm vohū vahištəm*
b. *astī uštā astī uštā ahmāi*
c. *hiiat̰ aṣ̌āi vahištāi aṣ̌əm* °₀° [du u du u du bār]

[ Les autres officiants: ] L'excellent (mot) est (dans le syntagme) «la bonne harmonie» (de Y 51.20b)

et (l'exclamation) «à volonté» est (dans le syntagme) «À volonté pour lui» (de Y 43.1a),

(syntagme dans lequel il faut comprendre, d'après le segment *uštā yə̄ aṣ̌əm* «ce qui est à volonté est harmonie» du Y

---

[389] Geldner *aṣ̌auua*.

[390] Ce qui est une fausse compréhension, le vers Y 51.8bb' *hiiat̰ akōiiā drəguuāitē uštā yə̄ aṣ̌əm dādrē* signifiant en réalité «que c'est malheur au drugvant et bonheur à celui qui a toujours soutenu R̥ta».

51.8,) que l’excellente harmonie est pour l’harmonie. [ bis et bis et bis ]

# COMMENTAIRE

**Chapitre I** (Y 9)

Le premier chapitre du HS est fait d'une suite de onze morceaux indépendants les uns des autres.

**Premier morceau** (Y 9.1.1)

Avant de commencer la récitation du Hōm Stōd, nous lisons le moignon d'une ancienne indication que le texte est à réciter le matin, le Ratu Hāvani étant le génie de la période matinale qui accueille la cérémonie du pressurage de Hauma.

**Deuxième morceau** (Y 9.1.2-9.2.3)

La façon dont Zaraduštra s'adresse à Hauma en lui demandant quel homme il est fait de ce dernier un ruvan (une âme): les mots de Zaraduštra (Y 9.1.2) sont parallèles à ceux de la dainā (conscience religieuse) qui, personnifiée, interroge l'âme du pieux défunt dans un fragment du Hādōxt Nask (H 2.10). C'est que Hauma est un symbole de l'âme et que sa venue alors même que Zaraduštra était occupé à nettoyer le feu de ses impuretés et à réciter les Gāθā, c'est-à-dire son entrée dans l'espace-temps du rite, s'apparente à l'entrée de l'âme au paradis appelé «excellente existence» (vahišta ahu). La réalité rituelle, le continuum du rite, qui, dans nos textes, porte le nom de «existence mentale» (ahu manahya) par opposition à «l'existence osseuse» (ahu astvant) matérielle ou profane, préfigure en effet cette existence excellente dont jouissent les âmes des pieux défunts au delà de la mort, leur sert de soubassement.

Pour l'interroger, Zaraduštra interpelle Hauma en lui donnant le nom de nar «ô homme». Comme Hauma, sait-on par ailleurs, est non un homme, mais un dieu, ceci demande une explication: nar ne signifie pas «mortel», mais désigne «le brave, celui qui est de sexe masculin»; d'ailleurs son correspondant védique se dit plutôt des dieux que des humains. C'est que l'âme (le ruvan), dont Hauma est le symbole, est toujours de sexe masculin tandis que la conscience religieuse (la dainā) que l'âme pieuse fécondera, toujours du féminin.

La façon dont Hauma s'identifie devant Zaraduštra (Y 9.2.2) est elle aussi significative: son nom de Hauma est affublé de deux épithètes, r̥tavan et durauša. La première (védique *r̥tā́van-*), «accompagné de l'harmonie», renvoie au statut de pieux adorateur et de promis au paradis. La seconde (védique *duróṣa(s)-*) reste d'interprétation controversée: l'attestation dans un vers vieil-avestique garantit que le mot ne contient que trois syllabes et qu'il est donc impossible[1] d'y voir, avec Neriyosangh (*dūramr̥tyuḥ* «grâce à qui ou pour qui la mort est au loin»), un composé dont le premier terme serait *dūra+* «lointain»; il n'est pas possible non plus d'invoquer le préfixe *duš+* pour lui donner le sens de «difficile à détruire» puisque le sandhi avec *aoša-* «action de brûler, de détruire par le feu» devait, en avestique, donner **dužaoša-*[2]. Dès lors, le premier terme, si le second est *aoša-*, ne peut être que *dur+* «la porte», mais ceci n'offre pas de sens immédiatement interprétable: «brûle-portes». S'agit-il d'une allusion aux portes du paradis ou aux orifices du corps que le Hauma ingurgité met en feu comme ce fut le cas d'Indra dans les Brāhmaṇa?

L'âme ne peut gagner l'existence excellente sans être extraite de l'existence osseuse: la mort permettra de séparer l'âme du corps et c'est aussi ce que Hauma demande à Zaraduštra: «Cueille-moi et pressure-moi!», c'est-à-dire: immole-moi, extrais mon âme de ce monde matériel et, par le biais de ma consommation enivrante, transforme-moi en âme, fais de moi le substitut de ton âme pour que celle-ci, le temps de l'ivresse, puisse reconnaître l'autre monde! Hauma est ainsi tout à la fois de ce monde — c'est une plante que le texte présentera comme fort belle et parfumée — et de l'autre — l'ivresse qu'apporte le jus de cette plante permet à l'adorateur de se rendre dans l'au-delà. Cette ivresse lui permet aussi de prendre la mesure des merveilles que son âme de pieux adorateur

---

[1] En vertu des lois du compte syllabique gâthique, car, en vertu de celles de l'Avesta récent, ce serait possible.

[2] Faire de *dūraoša-*, comme le suggère Hoffmann (apud Humbach 1957 : 300), le fruit d'une dissimilation pour **dūžaoša-* ne repose sur aucun fait parallèle.

trouvera dans l'excellente existence au delà de la mort.

Les deux existences, la matérielle ou osseuse, celle de ce monde profane, tout comme la mentale, qui est celle du rituel et qui, par anticipation, est aussi l'excellente existence, sont toutes deux évoquées dans la question liminaire de Zaraduštra qui, pour nommer cette dernière, parle de vie ensoleillée et immortelle[3]. C'est que le rituel recommandé par le mazdéisme est purement diurne afin d'en exclure les ténèbres et les démons: l'excellente existence qu'il prépare et où les forces démoniaques n'ont aucune place se caractérise par la permanence du jour et la fixité du Soleil au zénith.

L'eschatologie individuelle épouse aussi les contours de l'eschatologie cosmique: le rituel qui doit assurer l'accès au paradis prépare aussi la grande conflagration par laquelle les forces du mal seront définitivement exclues. Hauma demande à Zaraduštra de faire sa louange et de donner ainsi le ton: la louange que Zaraduštra va exécuter servira de modèle aux Saušyant[4], ces combattants eschatologiques qui, nés du mariage des âmes pieuses avec la conscience religieuse, viendront assurer la victoire finale. Bien sûr, les fils de l'âme de Zaraduštra seront ceux qui, forts de l'exactitude de ce modèle, refouleront les démons de leurs seuls regards et les extermineront de leurs voix. La louange du symbole de l'âme aura raison du malin.

**Troisième morceau** (Y 9.3.1-9.15.2)

Zaraduštra interroge maintenant Hauma sur ceux qui, par le passé, l'ont pressuré et sur l'avantage qu'ils en ont retiré. La présence d'une même erreur (*mē* «à moi» pour *hē* «à lui») dans le même syntagme introducteur des réponses (Y 9.4.1) qu'en Y 9.2.1 met en doute le caractère primaire de ce signe de solidarité apparente des deuxième et troisième morceaux.

L'ivresse de Hauma, nous sera-t-il expliqué plus loin, est aphrodisiaque: Hauma offre à ceux qui le pressurent la chance d'avoir des fils. Ceux-ci, au delà de la mort de leur père,

---

[3] Voir Kellens 1999 : 461 sq.

[4] Voir Kellens 1999 : 462.

reprendront le flambeau de la conduite rituelle: les cérémonies se poursuivront et donneront un soubassement à l'éternité de l'âme paternelle. L'éloge de l'ivresse, dans le premier morceau, devait elle aussi préparer l'avenir: elle prépare l'action des Saušyant qui eux aussi sont des fils. Leur victoire assurera l'éternité du jour, et le temps cosmique renouera avec l'infinitude.

Le catalogue des adorateurs[5] qui, par le passé, pressurèrent le Hauma est ici limité à quatre personnages. C'est que le nombre quatre définit la parole sacrée que Zaraduštra, fils du quatrième pressureur, a prononcée en Iran: les vers vieil-avestiques de l'Ahuna Variya, récités quatre fois, sont l'arme avec laquelle il parvint à refouler sous terre les démons. Avant lui, les héros, ignorant de la bonne religion, avaient dû combattre les forces délétères par des moyens plus lourds et physiques. Certes Yama fils de Vivahvant était parvenu à installer l'immortalité en ce monde, mais une faute de parole rituelle fit capoter son entreprise[6]. Θrāitauna, quant à lui, dut affronter l'arme à la main l'un des démons les plus importants: Aji Dāhaka, le feu du mauvais rituel. C'est là le seul que rapporte le Hōm Stōd parmi les nombreux exploits que d'autres textes connaissent de lui. La carrière du fils du troisième pressureur est elle aussi faite de toute une suite de combats acharnés dignes d'épopées, mais seule est mentionnée ici la lutte que, massue en main, Kr̥sāspa dut mener contre Aji Srūbara, un monstre griffu dont on ne sait quasi rien. Avant l'exploit de Zaraduštra, les héros[7] avaient eu fort à faire pour combattre les

---

[5] Voir Kellens 1997-1998 : 747 n. 20; 1999-2000 : 721.

[6] Je me range grosso modo à l'opinion de Humbach & Ichaporia (1998: 109 sq.) pour ce qui est de *cinmāne* au Yt 19.33-34, mais, pour le reste, je conserve l'interprétation que j'en ai donnée (1995-2000 : II 336 sq.): Yt 19.33 ... ·.· *yeŋ́he xšaθrāδa* V *nōiṯ aotəm å̊ŋha nōiṯ garəməm* V ... *para anādruxtōiṯ* ·.· *para ahmāṯ yaṯ hīm aēm* V *draoγəm vācim aŋhaiθīm* V *cinmāne paiti barata* ·.· ... «(Yama) suite à l'influence de qui il n'y eut ni vent froid ni vent chaud, ..., avant qu'il ne commît de faute, avant qu'il ne se mît à proférer de parole profanatrice et nuisible pour assouvir ses désirs».

[7] Sur les héros universels que sont Yama, Θrāitauna et Kr̥sāspa, voir

démons: ceux-ci leur barraient la route et infestaient la terre. L'Ahuna Variya, qui n'est autre que l'Avesta en germe, est ainsi mis sur le pavois: la bonne religion mazdéenne assurera la victoire définitive.

Plusieurs personnages évoqués dans cette partie sont connus aussi du Šāh-nāma, le «Livre des Rois» de Ferdōsī, l'épopée persane: le splendide Yama (*yō yimō xšaētō*), devenu Jamšīd, y a changé de père: il est fils de Ṯahmūrath, l'énigmatique *taxma urupi azinauuaṇt* «vaillant renard vêtu d'une peau de bouc» de l'Avesta. Farīdūn est le fils d'Ābtīn comme l'avestique Θrāitauna est celui d'Āθpiya. Son adversaire le serpent Dāhaka est devenu l'usurpateur du trône d'Iran, Ḏohāk. Dans le Livre des Rois, Kr̥sāspa «qui a des chevaux maigres» porte le nom de son clan: Sām, tandis que l'épithète *naire.manah-* «à la pensée masculine» y est devenue le nom de son père: Nerīman; et son propre nom, celui de son grand-père: Garšāsp. L'épopée persane a perdu le souvenir de l'adversaire Srūbara, et confondu Kr̥sāspa et son frère dans un seul et même personnage. Elle ne connaît pas non plus le père de Zarduhšt (Zaraduštra «qui a de vieux chameaux»).

Tous ces personnages, à l'exception de Zaraduštra, appartiennent à la tradition proto-indo-iranienne puisque nous pouvons les retrouver dans l'Inde: Yama[8] fils de Vivahvant, mentionné dès les Gāθā, y correspond à Yama fils de Vivasvant, le premier mort (dès RS 10.14.5). Comme tel, le Yama indien devint roi des morts tout comme l'iranien fut un rassembleur des êtres pour un paradis terrestre dont l'installation dans l'immortalité échoua. Le nom de Yama signifie «jumeau»: il avait en Inde comme en Iran une soeur jumelle[9]. Le Yama avestique a conservé de ses origines proto-indo-iraniennes d'appartenir à un groupe de personnages qui se définissent comme divers types de premiers hommes parmi lesquels on trouve notamment un premier époux incestueux, un premier roi,

---

Kellens 1997-1998 : 747; 1999-2000 : 734 sqq.

[8] Sur Yama, voir Kellens 1995a : 47. Sur les premiers hommes et le mythe de Yama, voir Kellens 1999-2000 : 724 sqq.

[9] Sur la soeur de Yama, voir Introduction 16.

de premiers civilisateurs tel qu'un premier métallurgiste, un premier sacrificateur. Ceux-ci furent organisés, dans le Mahābhārata indien comme dans l'épopée persane, selon un schéma généalogique formant une dynastie. Vivasvant «le radieux», le père de Yama, est en Inde le dieu Soleil, mais le Vivahvant avestique, qui porte pourtant le même nom, est donné pour un mortel sans qu'il soit possible d'en dire plus. Cependant, Yama, dans notre texte, est encore décrit comme solaire (Y 9.4.3f). L'installation d'un paradis terrestre transitoire est aussi le fait de nombreux rois épiques indiens des premiers temps: sous leurs règnes, il n'y eut ni vieillesse ni mort.

Le deuxième pressureur de Hauma que mentionne notre texte, Θrāitauna fils d'Āθpiya, dont le nom correspond bon an mal an à celui du védique Trita Āptya[10], est comme ce dernier le meurtrier du serpent de l'impiété: Ahi Vr̥tra en Inde, qui reçoit l'épithète de Dāsa[11] signifiant qu'il est le ressortissant d'une nation dont les pratiques rituelles sont réprouvées; Aji Dāhaka dans l'Avesta, avec un nom tiré de cette même épithète défavorable. Si ce serpent est tricéphale tout comme le feu rituel védique, c'est qu'il est le mauvais feu rituel et représente la mauvaise obédience religieuse. Ce démon est ici flanqué de deux autres entités maléfiques: d'une part, Druj, la désarticulation, l'absence d'agencement, la corruption, qui correspond à la védique Druh et qui, pour appartenir à la catégorie des Daivī, est favorisée par le mauvais rituel au même titre que les dieux dits Yazata sont les bénéficiaires du bon rituel; d'autre part, Drugvant «qui est avec Druj», l'archétype de celui qui pratique un mauvais rituel. Notre texte précise que l'archidémon Ahra Manyu «la funeste opinion» a programmé Druj pour détruire les êtres que le bon agencement (R̥ta) caractérise: on retrouve là l'ancien dualisme proto-indo-iranien de l'harmonie et de la corruption (véd. *r̥tá-* et *drúh-*).

Le nom du champion qui doit avoir raison du funeste serpent et de ceux qui l'accompagnent fait lui aussi référence au nombre trois: la bonne science religieuse, qui est triple tant en

---

[10] E. g. RS 1.105.9.

[11] E. g. RS 10.99.6.

Inde qu'en Iran, en affronte une autre de mauvaise. Le nom de Trita «le troisième» ou le «triple» apparaît comme la version simplifiée de celui que porte l'avestique Θrāitauna «descendant de celui qui possède le troisième ou le triple» (dérivé patronymique de **θrita-u̯an-*?), mais, dans le détail, cette version complexe reste énigmatique. Le nom du père, Āθpiya, qui correspond à l'adjectif patronymique (?) indien dont est affublé le nom de Trita, n'a pas reçu d'explication convaincante jusqu'ici. La lecture que j'en donne au lieu d'Āθviya, plus proche de l'indien Āptiya qui pourrait s'expliquer par une métathèse (< ii. **ātpiHa-*), ne débouche sur aucune proposition claire: **ātpiHa-* serait à tirer par suffixation en *-*iHa-* du dérivé à degré zéro radical et thématisation primaire en °*a-* de *ā*+√ *tap* (type védique *nīḍá-* «nid» < **ni-sdá-*). Il serait ainsi à rapprocher de l'épithète de *ātapá-* «tourment» qu'Indra reçoit à la strophe RS 1.55.1. La collaboration d'Indra et de Trita qui prendra sur lui toute la responsabilité du crime commis sur le tricéphale explique peut-être cette idée de «tourment»: la faute ou le péché consistant à avoir tué un être, fût-il des plus funestes, est un tourment dont Indra s'est déchargé sur son collaborateur.

Les renseignements concernant le correspondant indien de Kr̥sāspa, Kr̥śāśva qui n'est connu que par l'épopée, sont extrêmement maigres[12]. Dans l'Avesta, Kr̥sāspa est le frère (jumeau?) d'un certain Ruvāxšaya («celui qui, dans le pays de Ruvā, exerce l'emprise rituelle sur les dieux»)[13], dont il héritera, dans la tradition médiévale, le statut de prêtre. Le pays de Kābul, dans la liste des pays que dresse le premier chapitre du Vidēvdād (V 1.9-10), apparaît, sous le nom de *vaēkərəta*[14], juste avant un pays, celui de *uruuā* (Ruvā), dont nous pouvons retrouver le nom dans celui du frère de Kr̥sāspa. Comme le Vidēvdād place Kr̥sāspa dans le pays de Kābul, nous pouvons en déduire que c'était à Ruvā que son frère était prêtre. En effet, ce Ruvāxšaya nous est présenté comme un théologien ou un

---

[12] Voir Molé 1960 : 140-149.

[13] Contre Kellens 1999-2000 : 744.

[14] *Bagárda*, chez Ptolémée (6.18.5).

juriste qui dicte la loi (dāta) tandis que son frère est un guerrier né que rien n'arrête (*uparō.kairiia-*)[15]. Pareille dualité du religieux et du guerrier doit refléter une vieille conception proto-indo-iranienne puisque nous en trouvons l'écho aussi du côté védique dans une formulation du même type que celle qui est employée dans notre texte: RS 7.83.9 || *vr̥trā́ṇy anyáḥ samithéṣu jíghnate* ᵛ *vratā́ṇy anyó abhí rakṣate sádā* | *hávāmahe vāṁ vr̥ṣaṇā suvr̥ktíbhir* ᵛ *asmé indrāvaruṇā śárma yachatam* || «L'un de vous deux brise les obstacles dans les rencontres et l'autre toujours veille sur les observances. Nous vous invoquons, ô mâles Indra et Varuṇa, avec de bons hymnes: accordez-nous votre protection!».

L'épisode curieux du repas cuisiné sur le dos du serpent Srūbara, de caractère anecdotique, est inconnu par ailleurs, mais, par les exhalaisons empoisonnées qu'il projette vers le haut, ce démon rappelle le védique Vr̥tra tel que le Jaiminīyabrāhmaṇa (2.155) le décrit: *sa ha smeṣumātram ūrdhvam udardati* «Il avait des émanations hautes d'une portée de flèche».

Quant au père de Kr̥sāspa, nous avons la surprise d'apprendre qu'il s'appelait Θrita «troisième» d'un nom exactement superposable à celui de l'indien Trita sans que nous puissions le justifier. Ce Θrita est donné comme le plus à même, parmi les Sāma ou descendants d'un certain *Sama «sans corne» (véd. *śáma-*), de donner satisfaction aux dieux par ses prières, c'est-à-dire de les fournir en savah (véd. *śávas-*), cette force gonflante que les cérémonies sacrificielles dégagent et dans laquelle les dieux puisent des ressources pour accomplir leurs exploits et exaucer les souhaits de leur adorateur.

Nous ne savons pas grand chose de Parušāspa «qui a des chevaux grisâtres», le père de Zaraduštra, et le sens du syntagme traditionnel où figure la mention de sa maison reste hors d'atteinte. Zaraduštra et sa famille, à la différence de nombreux autres personnages, n'ont pas de correspondants indiens, ce qui, reconnaissons-le, serait en faveur de son historicité.

[15] Voir Lexique.

Zaraduštra, dans d'autres catalogues d'adorateurs, est nommé après le groupe des Kavi, ces rois prêtres dont l'Achéménide Darius Ier se piquera de suivre le modèle[16] et dont l'épopée persane fera une seconde dynastie après celle des premiers hommes. L'absence de toute allusion aux Kavi dans notre texte sans doute est-elle due au hasard: leurs noms n'évoquaient aucun nombre de un à quatre, car tel paraît bien avoir été le fil conducteur de l'auteur de ce troisième morceau du Hōm Stōd quand il a choisi Āθpiya comme deuxième pressureur et Θrita comme troisième, puisque leurs noms, aux dires mêmes du commentaire sanscrit, rappellent phonétiquement les adjectifs ordinaux.

Les quelques personnages qui sont ainsi rassemblés évoquent à grands traits une histoire mythique d'Iran qui débouche sur l'inauguration d'un nouveau millénaire par Zaraduštra. Celui-ci couronne la liste des fils des pressureurs de Hauma en prononçant la formule qui contient en germe tout le savoir sacré, en germe tout l'Avesta. Les livres pehlevis nous expliquent en effet que l'Avesta est l'amplification de l'Ahuna Variya que Zaraduštra récita à la suite d'Ahura Mazdā qui lui avait enseigné cette strophe. La genèse des trois grandes parties de l'Avesta à partir des trois vers de l'Ahuna Variya est tout à fait parallèle à celle des trois Veda indiens à partir des trois vers de la strophe Sāvitrī: c'est que cette dernière, en outre, était associée au nombre quatre dans les spéculations indiennes[17] tout comme l'Ahuna Variya l'est notamment dans notre texte[18].

Zaraduštra développa son action antidémoniaque dans un pays appelé Aryāna Vaijah de la Vahvī Dātiyā. Cette dénomina-

---

[16] Pirart 2002b : 134 sqq.

[17] E. g. BĀUK 5.14.

[18] La Sāvitrī partage avec l'Ahuna Variya d'autres caractéristiques : toutes deux strophes contiennent l'adjectif verbal «à choisir» et l'idée d'une propulsion de la pensée. Cette idée, artificielle dans le cas de l'Ahuna Variya, lui est étrangement reconnue par le Bag Nask : Y 19.13 *ādrəŋjaiieiti dazda manaŋhō para īm iδa manaŋ́he cinasti yaθa fradaxštārəm* +*manaŋhō* «Quand il récite de mémoire les mots *dazdā manaŋhō*, cela, pour la pensée, signifie, (d'après le Y 31.17,) qu'il est le propulseur de la pensée».

tion paraît signifier «(pays) appartenant aux Arya (et constitué par) le tourbillon que forme la déesse (rivière) de la loi». La ville de Ragā[19] (Ray près de Tehrān), dont Zaraduštra était le chef religieux, se trouvant en Médie grosso modo à équidistance de l'Araxe du côté de l'Arménie et de l'Atrak du côté de l'Hyrcanie, sans doute était-elle vue comme le centre de ce tourbillon puisque les deux rivières frontalières de part et d'autre de la mer Caspienne étaient considérées des anciens comme une seule et même rivière[20]. La Médie était ainsi le pays des Arya — *Árioi* était le nom que les Mèdes se donnaient autrefois, nous dit Hérodote —, c'est-à-dire de ceux qui sont appelés à rendre un culte à Ahura Mazdā. C'était déjà dans ce pays que Yama, fondateur d'Ecbatane selon le géographe arabe Yāqūt[21], s'était entretenu avec le grand dieu pour organiser le sauvetage des êtres à l'approche du grand hiver qui devait engloutir le monde sous la neige.

L'Ahuna Variya est une strophe isolée, rédigée dans le dialecte archaïque, conservée dans le Y 27.13. Le nom qui lui est donné nous informe qu'elle contient les mots *ahū* «au moyen de l'existence (rituelle)» et *vairiiō* «à choisir, à adopter»:

aa'. *yaθā ahū vairiiō aθā ratuš aṣ̌āt̰cīt̰ hacā*

bb'. *vaŋhāuš dazdā manaŋhō* +*š́iiaoθənanąm aŋhāuš mazdāi*

cc'. *xšaθrəmcā ahurāi.ā yim drigubiiō dadat̰ vāstārəm* .·.

«L'(opinion) à laquelle il convient d'adhérer au moyen de l'existence (rituelle) configure le modèle: en accord avec R̥ta. (Dès lors,) exercez sur Ahura Mazdā (la puissance) et l'influence que, conjointement a(ux paroles) et gestes, la pensée

[19] La «marque» (cf. scr. *rāga-*)? Grenet (2002: 193-214), qui propose d'y reconnaître une région du Badaxšān, ne tient compte ni des données qui, fournies par Yāqūt, conduisent à identifier la Ragā Θrizantū avec Ray elle aussi triple ni de la place particulière que, dans l'inscription de Bīsotūn, Darius accorde à la Ragā de Médie (voir Pirart 2002b: 133).

[20] Voir Bosworth 1985-1987: 270.

[21] Pirart 2000b : 463-467.

bonne offre à l'existence (rituelle) de telle sorte que (cette existence) fasse de lui un pâtre au service des indigents!»[22]

Depuis que Yama avait échoué dans son installation de l'immortalité pour tous les êtres et avant que Zaraduštra n'intervînt armé de cette strophe, les démons jouissaient d'un certain pouvoir, mais la teneur des vers Y 9.15.1cd qui nous en informent est mal assurée. L'interprétation que j'en donne et qui s'éloigne résolument des traductions médiévales cherche à tenir compte des données fournies par le Zamyād Yašt (voir Commentaire métrique) Yt 19.80.1-2: auparavant, les Daiva (par maladies interposées?) violentaient les épouses des humains et leur empêchaient donc d'avoir des fils qui pussent garder les troupeaux.

Selon la lecture que je fais du vers Y 9.15.2c, Zaraduštra aurait eu recours au R̥ta en plus de l'Ahuna Variya. Cette autre formule, qui emprunte son nom à R̥ta, l'harmonie ou bon agencement, qui s'y trouve mentionné trois fois, figurait avec l'Ahuna Variya en tête du premier livre de l'Avesta sassanide. Conservée dans le Y 27.14, elle est souvent récitée pour marquer la fin d'un texte comme c'est le cas avec le HS: nous la trouvons au paragraphe Y 11.11.

Zaraduštra, fort de ces deux formules que sont le R̥ta et l'Ahuna Variya, est le plus à même, parmi les Dāman, de briser les obstacles dressés par les forces délétères. Les Dāman sont les êtres et entités mis en place par les deux Manyu, les deux avis opposés que l'on peut avoir concernant Ahura Mazdā et qui l'un se confond avec ce grand dieu, l'autre est érigé en

---

[22] La traduction que je propose pour ce texte d'interprétation controversée (voir Kellens & Pirart 1988-1991; Humbach 1991) se base sur les attendus grammaticaux suivants: le mot que *vairiiō* sous-entend est {*mainiiuš*} «l'opinion»; *dazdā* est la 2e pers. plur. act. de l'impératif prés. de √ *dā* «placer» (= véd. *dhattá*) et, dès lors, *xšaθrəmcā* sera une coordination elliptique pour {*aogō*} *xšaθrəmcā* (cf. Y 29.10). Au lieu de traduire la corrélation *yaθā* ... *aθā* ... par «comme ..., ainsi ...», je recours au commode «configure». Les hémistiches bb'cc' n'appartiennent pas à la même phrase que aa' (cf. Y 29.6), mais explicitent les conditions d'application du plan divin et le but pour lequel il faut les réaliser.

archidémon. La supériorité que Zaraduštra acquiert avec l'usage des deux formules fait de lui un être comparable à Srauša, le dieu de la déclamation qui se sert des paroles sacrées comme d'armes[23] dans la lutte à mener contre les démons et qui, plus que tout autre, est qualifié de vr̥θrajan «briseur d'obstacles», d'un mot qui correspond exactement au védique *vr̥trahán* «tueur de Vr̥tra» si souvent épithète du grand dieu indien Indra.

**Quatrième et cinquième morceaux** (Y 9.16-9.18; Y 9.19-9.21)

Le quatrième morceau du HS s'ouvre de la même manière que le troisième: avec le syntagme introducteur d'un discours de Zaraduštra et l'incise, entre ce syntagme et le discours annoncé, d'une phrase «Hommage soit à Hauma!». Cette fois, l'incise est augmentée d'un ensemble essentiellement nominal comme ce sera aussi le cas dans le huitième morceau du deuxième chapitre et dans le troisième du troisième. Ces incises assurent ainsi un semblant de cohésion à l'ensemble du HS. On peut y ajouter le début du cinquième morceau du deuxième chapitre qui participe de la même rhétorique. Sans doute ces différentes incises proviennent-elles d'un seul et même texte et constituent-elles un morceau supplémentaire qui serait ainsi dépecé entre les différents chapitres.

Ce texte éclaté contient toute une série d'épithètes de Hauma qui forment une sorte de définition. Hauma est un dieu (vahu) qui a été bien situé (hudāta) en ce sens qu'il l'a été par Ahura Mazdā (vahudāta, mazdādāta) et que ce dernier a choisi de le placer sur le sommet des montagnes, apprendra-t-on dans le quatrième morceau du deuxième chapitre, c'est-à-dire en des endroits intermédiaires entre ce monde et l'autre: c'est par le sommet des montagnes que l'âme (ruvan) pieuse accède au chemin du paradis. La situation de Hauma est encore décrite comme «rectiligne». S'il est dit avoir été mis en place rectilignement (r̥š-dāta), c'est probablement par hypallage puisque la consommation de Hauma facilite la diction continue avec laquelle il convient de prononcer les textes sacrés. C'est à

[23] Voir Yt 11.3.3.

ce titre que Hauma, en plus des vertus médicinales de son jus[24], est vu comme un briseur d'obstacles (vṛθrajan)[25]: il aide à la prononciation contondante des paroles qui doivent débarrasser la route de l'au-delà des embûches qu'y dressent les forces délétères.

Venons-en maintenant aux paroles de Zaraḍuštra qui étaient annoncées avant ces incises. En effet, les quatrième et cinquième morceaux forment une collection de prières que Zaraduštra prononça et qui pourront être reprises par les mazdéens. La première série de prières (Y 9.17-9.18) figure aussi dans le Hōm Yašt (Yt 20) et concerne le combat contre les forces délétères. Zaraduštra y invoque Hauma sous le nom de zari «jaune», sans doute parce que son jus n'a pas encore été filtré. Dans la deuxième série (Y 9.19-9.21), Hauma reçoit l'épithète énigmatique de durauša avec laquelle il s'était lui-même présenté à Zaraduštra. Ici, Zaraduštra espère que son âme bénéficiera de l'existence excellente et qu'il y conservera son corps et son aura (uštāna). Il espère ainsi jouer un rôle lors de la grande conflagration qui marquera le retour à l'infini. La dernière prière de cette deuxième série sans doute fait-elle allusion aux embûches que l'on rencontre sur le chemin de l'autre monde.

Ce que Zaraduštra, dans la première série de prières, attend de Hauma, c'est que ce dernier lui octroie tout ce dont il est capable: l'ivresse libère l'âme, mais facilite aussi la diction continue et, par voie de conséquence, la lutte contre les forces délétères. Hauma peut donc être source de santé, c'est un remède tant pour le corps que pour l'esprit. Zaraduštra attend ainsi de Hauma qu'il lui donne les moyens de surmonter les conséquences fâcheuses du culte que de mauvais mortels (martiya) rendent à diverses classes de démons (daiva, yātu et parikā) avec l'aide d'officiants d'une obédience réprouvée (sātar ou «dépeceurs», kavi[26] ou «voyants», kṛpan ou «pleureurs»).

---

[24] Cf. AS 6.21.2.

[25] Cf. Yt 14.57.2, RS 1.91.5.

[26] Aucune explication satisfaisante n'a été donnée du fait que kavi soit tout à la fois un titre sacerdotal appartenant à la mauvaise religion et le titre

Notre texte allonge cette énumération de personnages maléfiques en en citant d'autres que nous ne pouvons guère bien identifier (grosso modo «voyoux», «renégats» et «loups») si ce n'est cette horde (hainā) avec laquelle la liste se referme. C'est une horde dans laquelle la traduction sanscrite croit reconnaître les Huns, ce qui, bien évidemment, est impossible puisque la connaissent aussi les inscriptions achéménides: c'est celle des démones qui représentent les professions de foi négatives des impies et des ennemis.

Les prières du cinquième morceau, numérotées de 1 à 6, ne constituent peut-être pas un ensemble parfaitement homogène (voir Commentaire métrique), mais fait de deux ou trois parties. Les prières de 1 à 3 concernent certaines parties ou aspects immatériels de l'individu: son existence (ahu), sa figure (tanū) et son aura (uštāna)[27]. L'existence à laquelle il est fait allusion est non pas l'osseuse ou matérielle, mais la mentale, celle de la pensée, celle que la suite des rites sacrificiels a pu installer tout au long de la vie, celle qui, au delà de la mort, débarrassée des contingences matérielles, devient l'existence dite «excellente» dont ne jouiront que les harmonieux. Le corps que mentionne la deuxième prière et qui n'est pas la kr̥p ou dépouille vouée à la disparition, le corps qui sera cadavre, c'est la tanū, l'extension que la kr̥p avait prise dans l'espace, la forme, le volume, la figure. Zaraduštra souhaite emporter là-bas ce souvenir de la kr̥p que conserve la tanū. Il ne lui suffira pas d'exister de cette excellente existence et d'être visible avec cette figure dans l'autre monde: il demande encore à Hauma de ne rien perdre de ses moyens, que la portée de ses pensées, paroles et gestes reste, et pour toujours, aussi victorieuse qu'elle l'a été dans le monde osseux. Cette portée, ce champ d'action, cet aura, c'est ce qui, dans l'Avesta, s'appelle uštāna.

Les raisons de tels souhaits peuvent être recherchées dans les deux prières qui suivent. Zaraduštra, au delà de la mort, veut continuer le combat, surgir sur la terre et y combattre encore les

---

que portent neuf personnages, présentés comme bons, qui précédèrent Zaraduštra dans l'histoire mythique d'Iran.

[27] Voir Kellens 1999 : 463.

forces délétères. La dernière prière, quant à elle, paraît concerner les combats à mener lors du transit de Zaraduštra d'un état d'être à l'autre en compagnie des siens: sur la route, diverses entités maléfiques cherchent à lui empêcher le passage ou à le dévaliser. Certes, nous ne savons ni qui sont au juste le voleur, le bandit et le loup que nomme pourtant aussi la RS, ni s'il faut établir une relation entre cette triade et celle des trois premières prières: le voleur est-il celui qui tenterait de dérober l'existence à l'instar de ces *asutr̥p* «détourneurs d'existences» de RS 10.87.14[28]? En tout cas, c'est bien sur le chemin de l'au-delà que de tels dangers surgissent: les deux chiens du Yama védique roi des morts sont présentés comme des *asutr̥p* (RS 10.14.12).

**Sixième morceau** (Y 9.22-9.24)

Hauma, à la différence des morceaux précédents, figure à la troisième personne grammaticale dans l'exposé didactique que ce sixième morceau constitue sur les avantages et bienfaits qu'il peut nous apporter en ce monde. Cet exposé, non signé et non adressé, s'achève avec un paragraphe dont la teneur, qui concerne un certain Kr̥sāna impie ou démoniaque, nous échappe. La traduction que j'en donne n'est jamais qu'une tentative désespérée.

Parmi les bienfaits octroyés par l'efficace Hauma, ceux que son caractère aphrodisiaque apporte aux femelles font de lui un r̥tavan, c'est-à-dire une âme pieuse promise au paradis. L'efficacité tous azimuts de Hauma — courses, enfantements, études, mariages — n'existe que si l'adorateur s'adresse à lui et le célèbre dans une fête appropriée: il est performant (huxratu) parce que l'adorateur lui-même est performant en ce qu'il a su accomplir correctement le rite en son honneur.

---

[28] || *párā śr̥ṇīhi tápasā yātudhā́nān* $^{V}$ *párāgne rákṣo hárasā śr̥ṇīhi* | *párārcíṣā mū́radevāñ chr̥ṇīhi* $^{V}$ *párāsutŕ̥po abhí śóśucānaḥ* || «ô Feu, de ta flamme d'ardeur, réduis en bouillie les sorciers; de ta flamme de touffeur, réduis en bouillie la force délétère; de ta flamme de clarté, réduis en bouillie ceux qui ont une racine pour divinité (ou: ceux qui ont un sot pour divinité); à flamber comme tu le fais, ré(duis en bouillie) les dérobeurs d'existence!».

Cette compétence multiple de Hauma est un motif que nous pouvons retrouver chez d'autres divinités telles que la grande déesse rivière céleste fille et épouse d'Ahura Mazdā[29]:

Yt 5.86.1.
a̲. *θβąm naracit̰ yōi*[30] *taxma*
b̲. *jaiδiiąṇte*[31] *āsu.aspīm*
c̲. *xᵛarənaŋhasca uparatātō* ∴.
Yt 5.86.2.
a̲. *θβąm āθrauuanō̆*[32] *marəmnō̆*[33]
b̲. *āθrauuanō̆*[34] *θrāiiaonō̆*[35]
c̲. *mastīm jaiδiiąṇte*[36] *spānəmca*
d̲. *vərəθraγnəmca ahuraδātəm*
e̲. *vanaiṇtīmca uparatātəm* ∴.
Yt 5.87.1.
a̲. *θβąm kaininō̆*[37] *vaδre.yaona*[38]
b̲. ⁺*xšaθri*[39] *huuāpą̊*[40] *jaiδiiąṇte*[41]
c̲. *taxməmca*[42] *nmānō.paitīm* ∴.
Yt 5.87.2.
a̲. *θβąm carāitiš*[43] *zizanāitiš*[44]
b̲. *jaiδiiąṇte*[45] *huzāmīm* ∴.

---

29 Voir Pirart 2003b : § 34.
30 Mis pour le duel.
31 Mis pour le duel.
32 Mis pour le duel.
33 Mis pour le duel.
34 Mis pour le duel.
35 Acc. pluriel mis pour le nominatif duel.
36 Mis pour le duel.
37 Mis pour le duel.
38 Dérivé de *vaδairiiu-* «prêt à s'accoupler». Morphologie incertaine.
39 Geldner *xšaθra*.
40 Mis pour le duel.
41 Mis pour le duel.
42 Coordination elliptique.
43 Mis pour le duel.
44 Mis pour le duel.
45 Mis pour le duel.

Yt 5.87.3.
a. *tūm tā aēibiiō xšaiiamna*
b. *nisirinauuāhi*
c. *arəduuī* +*sūire anāhite* ∴.

«lorsque l'homme vaillant (et sa femme) vous demandent, tant à toi qu'aux (déesses) Uparatāt Hvarnahah[46], de rapides chevaux (pour que leurs âmes arrivent sans encombre au Garah Dmāna),

lorsque le prêtre qui mémorise et le prêtre qui d'ores et déjà possède la triple science[47] vous demandent, tant à toi qu'au (dieu) Vr̥θragna, lui qu'Ahura (Mazdā) a mis en place, et à la (déesse) Vanantī Uparatāt[48], de pouvoir enseigner et étudier,

lorsque la demoiselle (nubile) et la femelle en chaleur, en échange de bonnes oeuvres, te demandent (respectivement) un mari qui soit un maître de maison vaillant et (un mâle protecteur),

lorsque les femmes enceintes et les femelles gravides te demandent un bon accouchement,

que toi, ô (déesse) molle, opulente et sans affection, tu puisses satisfaire leurs demandes».

**Septième morceau** (Y 9.25)

Nous ne pouvons pas savoir non plus si les trois phrases en uštā du septième morceau, adressées à Hauma, sont à mettre dans la bouche de Zaraduštra ou d'Ahura Mazdā. Ailleurs, l'exclamation uštā, locatif singulier de ušti- «la volonté», décrit la condition enviable qui attend l'âme du pieux défunt. C'est un nouveau signe que Hauma fonctionne comme une âme: l'ivresse est une âme de rechange ou de secours.

Les trois phrases traitent de la valeur de l'ivresse de

---

[46] Divinités inconnues.

[47] En Inde, le Veda se composait primitivement de trois parties (les strophes à réciter, les chants, les formules à murmurer) et, en Iran, l'Avesta lui aussi (les sept livres gâthiques, les sept livres juridiques, les sept livres liturgiques). C'est pour cette raison que le feu rituel védique est tricéphale. Dans le Zamyād Yašt, le serpent Dāhaka, tricéphale, est l'adversaire du feu.

[48] Divinité inconnue.

Hauma dans le rituel et dans le travail d'interprétation des textes sacrés. Les deux dernières témoigneraient-elles de l'obscurité des textes les plus anciens?

**Huitième morceau** (Y 9.26)

Sans doute est-ce alors Zaraduštra qui parle à Hauma pour l'entretenir de la ceinture rituelle qui symbolise la religion mazdéenne et dont il le voit ceint, mais certaines obscurités lexicales nous empêchent d'apprécier toute la portée de ce morceau.

Cependant, en accord avec la traduction sanscrite[49], il semble y être question des puisées rituelles (*grauua-* à lire graba-?) que l'on fait du jus de Hauma pour l'offrir aux dieux, les *graha* (< **grabha*) «puisées de Soma» du rituel védique[50], tout en prononçant les formules appropriées, les manθra, qui doivent le sacri-fier. Karl Hoffmann[51], sur base du V 9.14, suggère d'y reconnaître plutôt un bâton et de tirer *aiβiδāiti-* de ii. **abhi*+√ *dhā* «entraver». Il s'agirait alors de tenir fermement en main des brides et des bâtons dont l'usage aurait été requis dans les manipulations rituelles.

**Les neuvième, dixième et onzième morceaux** (Y 9.27; 9.28-9.29; 9.30-9.32)

Le premier chapitre du HS est clôturé par trois prières adressées à Hauma, mais le texte ne nous révèle pas si c'est Zaraduštra qui a ici la parole. Les bénéficiaires de l'exaucement des prières sont «moi» dans la première, «nous» dans la deuxième et «le défunt r̥tavan» dans la troisième.

Il est demandé aide et protection à Hauma non seulement à tous les niveaux de la société, mais aussi sur le chemin de l'au-delà. La troisième prière évoque aussi l'odyssée de l'âme: des Calypso, des Circé et des monstres voudront la retarder, mais le texte faisant allusion à un dernier écueil n'a pas survécu

---

49 *gr̥hīto'si mānthravāṇyā* «on te prend en prononçant le manθra». La traduction pehlevie ignore *graūsca* (voir Josephson).

50 Dès RS 10.114.5.

51 1975-1992 : I 284 sqq.

(Y 9.32.2).

Les différents personnages maléfiques énumérés sont assez divers. Le premier est un serpent (aji), c'est-à-dire un démon d'une catégorie spécifique à laquelle appartiennent aussi Dāhaka (Y 9.8.1a) et Srūbara (Y 9.11.1a). En outre, il partage avec ce dernier l'aspect jaunâtre. Peut-on conjecturer que le démon est jaunâtre du reflet que jette sur lui le Hauma jaune? Le nom de Sima[52] que reçoit le serpent peut faire de lui aussi un démon d'origine proto-indo-iranienne même si le *śíma* de la Taittirīyasaṁhitā reste énigmatique.

Le deuxième est ce bandit (gada), déjà rencontré (Y 9.21c), qui, embusqué sur le chemin de l'au-delà, cherche à dévaliser l'âme. Impitoyable et sanguinaire, il aura les moyens de déposséder l'âme impie des mérites qu'elle pensait faire valoir devant ses juges.

Le troisième être maléfique, un être humain, est le dirigeant (politique?) qui, plein d'orgueil, tient haut la tête et qui, par les ordres funestes qu'il donne à ses sujets, leur fait accomplir un mauvais rituel ou l'accomplit en leur nom avec toutes les conséquences regrettables que ceci peut entraîner pour la communauté toute entière.

Le quatrième, déjà rencontré (Y 9.18g), dans lequel la tradition médiévale veut voir le renégat, est lui aussi un être humain. Malgré les connaissances qu'il a de la bonne religion, il la néglige ou cherche à en faire dévier les fruits.

Le cinquième être maléfique est une femme de mauvaise vie qui, par sa conduite honnie, rend un culte à cette classe mal connue de démons que sont les Yātu.

La série s'achève sur une lacune: voir Commentaire métrique.

**Aucune formule conclusive** ne vient signaler la fin du premier chapitre, ce qui reste assez inhabituel parmi les textes avestiques conservés. Il n'est donc pas exclu que la collection de prières (les trois derniers morceaux) avec laquelle se referme le chapitre fasse partie d'un ensemble plus large dont le début du

---

52 Est-ce «la souillure»? Cf. Yt 13.105.2.

deuxième chapitre constituerait un second volet. Remarquons que la quantité de morceaux contenus dans le premier chapitre du HS est de onze: ce nombre préside aussi à la division en paragraphes des trois chapitres comme nous l'avons dit.

**Chapitre II** (Y 10)

Le deuxième chapitre du HS est lui aussi fait d'une suite de 11 morceaux indépendants les uns des autres.

**Premier morceau** (Y 10.1)

Le deuxième chapitre du HS s'ouvre avec une prière dans laquelle les verbes figurent à la 3e personne de l'impératif.

Le dieu Srauša est ici mentionné avec la déesse Ārti, ce qui fait écho aux deuxième et troisième morceaux du premier chapitre. En effet, Srauša est le patron sur lequel les Saušyant ont été conçus, il est leur modèle. Les fils des âmes que sont les Saušyant feront comme ce dieu de la déclamation qui se sert des textes sacrés comme d'armes pour mettre en déroute les forces démoniaques. Zaraduštra avait déjà brandi les textes de cette façon, ayant ainsi assumé cette fonction eschatologique par anticipation. La déesse Ārti, quant à elle, représente la chance que nous naisse un fils.

Il est souhaité que ces deux divinités soient présentes dans la maison du pieux mazdéen qui est aussi celle de Hauma puisque ce dernier est la divinisation de l'ingrédient phare des libations que le mazdéisme recommande d'offrir aux dieux. Ceci revient à souhaiter que l'enivrant Hauma permette à l'âme du pieux adorateur, dans le futur, de donner naissance à un Saušyant.

Pour l'occasion, Hauma reçoit l'épithète de r̥ta-vāzah «Hauma qui a R̥ta pour véhicule». C'est le bon agencement ou l'harmonie des diverses séquences rituelles, c'est la combinaison parfaite des divers ingrédients rituels, matériels, gestuels, verbaux, bref R̥ta, le bon rituel, qui doit assurer à Hauma la force de voyager entre ce monde où il est offert et l'autre où le reçoivent les dieux. La maison des pieux adorateurs, c'est-à-dire celle où les rites sont correctement exécutés et où l'offrande de Hauma est correctement adressée aux dieux, est ainsi celle d'où

Hauma entreprend le voyage pour le paradis en préparation de celui que l'âme du pieux défunt, le moment venu, pourra entreprendre.

**Deuxième morceau** (Y 10.2-5)

Le deuxième morceau, adressé directement à Hauma, constitue le Stōd proprement dit. Le laudateur (= Zaraduštra?) y interpelle Hauma avec diverses épithètes: huxratu «performant» (Y 10.2.1, 10.2.2), r̥tavan «harmonieux» (Y 10.4.1) et arvant «coursier» (Y 10.4.2). C'est très probablement parce que les performances sacrificielles font de lui une âme promise à l'au-delà paradisiaque et qu'il permettra à l'adorateur de s'y rendre sans embûche. Le xratu (védique *krátu-*) est la force valable, le caractère performant, émanation ou reflet du sacrifice qui donne de l'efficacité à la divinité honorée: Indra, dans l'Inde, reçoit souvent l'épithète de *śatákratu-* «disposant de cent kratu» parce que ses adorateurs sont nombreux et que ses prouesses le sont tout autant. Le xratu est aussi cette force motrice du char de la déesse Ārti ou de ses coursiers qui, dans le Yt 17, emmènent Zaraduštra corps et âme vers le paradis.

La louange (√ *stu*) adressée à Hauma tient compte de tout ce qui fait grandir sa plante: le brouillard, la pluie, les montagnes, la terre, la parole sacrée; mais, avant d'en tenir compte, louange annexe ou latérale (*upa*+√ *stu*) est faite des deux pierres du pressoir.

Quelques détails sont à relever. 1. Le pressurage de la plante se fait sur commande: l'officiant procède avec la force que lui donne le pieux adorateur (nr̥š aujahā); ce dernier l'y autorise. 2. Hauma possède un «corps» (kr̥p) lorsqu'il pousse sur les montagnes: à coup sûr, le corps dont il faut extraire l'âme par le biais du pressurage. 3. S'il pousse sur les montagnes, il peut aussi être cultivé dans un lopin de terre (carani) tout comme son correspondant védique appelé *kṣáita-* «de culture». 4. Les paroles de la louange rituelle sacralisent Hauma, le font devenir un dieu, font de lui une âme, celle-là même qu'il faudra extraire et qui se manifeste sous forme d'ivresse. Cette vérité fait de lui la source de toute harmonie: il est l'ingrédient fondamental de l'activité cultuelle[53].

Le motif des paroles sacrées qui ont le pouvoir de faire grandir la divinité est à ranger parmi d'autres du même type où le facteur de l'invigoration divine est n'importe quel aspect du culte, verbal, mental, gestuel ou matériel[54].

**Troisième morceau** (Y 10.6-8)

C'est un nouveau discours didactique après celui formant le sixième morceau du premier chapitre où Hauma figurait aussi à la troisième personne grammaticale. Il est cette fois traité des vertus médicinales et antidémoniaques de son éloge et de son ivresse. Il permet de désinfecter et d'éliminer la pire affection (āhiti): celle que le Daiva[55] Hixra programme. Celui-ci représente la force des polluants liquides que produisent les cadavres (cf. V 5.14,16) et qui sont à l'origine de graves affections.

À cette occasion, comparaison est faite entre l'ivresse de Hauma et les autres ivresses: celle de Hauma, qui est aphrodisiaque, débouche sur la chance (ārti) d'avoir un fils, mais les autres ivresses sont présidées par le démon Išma «la colère», l'adversaire attitré de Srauša et des Saušyant. Toute la tradition manuscrite est ici fautive quand elle donne *aṣ̌a hacaite* «(son invresse) est accompagnée de Ṛta» au lieu de *aṣ̌i hacaite* «(son ivresse) est accompagnée d'Ārti»: c'est le parallèle du Yt 17.5.2 qui permet de le voir: l'épithète $^{\times}$*x*$^{v}$*ā.paiθe* peut convenir non à Ṛta, mais à Ārti, au point d'être devenue part intégrante

[53] L'image de la source est fort ancienne puisqu'elle est attestée aussi en Inde, dans la RS 2.28.5 *ṛdhyā́ma te varuṇa khā́m ṛtásya* «Puissions-nous te satisfaire, ô Varuṇa, (en) t'(offrant cette cérémonie sacrificielle qui est) source de Ṛta!».

[54] E. g. RS 1.114.6ab *idám pitré marútām ucyate vácaḥ* $^{V}$ *svādóḥ svā́dīyo rudrā́ya várdhanam* «La voici, la parole plus suave que suave que l'on adresse à Rudra père des Marut et qui est à même de l'augmenter»; 10.59.5d *ghṛténa tvám̐ tanvàm̐ vardhayasva* «(ô Soma,) augmente ton corps en prenant le beurre!».

[55] Voir Yt 10.50h.

du nom de cette déesse chez les Scythes: *Artímpasa* < Ārti Hu-apašyā[56].

Chef de file des Drauman[57] qui, à la différence des Saušyant, ne sont capables de rien prononcer correctement ou efficacement, Išma[58], associé au démon de la mauvaise composition textuelle Agataša, représente la mauvaise diction et l'emploi de vers boiteux ou défectueux dans les cérémonies sacrificielles, le discours haché auquel manque l'application de toutes les liaisons phonétiques à effectuer entre les mots pour obtenir une *dictio continua* ou «rectiligne» qui soit à l'image du continu de l'éternité escomptée.

La relation qui doit exister entre la forme de la récitation et l'ivresse de Hauma sans doute est-elle celle-ci: le Saušyant qui naîtra de l'union de la conscience religieuse et de l'âme que le Hauma aura enivrées, sous les effets de l'ivresse dont il est né, saura produire de façon continue, sans les hacher, les paroles victorieuses. L'idée défendue dans le HS est que seule l'ivresse de Hauma est la bonne: toute autre ivresse est condamnée.

**Quatrième morceau** (Y 10.9-12)

Dans une prière qu'il adresse à Hauma, le laudateur (est-ce Zaraduštra?) cherche à bénéficier de ses pouvoirs anti-démoniaques et médicinaux. Ensuite, il produit un discours didactique sur Hauma, ce qui est un peu inattendu puisque l'interlocuteur n'est autre que Hauma lui-même: qu'a-t-il donc besoin de lui dire que c'est Ahura Mazdā qui l'a placé au sommet des montagnes? Peut-être est-ce pour lui rappeler ce dont le grand dieu l'a chargé: Hauma doit jouer le rôle d'un coursier qui, depuis le sommet des montagnes, gagnera le ciel. Si sa mère est la terre où il pousse, son père est Ahura Mazdā qui l'a placé au sommet de Harā Br̥z, la montagne mythique

[56] Pirart 1999a : 466 n. 5.

[57] Voir Pirart 2003a : 166 sq. n. 134. Les *marətān-* des Gāθā, selon une nouvelle lecture de Y 30.6.

[58] Origine de l'Asmodée biblique et du Cojuelo du Siglo de Oro de la littérature espagnole.

primordiale[59], dont on reconnaît le nom dans celui de la chaîne de l'Alborz qui longe la Caspienne au nord de Tehrān, mais le Livre des Rois accorde ce nom à l'Himālaya. La distribution de Hauma a été effectuée par les oiseaux depuis Harā vers les autres montagnes. C'est l'occasion de les mentionner, mais, à une exception près, la liste qui en est dressée ne correspond pas à celle qui figure dans le Catalogue des montagnes par lequel s'ouvre le Zamyād Yašt (Yt 19). Il est vrai que les seuls oronymes de cette liste que nous connaissions sont précisément ceux qui se retrouvent dans le Zamyād Yašt: Iškata et Uparisaina. Le premier rappelle le nom d'un pays des bords de l'Iaxarte au nord de la Sogdiane dont *Kuréskhata*[60] et *Alexándreia Eskhátē*[61] furent les villes principales; le second «au delà (du vol) des aigles» est connu comme nom de la chaîne du Hindukuš.

Aux doutes qui entourent le raccord de ce catalogue de montagnes avec la phrase précédente, il faut ajouter que la mention même de Harā en Y 10.10.2 paraît forcée[62] si l'on considère que *nī*+√ *dā* est ici construit avec deux acc. et signifie donc «charger *acc.* d'être *acc.*» plutôt que «déposer *acc.* sur (*paiti*) *loc.*».

Ce discours didactique sans doute se justifie-t-il aussi comme éloge. En ce sens, il peut être vu comme la suite du deuxième morceau. Le locuteur, pour s'adresser à Hauma, recourt au vocatif de gaumant- «toi qui es avec du lait», ce qui annonce le second mouvement de ce discours où il est recommandé de mélanger le jus de Hauma à du lait. Ce mélange préfigure le mariage de l'âme avec la conscience religieuse. Cependant, des difficultés lexicales ne permettent pas de comprendre pleinement les deux impératives qui referment ce morceau.

---

59 Kellens 1997-1998 : 741. Cf. Yt 17.37.

60 Ptolémée 6.12.5.

61 Ptolémée 6.12.6.

62 Voir Introduction 12.

**Cinquième morceau** (Y 10.13-14)

Le cinquième morceau est séparé du précédent par un namah indirect[63] ou texte d'ordre qu'hommage soit rendu à Hauma. Ce n'est ni la première ni la seule fois que cette incise ou interpolation se produise dans le HS: au paragraphe Y 9.3, le syntagme namah haumāi «Hommage soit à Hauma!» s'insérait entre l'annonce des paroles de Zaraduštra et ces mêmes dernières. Situation semblable ici et aux paragraphes 9.16, 10.17 et 11.8, avec parfois et comme ici des extensions. La fonction de ces interruptions n'est pas déterminée: seraient-elles là comme pour ponctuer le texte sur base de faits rituels extérieurs? Toujours est-il que la partie spécifique du cinquième morceau ne commence qu'en Y 10.13.3.

Curieusement, le locuteur anonyme utilise l'épithète de zari «jaune» pour interpeller Hauma alors même qu'il est mêlé de lait. Cette couleur, qui était celle de Hauma avant le filtrage, serait-elle à nouveau la sienne après le mélange? Car le Hauma filtré présente théoriquement une couleur plus vive ou rougeâtre (védique *śúci-*), et le filtrage, comme il est ici précisé dans une phrase préventive, doit intervenir avant le mélange[64]. C'est bien sûr dans la pureté que le mariage peut avoir lieu.

---

[63] Celui qui le prononce ne s'adresse pas à Hauma.

[64] C'est Humbach (1960 : 27 sq.) qui a mis en lumière que cette phrase, contre les commentaires médiévaux, devait être comprise sur base de parallèles védiques, mais j'en augmente ici le nombre. Les mots *drafša-* et *vāra-* peuvent être reconnus notamment grâce à RS 9.69.2 *mádhumān drapsáḥ pári vā́ram arṣati* «La goutte riche en miel coule autour du (tamis en) poil(s) de brebis» (trad. Renou) et à 9.97.56 *drapsā́m̐ īráyan vidátheṣv índur ví vā́ram ávyaṁ samáyā́ti yāti* «Mettant en branle les gouttes pour les cérémonies, le suc-de-soma franchit par le milieu (le tamis en) poil(s) de brebis» (trad. Renou). Le mot *āsitō* pourrait être la corruption de **aiβitō* au vu de RS 4.50.3 *túbhyaṁ khātā́ avatā́ ádridughā mádhva ścotanty abhíto virapśám* «c'est pour toi que les sources (de *soma*) enfouies, celles qu'on trait à l'aide des pierres-presseuses, laissent dégoutter de toutes parts le trop plein du doux (breuvage)» (trad. Renou) et de RS 7.101.4 *tráyaḥ kóśāsa upasécanāso mádhva ścotanty abhíto virapśám* «les trois cuves aptes à déverser laissent goutter de toutes parts le trop-plein de la douce (liqueur)» (trad. Renou). La forme ˣ*acairi* est

La dernière opération, qui est celle de l'absorption, donne lieu à une prière impérative dans laquelle le futur défunt qu'est tout adorateur, au cours de la cérémonie — l'épithète de ṛta-vāzah suffit à l'évoquer —, confie son corps à Hauma, mais le corps dont il est ici question n'est pas le corps matériel (kṛp) qui finira cadavre: c'est ce corps appelé tanū que l'âme du pieux défunt revêt dans l'au-delà et qui lui assure la permanence d'un âge d'adolescent pubère. Pour être offert aux dieux et gagner l'au-delà, Hauma, le temps de l'ivresse rituelle, semble donc revêtir la tanū de l'adorateur: il y aurait donc un échange provisoire entre l'adorateur et Hauma, un fait de substitution destiné à faire reconnaître par les dieux le futur défunt. C'est du moins ce que je conjecture à la lecture de la fin du paragraphe Y 10.14. L'importance de sa teneur sans doute est-elle à l'origine de sa répétition au terme du HS. Il s'agit bien d'une préparation au trépas et au voyage pour l'autre monde puisqu'il est dit des ivresses qu'elles s'en vont[65].

**Sixième et septième morceaux** (Y 10.15; Y 10.16)

Cet ensemble paraît composite, mais contient notamment deux discours prononcés par Hauma lui-même qui, par ses déclarations, se positionne sur l'échiquier comme un adversaire des forces du mal: dans un premier temps, une démone Jani («épouse») mal identifiée et, dans un second, le mauvais rituel.

Il peut être conjecturé que le second discours constitue une sorte de modèle pour l'âme du pieux défunt. Elle se présentera devant les juges en disant appartenir notamment à la bonne pensée, être l'âme d'un adorateur qui, de son vivant, aura observé un rituel caractérisé par la bonne triade pensée + parole + geste.

Quant au premier discours, c'est une menace proférée à l'encontre d'un être femelle en qui nous devons peut-être reconnaître la mauvaise conscience religieuse: Hauma, au lieu

---

celle d'aoriste passif du verbe que l'on trouve à la strophe RS 9.81.3 *ā́ naḥ soma pávamānaḥ kirā vásu* «Sur nous, ô soma Pavamāna, disperse le bien» (trad. Renou).

[65] Cf. védique *préta-* «qui s'en est allé, défunt».

de favoriser la naissance de la version négative d'un Saušyant, fera avorter l'épouse infecte promise à l'âme de l'impie.

**Huitième, neuvième et dixième morceaux** (Y 10.17; Y 10.18-10.19.1; Y 10.19.2-10.20)

La répétition d'un vers du cinquième morceau (Y 10.19.2a = 10.14.2a) nous permet de reconnaître dans ce dernier comme dans celui-ci un discours à mettre dans la bouche de Zaraduštra. En outre, 10.17.4 est visiblement à ranger avec 10.14.1: on a bien l'impression d'un texte désarticulé. L'éloge annexe ou additive (*upa*+√ *stu*) est l'occasion d'une attaque contre les Jani (10.17.3e), ces mauvaises consciences religieuses ou, plus exactement, ces mauvaises pratiques cultuelles caractérisées par certains détails techniques que nous ne pouvons guère apprécier — il n'existe évidemment pas de traité de rituel négatif —, mais il semble, sur base de ce passage, que la mauvaise pratique envisagée consistait à lier les tiges de Hauma en bottes avant de les pressurer[66].

Avec la fin du même paragraphe Y 10.17, il est changé de ton du tout au tout: ce n'est plus la louange annexe, mais une prière, d'ordre technique il est vrai. En effet, dans cette prière, le locuteur (encore Zaraduštra?) souhaite ne commettre aucune faute, n'être victime d'aucun accident lors des manipulations rituelles requises.

Ensuite, Zaraduštra dit à Hauma qu'il va lui réciter les Gāθā et mentionne leurs fonctions curatives et antidémoniaques. L'ambiance reste technique, mais si toutes ces intentions rituelles sont affichées, c'est dans l'espoir que le jour venu Hauma fera de même devant l'âme de Zaraduštra. La récitation des Gāθā par l'adorateur sacralise Hauma, lui permet de gagner le monde des dieux. L'adorateur, qui veut aussi gagner le monde des dieux, attend de Hauma le même service: lorsqu'il mourra, que Hauma les récite à son tour.

Le dixième morceau, qui reprend un vers du cinquième, est fait de prières rédigées à l'impératif qui toutes concernent

[66] Cette pratique réprouvée est ce que représente le démon Dr̥bīka sur lequel voir Pirart 1998 : 538 sqq.

l'ivresse de Hauma, mais des difficultés philologiques nous empêchent de comprendre la relation de la dernière avec une citation gâthique. La vache, victime sacrificielle sans doute, dont il est question dans cette citation et dans les suppléments qui la précèdent, pourrait bien être la préfiguration ou le symbole de la dainā.

**Onzième morceau** (Y 10.21)

Le dépeçage probable de la prière de Zaraduštra entre les 5e et 10e morceaux pourrait avoir été orchestré dans le but d'augmenter ce chapitre d'un morceau et de tendre ainsi vers la quantité désirée. Comme cela ne suffisait pas pour y arriver, le diascévaste a placé, au terme du second chapitre, un Hōm Yašt ou «texte du sacrifice offert à Hauma», c'est-à-dire un texte que l'on retrouve à la fin du Yt 20 et qui est caractérisé par l'emploi récurrent du verbe yazāmadai «nous offrons le sacrifice». Par ce biais, le chapitre se trouve dûment clôturé par la formule pseudo-vieil-avestique du Y 27.15.3 (Yahya Hatām)[67].

**Chapitre III**

Le paragraphe Y 11.11, formule pseudo-vieil-avestique du Y 27.14, n'appartient pas au troisième chapitre: il est l'indication usuelle que l'ensemble du texte, fait de trois chapitres, est terminé.

Le troisième chapitre du HS est fait non de 11 morceaux comme les précédents, mais seulement de trois. Cette quantité apparaît elle aussi comme le fruit d'un artifice, le troisième morceau étant le résultat d'un bricolage consistant à insérer deux séquences entre l'annonce que Zaraduštra va prendre la parole (Y 11.8.1) et les paroles elles-mêmes (Y 11.10). Or les deux séquences insérées sont la première la répétition d'une séquence insérée exactement de la même manière en Y 10.14 et la seconde le recueil logomachique de 11 segments vieil-avestiques qui chacun évoque un nombre de un à onze. En outre, les paroles de Zaraduštra sont aussi le fruit d'une

---

[67] Cette formule paraît être la refonte de la strophe vieil-avestique Y 51.22 (voir Kellens & Pirart 1988-1991 : III 264).

répétition (Y 11.10.1 = Y 10.14.3), mais avec deux extensions (Y 11.10.2 et Y 11.10.3).

D'une façon générale, les deux premiers morceaux du chapitre III, qui sont de styles assez particuliers, sont d'une portée mal saisissable.

**Premier morceau** (Y 11.1-11.3)

Discours didactique non signé et non adressé, le premier morceau est l'exposé des malédictions que trois r̥tavan peuvent lancer au haθya. Haθya «qui concerne les Hant» est probablement la désignation générale de tous les participants de la cérémonie, qu'ils soient officiants ou sacrifiants, puisque le culte concerne les Hant «ceux qui sont», c'est-à-dire les êtres surnaturels.

Les trois r̥tavan qui sont la vache, le cheval et Hauma, vu le titre d' «harmonieux» qu'ils reçoivent, sont des victimes sacrificielles, de pieuses âmes que l'immolation va libérer. Comme la vache lance une malédiction au haθya lorsque celui-ci tient le rôle de zautar «libateur», j'en déduis que c'est sous la forme de son lait qu'elle est offerte et non comme viande. Cependant, nous ne savons pas au juste comment interpréter l'épithète hvāstām «assaisonnée» que la vache se donne dans la malédiction qu'elle lance au zautar. En outre, le motif de la malédiction de ne plus avoir de descendance et de perdre tout écho auprès des dieux reste hors de portée en raison d'obscurités lexicales.

Le cheval lance une malédiction au haθya lorsque celui-ci se propose de le chevaucher: il restera incapable de l'atteler, de le monter et de le diriger. Le motif de la malédiction est ici aussi mal identifiable.

Il est curieux que les r̥tavan qui lancent des malédictions reçoivent l'épithète de āfrī-vacah «qui possède une parole de propitiation». Je conjecture que les mugissements de la vache, les hennissements du cheval et les crissements que produisent les pierres avec lesquelles on pressure Hauma sont vus comme des paroles propres à propitier les dieux, mais propres aussi à jeter un sort à tout ce qui relève des forces contraires parmi lesquelles il faut compter le haθya coupable.

Il existe un rapport assez clair entre le ṛtavan et le contenu de la malédiction qu'il lance dans le cas de la deuxième: le ṛtavan est le cheval et ce qu'il dit concerne attelages et coursiers. Par contre, les première et troisième malédictions, lesquelles sont identiques, restent sans rapport avec la vache et le Hauma. Le rapport est ici détectable dans les motifs de la malédiction: l'absence de l'assaisonnement (Y 11.1.3c) et l'absence du pressurage (Y 11.3.2c).

Il faut encore souligner que la teneur de la première malédiction pourrait être en contradiction avec un des termes de la culpabilité du haθya: «il restera sans descendance si ... son fils». Comment la vache peut-elle le menacer de ne pas avoir d'enfants s'il en a au moins déjà un? L'autre volet de la première malédiction n'est pas sans poser de problème lui non plus: le participe hacamnah «accompagné de, possédant» est redondant avec le bahuvrīhi duš-sravāh «possédant un mauvais sravah, un mauvais moyen de se faire entendre des dieux» qui est au même cas. Car le participe hacamnah demandait un complément à l'instrumental.

La culpabilité du haθya que maudit le cheval est de ne pas lui avoir demandé rituellement la force d'accélération pour les attelages dont, si je puis comprendre, il devrait se servir lors du grand rassemblement, lorsque des terres à cultiver sont l'enjeu de ce grand rassemblement. Nous ignorons tout de ce rassemblement, mais il peut rappeler celui que Yama avait organisé pour installer l'immortalité.

**Deuxième morceau** (Y 11.4-11.7)

Ce morceau traite de la portion de la victime sacrificielle — une vache selon Y 11.7 — qui revient à Hauma, mais, dans un premier temps, c'est Hauma lui-même qui a la parole. Par contre, le dernier paragraphe de ce morceau n'est pas à mettre dans sa bouche : Hauma y figure à la troisième personne grammaticale. S'il faut reconnaître Zaraduštra dans la deuxième personne grammaticale qui marque le verbe fraθvṛssah de la première phrase (ab) et qui revient avec le pronom θvā dans la seconde (c-g), il est probable que celui qui parle soit Ahura Mazdā. Le rapport avec les paragraphes précédents repose sur la récurrence concaténatrice du mot draunah. Peut-on supposer que le texte d'où le morceau Y 11.4-7 a été tiré était un discours par lequel Ahura Mazdā, qui citait certaines menaces de Hauma, conseillait à Zaraduštra de ne pas manquer de lui réserver cette portion et lui rappelait aussi ce qu'avait encouru le maléfique Frahrasyān à négliger de le faire. Le mythe dont ce rappel fait état et qui met Frahrasyān aux prises avec un Hauma enchaîneur nous est connu par une Rivāyat pehlevie (26.4) et le Livre des Rois[68], mais sans aucun exposé clair des motifs du châtiment.

**Troisième morceau** (Y 11.8-11.10)

Le paragraphe Y 11.10 qui contient les paroles de Zaraduštra est séparé de l'annonce qui a été faite de ses paroles par les insertions artificielles d'un ensemble en namah et d'une collection de mots tirés des textes vieil-avestiques qui n'appellent pas ici de plus amples commentaires[69].

Zaraduštra, qui parle à Hauma, fait état d'un échange de bons procédés: puisqu'il lui livre son corps, il attend de Hauma qu'il lui «livre» à son tour (*tūmciṯ*) l'excellente et diurne existence. Je n'ai aucune idée de ce qu'il faut entendre au juste par là si le sens de *pairi*+√ *dā* employé avec l'excellente existence pour objet doit être distingué de «conférer l'excellente existence».

**La formule conclusive** (Y 11.11)

R̥ta Vahišta «harmonie excellente» est le nom de la formule ici répétée plusieurs fois, par laquelle le terme du HS est signalé à l'intérieur du Yasna. Cette formule, dont le texte est souvent abrégé et qui est donnée pour elle-même au Y 27.14, est en réalité le fragment d'un commentaire des Gāθā, fort ancien pour ne plus avoir été reconnu comme tel et pour avoir fait l'objet de mythes à l'intérieur même des textes avestiques récents.

---

68 Mohl 1838-1878 : IV 207.

69 Voir Pirart 2003c.

# COMMENTAIRE MÉTRIQUE

**Introduction**

Dans l'Avesta et les livres pehlevis, le vocabulaire technique de la poésie n'existe que pour les Gāθā et l'Ahuna Variya, c'est-à-dire pour les textes vieil-avestiques rédigés en vers. Les mots «diction», «vers», «strophe», «composer», etc., ne se réfèrent jamais à d'autres textes. Rien ne nous est dit qui concerne les textes avestiques récents. L'idée que certains textes de l'Avesta récent sont rédigés en vers n'est pas traditionnelle, mais une déduction savante du XIXe siècle sur base de la constatation que de nombreux syntagmes sont octosyllabiques[1].

Sans doute l'octosyllabe est-il statistiquement une réalité naturelle et spontanée, mais les passages où il forme des séries ininterrompues sont trop nombreux pour que le hasard ait ici sa place. En revanche, les lignes catalectiques ou hypercatalectiques viennent malgré tout rompre trop souvent l'alignement pour qu'on puisse en admettre l'existence sans chercher une explication. Celle-ci est nécessaire. Une méthode plus saine et plus fructueuse, qui n'a jamais été pleinement suivie, au lieu de chercher les moyens ingénieux de pouvoir restaurer huit syllabes, consiste à défendre la réalité des prétendues irrégularités en montrant comment l'auteur du texte y est arrivé. Bref, la genèse même des pièces du texte est à examiner.

«Nombre de tentatives ont été faites [...] pour restituer un texte original entièrement métrique : toutes ont échoué». Cette déclaration de Lazard[2] invite à relever le défi, surtout qu'il a pu montré, par voie statistique[3], qu'était à exclure l'hypothèse consistant à chercher dans les Yašt un système analogue à la versification accentuelle du moyen iranien occidental.

Bien sûr, la réalité du système isosyllabique peut être assise avec d'autres arguments. Il y a notamment les indices de la volonté des auteurs d'arriver à huit syllabes: chevilles métriques et autres stratagèmes déployés. Cependant, à côté des

[1] Voir de Harlez 1881 : lxxi; Darmesteter 1883 : 28.

[2] 1990 : 217.

[3] 1984 : 283-300.

indices de cette volonté, nous ne pouvons ignorer ceux de son absence. Voici l'exemple du Y 68.11, où la succession des octosyllabes n'est guère impressionnante:

<u>a</u>. *ahmāi raēšca*[4] *$x^v$arənasca*
ahmāi rayim ca hvarnah ca (8)
<u>b</u>. *ahmāi tanuuō druuatātəm*
ahmāi tanuvah druvatātam (9)[5]
<u>c</u>. *ahmāi tanuuō vazduuarə*
ahmāi tanuvah vazdvar (7)
<u>d</u>. *ahmāi tanuuō varəθrəm*
ahmāi tanuvah vr̥θram (7)
<u>e</u>. *ahmāi īštīm pouruš.$x^v$āθrąm*
ahmāi ištim paru-hu-āθrām (9)
<u>f</u>. *ahmāi āsnąmcit̰ frazaṇtīm*
ahmāi āsnām cit fra-zāntim (8)
g. *ahmāi darəγąm darəγō.jītīm*
ahmāi dargām darga-jitim (8)
<u>h</u>. *ahmāi vahištəm ahūm aṣ̌aonąm*
ahmāi vahištam ahum r̥taunām (10)
<u>i</u>. *raocaŋhəm vīspō.$x^v$āθrəm* .·.
raucaham vispa-hu-āθram (8)

«Pour lui, la richesse et le hvarnah; pour lui, la fermeté du corps; pour lui, le charme du corps; pour lui, la défense du corps; pour lui, la doctrine sacrificielle source de bien-être pour beaucoup; pour lui, la noble capacité d'obtenir une descendance aussi; pour lui, la longue capacité de vaincre; pour lui, l'excellente existence des r̥tavan, diurne, où le bien-être existe pour eux tous».

Les octosyllabes Y 62.5d *tuθrušąm āsnąm frazaiṇtīm* (<u>tuθrušām āsnām fra-zāntim</u>) «la noble et nourricière[6] capacité d'obtenir une descendance» et Y 68.5.2b *nairiiąm āsnąm*

---

[4] Mis pour l'accusatif.

[5] Sur l'hypercatalexe de cette ligne, voir ci-dessous ad Y 9.19.2.

[6] Elle est nourricière en ce sens que ce sont le fils, le petit-fils, l'arrière-petit-fils et toute la descendance qui, dès la mort d'un individu, assurent la subsistance et l'éternité de ce dernier via la suite ininterrompue des sacrifices offerts.

*frazaiṇtīm* (nariyām āsnām fra-zāntim) «la noble et masculine capacité d'obtenir une descendance» nous montrent clairement que °*cit̰* est une cheville métrique dans Y 68.11f *ahmāi āsnąmcit̰ frazaiṇtīm* (ahmāi āsnām cit fra-zāntim) «pour lui, la noble capacité d'obtenir une descendance **aussi**», alors même que les lignes Y 68.11b-e et h ne sont pas octosyllabiques. Sans doute le dernier indice doit-il nous amener à considérer que l'octosyllabisme de Y 68.11f est le fruit du hasard: l'auteur du texte, qui combinait ahmāi avec divers matériaux, n'avait cure de l'isosyllabisme des vers auxquels il empruntait lesdits matériaux et dont l'un pouvait comporter une cheville. Le résultat est ce paradoxe apparent de trouver une cheville métrique dans une ligne non métrique.

Il faut parfois se méfier des apparences et tenir compte de toutes les attestations d'un mot avant de se prononcer sur un éventuel découpage du texte en lignes. En voici un exemple fort instructif: au Yt 10.61.1 (= Yt 10.7)[7], seules la première et la dernière lignes paraissent échapper à l'octosyllabisme:

a̱. *miθrəm vouru.gaoiiaoitīm yazamaide*
ḇ. *arš.vacaŋhəm viiāxanəm*
c̱. *hazaŋra.gaošəm hutāštəm*
ḏ. *baēuuarə.cašmanəm bərəzaṇtəm*
e̱. *pərəθu.vaēδaiianəm sūrəm*
f̱. *axᵛafnəm jaγauruuåŋhəm*

«Nous offrons le sacrifice à Miθra qui possède de vastes prairies, qui possède une diction rectiligne et lance des défis (aux forces délétères), qui possède mille oreilles, qui a été bien façonné, qui possède dix mille regards, haut, qui possède un vaste angle de vue, opulent, qui n'est pas soumis à la nécessité du sommeil et ne cesse d'être en éveil».

Attestée au Yt 19.39.2 et au Y 62.5, la forme féminine *axᵛafniiąm* de *axᵛafnəm* nous indique que °ə° dissimule la réalité morphologique du mot, que son thème est *axᵛafniia-* et que la ligne f̱ est bien octosyllabique: ahvafniyam jagr̥vānham. Les parallèles invoqués nous renseignent également sur le féminin de *jaγauruuåŋhəm* qui, contrairement à nos attentes, est non

[7] Voir Pirart 2000c : 82 n. 26, 83.

**jayrušīm*, mais *jayāurūm*. L'authenticité et la morphologie exacte de ce dernier comme thème féminin en °*ū*- sont confirmées par le védique *jāgarū́kā*- (RS 3.54.7). Il est dès lors assez clair que, si *jayāurūm* (j̆āgaruvam) a été préféré à **jayrušīm* (jagrušīm), c'est parce que ce dernier ne comptait que trois syllabes au lieu des quatre requises. La version féminine de Yt 10.61.1f *axᵛafnəm jayauruuå̄ŋhəm* est donc *axᵛafniiąm jayāurūm*. Or cette version du vers n'est pas directement attestée par le Yt 19.39.2 et le Y 62.5. Cependant, remarquons que le Yt 10.61.2a *ərəδβō.zəṇgəm zaēnaŋhuṇtəm* (urdva-zangam zainahvantam) «(Miθra) qui a les chevilles droites, qui est aux aguêts» permet d'amender le découpage en lignes que Geldner donne de ces passages où il ne faut donc pas réunir en une ligne *ərəδβō.zəṇgąm* et *axᵛafniiąm*:

Yt 19.39.2.

a. *nairiiąm hąm.varəitīm yazamaide*

b. *ərəδβō.zəṇgąm*

c. *axᵛafniiąm āsitō.gātūm*[8] *jayāurūm*

d. *yā upaŋhacaṯ kərəsāspəm* ∴.

«Nous offrons le sacrifice à la masculine bravoure, (déesse) qui a les chevilles droites, qui n'est pas soumise à la nécessité du sommeil, qui est capable d'aller de tous côtés, qui ne cesse d'être en éveil, elle qui seconda Kr̥sāspa»;

Y 62.5.

a. *nairiiąm pascaēta hąm.varəitīm*

b. *ərəδβō.zəṇgąm*

c. *axᵛafniiąm āsitō.gātūm jayāurūm*

d. *tuθrušąm āsnąm frazaiṇtīm* ᵛ ...

«ensuite, la masculine bravoure, (déesse) qui a les chevilles droites, qui n'est pas soumise à la nécessité du sommeil, qui est capable d'aller de tous côtés, qui ne cesse d'être en éveil, la noble et nourricière capacité d'obtenir une descendance».

La ligne Yt 19.39.2b = Y 62.5b *ərəδβō.zəṇgąm* est un vers incomplet dont le Yt 10.61.2a conserve l'intégralité de la version masculine. Quant à Yt 19.39.2c = Y 62.5c *axᵛafniiąm*

---

[8] Sur ce mot difficile, voir Lexique, à l'entrée *āsitō*.

*āsitō.gātūm jaγāurūm*, force est de constater que l'octosyllabe dont la version masculine existait au Yt 10.61.1f a été grossi par l'introduction d'une épithète supplémentaire entre les deux épithètes qui devaient primitivement le constituer. Visiblement, l'auteur du texte auquel Yt 19.39.2c et Y 62.5c ont été puisés a voulu casser l'octosyllabisme et fabriquer de la prose à partir de vers.

Cette volonté de passer du vers à la prose devait répondre à une nécessité ou à une prescription rituelle. Il y avait donc des techniques permettant de transformer des vers en prose, tout simplement parce que deux circonstances liturgiques devaient exister qui l'une exigeait le vers et l'autre la prose comme c'est aussi le cas du côté védique où la strophe en vers (*ŕ̥c-*) avec laquelle l'invocateur se tourne vers les dieux s'oppose de ce point vue à la formule prosaïque (*yájuṣ-*) que murmure l'officiant en manipulant et préparant les ustensiles et ingrédients du sacrifice. Le procédé de métamorphose des vers en prose consistait à introduire ou à retrancher un mot, généralement une épithète, afin de rompre le compte syllabique. Il y était surtout recouru en présence du verbe *yazamaide*, montrant ainsi que le yašt au sens le plus strict du terme (groupe accusatif divin + *yazamaide* + suite éventuel du groupe accusatif) fut un genre textuel qui recourait plutôt à la prose. Du côté védique, la situation parallèle n'est pas appréhendable puisqu'il n'existe qu'un seul yájuṣ de ce type et qu'il est fait d'octosyllabes: c'est qu'il est repris à la RS 7.59.12.

Très souvent, les phrases en *yazamaide* puisent à un stock textuel où grande partie du matériel était fait d'octosyllabes, mais, du fait que c'est sans tenir compte de l'octosyllabisme, c'est en ne tenant plus aucun compte de la nécessité rituelle du vers ou de la prose. La condamnation de la prose par les Gāθā[9] doit ainsi être nuancée: certaines circonstances exigent le vers, d'autres, illustrées par le Yasna Haptahāti qui est un texte en *yazamaide*, la prose. La condamnation portait sans doute donc bien plutôt sur la confusion des deux types de circonstances

[9] Y 46.17 (Kellens & Pirart 1988-1991 : I 39).

rituelles: recourir à la prose quand il fallait faire usage de vers et vice versa.

Skjærvø[10] a bien expliqué que les Yašt étaient le résultat d'une addition plus ou moins complexe de strates textuelles et, ensuite, d'une canonisation, mais il a attribué cette hétérogénéité aux caprices caractéristiques de la tradition poétique orale. Ses hypothèses le conduisent à donner une histoire des textes que je trouve trop imaginaire[11].

Il me semble aussi qu'une présentation des textes sous une forme versifiée dépend beaucoup trop de son histoire. S'il est vraisemblable que les parties du texte qui dérivent de ce que Lazard appelle le «très vieux répertoire de légendes et de représentations»[12] soient primitivement des vers octosyllabiques, il est assez clair que ceux-ci ont été intégrés au texte sans que leur statut de vers fût respecté et que les limites exactes à donner à de telles reprises ne peuvent être garanties.

Les recherches statistiques entreprises par Lazard[13], si elles permettent de penser que le «vieux répertoire» était en vers isosyllabiques, montrent aussi que, pour l'ensemble des pièces constitutives des textes du type des Yašt, la possibilité qu'ils soient en vers est trop approximative. Les octosyllabes qui peuvent y être détectés ne sont que le résultat des emprunts que ce texte en prose a faits à un matériel en vers, à un «stock épique».

Lazard accorde une haute antiquité à ce matériel, y voit les restes d'une littérature prézoroastrienne et même prémazdéenne[14] et tire de cette idée plusieurs critères dans le tri qu'il opère entre les passages devant relever de cette couche archaïque et ceux qui sont d'époque mazdéenne et plus récente. Les analyses et critiques que Kellens[15] a faites des différentes explications données du panthéon mazdéen conduisent à

---

[10] 1994 : 211.

[11] 1994 : 240 sq.

[12] 1990 : 217.

[13] 1984 : 283-300 ; 1990 : 217–228.

[14] 1990 : 219.

[15] 1994 : 11-34.

considérer que la réforme zoroastrienne, si elle a eu lieu, n'a pas concerné ce panthéon qui devait remonter à la préhistoire indo-iranienne, étant entendu que le monde indo-iranien primitif n'était pas uni et lisse, mais rugueux, traversé de nervures : plusieurs dialectes, plusieurs types de croyances, toutes sortes de différences et de causes possibles de conflits internes. Le panthéon scythe, tel que nous le décrit Hérodote[16], montre que la fraction occidentale de ce peuple indo-iranien partageait avec les auteurs de l'Avesta ancien la croyance en un dieu père (*Papaîos*) époux de la Terre et aussi de sa propre fille la Rivière (*Apí*). Et l'abstraction *aṣ̌i-*, si typique de la pensée mazdéenne ancienne, est, elle aussi, divinisée chez les Scythes d'Hérodote : leur Aphrodite Uranie qui s'appelait *Artímpasa* portait le même nom. Les Scythes n'étaient peut-être pas zoroastriens, mais, partageant dans les grandes lignes avec les Mèdes et d'autres Iraniens un même panthéon, ils étaient peut-être mazdéens. Le «vieux répertoire» n'est donc pas spécialement prézoroastrien et, de toute façon, il n'est sûrement pas prémazdéen. Les critères du tri opéré par Lazard sont dès lors tendancieux.

L'histoire des Yašt ne doit donc pas nécessairement remonter à un passé lointain. D'autre part, je ne vois pas ce que de sèches énumérations et de froids exposés dogmatiques doivent avoir de plus récent que des légendes. En quoi le «style clérical»[17] incite-t-il à rapporter certaines pièces à une rédaction tardive ? Skjærvø[18] le fait remarquer : nos canons esthétiques ne peuvent servir de guide dans l'appréciation de la valeur et de l'antiquité d'un texte. D'autre part, les anomalies grammaticales ne sont en rien un argument pour rejeter la date de composition d'un texte à une époque particulièrement tardive : la transmission orale à travers de nombreuses écoles sacerdotales qui peuvent être responsables de travaux de diascévases et, ensuite, la transmission manuscrite qui fut parfois bien négligente peuvent expliquer bien des anomalies si bien qu'il

---

[16] *Histoires* 4.59, avec la majorité des manuscrits et les plus vénérables des manuscrits.

[17] Lazard 1990 : 222.

[18] 1994 : 231 sqq.

est fort aventureux de juger de l'antiquité d'un texte sur base de son degré de correction grammaticale. Il n'y a pas de Yašt plus anciens et de Yašt plus récents : tous les Yašt doivent être mis sur un pied d'égalité. Certes, il en est de courts et de longs, mais là aussi comment juger? N'est-ce pas là le résultat de fortunes diverses dans leur préservation? Dès lors, peut-on parler sainement et sereinement de «grands Yašt»?

Le statut du texte que nous présentons ici est particulier puisqu'il n'appartient pas à la collection des Yašt que l'on trouve dans le RLB. Il porte d'ailleurs un tout autre titre, celui de Stōd, qui fait référence à une autre séquence rituelle, celle de la louange, qui pourrait très bien, à la différence des litanies en *yazamaide*, recourir de façon systématique à l'octosyllabe. Cependant, comme on l'a toujours bien vu, le HS est un texte dont le style et la langue sont fort proches ou identiques à ceux des 22 textes appelés Yašt que contient le RLB. Comme je l'ai montré[19], ces textes ne sont pas authentiques en ce sens qu'ils résultent de collages entre plusieurs types de textes: l'exposé du mythe étiologique du sacrifice devant être offert à telle ou telle divinité; les formules à dire pour offrir le sacrifice à la divinité; le texte légal qui enjoint aux mazdéens d'offrir ledit sacrifice. Le collage ayant apparemment lui aussi beaucoup sollicité les textes en vers à côté de ceux rédigés en prose, il est parfois bien difficile de faire la part des choses.

Si bonne partie du HS paraît rédigée en octosyllabes, plusieurs questions se posent pourtant:

— comment faut-il compter les syllabes?

— existe-t-il d'autres critères pour accorder à une ligne le statut de vers?

— comment faut-il diviser le texte en vers?

— faut-il reconnaître des strophes ?

— comment faut-il justifier le mélange des vers et de la prose?

Seul un examen approfondi de tout le texte pourra nous permettre de répondre à toutes ces questions.

[19] Pirart 2000c et 2003b.

Comme la prononciation médiévale que reproduit la graphie ne permet pas bien de compter les syllabes, cet examen implique une reconstruction de la langue originale, une entreprise qui passe inévitablement non seulement par l'adoption de conventions comme celle de s'appuyer sur le système phonologique du dialecte «aspa» du vieux perse, mais aussi par de nombreuses prises de positions sujettes à controverse en matière de morphologie, de syntaxe et d'étymologie, mais, d'une façon générale, l'argumentation ne sera donnée que si la prise de position devait avoir quelque incidence sur le compte syllabique. Cette reconstruction du texte en langue originale sera donnée sous une version de type padapāṭha, sauf nécessité. Chemin faisant, il faudra bien adopter des règles: toute règle ne sera généralement exprimée que pour la première occasion rencontrée de son application et recevra un numéro d'ordre (**R1**, **R2**, **R3**, ...). C'est pour la commodité que nous anticipons ainsi sur les conclusions.

Ce ne sera qu'au terme de cet examen que, par la mise en séries des faits rencontrés, nous tenterons un exposé de certaines des règles de la prosodie avestique récente.

## Analyse métrique du HS
## Chapitre I

### **Premier morceau** (Y 9.1.1)

Bien évidemment, si ce premier morceau est le moignon d'une ancienne indication que le texte est à réciter le matin et n'appartient donc pas au texte proprement dit, nous n'avons pas à le considérer. Néanmoins, si l'on choisit la première personne du singulier pour le verbe, la phrase comptait huit syllabes:

*hāuuanīm ā ratūm* [*ā*]<.*mruiiē*>
hāvanim ā ratum mruvai (8)

### **Deuxième morceau** (Y 9.1.2-9.2.3)

**Y 9.1.2** est fait de trois octosyllabes:

a̱. *haomō upāiṯ zaraθuštrəm*

haumah upāit zarat-uštram (8)
b. *ātrəm pairi yaoždaθəṇtəm*
ātr̥m pari yauš-dadatam (8)
c. *gāθā̊sca <fra>srāuuuaiiaṇtəm* ∴
gāθāh ca fra-srāvayantam (8)
Pour qu'il en soit bien ainsi, il faut:

— admettre la règle (**R1**) d'un sandhi compositionnel à effectuer entre upa et āit;

— restaurer le préverbe fra de srāvayantam, mais cette restauration est souhaitable sur base de parallèles.

**Y 9.1.3** est un octosyllabe:
*ā dim pərəsat̰ zaraθuštrō* ∴
at dim pr̥ssat zarat-uštrah (8)

Par contre, **Y 9.1.4** est bien loin d'être complètement fait d'octosyllabes:
a. *kō narə* $^{+}$*ahi yim azəm*
b. *vīspahe aŋhə̄uš astuuatō*
c. *sraēštəm dādarəsa*
d. *x$^{v}$ahe gaiiehe*
e. *x$^{v}$anuuatō aməṣ̌ahe* ∴
Voyons ce qu'enseignent les parallèles.
H 2.10.2 (= Vyt 57.2)
a. *cišca <tūm> carāitiš ahi*
ciš ca tu carātiš[20] ahi (8)
b. *yąm it̰ yauua carāitinąm*
yām it yavā carātinām[21] (8)
c. *kəhrpa sraēštąm dādarəsa* ∴
kr̥pā srayištām dadarsa (8)
«Tu es assurément une gravide comme je n'en ai jamais vu d'aussi belle pour la forme».

H 2.10.2a est lui aussi catalectique, mais Vyt 57.2a suggère d'y restaurer *<tūm>* qui, vu sa position d'enclitique (lo. tu), ne doit compter qu'une syllabe. Cependant, il reste

[20] Ou carantī ? Voir Lexique, note sur *āzīzanāitī-*.

[21] Ou carantīnām ?

aventureux ou malaisé de l'introduire en Y 9.1.4a. En effet, la divergence entre H 2.10.2a et Y 9.1.4a est double: *cišca* + nominatif d'un côté; *kō* + vocatif de l'autre. Pour sa part, H 2.10.2c peut suggérer de restituer *<kəhrpa>* dans Y 9.1.4c: *<kəhrpa> sraēštəm dādarəsa* (8).

Yt 8.54

a. *hamahe*[22] *zī*[23] *mē.iδa*[24] *aiiąn*[25]
hamahmi ... ayan (?)
b. *hamaiiā̊ vā xšapō xā̊*[26]
hamahyā vā xšafni ... (?)
c. *pairika yā dužiiāiriia*
parikā yā duš-yāriyā (8)
d. *vīspahe aŋhə̄uš astuuatō*
vispahya ahauš astvatah (8)
e. *parōiṯ pairiθnəm*[27] *aŋhuuąm* (= V 18.19.2b, etc.)
parā it parīθnah ahvām (8)
f. *auua.hisiδiiāṯ*[28]
ava-hissidyāt (5)

---

[22] Le génitif de temps, en principe, n'existe pas. Mis pour le locatif?

[23] Il est inattendu — ce n'est pas le cas au Yt 8.11 — que *zī* introduise une principale si la protase, en $^{x}$*yeiδi zī* (Yt 8.52-53), le comporte déjà: $^{x}$*yeiδi zī azəm nōiṯ daiδiiąm* $^{V}$ ... $^{V}$ *aom stārəm yim tištrīm* $^{V}$ $^{x}$*auuāuṇtəm yesniiata* $^{V}$ ... «Car, si moi je n'avais pas fait de cet astre là-haut Tištriya un dieu aussi digne d'être le blanc des cérémonies sacrificielles».

[24] Obscur.

[25] Locatif avec allongement secondaire? Le statut de locatif est conforté par la comparaison de Y 57.31abc *yō āθritīm hamahe aiiąn hamaiiā̊ xšapō imaṯ karšuuarə auuazāite* «(Srauša) qui, trois fois le même jour ou la même nuit, se rend dans ce secteur (de la terre)» avec RS 1.34.3a *samāné áhan tríḥ* ... «(ô Aśvin, vous faites votre tour) trois fois le même jour».

[26] Ce mot, que je n'identifie pas, est rejeté à la ligne suivante par Panaino (1990) qui le corrige en $^{x}$*hāu*. Geldner réunit les deux premières lignes en une, mais en rejetant *xā̊*.

[27] Mis pour l'ablatif du dérivé type latin *iter* (cf. Hoffmann 1975-1992: I 160 sq.) de *pairi*+√ *i* «arriver à son terme» (cf. RS *páritakmyā-* «(nuit) finissante»)? Le sandhi compositionnel °i̱+i̱° > °ī̱° est toujours à accepter.

[28] Les lignes ef sont réunies en une chez Geldner et Panaino.

g. *āca paraca* ˣ*duuarainti* ∴.
ā ca parā ca dvarantī (8)

«..., en un même jour ou en une même nuit, ... la Parikā de la mauvaise récolte, de toute l'existence osseuse, avant l'heure, aurait interrompu le cycle de la vie, à l'infester / endommager[29] de-ci de-là».

Les inconnues lexicales du Yt 8.54 vont de pair avec les inconnues syllabiques, mais l'octosyllabisme du reste est en faveur du statut de vers qu'il faudrait accorder à Y 9.1.4b *vīspahe aŋhə̄uš astuuatō*.

Yt 8.11 = Yt 10.55

a. [30]*yeiδi zī mā maṣ̌iiāka*
yadi zi mā martiyakā (8)

b. *aoxtō.nāmana yasna yazaiianta*
ugda-nāmnā yasnā yazayanta (10)

c. *yaθa aniie yazatå̄ŋhō*
yaθā anyai yazatāhah (8)

d. *aoxtō.nāmana yasna* ˣ*yazinte*
ugda-nāmnā yasnā yazyantai (9)

e. *frā nəruiiō aṣ̌auuaoiiō*
fra nr̥biš r̥tāvabiš (7)

f. ˣ*aθβarštahe zrū āiiū*
aθvr̥štahya zarvanh āyu (8)

g. *šuš́uiiąm*[31] *xᵛahe gaiiehe*
šyaušyuyām hvahya gayahya (8)

h. [32]*xᵛanuuatō aməṣ̌ahe*
huvanvatah amr̥tahya (8)

i. *upa.θβarštahe jaγmiiąm*
upa-θvr̥štahya jangamyām (8)

j. [33]*aēuuąm vā auui*[34] *xšapanəm duiiē vā*

---

[29] Cf. véd. *dhvarás-*?

[30] Les lignes a-d sont considérées comme de la prose par Geldner. Pour tout le passage, voir Pirart 2003a : 165 sq.

[31] Rejeté à la ligne précédente par Geldner, Gershevitch (Yt 10) et Panaino (Yt 8).

[32] Cette ligne est réunie à la précédente par Geldner, Gershevitch (Yt 10) et Panaino (Yt 8).

aivām vā [abi] xšapānam dvai vā (9[35] ou 11)
k. *paṇcāsatəm vā* [36]*satəm vā* .·.
pancāsatam vā satam vā (8)

«Car, si les mortels m'offraient le sacrifice en mentionnant mes noms de la même manière que les autres Yazata sont honorés par les seigneurs harmonieux qui leur offrent le sacrifice en mentionnant leurs noms, je pourrais mettre en mouvement la durée du temps non découpé de ma propre possibilité de vie ensoleillée et immortelle et faire acte de présence pour une nuit ou deux ou cinquante ou cent du (temps) découpé».

L'octosyllabisme des lignes de ce passage, malgré l'ordre «poétique» des mots (de avec postverbe), est sporadique, mais celles qui nous intéressent plus particulièrement, gh, sont entourées d'octosyllabes. En outre, comme le segment *x$^v$ahe gaiiehe* y finit un octosyllabe, il se peut que Y 9.1.4d soit lacunaire.

Pour que Y 9.1.4 fût métrique, il faudrait donc se livrer à de lourdes et invérifiables restitutions:

a. **cišca *nā* $^+$*ahi yim azəm*
b. *vīspahe aŋhə̄uš astuuatō*
c. *<kəhrpa> sraēštəm dādarəsa*
d. *<yim azəm> x$^v$ahe gaiiehe*
e. *x$^v$anuuatō aməṣ̌ahe* .·.

En effet, par «lacunaire», il faut probablement comprendre que l'auteur s'est contenté de la seule fin de l'octosyllabe qu'il pillait.

Chemin faisant, nous avons ici adopté deux nouvelles règles:

---

33 Les lignes jk sont absentes du Yt 10 chez Geldner et Gershevitch. Panaino (Yt 8) rejette *duiiē vā* en k.

34 Le rôle de *auui* reste obscur.

35 Huit syllabes si l'on supprime le premier *vā*.

36 Les deux derniers mots, présents dans certains manuscrits, ne sont pas retenus par Geldner et Panaino (Yt 8).

— (**R2**) *sraēšta-*, comme son correspondant védique *śréṣṭha-*, compte trois syllabes en accord avec l'étymologie (ii. **śraiH-ištHa-*);

— (**R3**) la séquence ii. *°*uHa*° reste dissyllabique, e. g. dans *x$^v$anuuatō* (ii. **suHan-u̯ant-*).

**Y 9.2.1-2.**

a̱. *āaṯ *hē aēm $^+$paiti.aoxta*
at hai ayam pati-augda (8)
ḇ. [*haomō aṣ̌auua dūraošō*] ∴.
a̱. *azəm ahmi zaraθuštra*
azam ahmi zarat-uštra (8)
ḇ. *haomō aṣ̌auua dūraošō* ∴.
haumah ṛtāvā duraušah (8)

Il n'y aurait rien à dire, mais l'erreur de personne en Y 9.2.1a jette le doute sur le caractère original de notre texte. Le compositeur du HS pourrait avoir fabriqué artificiellement ce passage en s'appuyant sur le V 2.3.3 = 2.5.1:

a̱. *āaṯ mē aēm $^+$paiti.aoxta*
ḇ. *yimō srīrō zaraθuštra* ∴.

« Alors celui-ci m'a répondu, le beauYama, ô Zaraduštra:».

Il reste que la concurrence entre *aēm* et le nom du personnage mis au nominatif greve aussi ce parallèle qui pourrait être dès lors lui aussi le fruit d'un collage.

Seule la dernière ligne de **Y 9.2.3** pose problème:

a̱. *ā mąm yāsaŋ$^v$ha spitama*
ā mā yassahva spāitāma (8)
ḇ. *frā mąm hunuuaŋ$^v$ha x$^v$arətāe*
fra mā hunvahva hvartayai (8)
c̱. *aoi mąm staomaine stūiδi*
āvat mā stumanai studi (8)
ḏ. *yaθa mā aparaciṯ saošiiaṇtō stauuąn* ∴.
yaθā mā aparā cit saušyantah stavan (12)

Curieusement, l'anomalie va de pair avec le maintien de la forme enclitique *mā* par la diascévase. Le compositeur pourrait donc avoir utilisé des matériaux de provenances différentes, caractérisés par des diascévases d'écoles différentes. Le compositeur de notre texte serait donc bien postérieur aux diascévastes dits scolaires.

Le caractère métrique du deuxième morceau du premier chapitre s'avère donc assez imparfait: il est clair que du matériel octosyllabique a servi à sa rédaction, mais que celle-ci n'en a eu cure.

**Troisième morceau**

La ligne du **Y 9.3.1**, qui n'est pas octosyllabique, pourrait contraster avec celles qu'elle introduit:

*āaṯ aoxta zaraθuštrō* ∴.

Force est de constater que la situation n'est pas isolée:

Yt 1.5.1-2.

a. *āaṯ aoxta zaraθuštrō* ∴.

at augda zarat-uštrah (7)

a. *frōiṯ mē taṯ nąma framrūiδi*

fra it mai tat nāma mrūdi (8)

b. *aṣ̌āum ahura mazda*

r̥tāvan ahura mazdā (8)

c. [37]*yaṯ tē asti mazištəmca*

yat tai asti mazištam ca (8)

d. *vahištəmca sraēštəmca* ^v ...

vahištam ca srayištam ca (8)

«Alors Zaraduštra dit: Récite-moi donc, ô harmonieux Ahura Mazdā, ce nom très grand, très bon, très beau, qui t'appartient!».

Il reste que le pronom *hē* qui remplacerait l'interlocuteur serait le bienvenu: at <hai> augda zarat-uštrah (8).

**Y 9.3.2**, qui est une incise, n'est probablement pas à considérer:

[*nəmō haomāi* ∴.]

namah haumāi (4)

---

[37] À partir d'ici, Geldner ne divise plus le texte en lignes.

Pour que **Y 9.3.3** fût octosyllabique, il faudrait se livrer à d'énormes manipulations:

a. *kasə θβąm paoiriiō haoma maṣ̌iiō*
kah θvā parviyah hauma martiyah (10)
b. *astuuaiθiiāi hunūta* +*gaēθaiiāi* ∴.
astvaθyāh hunuta gaiθāyāh (9)

Il faut souligner que le syntagme *astuuaiθiiāi* ... +*gaēθaiiāi*[38] contraste avec celui, de même sens, que nous avions rencontré dans le premier morceau et qui, lui, était octosyllabique: Y 9.1.4b *vīspahe aŋhəuš astuuatō*[39]. Comme l'auteur du texte pouvait facilement composer un octosyllabe (**astvatah hunuta ahauš), il faut donc entériner que sa volonté n'était pas celle d'arriver à huit syllabes.

Par contre, **Y 9.3.4**, qui fait suite à la prose de la première question, contient deux questions octosyllabiques:

a. *kā ahmāi aṣ̌iš ərənāuui*
kā ahmāi ārtiš r̥nāvi (8)
b. *ciṯ ahmāi jasaṯ āiiaptəm* ∴.
kat ahmāi jassat ā-yaptam (8)

En admettant deux règles:

— (**R4**) le sandhi vocalique externe (kā ahmāi) n'est jamais à effectuer;

— (**R5**) le sandhi vocalique compositionnel des préverbes *ā* et *frā* est toujours à effectuer , même avec r̥° et cela déjà en vieil avestique (ārtiš < ā-r̥tiš)[40].

Il reste que l'emploi de la forme tonique du pronom personnel datif est inattendu et que nous ne savons pas pourquoi le verbe de la seconde question ne se trouve pas à la même place que celui de la première. Il faut encore remarquer que, pour le sens, il eût été souhaitable que les deux verbes fussent

---

38 Le syntagme apparaît pourtant ailleurs à l'intérieur d'un octosyllabe : Yt 5.89.1c = Yt 13.41e *ratuš astuuaiθiiō gaēθaiiā̊*.

39 Cf. FiO 727 *kasciṯ aŋhəuš astuuatō*.

40 Ce qui est en harmonie avec le caractère spécial du sandhi accentuel que l'on trouve dans le ŚB pour *ā́*+ et *frá*+ (voir Minard 1949-1956 : I § 16).

composés avec le préverbe *ā*, mais qu'une règle (**R6**) conduisait probablement à en faire l'économie lorsque le sujet interne comportait ce même préverbe[41]. Des incertitudes syntaxiques nous empêchent donc d'apprécier la régularité métrique du passage.

Les réponses sont à l'image des questions. **Y 9.4.2** n'est pas octosyllabique:

a. *vīuuaŋ$^{v}$hā̊ mąm paoiriiō maṣ̌iiō*
vivahvāh mā parviyah martiyah (10)
b. *astuuaiθiiāi hunūta* +*gaēθaiiāi* .·.
astvaθyāh hunuta gaiθāyāh (9)

En admettant (**R7**) que le suffixe ii. **-iHa-* (*paoiriiō maṣ̌iiō*) est resté dissyllabique.

Par contre, **Y 9.4.3** est complètement octosyllabique:

a. *hā ahmāi aṣ̌iš ərənāuui*
hā ahmāi ārtiš r̥nāvi (8)
b. *tat̰ ahmāi jasat̰ āiiaptəm*
tat ahmāi jassat ā-yaptam (8)
c. *yat̰ hē puθrō us.zaiiata*
yat hai puθrah us-zāyata (8)
d. *yō yimō xšaētō huuąθβō*
yah yamah xšaitah hu-vanθvah (8)
e. *x$^{v}$arənaŋ$^{v}$hastəmō zātanąm*
hvarnahvastamah zātānām (8)
f. *huuarə.darəsō maṣ̌iianąm* .·.
huvar-darsah martiyānām (8)

C'est bien sûr en admettant (**R8**) que la finale °*nąm* de génitif pluriel, qui est dissyllabique dans les Gāθā, est monosyllabique en avestique récent — il en ira de même pour les autres cas de ii. *°*aHam* — tandis que *huuarə* et son thème oblique *x$^{v}$an-* (ci-dessus Y 9.1.4e) sont dissyllabiques comme dans les Gāθā. Cependant le traitement dissyllabique en av.

---

[41] Exemple védique d'économie du préverbe en présence d'un objet interne le comportant: TS 2.5.3.6 *táṁ devátāḥ práiṣam aichan* «Les divinités partirent à sa recherche».

récent de la séquence ii. *°*uHa*° souffre une exception (**R3'**) inexpliquée: le thème de présent ii. **źhuu̯ai̯a-* devient *zbaiia-* et se lit non zuvaya- comme en vieil-avestique, mais zbaya-[42].

**Y 9.4.4** est malaisé:

a. *yaṯ kərənaoṯ aŋ́he xšaθrāδa*

b. +*amarəšəṇta pasu.vīra*

c. *aŋhaošəmne āpa.uruuaire*

d. ×*xᵛairiiąm xᵛarəθəm ajaiiamnəm* ∴.

Voyons donc ce qu'enseignent les parallèles. Les aberrations grammaticales de Yt 15.16.3-4 en font un parallèle de peu de valeur. Cependant, le *yaṯ* de Y 9.4.4a, mis apparemment pour **yō*, peut en provenir[43]:

a. [44]*yaṯ bauuāni*

yaθā bavāni (5)

b. *xᵛarənaŋᵛhastəməm*[45] *zātanąm*

hvarnahvastamah zātānām (8)

c. *huuarə.darəsəm*[46] *maṣ̌iianąm*

huvar-darsah martiyānām (8)

a. *yaṯ kərənauuāni māuuōiia xšaθrāδa*

yaθā kr̥navāni mabya xšaθrāt ā (11)

b. +*amarəšəṇta pasu.vīra*

amaršyantā pasū-vīrā (8)

c. *aŋhāušəmne āpa.uruuaire*

ahaušamnai āpăurvarai (8 ou 9)

d. ×*xᵛairiiąm xᵛarəθəm ajiiamnəm* ∴.

hvariyam hvarθam adjīyamnam (9)

«(la faveur) que je puisse être, de tous les mortels nés (jusqu'ici), le plus pourvu du hvarnah et (le seul qui aie) l'aspect

---

[42] Voir Introduction 9.

[43] Il reste que les deux *yaṯ* du Yt 15.16.3-4 sont en principe mis pour *yaθa* comme l'exige leur statut d'introducteurs de subordonnées à la suite d'une principale en *auuaṯ*: Yt 15.16.2a *auuaṯ āiiaptəm dazdi mē* «(ô Vāyu,) confère-moi une faveur telle (que ...)».

[44] Les deux premières lignes sont réunies en une chez Geldner.

[45] Mis pour le nominatif.

[46] Mis pour le nominatif.

du Soleil, (la faveur) que je puisse, du fait de mon emprise rituelle exercée (sur les dieux), rendre la tête de bétail et le héros immortels, affranchir rivière et végétal de la sécheresse et faire que la nourriture soit inépuisable!».

Le Yt 19.32.2 contient une succession des données qui est différente, mais un peu forcée:

a. [47]*yeŋ́he xšaθrāδa* ˣ*xᵛairiiaṇta*

b. [48]ˣ*astuiie xᵛarəθe ajiiamne*

c. ⁺*amarəšaṇta pasu.vīra*

d. *aŋhaošəmne āpa.uruuaire* ∴.

«(Yama) grâce à l'emprise rituelle de qui les (deux) nourritures comestibles (= celle des humains et celle des bestiaux) étaient consommées sans s'épuiser, tête de bétail et héros devinrent indestructibles, rivière et végétal furent affranchis de la sécheresse».

Comme on voit, la correspondance entre Y 9.4.4a *yat̰ kərənaot̰ aŋ́he xšaθrāδa*, Yt 15.16.4a *yat̰ kərənauuāni māuuōiia xšaθrāδa* et Yt 19.32.2a *yeŋ́he xšaθrāδa* ˣ*xᵛairiiaṇta* ne permet pas d'assurer que *aŋ́he* soit le locatif féminin singulier du démonstratif proche «sur cette terre» au lieu du génitif masculin «de lui». Comme, grammaticalement, il est insupportable que le pronom représente la même personne que le sujet du verbe conjugué, le Yt 19.32.2 serait de ce point de vue le plus fiable, mais la forme conjuguée ˣ*xᵛairiiaṇta*, dont l'emploi paraît assez gauche, est incorrecte: on attend le duel passif. Cacherait-elle le passif de √ *kar* comme pourraient le suggérer *kərənaot̰* et *kərənauuāni*? Le double emploi que ˣ*xᵛairiiaṇta* fait avec ˣ*astuiiē* peut inviter à le penser, si l'on peut imaginer que la faute serait le fruit de l'influence de Y 9.4.4d (= Yt 15.16.4d) et Yt 13.50.2d *xᵛairiiąn*. Il faudrait donc reconstituer ainsi le Yt 19.32.2:

a. *yeŋ́he xšaθrāδa *kairiiaētəm*

---

[47] Pour Geldner (1886-1896), *yeŋ́he xšaθrāδa xᵛairiiaṇtu*; pour Hintze (1994), *yeŋ́he xšaθrāδa* ˣ*xᵛairiiəm* ⁺*tū astu*; pour Humbach & Ichaporia (1998), *yeŋ́he xšaθrāδa* ˣ*xᵛairiie* ˣ*āstəm*.

[48] Pour Geldner (1886-1896), *astu uiie xᵛarəθe ajiiamne*; pour Hintze (1994) comme pour Humbach & Ichaporia (1998), *uiie xᵛarəθe ajiiamne*.

yahya xšaθrāt ā-karyaitam (8)

b. ˣ*astuiiē xᵛarəθe ajiiamne*

astvai hvarθai adjīyamnai (8)

c. ⁺*amarəšənta pasu.vīra*

amaršyantā pasū-vīrā (8)

d. *aŋhaošəmne āpa.uruuaire* ∴

ahaušamnai āpăurvarai (8 ou 9)

«(Yama) grâce à l'emprise rituelle de qui furent rendues inépuisables les (deux) nourritures comestibles, (furent rendus) indestructibles tête de bétail et héros, (furent rendus) sans sécheresse rivière et végétal».

Le Yt 13.50.2, qui n'est pas complètement octosyllabique, n'apporte rien de nouveau:

*kahmāi nō tat̰ dāθrəm daiiāt̰*[49]

kahmāi nah tat dāθram dyātai (8)

*yat̰ hē aŋhat̰ xᵛairiiąn ajiiamnəm*

yat hai ahat hvariyam adjīyamnam (11)

*yauuaēca yauuaētātaēca* ∴

yavai ca yavaitātai ca (8)

Comme on voit[50], la version la plus fiable, mais sujette à corrections, n'est pourtant pas complètement faite d'octosyllabes, à moins qu'il faille[51] effectuer le sandhi dans le dvandva *āpa.uruuaire*: āpăurvarai (**R9**). Quant à celle du HS, il est bien clair que son auteur ne connaissait plus bien la langue de l'Avesta. Pour le Y 9.4.4a, j'attendais ***yō ākərənaot̰ huxšaθrō* (7). Notons cependant l'incertitude qui entoure *xšaθrāδa*: cet ablatif est-il bien suivi de *ā* postposition ou préverbe?

Il est à remarquer que Yt 19.32.2b ˣ*astuiiē xᵛarəθe ajiiamne*, qui contient le vénérable astva- (adj. verbal en *-θβa-* de √ *ad* «manger»), est octosyllabique tandis que Y 9.4.4d = Yt 15.16.4d ˣ*xᵛairiiąm xᵛarəθəm ajaiiamnəm*, avec le synonyme (une glose?) hvariya-, compte neuf syllabes.

---

[49] Optatif aoriste actif mis pour le subjonctif présent passif (ie. **dH₃-ye-He-toi*).

[50] Cf. Kellens 1998 : 493; Hintze 2000 : 274 n. 21.

[51] Contre Hintze 1994 : 176.

Nous avons encore adopté deux règles:

— **(R10)** *-iia-*, dans l'adjectif verbal, est dissyllabique;

— **(R11)** *-iia-*, dans la formation des thèmes de présents primaires et secondaires (divādi, passif, dénominatif, futur en *-hiia-*), est monosyllabique.

**Y 9.5.1** est complètement octosyllabique:
a. *yimahe xšaθre auruuahe*
yamahya xšaθrai ūrvahya (8)
b. *nōit̰ aotəm ā̊ŋha nōit̰ garəməm*
na ūtam āha na garmam (8)
c. *nōit̰ zauruua ā̊ŋha nōit̰ məraiθiiuš*
na zarvā āha na mr̥θyuš (8)
d. *nōit̰ araskō daēuuō.dātō* ∴.
na araskah daiva-dātah (8)
Ce n'est pas le cas de Yt 19.33.1:
a. [52]*yeŋ́he xšaθrāδa*
b. *nōit̰ aotəm ā̊ŋha nōit̰ garəməm*
c. *nōit̰ zauruua ā̊ŋha nōit̰ məraiθiiuš*
d. *nōit̰ araskō daēuuō.dātō*

C'est que sa première ligne est la reprise partielle de Yt 19.32.2a. D'ailleurs, l'ablatif *xšaθrāδa* se justifiait comme complément de *ā*+√ *kar* par opposition au locatif *xšaθre* de Y 9.5.1a où le verbe est *ā̊ŋha.*

Le HS constituerait, cette fois, le meilleur témoin ou héritier du texte métrique. Le V 2.5.3 en met une version non octosyllabique dans la bouche de Yama:

*nōit̰ mana xšaθre buuat̰ aotō vātō* (11)
*nōit̰ garəmō nōit̰ axtiš nōit̰ mahrkō* ∴. (9)

«Sous mon mandat, il n'y aura ni le vent froid ni le chaud ni la douleur ni la destruction»[53].

---

[52] Les deux premières lignes n'en font qu'une chez Geldner, mais elles sont bien séparées chez Hintze comme chez Humbach & Ichaporia.

[53] Cette version comporte un fait de grammaire mal répertorié: l'emploi du pronom tonique *mana* au lieu de l'enclitique. Est-ce l'expression d'une vantardise?

Peu de retouches sont nécessaires pour que **Y 9.5.2** ne soit fait que d'octosyllabes:

a. *paṇca.dasa fracarōiθe*  
pancadasā fra-caraitam (8)  
b. $^{\times}$*ptā puθrasca raoδaēšuua katarascit̰*  
ptā puθras ca raudaišu ā [katarah cit] (8)  
c. *yauuata xšaiiōit̰ huuąθβō*  
yāvatā xšayat hu-vanθvah (8)  
d. *yimō vīuuaŋ*$^{v}$*hatō puθrō* .·.  
yamah vivahvatah puθrah (8)

En admettant:

— que la forme de «père» est en avestique récent la même qu'en vieil-avestique (**R12**);

— la règle (**R13**) que le sandhi externe °u | a° (raudaišu ā) n'est pas à effectuer;

— que katarah cit est une interpolation diascévastique scolaire destinée à souligner le duel, même si, à ne jamais donner lieu à l'hypercatalexe, aucune autre attestation de cet indéfini (Yt 14.43-44, 15.1, 19.46) ne vient confirmer pareil emploi.

Les lignes **Y 9.7.3c'd** sont-elles octosyllabiques?

c'. <*vīsō.puθrō āθβiiānōiš*>  
visah-puθrah āθpiyānaiš (8)  
d. *vīsō sūraiiå θraētaonō* .·.  
visah sūrāyāh θrāitaunah (8)

Comme le génitif *vīsō sūraiiå* resterait en l'air sans la restitution de *vīsō.puθrō*, force nous est de penser que le texte du HS, qui serait donc endommagé, est à reconstituer sur base des parallèles, à moins d'admettre que son compositeur n'y serait pas allé de main morte.

Ces deux lignes sont octosyllabiques à deux conditions: le premier terme du composé *vīsō.puθra-* était bien une forme déclinée dans la langue originale — le pehlevi *vāspuhr* n'y est pas favorable —; *θraētaona-* est trissyllabique et ne doit donc pas être comparé avec l'indien *dvitavana-*[54]. La possibilité que

[54] Contre Kellens 2001 : 317.

*θraētaona-* ne compte que trois syllabes se fonde sur le fait que l'on rencontre la même nécessité pour ses autres attestations pour autant que l'on veuille arriver à huit syllabes:

Yt 14.40.1.

[55]*yim θraētaonō taxmō baraṯ*

yam θrāitaunah taxmah barat (8)

«(foudre) que porta le vaillant Θrāitauna»;

Yt 19.92.2.

a̲. *yim baraṯ taxmō θraētaonō*

yam barat taxmah θrāitaunah (8)

b̲. *yaṯ ažiš dahākō jaini* ∴.

yat ajiš dāhakah jāni (8)

«(le même foudre) que portait le vaillant Θrāitauna lorsque le serpent Dāhaka fut frappé»;

Yt 5.61.

a̲. *tąm yazata*

tām yazata (8)

b̲. *pāuruuō yō vifrō nauuāzō*

pārvah yah[56] vifrah nāu-āzah (8)

c̲. *yaṯ dim usca uzduuąnaiiaṯ*

yat dim uscā us-dvānayat (8)

d̲. *vərəθrajā̊ taxmō θraētaonō*

vr̥θrajā taxmah θrāitaunah (8)

e̲. *mərəyahe kəhrpa kahrkāsahe* ∴.

mr̥gahya kr̥pā kr̥kāsahya (8)

«Lui offrit le sacrifice Pārva, le vifra conducteur d'une barque, le jour qu'il fut volatilisé par Θrāitauna, le vaillant briseur d'obstacles sous forme d'oiseau mange-coq (= vautour)»;

V 1.17.1.

a̲. *caθrudasəm*

caθru-dasam (4)

b̲. *asaŋhąmca šōiθranąmca*

āsahām ca šaiθrānām ca (8)

c̲. *vahištəm frāθβərəsəm*

---

[55] Absence de division en lignes chez Geldner.

[56] Emploi utile de l'eḍāfe.

vahištam fra-θvr̥ssam (6)
d. *azəm yō ahurō mazdå*
azam yah ahurah mazdāh (8)
e. *varənəm yim caθru.gaošəm*
varnum yam caθru-gaušam[57] (7)
f. *yahmāi zaiiata θraētaonō*
yahmi zāyata θrāitaunah (8)[58]
h. *janta ažōiš dahākāi* ∴
jantā ajaiš dāhakahya (8)
«Quatorzième et excellent parmi les régions et terroirs, moi qui suis Ahura Mazdā, j'ai configuré le Varnu Caθrugauša où naquit Θrāitauna, le meurtrier du serpent Dāhaka»;
Az 2e *vərəθrajå yaθa θraētaonō*
«briseur d'obstacles comme Θrāitauna».

La succession des octosyllabes va se faire bien insistante avec le paragraphe Y 9.8.

**Y 9.8.1.**
a. *yō janaṯ ažīm dahākəm*
yah janat ajim dāhakam (8)
b. *θrizafanəm θrikamərəδəm*
θri-zafānam θri-kāmardam (8)
c. *xšuuaš.ašīm hazaŋrā.yaoxštīm*
hvaš-axšam hazahra-yauštim (8)
Combien de syllabes faut-il reconnaître dans *janaṯ*? Autrement dit: la thématisation est-elle primaire ou secondaire? Par ailleurs, est-il certain que *yō janaṯ* formait un vers avec *ažīm dahākəm*? À cette dernière question, la réponse pourrait être négative au vu de Yt 5.34.3 (= Yt 15.24.3, 17.34.3)[59]:
a. *yaṯ bauuāni aiβi vaniiå*

---

[57] Absence de division en lignes chez Geldner. caθru-dasam et caθru-gaušam avec caθru- mis pour caθvar- ou trait dialectal ? Lire caθrugušah sur base du v. p. θatagušah «Sattagydie, pays où le profit est centuple»?

[58] Mais neuf syllabes s'il faut restituer *us.zaiiata* sur base de l'emploi daivique du verbe simple (voir √ *zan* au Lexique).

[59] Absence de division en lignes chez Geldner.

yat bavāni abi[60] vanyāh (8)

b. *ažīm dahākəm*

ajim dāhakam (5)

c. *θrizafanəm θrikamərəδəm*

θri-zafānam θri-kāmardam (8)

d. *xšuuaš.ašīm hazaŋrā.yaoxštīm*

hvaš-axšam hazahra-yauštim (8)

«(la faveur) que, mieux à même de vaincre, je puisse avoir le dessus sur le serpent Dāhaka aux trois gueules, trois sales têtes, six yeux et mille facultés».

Remarquons que la dénomination d'Aji Dāhaka varie selon le cas:

— nominatif : *ažiš θrizafå dahākō* (Yt 5.29.1b, 15.19.1b); *ažiš θrizafå duždaēnō* (Yt 19.47.3b);

— accusatif : ... *ažīm dahākəm* V *θrizafanəm θrikamərəδəm* V *xšuuaš.ašīm hazaŋrā.yaoxštīm* (Y 9.8.1abc, etc.);

— génitif : ... *ažōiš dahākāi* (V 1.17.1h);

— vocatif : *aže θrizafəm dahāka* (Yt 19.50.1b).

On le voit bien: devant la version accusative comme devant la génitive, place est prévue pour le mot recteur. Cependant, le segment *yō janaṯ* remplit-il complètement l'espace prévu pour trois syllabes devant *ažīm dahākəm*? Autrement dit: ce segment appartient-il au stock du rédacteur primaire et faut-il admettre la thématisation secondaire au niveau de la langue originale? Si ce devait être le cas, il y aurait divergence dialectale sporadique entre le vieil avestique et l'avestique récent puisque, par exemple, *jaiṇti* coexiste avec *janaiti* pour la 3e sg. act. indic. prés. (V). Pour admettre l'authenticité de l'injonctif janat, on peut s'appuyer non seulement sur l'existence de l'indien *ahanat* dans AB 4.2.2[61], mais aussi et surtout sur une autre ligne, Yt 9.18.4a = 15.32.5a ˣ*janaṯ*[62] *təm kauua haosrauua*[63] (janat tam kavā hu-sravāh [ 8 ]),

---

[60] Postverbe (cf. véd. *abhí BHŪ*). L'emploi du postverbe est en faveur du caractère poétique.

[61] Voir Narten 1968 : 124 sq.

[62] Geldner *janāṯ*.

qui comporte un trait de style poétique manifeste: celui que constitue l'emploi de ce que j'ai appelé «l'initiale nouvelle»[64] et qui consiste à faire passer un mot (janat) devant celui qui aurait dû figurer en tête (tam).

**Y 9.8.2-3.**

a. +*aš.aojaŋhəm* ×*daēiuuīm drujəm*
aš-aujaham daivīm drujam (8)
a. *ayəm* +*gaēθāuuaiiō druuaṇtəm*
agam gaiθābyah drugvantam (8)
b. *yąm* ×*aš.aojastəmąm drujəm*
yām aš-aujastamām drujam (8)
c. *fraca.kərəṇtaṯ aŋrō mainiiuš*
fra cakarta ahrah manyuš (8)
d. *aoi yąm astuuaitīm gaēθąm*
abi yām astvatīm gaiθām (8)
e. *mahrkāi aṣ̌ahe gaēθanąm* .·.
markāi r̥tahya gaiθānām (8)

Cette belle régularité cache plusieurs problèmes: l'absence de corrélatif pour *yąm* ... *drujəm* «(avec) Druj que»; l'incertitude qui entoure *fraca*; l'emploi curieux du second *yąm*[65]. Le parallèle qu'offre le V 1.2.2 n'est pas octosyllabique:

a. *āaṯ ahe paitiiārəm frākərəṇtaṯ* (10)
b. *aŋrō mainiiuš pouru.mahrkō* (8)
c. *ažimca yim raoiδitəm* (7)
d. *ziiąmca daēuuō.dātəm* .·. (6)

«Et, en contrepartie, Ahra Manyu programma le serpent rouge et l'hiver mis en place par le Daiva»[66].

---

[63] Mis pour ×*haosrauuą̊* par persévération de la finale de *kauua*. La vr̥ddhi de la syllabe initiale n'est pas plus originale que celle que l'on trouve dans *dāuš.srauuą̊* (Y 11.1.3b, 11.3.2b).

[64] Kellens & Pirart 1988-1991 : II 190 sq.

[65] Mais sa réalité linguistique dans la langue originale peut se défendre sur base du vieil avestique (Kellens & Pirart 1988-1991 : II 62 § 6.2).

[66] Ce parallèle comporte un fait de grammaire mal répertorié: l'emploi du pronom tonique *ahe* au lieu de l'enclitique. En outre, la concurrence de *aŋrō mainiiuš* et de *daēuuō.dātəm* est fort maladroite.

Nous manquons de parallèles qui nous permettent de savoir si l'octosyllabisme de la première ligne de **Y 9.10.2** est dû à son origine métrique, mais le rejet de *mąm* à la deuxième ligne paraît en être la preuve:

a̱. *θritō sāmanąm səuuištō*
θritah sāmānām savištah (8)
ḇ. *θritiiō mąm maṣ̌iiō*
θritiyah mā martiyah (7)
c̱. *astuuaiθiiāi hunūta* +*gaēθaiiāi* ∴
astvaθyāh hunuta gaiθāyāh (9)

**Y 9.10.3cd**
c̱. *yat̰ hē puθra us.zaiiōiθe*
yat hai puθrā us-zāyaitam (8)
ḏ. +*uruuā.xšaiiō kərəsāspasca* ∴
ruvā-xšayah kr̥sāspah ca (8)

En admettant que le premier terme de +*uruuā.xšaiiō* soit bien dissyllabique et que le sandhi soit à effectuer dans *kərəsāspa-*. La règle (**R14**) est que le sandhi compositionnel °a̱-a̱° est à effectuer, mais l'externe °a̱ | a̱° non.

**Y 9.10.4** est fait d'octosyllabes:
a̱. *t̰kaēšō aniiō dātō.rāzō*
tkaišah anyah dāta-rāzah (8)
ḏ. *āat̰ aniiō uparō.kairiiō*
at anyah upari-karyah (8)
c̱. *yauua gaēsuš gaδauuarō* ∴
yuvā gaisuš gadā-barah (8)

En admettant, d'une part, que *dātō.rāza-* appartient à la langue originale et n'a donc pas remplacé un authentique *dātō.rāz-*; d'autre part, que +*kairiia-* est formé sur le thème de passif (ii. **kr̥i̯á-*: R11) comme le védique *kriyā́-* et ne compte donc que deux syllabes.

**Y 9.11.1** est fait d'octosyllabes:
a̱. *yō janat̰ ažīm sruuarəm*
yah janat ajim srū-baram (8)

b. *yim aspō.garəm* +*narə.garəm*
yam aspa-garam nar-garam (8)
c. *yim višauuaṇtəm zairitəm*
yam višavantam zaritam (8)
En admettant l'authenticité des eḍāfe yam.

La suite du paragraphe Y 9.11, pourtant commun au HS et au Yt 19, est d'une régularité bien imparfaite:

**Y 9.11.2.**
a. *yim upairi* ×*višəm* +*raodat̰*
yam upari višam raudat (8)
b. +*ārəštiiō.barəza zairitəm* .·.
ārštya-barzah zaritam (7)

La vr̥ddhi permet-elle la catalexe comme en védique (**R15**)? En passant, remarquons qu'il faut admettre (**R16**) °*ii*° monosyllabique dans *ārəštiia-* dérivé de *aršti-* (véd. *r̥ṣṭí-*) comme en védique °*ya*° dans *ādityá-* dérivé de *áditi-*.

**Y 9.11.3.**
a. *yim upairi kərəsāspō*
yam upari kr̥sāspah (7)
b. *aiiaŋha pitūm pacata*
āyahai pitum pacata (8)
c. *ā.rapiθβinəm zruuānəm* .·.
ā-rapiθvinam zarvānam (8)
d. *tafsat̰ca hō mairiiō x*ᵛ*īsat̰ca* .·.
tafsat ca hah maryah hvissat ca (9)

Comme on peut le constater avec l'ensemble des composés, le sandhi vocalique compositionnel, ici dans *kərəsāspa-* (kr̥sāspa- < kr̥sa-aspa-), est à effectuer entre °a/°ā et a°, ā°, i°, ī°, u°, ū° (**R17**). La première ligne serait dès lors catalectique. Nos regards se tourneront donc vers *yim upairi*.

En effet, RS *upári* se construit tant avec l'accusatif (e. g. 4.31.15 *asmā́kam uttamáṁ kr̥dhi* V *śrávo devéṣu sūrya* | *várṣiṣṭhaṁ dyā́m ivopári* || «ô Sūrya, place chez les dieux notre dernier hymne tout comme (ils t'élevèrent) au ciel le plus haut!») qu'avec le locatif (e. g. 5.61.12 *yéṣāṁ śriyā́dhi ródasī* V *vibhrā́jante ráthesv ā́* | *diví rukmá ivopári* || «les (Marut) sur les chars de qui les deux Rodas (et l'espace intermédiaire) resplendissent avec gloire tout comme la plaque d'or au ciel»), sans nul doute en fonction de la présence du mouvement. Il n'est donc pas exclu que *yim upairi* soit, sous l'influence de Y 9.11.2 où il y a mouvement, mis pour **yahmi upairi* en accord avec l'absence de mouvement. La première ligne, reconstituée avec ce locatif, ne serait donc pas catalectique: yahmi upari kr̥sāspah (8).

Pour la dernière ligne, hypercatalectique, sachons que, sur base de l'ensemble de ses attestations et en accord avec RS *márya-*, *mairiia-* ne compte que deux syllabes. C'est en soi une indication étymologique pour ce mot de formation incertaine: le suffixe primaire *-iia-* monosyllabique ne se rencontre guère que dans des adjectifs tels que *maiδiia-* «central» (véd. *mádhya-*) et *haoiia-* «gauche» (véd. *savyá-*) qui connotent un rapport (**R18**).

En l'absence de parallèles, il est malaisé de chercher à amender le reste (supprimer un °*ca* ?). Néanmoins l'emploi de l'initiale nouvelle (hah) à la dernière ligne est en faveur de son statut de vers.

**Y 9.11.4.**

a. *fraš aiiaŋhō frasparaṯ*
frānxš āyahahya fra-sparat (8)
b. *yaēšiiaṇtīm āpəm parā̊ŋhāṯ*
yaišyantīm āpam parāsyāt (8)
c. *paraš tarštō apatacaṯ*
parānxš tr̥štah apa-tacat (8)
d. *naire.manā̊ kərəsāspō* ∴
nariya-manāh kr̥sāspah (8)

Le passage est octosyllabique à plusieurs conditions:

— (**R19**) °*ąš* dans *fraš* et dans *paraš* est monosyllabique;

— *aiiaŋhō* est mis pour le génitif de *āiiaŋha-* «en métal»;

— (R17) le sandhi est à effectuer dans les composés *parā̊ŋhāṯ* et *kərəsāspō*;

— (**R20**) si le subjonctif consécutif est à reconnaître, la fusion monosyllabique de son morphème avec la voyelle thématique est à accepter;

— (**R21**) le premier terme de *naire.manå* compte trois syllabes[67] en accord avec RS *nár<sup>i</sup>ya-*.

L'ensemble **Y 9.13.3-4**, malgré sa régularité, est critiquable:

a. *hā ahmāi aṣ̌iš ərənāuui*
hā ahmāi ārtiš r̥nāvi (8)
b. *taṯ ahmāi jasaṯ āiiaptəm*
tat ahmāi jassat ā-yaptam (8)
c. *yaṯ hē tūm us.zaiiaŋha*
yat hai tuvam us-zāyaha (8)
a. *tūm ərəzuuō zaraθuštra*
tuvam r̥zau zarat-uštra (8)
b. *nmānahe* +*paourušaspahe*
nmānahya parušāspahya (8)
c. *vīdaēuuō ahura.ṯkaēšō* .·.
vi-daivah ahura-tkaišah (8)

Nous avons déjà souligné l'emploi curieux de *ahmāi* (voir ad Y 9.3.4), mais, en outre, ici, la répétition de *tūm* (forcément tonique et dissyllabique: **R22**) et le caractère proleptique de *hē* par rapport à +*paourušaspahe* sont inacceptables. Le V 19.4.2 garantit que *nmānahe* n'est pas fautif pour le locatif[68] et suggère que notre texte pourrait être incomplet:

a. *kuua hē*[69] *dražahe*
kuva mai <...> drajyahai (?)
b. *aŋhå zəmō yaṯ paθanaiiå*
ahyāh zmah [ yat ][70] paθanāyāh (7 ou 8)
c. *skarənaiiå dūraēpāraiiå*
skarnāyāh dūrai-pārāyāh (8)
d. *drəjiia paiti zbarahi* (= V 19.11.2a)

---

[67] Contre Hintze 1994 : 206.

[68] Contre Pirart 2002a : 24.

[69] Mis pour **mē*?

[70] Curieusement, sans l'eḍāfe *yaṯ*, qui est pourtant mal défendable pour la langue ancienne, la ligne V 19.4.2b (= Yt 10.95.2d, etc.) est catalectique. Ce type de génitif partitif de lieu est-il authentique? Car la restitution du locatif conduirait à l'octosyllabisme: ahyā zami paθanāyā.

... pati ... (?)
e̱. *nmānahe pourušaspahe* .·.
nmānahya parušāspahya (8)
«À quel endroit de cette vaste terre au relief accidenté et aux confins éloignés tiens-tu (des pierres en main, ô Zaraduštra, qui) me (soient destinées)? Sur ... de la maison de Parušāspa».

Le Bundahišn (manuscrit TD2, p. 89, ligne 2: *dārāja* lwt¦ PWN ’yl’n vyc¦ MNW-š m’n Y pwlšsp Y ABYtl zltwšt¦ PWN b’l YHWWNt¦ : *dārāja rōd pad ērān vēz kē-š mān ī pōršasp ī pidar ī zardušt pad bār būd* «la rivière D° se trouve dans l'Aryāna Vaijah. Sur ses bords se trouvait la maison de Parušāspa père de Zaraduštra») et Vizīdagīhā ī Zādspram (23.7: PWN dlc’n zb’l PWN b’l Y MYA Y d’ytydy : *pad darjēn*[71] *zibāl pad bār ī āb ī dāitiiā* «... au bord de l'eau de la Dātiyā») ne nous permettent ni de préciser le sens exact de V 19.4.2de *drəjiia paiti zbarahi* [V] *nmānahe pourušaspahe*[72], ni d'identifier la forme exacte de son premier mot. Selon le Bundahišn, ce serait un hydronyme.

Même si nous ne pouvons préciser la relation qu'il marque, le génitif *nmānahe* se justifiait par rapport au syntagme *drəjiia paiti zbarahi* qui, dans le HS, fait défaut. La question est donc de savoir si l'auteur du troisième morceau du premier chapitre du HS a affecté le vers *nmānahe pourušaspahe* à une nouvelle fonction ou si notre texte est lacunaire. Dans la première hypothèse, le vers *nmānahe pourušaspahe* aurait acquis artificiellement la valeur d'un locatif, comme le suggèrent les traductions médiévales, mais, quel que soit le parti que l'on prenne, Y 9.13.4 constituerait une nouvelle phrase par rapport à Y 9.13.3, puisque la présence du pronom *hē* est, en principe, incompatible avec celle du génitif ⁺*paourušaspahe*.

Par contre, la régularité métrique ne caractérise pas le paragraphe **Y 9.14**:

[71] D'après Gignoux & Tafazzoli 1993.

[72] Selon Grenet (2002: 201): «sur la Darjī, sur le méandre où se situe la maison de Parušāspa».

a. *srūtō airiiene* ×*vaējahi*
srutah aryānai vaijahi (8)
b. <*vaŋhuiiå dāitiiaiiå*>
vahvyāh dātiyāyāh (6)
c. *tūm paoiriiō zaraθuštra*
tuvam parviyah zarat-uštra (9)
d. *ahunəm vairīm*
ahunam variyam (6)
e. *frasrāuuaiiō*
fra-srāvayah (4)
f. +*vī.bərəθβaṇtəm āxtūirīm*
vibr̥θvantam ā-turiyam (8)
g. *aparəm* +*xraoždiiehe frasrūiti* ∴
aparam xrauždyahyā fra-srutī (9)

La ligne *vaŋhuiiå dāitiiaiiå* est à restaurer sur base des autres passages attestant *airiiāna- vaējah-* , qui ne sont pas plus faits d'octosyllabes que celui-ci. Dès lors, le statut de vers qu'il faudrait accorder à la ligne *srūtō airiiene vaējahi*, pourtant octosyllabique, ne peut être vérifié.

L'autre ligne octosyllabique, +*vī.bərəθβaṇtəm āxtūirīm*, elle aussi se retrouve au Yt 19.81, mais ce parallèle ne permet pas non plus d'assurer son statut de vers si ce n'est que la forme du causatif de *frā*+√ *sru* la précède immédiatement de part et d'autre:

a. *āaṯ tē aēuuō ahunō vairiiō*
at tānh aivah ahunah variyah (10)
b. [73]*yim* ×*aṣ̌auua* ×*zaraθuštrō*
yam r̥tāvā zarat-uštrah (8)
c. *frasrāuuaiiaṯ*
fra-srāvayat (4)
d. *vī.bərəθβaṇtəm āxtūirīm*
vibr̥θvantam ā-turiyam (8)
e. *aparəm* +*xraoždiiehe frasrūiti* ∴
aparam xrauždyahyā fra-srutī (9)

[73] Le passage n'est pas divisé en lignes chez Geldner. Les lignes bc n'en font qu'une chez Hintze comme chez Humbach & Ichaporia.

f. [74]× *zəmarə.gūzō auuazaṯ*
zamar-guzānh avāzat (7)
g. *vīspe daēuua*
vispānh daivānh (4)
h. [75]*aiiesniia auuahmiia* .·.
ayasniyānh avahmiyānh (8)

«Alors, le seul Ahuna Variya que récita le r̥tavan Zaraduštra d'un bout à l'autre quatre fois en prononçant la seconde partie selon une diction plus dure entraîna sous terre tous ces Daiva auxquels le sacrifice et le chant ne doivent pas être adressés».

Il avait donc probablement existé un vers octosyllabique dont la clausule était en *frasrāuuaiia-* et qui était suivi de vibr̥θvantam ā-turiyam. Du premier vers[76] de ce distique inattesté, les compositeurs n'auraient conservé que la clausule. Ce procédé des compositeurs consistant à n'utiliser que la fin ou le début d'un vers préexistant est encore illustré par Yt 19.81g vispānh daivānh en face de Y 9.15.1b vispānh daivānh zaratuštra. Des conclusions semblables sont peut-être à formuler pour Y 9.14b et Yt 19.81f, qui sont catalectiques, mais le caractère hypercatalectique de Y 9.14g = Yt 19.81e aparam xrauždyahyā fra-srutī reste difficile à expliquer. Tout au plus peut-on faire remarquer que, pour l'instrumental interne fra-srutī, le préverbe, déjà exprimé dans fra-srāvayah / fra-srāvayat, est inutile[77] et pourrait donc avoir été introduit par la diascévase scolaire.

Avec ⁺*xraoždiiehe*, nous avons adopté la règle (**R23**) que le suffixe de comparatif *-iiah-* est toujours monosyllabique tandis que son correspondant indien (ii. **-Hi̯as-*) ne l'est pas nécessairement: e. g. *vásyas-* à côté de *vásīyas-*.

---

[74] Les lignes fg n'en font qu'une chez Hintze.

[75] Les lignes gh n'en font qu'une chez Humbach & Ichaporia.

[76] Pour sa recherche, le V 19.2.1, rédigé en prose, n'est d'aucune utilité: *zaraθuštrō ahunəm vairīm frasrāuuaiiaṯ* .·. «Zaraduštra récita l'Ahuna Variya».

[77] Sur l'inutilité de la répétition du préverbe en cas de construction interne, cf. Y 9.3.4b.

L'examen de **Y 9.15.1** s'avère bien complexe:
a. *tūm* $^{+}$*zəmarə.gūzō ākərənauuō*
tuvam zamar-guzānh ā-kr̥nvah (9)
b. *vīspe daēuua zaraθuštra*
vispānh daivānh zarat-uštra (8)
c. *yōi para ahmāṯ vīrō.raoδa*
yai parā ahmāt vīra-raudā (9)
d. *apataiiən paiti āiia zəmā* .·.
ā-patayan pati ayā zmā (9)

À la première ligne, *tūm*, au vu de Yt 19.81a *tē* < tānh, pourrait être fautif: lire tānh zamarguzānh ākr̥nvah (8)? Quoi qu'il en soit, il paraît assez clair que *ākərənauuō* soit à mettre sur le même pied que *frasrāuuaiiō*: tous deux sont des nominatifs masc. sg. de participes en °*a*-. Il n'est d'ailleurs pas exclu que le compositeur de ce morceau du HS ait modifié tānh ... ākr̥nvah en tuvam ... ākr̥nvah dans le but de mieux assurer la coordination des participiales.

Au troisième vers, le pronom relatif *yōi*, au vu de Yt 19.80.1-2, pourrait avoir été introduit par le compositeur du HS:
a. *vaēnəmnəm ahmaṯ para*[78] *daēuua pataiiən*
vainamnā ahmāt parā daivā patayan (12)
b. [79]*vaēnəmnəm maiiā̊ frāuuōiṯ*[80]
vainamnā mayāh fravata (8)
c. *vaēnəmnəm* $^{\times}$*apa*[*ra*].*karəšaiiən*
vainamnā apa-karšayan (8)
d. *jainiš haca maṣ̌iiakaēibiiō* .·.
janīš haca martiy[ak]aibyah (8/9)
a. *āaṯ tā̊ snaoδəṇtiš gərəzānā̊*
at tāh snaudantīš gr̥zānāh (8)

[78] Quelle est donc la cause de l'inversion *ahmaṯ para* que montre Yt 19.80.1a par rapport à Y 9.15.1c *para ahmāṯ* ?

[79] Les lignes ab ne sont pas présentées comme vers chez Geldner, mais il y a bien division chez Hintze comme chez Humbach & Ichaporia.

[80] Optatif actif mis pour l'injonctif moyen !

b. *hazō ˣniuuarəjaiiən*[81] *daēuua* .·.

hazah ni-varjayan daivā (8)

«Auparavant, on voyait voler les Daiva, on voyait les joies s'évanouir, on voyait (les Daiva) frustrer les mortels de leurs épouses. Et celles-ci qui pleuraient et se plaignaient, les Daiva les violentaient».

La ligne Y 9.15.1c yai parā ahmāt vīra-raudā serait ainsi le résultat de l'augmentation d'un vers octosyllabique par le relatif yai.

Il nous resterait donc à expliquer l'hypercatalexe de Y 9.15.1d ā-patayan pati ayā zmā (le sandhi externe °i | a° n'est pas à effectuer: **R24**). Retrancher le préverbe ā sous prétexte de son absence dans Yt 19.80.1a ne me paraît pas être la bonne solution: comme les manuscrits sont unanimes, il vaut mieux se demander pourquoi l'auteur de cette ligne a employé la forme préverbée ā-patayan au lieu de celle sans préverbe. L'hypothèse de l'optatif prétérital est bien sûr à évacuer: d'une part, l'indien *ā́ PAT* existe bel et bien depuis RS et, d'autre part, tout aussi bien le thème *patáya-*[82]. Il faut donc examiner la suite de cette ligne, le syntagme *paiti āiia zəmā*. Pour ce complément de lieu, remarquons que l'emploi de l'instrumental avec *paiti* est mal assuré; en outre, la comparaison de Y 9.20.1d,2d *fraxštāne zəmā paiti* (fra-hištānai zmā pati ?) avec Yt 10.98.3f *fraxštaite paiti āiia zəmā* (fra-hištatai pati ayā zmā ?) et Yt 13.97c *fraxštata paiti āiia zəmā* laisse rêveur. Comme on ne peut exclure que la version originale de ces lignes contînt le locatif zami pati, lequel a subsisté e. g. en Y 10.17.5c, la ligne Y 9.15.1d serait donc authentiquement octosyllabique: ā-patayan zami pati (8). La recherche des huit syllabes avait donc poussé l'auteur de cette ligne à l'emploi du préverbe *ā*, lequel était absent du Yt 19.80.1a. La substitution de zami pati par zmā pati ou par pati ayā zmā est à mettre au compte de ces pratiques diascévastiques curieuses que j'ai mises en lumière dans mon travail sur les *Anomalies grammaticales avestiques*[83].

---

[81] Humbach & Ichaporia 1998.

[82] Voir Gotō 1987 : 205.

[83] Pirart 2000a.

**Y 9.15.2** est parfaitement octosyllabique:

a. *yō aojištō yō taṇcištō*
yah aujištah yah tancištah (8)
b. *yō θβaxšištō yō āsištō*
yah θvaxšištah yah āsištah (8)
c. *yō* ⁺*aša vərəθrająstəmō*
yah r̥tā vr̥θrajanstamah (8)
d. ˣ*ubaiią̊ mainiuuą̊ dāmąn* °°°
ubayāh manyuvāh dāmnām (8)

C'est le Yt 13.76 qui permet de corriger *abauuat̰* en ˣ*ubaiią̊*:

a. *tą̊ zī hənti yāskərəstəmą̊*
tāh zi hanti yāskr̥stamāh (8)
b. *uuaiią̊ mainiuuą̊ dāmąn*
ubayāh manyuvāh dāmnām (8)
c. *yą̊ ašāunąm vaŋᵛhīš sūrą̊*[84]
yāh r̥taunām vahvīš sūrāh (8)
d. *spəṇtą̊ frauuašaiiō* ...
spantāh fra-vr̥tayah ...

«Car les Fravr̥ti des r̥tavan, déesses opulentes et savantes, exaucent le mieux les souhaits parmi les Dāman des deux Manyu».

Avec la disparition de *abauuat̰*, c'est une nouvelle prétendue occurrence de l'augment en avestique qui saute.

La succession des superlatifs se retrouvent ailleurs pour former d'autres octosyllabes ou de la prose soutenue:

Yt 10.98.3.
*yō aojištō yazatanąm*
yah aujištah yazatānām (8)
*yō taṇcištō yazatanąm*
yah tancištah yazatānām (8)
*yō θβaxšištō yazatanąm*
yah θvaxšištah yazatānām (8)
*yō āsištō yazatanąm*
yah āsištah yazatānām (8)

---

[84] Rejeté à la ligne suivante par Geldner.

*yō +aṣ̌a vərəθrająstəmō yazatanąm*
yah r̥tā vr̥θrajanstamah yazatānām (8 + 4)
*fraxštaite paiti āiia zəmā*
fra-hištatai zami pati (8)
*miθrō yō vouru.gaoiiaoitiš .·.*
miθrah yah[85] varu-gauyūtiš (8)

«Le plus puissant des Yazata, le plus ferme des Yazata, le plus soigneux des Yazata, le plus rapide des Yazata, le plus briseur d'obstacle avec R̥ta, Miθra aux vastes prairies surgit sur terre» ;

Yt 11a.12.2. (= Y 57.13.2)[86]
*yūnąm aojištəm*
yūnām aujištam (5)
*yūnąm taṇcištəm*
yūnām tancištam (5)
*yūnąm θβaxšištəm*
yūnām θvaxšištam (5)
*yūnąm āsištəm*
yūnām āsištam (5)
*yūnąm ˣparō.kadarštəməm .·.*
yūnām parāka-dr̥štamam (8)

«le plus puissant des matures, le plus ferme des matures, le plus soigneux des matures, le plus rapide des matures, celui qui, le mieux parmi les matures, scrute les lointains».

Le troisième morceau du premier chapitre du HS, comme le précédent, réutilise un matériel surtout métrique, mais sans tenir compte de son caractère métrique et parfois même en prenant des libertés phraséologiques qui peuvent paraître excessives.

**Quatrième morceau**

Les phrases adjointes au namah sont en partie faites d'octosyllabes dont le statut de vers ne peut être corroboré:

---

[85] Cheville. L'eḍāfe n'est licite qu'au nominatif et à l'accusatif.

[86] Absence de division en lignes chez Geldner.

**Y 9.16.3-4.**

a. [ *vaŋhuš haomō hudātō haomō* +*arš.dātō*
vahuš haumah hu-dātah haumah r̥š-dātah (12)
b. *vaŋhuš.dātō baēšaziiō*
vahu-dātah baišazayah (8)
c. *hukərəfš huuarəš vərəθrajå̄*
hu-kr̥fš hu-vr̥š vr̥θra-jā (7)
d. *zairi.gaonō* ×*nąmi.ąsuš* ]
zari-gaunah nāmi-ansuš (8)
a. [ *yaθa x$^{v}$arənte vahištō*
yaθā hvarantai vahištah (8)
b. *urunaēca* +*pāθmainiiō.təmō* ∴]
rūnai ca paθmanyatamah (8)
En admettant la règle (**R25**) que le sandhi compositionnel °i-a° n'est pas à effectuer (e. g. nāmi-ansuš).

Certaines prières du quatrième morceau sont imparfaitement octosyllabiques, mais d'autres le sont parfaitement:

**Y 9.17.1.**

a. *nī tē zāire maδəm mruiiē*
ni te zarai madam mruvai (8)
b. *nī aməm nī vərəθraγnəm*
ni amam ni vr̥θra-gnam (7)
c. *nī dasuuarə nī baēšazəm*
ni dasvaram ni baišazam (8)
d. *nī fradaθəm nī varədaθəm*
ni frādaθam ni vardaθam (8)
e. *nī aojō vīspō.tanūm*
ni aujah vispa-tanu (7)
f. *nī mastīm vīspō.paēsaŋhəm* ∴
ni mastim vispa-paisaham (8)
Sur *dasuuarə* (dasvaram), voir ci-dessous ad Y 10.7.1.

**Y 9.17.2.**

a. *nī taṯ yaθa gaēθāhuua*
ni tat yaθā gaiθāhu ā (8)
b. *vasō.xšaθrō fracarāne*

vasah-xšaθrah fra-carānai (8)
c. *t̰baēšō.tauruuå drujəm.vanō* ∴
dvaišah-turvā drujam-vanah (8)
Le caractère métrique de b est corroboré par Yt 10.112.4 *āat̰ āhuua pasu.vīra* ᵛ *vasō.xšaθrō*[87] ˣ*fracaraēte* «Et, chez ces (nations), la tête de bétail et le héros vivent avec l'influence qu'ils veulent» et Yt 11a.23.1 (= Y 57.24.1) *vasō.xšaθrō* ⁺*fracaraite*[88] ᵛ *aoi yąm astuuaitīm gaēθąm* ∴ «il dispose de l'influence qu'il veut au profit du monde osseux».

**Y 9.18.**

a. *nī tat̰ yaθa tauruuaiieni*
ni tat yaθā turvayāni (8)
b. *vīspanąm t̰bišuuatąm t̰baēšå*
vispaišām dvišvatām dvaišāh (8)
c. *daēuuanąm maṣ̌iiānąmca*
daivānām martiyānām ca (8)
d. *yāθβąm pairikanąmca*
yāθvām parīkānām ca (7) / yātūnām ... (8)
e. *sāθrąm kaoiiąm karafnąmca*
sāθrām kavyām kr̥fnām ca (7) / ... kavīnām ... (8)
f. *mairiianąmca* ⁺*bizəṇgranąm*
maryānām ca dvi-zangrānām (8)
g. *aṣ̌əmaoγanąmca* ⁺*bizəṇgranąm*
r̥ta-maugānām ca dvi-zangrānām (10)
h. *vəhrkanąmca* ⁺*caθβarə.zəṇgranąm*
vr̥kānām ca caθvar-zangrānām (9)
i. ˣ*haēnaiiåsca pərəθu.ainikaiiå*
haināyāh ca pr̥θu-anīkāyāh (10)
j. *dauuąiθiiå patąiθiiå* °°°
d...anθyāh patanθyāh (6)
Pour le verbe *tauruuaiieni*, l'ensemble des attestations recommande d'admettre **(R26)** un thème turvaya- au lieu de turvya-, même si pareil type de thème de présent reste inconnu:

---

87 Mis pour le duel.

88 Kellens 1984.

serait-ce le croisement des deux thèmes que le védique connaît, *turáya-* (< **tu̯r̥H-ái̯a-*) et *tū́rva-* (< **tu̯ŕ̥H-u̯a-*)?

L'octosyllabisme de d et e peut être rétabli en restituant les formes attendues de génitif pluriel *yātunąm* et **kəuuīnąm* sur base du védique. Le premier est d'ailleurs attesté dans l'Avesta lui-même (V 8.80, Yt 6.4). Les pratiques diascévastiques de manipulation grammaticale allaient jusque-là: la substitution de la terminaison °nām de génitif pluriel des thèmes vocaliques par celle des thèmes consonantiques °ām.

Ces amendements acceptés, seules les dernières lignes sont métriquement irrégulières, mais ce sont précisément celles qui, dans de semblables énumérations, ne sont présentes que sporadiquement. Le compositeur pourrait les avoir empruntées à de ces textes de charmes anti-démoniaques comme on en trouve notamment dans les Yt 1-4. Le Yt 1.10-11, fort proche de notre texte, est tout aussi octosyllabique en son début:

a. *yezi vaši zaraθuštra*
yazzi vašši zarat-uštra (8)
b. *auuā̊ t̰baēšā̊ tauruuaiiō*
avā dvaišāh turvayahai[89] (8)
c. *daēuuanąm maṣ̌iiānąmca*
daivānām martiyānām ca (8)
d. *yāθβąm pairikanąmca*
yātūnām parīkānām ca (8)
e. *sāθrąm kaoiiąm karafnąmca*
sāθrām kavīnām kr̥fnām ca (8)
f. *mairiianąmca* +*bizəṇgranąm*
maryānām ca dvi-zangrānām (8)
g. *aṣ̌əmaoγanąmca* +*bizəṇgranąm*
r̥ta-maugānām ca dvi-zangrānām (10)
h. *vəhrkanąmca* +*caθβarə.zəṇgranąm*
vr̥kānām ca caθvar-zangrānām (9)
a. *haēnaiiā̊sca* +*pərəθu.ainikaiiā̊*
haināyāh ca pr̥θu-anīkāyāh (10)
b. *pərəθu.drafšaiiā̊ ərəδβō.drafšaiiā̊*
pr̥θu-drafšāyāh urdva-drafšāyāh (10)

---

[89] D'après Y 29.8 ... *vaštī* ... *srāuuaiieŋ́hē* ... «il veut faire entendre».

c. [90]*uzgərəptō.drafšaiiā̊ xrūrəm drafšəm barəṇtaiiā̊*
uzgr̥pta-drafšāyāh xrūram drafšam baranθyāh (12)
d. [91]*aθa imā̊ nāmə̄niš drənjaiiō framrauua*
aθa imā nāmān dranjayah fra-mrūyāh (12)
e. *vīspāiš aiiąnca xšafnasca* ∴
vispā ayān[92] ca xšafnah ca (8)

«Si tu veux, ô Zaraduštra, surmonter ces nuisances qu'occasionnent les Daiva et (leurs suppôts) mortels, les Yātu et les Parikā, les sātar, les kavi et les kr̥pan, les marya à deux pattes et ceux qui à deux pattes font dévier l'harmonie, et les loups à quatre pattes, et la horde au front pénétrant, aux larges étendards, aux étendards dressés, qui porte un étendard sanglant, alors il te convient de réciter de mémoire ces noms tous les jours et toutes les nuits».

Le Yt 5.13, comme d'autres passages, s'arrête dans l'énumération avant que celle-ci ne devienne non octosyllabique:

a. *yeŋ́he*[93] *caθβārō vaštāra*[94]
yahyāh caθvārah vaštārah (8)
b. *spaēta*[95] *vīspa hama.gaonā̊ŋhō*
spaitā vispai hama-gaunāhah (8)
c. *hama.nāfaēni bərəzaṇta*
hama-nāfinah br̥zantah (8)
d. *tauruuaiiaṇta*[96]
turvayanta (4)

---

[90] Geldner rejette le premier mot de cette ligne à la précédente qu'il ne considère pas comme un vers. Ensembles de gloses ? Exercice consistant à terminer l'énumération génitive par un participe présent féminin singulier comme au Y 9.18j?

[91] Cette ligne n'est pas considérée comme un vers chez Geldner.

[92] Si telle est bien la forme de nom.-acc. pl. de ce mot nt. Le vieil avestique montre *aiiārə.*

[93] Mis pour le fém.

[94] Emploi anarchique de formes de duel: *vaštāra ... hama.nāfaēni bərəzaṇta.*

[95] Haplologique pour **spaēitita.*

[96] Réuni avec la ligne suivante chez Geldner.

e. *vīspanąm t̰bišuuatąm t̰baēšå*
vispaišām dvišvatām dvaišāh (8)
f. *daēuuanąm maṣ̌iiānąmca*
daivānām martiyānām ca (8)
g. *yāθβąm pairikanąmca*
yātūnām parikānām ca (8)
h. *sāθrąm kaoiiąm karafnąmca* .·.
sāθrām kavīnām kr̥fnām ca (8)

«(déesse) de qui quatre animaux de trait, tous blancs et de robe unie, de même origine, hauts, surmontent les nuisances qu'occasionnent tous les nuisibles: les Daiva et (leurs suppôts) mortels, les Yātu et les Parikā, les sātar, les kavi et les kr̥pan».

La version minimale de l'énumération génitive nous est offerte notamment par le Yt 13.33.2:

a. *yå taxmå hąm.varəitiuuaitīš*
yāh taxmāh ham-vr̥tivatīš (8)
b. *arəzaiieiṇtīš xruuišiiaṇtīš*
arzayantīš xravišyantīš (8)
c. *uruuīnaitīš frascaṇdaiieiṇtīš*
vrīnatīš fra-scandayantīš[97] (8)
d. *vīspanąm t̰bišuuatąm t̰baēšå*
vispaišām dvišvatām dvaišāh (8)
e. *daēuuanąm maṣ̌iiānąmca*
daivānām martiyānām ca (8)
f. *amaēnijanō hamərəθə̄*[98]
amā ni-gnatīš[99] ham-arθānh (8)
g. [100]*hauuāi*[*ca*] *kāmāica zaošāica* .·.
hvahmi kāmai ca zaušai ca (8)

---

[97] Ou persévération pour fra-scandayanti indicatif.

[98] Graphie °*ərə*° de °ar° après labiale comme dans *kamərəδa-*.

[99] Pour que la syntaxe soit acceptable (voir Kellens 1974 : 147), je fais l'hypothèse d'une manipulation profonde du participe féminin pluriel qui en a fait un nom-racine masculin pluriel et de l'univerbation de l'instrumental (cf. e. g. RS 8.75.10c) et de ce nom-racine préverbé, moyennant l'installation d'une épenthèse: amā ni° > ˣ*amaini*° > *amaēni*°.

[100] Mis pour le locatif: cf. l'emploi du védique *kā́me*.

«(les Fravr̥ti) qui, fermes, accompagnées par (la déesse) Ham-vr̥ti, aguerries, cruelles, écrasantes, fracassent tous les maux que, malfaiteurs, occasionnent les Daiva et (leurs suppôts) mortels, (les Fravr̥ti) qui frappent avec élan les adversaires à discrétion et comme il leur plaît».

Le vers Yt 13.33.2d, = Y 9.18c, y est précédé immédiatement aussi de vispaišām dvišvatām dvaišāh. Le caractère préexistant de ce distique et de son extension de *yāθβąm* à *kərəfnąmca* est assez claire à la lecture du Yt 14.4, où la répétition de *ṯbaēšā̊*, absurde, en est le signe:

a. *āaṯ ṯbaēšā̊ tauruuaiieni*
at dvaišāh turvayāni (7)
b. *vīspanąm ṯbišuuatąm ṯbaēšā̊*
vispaišām dvišvatām [dvaišāh] (8/6)
c. *daēuuanąm maṣ̌iiānąmca*
daivānām martiyānām ca (8)
d. *yāθβąm pairikanąmca*
yātūnām parikānām ca (8)
e. *sāθrąm kaoiiąm kərəfnąmca* ∴
sāθrām kavīnām kr̥fnām ca (8)

«Et je vais surmonter les nuisances, nuisances qu'occasionnent tous les nuisibles: les Daiva et (leurs suppôts) mortels, ...».

Le compositeur de ce passage, qui n'avait cure de l'octosyllabisme, avait peut-être voulu n'utiliser que le début de vispaišām dvišvatām dvaišāh, mais l'inertie fut la plus forte: dvaišāh, partie retranchée de ce vers traditionnel, refit surface.

La tradition connaît une variante de ce distique dans laquelle est prévu un espace à remplir, par exemple avec un verbe pouvant régir l'ensemble, | ∪ ∪ ∪ ∪ vispā dvaišāh | daivānām martiyānām ca |:

Y 52.2.
a. *barəṇtīm vīspā̊ baēšazā̊*
barantīm vispā baišazā (8)
b. *apąmca gauuąmca uruuaranąmca*
apām ca [gavām ca][101] urvarānām ca (8/11)

[101] Les séries habituelles sont: eaux + plantes; ciel + eau + terre +

c. *tauruuaiieiṇtīm vīspā̊ t̰baēšā̊*
turvayantīm vispā dvaišāh (8)
d. *daēuuanąm maṣ̌iiānąmca*
daivānām martiyānām ca (8)
«elle qui apporte tous les remèdes des rivières, vaches et plantes, elle qui surmonte toutes les nuisances qu'occasionnent les Daiva et (leurs suppôts) mortels».

**Cinquième morceau**

Un octosyllabisme parfait caractérise **Y 9.19.1:**
a. *imәm θβąm paoirīm yānәm*
imat θvā parviyam yānam (8)
b. *haoma jaiδiiemi dūraoša* .·.
hauma jadyāmi durauša (8)
c. *vahištәm ahūm aṣ̌aonąm*
vahištam ahum r̥taunām (8)
d. *raocaŋhәm vīspō.x$^v$āθrәm* .·.
raucaham vispa-hu-āθram (8)
En admettant (**R27**) que le sandhi compositionnel °u-a° n'est pas à effectuer (e. g. vispa-hu-āθram).

Le caractère traditionnel des deux dernières lignes et donc leur statut de vers ressortent de leur présence dans d'autres passages:

Y 62.6.1.
a. [102]*dāiiā̊ mē ātarš*
dāyāh mai ātar (5)
b. *puθra ahurahe mazdā̊*
puθra ahurahya mazdāh (8)
c. *yā*[103] *mē aŋhat̰ afrasā̊ŋ$^v$hā̊*

vache + plante; feu + eau + terre + vache. La combinaison ici présente, eaux + vaches + plantes, n'existe nulle part ailleurs, si ce n'est la variante vache (sing.) + eaux + plantes (Y 51.7; cf. 37.1) que l'on trouve dans les textes vieil-avestiques.

[102] Les deux premières lignes ne sont pas considérées comme vers chez Geldner.

[103] Mis pour **yō*.

yah mai asat afrasāhvāh (8)
d. *nūrəmca yauuaēca.tāite*[104]
nūram ca yavaitātai ca (8)
e. *vahištəm ahūm ašaonąm*
vahištam ahum r̥taunām (8)
f. *raocaŋhəm vīspō.xᵛāθrəm*
raucaham vispa-hu-āθram (8)

«Puisses-tu m'accorder, ô Ātr̥ fils d'Ahura Mazdā, (l'existence) qui comble mes attentes[105], maintenant et à jamais, l'excellente existence des r̥tavan, diurne, où le bien-être existe pour eux tous!»;

Y 68.11.
a. *ahmāi raēšca*[106] *xᵛarənasca*
ahmāi rayim ca hvarnah ca (8)
b. *ahmāi tanuuō druuatātəm*
ahmāi tanuvah druvatātam (9)
c. [107]*ahmāi tanuuō vazduuarə*
ahmāi tanuvah vazdvar (7)
d. *ahmāi tanuuō vərəθrəm*
ahmāi tanuvah vr̥θram (7)
e. *ahmāi īštīm pouruš.xᵛāθrąm*
ahmāi ištim paru-hu-āθrām (9)
f. *ahmāi āsnąmcit̰ frazaintīm*
ahmāi āsnām cit[108] fra-zāntim (8)
g. *ahmāi darəyąm darəyō.jītīm*
ahmāi dargām darga-jitim (8)
h. [109]*ahmāi vahištəm ahūm ašaonąm*

---

104 Insérer la coordination °*ca* avant le suffixe secondaire est évidemment absurde.

105 Selon Kellens (1975 : 211-215), *afrasåŋᵛhant-* signifie «qui n'a pas de coupure (devant soi), qui n'a pas de fin, perpétuel ».

106 Mis pour l'acc.

107 Bizarrement, les lignes cd ne sont pas considérées comme vers chez Geldner.

108 Cheville: cf. Y 62.5d, 68.5.2b.

109 Bizarrement, les lignes hi ne sont pas considérées comme vers chez Geldner.

ahmāi vahištam ahum r̥taunām (10)
i. *raocaŋhəm vīspō.xᵛāθrəm* ∴
raucaham vispa-hu-āθram (8)
«Pour lui, la richesse et le hvarnah; pour lui, la fermeté du corps; pour lui, le charme du corps; pour lui, la défense du corps; pour lui, la doctrine sacrificielle source de bien-être pour beaucoup; pour lui, la noble capacité de génération aussi; pour lui, la longue capacité de vaincre; pour lui, l'excellente existence des r̥tavan, diurne, où le bien-être existe pour eux tous»;

Yt 12.36.1[110].
a. *yatcit ahi rašnuuō aṣ̌āum*
yat cit ahi rašnau r̥tāvan (9)
b. *upa vahištəm ahūm aṣ̌aonąm*
upa vahištam ahum r̥taunām (10)
c. *raocaŋhəm vīspō.xᵛāθrəm*
raucaham vispa-hu-āθram (8)
«Si même, ô r̥tavan Rašnu, tu te trouves près de l'excellente existence des r̥tavan, diurne, où le bien-être existe pour eux tous».

Respecté en Y 62.6.1e, le vers vahištam ahum r̥taunām a été augmenté de deux syllabes en Y 68.11h et Yt 12.36.1b.

L'imperfection de l'octosyllabisme du **Y 9.19.2** pose le problème de la quantité syllabique du génitif de *tanū-*:
a. *iməm θβąm bitīm yānəm*
imat θvā dvitiyam yānam (8)
b. *haoma jaiδiiemi dūraoša* ∴
hauma jadyāmi[111] duraušа (8)
c. *druuatātəm aŋ̊hāsə tanuuō* ∴
druvatātam ahyāh tanuvah (9)
Si l'on s'en tient à l'étymologie du génitif (ii. **tanúHas*) et à l'habitude que montre la langue originale dans le traitement dissyllabique de la séquence *°*uHa*° (R3), il faut y compter trois

[110] Absence de division en lignes chez Geldner.

[111] La position du verbe au milieu du groupe vocatif doit peut-être attirer l'attention: c'est celle de r̥tāvan- au vers Y 9.2.2b.

syllabes et admettre l'hypercatalexe de la dernière ligne. Or cette hypercatalexe, pour un vers qui nomme la «fermeté du corps», est un phénomène qui se retrouve ailleurs. En plus du Y 68.11 cité ci-dessus, il y a le Yt 10.108.2:

a. *kahmāi raēšca*[112] *x$^{v}$arənasca*
kahmāi rayim ca hvarnah ca (8)
b. *kahmāi tanuuō druuatātəm*
kahmāi tanuvah druvatātam (9)
c. *azəm baxšāni xšaiiamnō* ∴.
azam baxšāni xšayamnah (8)

«À qui vais-je moi, avec le pouvoir que me donne le rite qu'il exécute, impartir la richesse, le hvarnah et la fermeté du corps?».

La régularité de l'A 1.8, à l'exception normale de ses deux premières lignes, capote avec la santé du corps dont la désignation, accord avec le dvandva oblige, se met au duel:

a. *ahurahe mazdā̊ raēuuatō x$^{v}$arənaŋ$^{v}$hatō*
ahurahya mazdāh raivatah hvarnahvatah (13)
b. *āfrīnāmi*
ā-frīnāmi (4)
c. +*xšaθraiiąni*[113]*.daŋ́hu.paiti*
xšaθrayānī-dahyu-patī (8)
d. *uparāi amāi*
uparāi amāi (5)
e. *uparāi vərəθrāi*
uparāi vr̥θrāi (5)
f. *uparāi xšaθrāi*
uparāi xšaθrāi (5)
g. *xšaθrəmca paiti.astīmca*
xšaθram ca pati-astim ca (8)
h. +*darəγō.xšaθrīm*[114] *xšaθrahe*
darga-xšaθriyam xšaθrahya (8)
i. *darəγō.jītīm uštānahe*
darga-jitim uštānahya (8)

---

[112] Mis pour l'acc.

[113] Geldner *xṣ̌aθraiiāne*. En dvandva (Pirart 1999b : 53 sq.).

[114] Geldner *darəγō.xšaθrəm*.

j. *druuatātəm tanubiiō*[115] .·.
druvatātam tanuvāh (7)

«D'Ahura Mazdā riche et pourvu en hvarnah, je fais la propitiation (pour vous deux), l'épouse du gouvernant et le maître de nation, afin que (vous disposiez) d'une force offensive supérieure, d'une force défensive supérieure, d'une emprise supérieure, (afin que le grand dieu vous impartisse) le xšaθra et la propulsion, la longue possession du xšaθra, la longue victoire de l'aura, la fermeté du corps».

Cette fois, ce n'est plus l'hypercatalexe, mais la catalexe qui accompagne la santé du corps. Je n'ai pas d'explication à donner de ces fluctuations inattendues. Aucune donnée textuelle ne nous permet de poser une forme haplologique originale druvātam pour druvatātam (cf. v.-av. *hauruuāt-* < *hauruuatāt-*) aux vers Y 9.19.2c, 68.11b, Yt 10.108.2b. Il n'est donc pas facile d'accorder le statut de règle **(R28)** à cette possibilité. Cependant, il manque peut-être un démonstratif en A 1.8j druvatātam tanuvāh, lequel serait <āh> (< ā-āh) gén. fém. duel (cf. v.-av. Y 30.3c *ə̊scā*), par rapport à Y 9.12.2c druvatātam ahyāh tanuvah[116].

L'unanimité octosyllabique la plus rigoureuse revient entre les lignes des prières qui suivent, mais le recours aux ordinaux qui doivent les numéroter s'avérera fatal: de la «première» à la «quatrième», l'ordinal compte trois syllabes (cf. R7), tandis que, de la «cinquième» à la «sixième», il n'en compte plus que deux:

**Y 9.19.3; 9.20.1-2; 9.21.**

a. *iməm θβąm θritīm yānəm*
imat θvā θritiyam yānam (8)
b. *haoma jaiδiiemi dūraoša* .·.
hauma jadyāmi durauša (8)
c. *darəγō.jītīm uštānahe* .·.

---

[115] Suite aux manipulations grammaticales de la diascévase dite scolaire, le génitif duel est souvent exprimé au moyen des formes de datif pluriel.

[116] Voir aussi le Texte, note sur 10.8.2d.

darga-jitim uštānahya (8)
a. *iməm θβąm tūirīm yānəm*
imat θvā turiyam yānam (8)
b. *haoma jaiδiiemi dūraoša* ∴
hauma jadyāmi durauša (8)
c. *yaθa aēšō amauuā̊ θrąfəδō*
yat aišah amavāh ... (8)
d. *fraxštāne zəmā paiti*
fra-hištānai zami pati (8)
e. *ṯbaēšō.tauruuā̊ drujəm.vanō* ∴
dvaisah-turvā drujam-vanah (8)
a. *iməm θβąm puxδəm yānəm*
imat θvā paxθam yānam (7)
b. *haoma jaiδiiemi dūraoša* ∴
hauma jadyāmi durauša (8)
c. *yaθa vərəθrajā̊ vanaṯ.pəṣ̌anō*
yat vr̥θra-jā vanat-pr̥tanah (9)
d. *fraxštāne zəmā paiti*
fra-hištānai zami pati (8)
e. *ṯbaēšō.tauruuā̊ drujəm.vanō* ∴
dvaisah-turvā drujam-vanah (8)
a. *iməm θβąm xštūm yānəm*
imat θvā hvaštam yānam (7)
b. *haoma jaiδiiemi dūraoša* ∴
hauma jadyāmi durauša (8)
c. *pauruua tāiiūm pauruua gaδəm*
parvai tāyum parvai gadam (8)
d. *pauruua vəhrkəm* +*būiδiiōi.maiδi* ∴
parvai vr̥kam budyaimadi (8)
e. *mā ciš pauruuō būiδiiaēta nō* ∴
mā ciš parvah budyaita nah (8)
f. +*vīspə̄ pauruua* +*būiδiiōi.maiδi* °₀°
vispānh parvai budyaimadi (8)

Nous remarquons que la rupture de l'isosyllabisme va de pair avec l'intervention d'une hypercatalexe en Y 9.20.2c yat vr̥θra-jā vanat-pr̥tanah. Cette ligne est en réalité le fruit de la réutilisation derrière yat d'un vers dont la version fém. pl. est conservée dans le Yt 13.40.2b *vārəθraγnīš vanaṯ.pəṣanā̊* (vr̥θra-gnīš vanat-pr̥tanāh).

Même si la forme étymologique des ordinaux «cinquième» (véd. *pakthá-*) et «sixième» (véd. *ṣaṣṭhá-*) reste incertaine, le nombre de leurs syllabes ne fait guère de doute. Le défaut qu'il entraîne, vu la perfection du reste, exige une explication. Celle-ci nous est inspirée par l'A 1.8 citée ci-dessus: les éléments des prières n°s 1-3 y figurent aussi; ceux des prières n°s 4-5 sont introduits par *yaθa* (mis pour yat puisque le corrélatif est imat); la substance de la sixième et dernière prière est un ensemble optatif spécial et indépendant. Il est donc assez clair que les sources d'inspiration sont diverses et que le système consistant à introduire les différentes prières de la même façon n'est original que pour les trois premières et que c'est le compositeur du HS qui a poursuivi artificiellement le système. Ceci dit, la matière spécifique des trois dernières prières est d'origine métrique comme celle des trois premières.

**Sixième morceau**

L'octosyllabisme est clair et impeccable dans le sixième morceau à l'exception de Y 9.24.1d:

**Y 9.22.1-2.**
a. *haomō aēibiš yōi auruuaṇtō*
haumah aibyah yai arvantah (8)
b. *hita taxšəṇti arənāum*
hitā taxšyanti arnavam (8)
c. *zāuuarə aojā̊sca baxšaiti* ∴
zavār[117] aujāh ca baxšati (8)
a. *haomō āzīzanāitibiš*
haumah ā-zizanantībyah (8)
b. *daδāiti xšaētō.puθrīm*
dadāti xšaita-puθriyam (8)
c. *uta aṣ̌auua frazaiṇtīm* ∴
uta r̥tāvā fra-zāntim (8)

[117] Restituer le pluriel?

L'auteur voulait bien arriver à huit syllabes quand il recourut au préverbe *ā* dans le premier vers: il est absent de Yt 5.87.2a *θβąm*[118] *carāitiš zizanāitiš*.

**Y 9.22.3.**

a. *haomō taēcit̰ yōi kataiiō*
haumah tai cit yai katayah (8)
b. *naskō.frasåŋhō åŋhənte*
naska-frāsāhah āhyante (8)
c. *spānō mastīmca baxšaiti* .·.
spānah mastim ca baxšati (8)

L'antiptose *taēcit̰* peut avoir été suscitée par la nécessité de n'avoir que deux syllabes.

**Y 9.23.1.**

a. *haomō tåscit̰ yå kainīnō*
haumah tāh cit yāh kanyanah (8)
b. ˣ*åŋhāire darəγəm aγruuō*
āhārai dargam agruvah (8)
c. *haiθīm rāδəmca baxšaiti*
haiθyam rādam ca baxšati (8)

L'auteur, dans sa volonté d'arriver à huit syllabes, a employé le vénérable kanyan- au lieu de kanyā-.

Le segment dargam agruvah, qui forme la clausule de Y 9.23.1b, se retrouve en tête d'une ligne non octosyllabique du Yt 17.59.2, ce qui est une bizarrerie:

a. *imat̰ mē stāuuištəm šiiaoθnəm*
imat mai stāvištam šyāuθnam (8)
b. [119]*maṣ̌iia vərəziṇti sāsta*
martiyah vr̥zyati sāstā (8)
c. *yat̰ kainiiō*[120] *uzuuāδaiieiṇti*
yat kanyāh us-vādayati (8)
d. *darəγəm aγruuō nijāmaiieiṇti*[121] .·.

---

[118] Monosyllabique en vertu de R8.

[119] Emploi anarchique des nombres aux lignes b-d.

[120] Mis pour **kainiiå*.

[121] Hapax de forme et de sens incertains. J'émets la conjecture d'un

dargam agruvah niš-zāmayati (10)

«L'acte le plus grave que le mortel, en donneur de (mauvaises) instructions, accomplisse envers moi, c'est lorsqu'il empêche aux jeunes filles de se marier et les force au célibat».

Sans doute vaut-il mieux admettre que le compositeur du Yt 17.59.2 n'a pas tenu compte de la métrique et a collé deux morceaux de vers, ∪ ∪ ∪ dargam agruvah et ∪ ∪ ∪ niš-zāmayati.

**Y 9.23.2.**

*mošu jaiδiiamnō huxratuš* ∴

maššu jadyamnah hu-xratuš (8)

**Y 9.24.1.**

a. *haomō təmcit̰ yim kərəsānəm*

haumah tam cit yam kr̥sānam (8)

b. *apa.xšaθrəm* ˣ*niš.hāδaiiat̰*

apa-xšaθram ni-hādayat (8)

c. *yō raosta xšaθrō.kāmiia*

yah ... xšaθra-kāmayā (8)

d. *yō dauuata* ∴

yah davata (4)

Les inconnues lexicales de **Y 9.24.2-3** ne permettent pas de compter les syllabes, mais il y a de bonnes présomptions de son caractère métrique[122]:

a. *nōit̰ mē apąm āθrauua aiβištiš*

---

présent causatif de *niš*+√ *zam* «empêcher (*niš*) de fonder une famille (cf. grec *gámos*)» avec régime de sens résultatif «longtemps sans partenaire».

[122] Le parallèle que, pour le deuxième vers, nous offre le Yt 10.112.3 est incertain: *ciθrå miθrahe fraiianå* ᵛ *yasə tąm dax́iiūm ācaraiti* ᵛ ˣ*yaθra* (Geldner *yaθa*) *hubərətō baraiti* ᵛ *paθanå jafrå gaoiiaoitīe* Traduction conjecturale : «Admirables sont les routes que Miθra emprunte pour sillonner le pays, pour autant que (le maître de pays) le traite bien traité; ample et profonde, la prairie» (*ciθrå ... fraiianå* paraît mis pour le nt. plur.; *hubərətō*, pour l'acc. masc. sg. ; *paθanå jafrå*, pour le fém. sing.; *gaoiiaoitīe*, pour le nom. sing.).

b̲. +*varəiδiiē daŋhauua carāṯ* ∴
a̲. *hō* +*vīspə* ×*varəiδinąm* ×*vanaṯ*
b̲. *nī* +*vīspə* ×*varəiδinąm* ×*janaṯ* °°°

**Septième morceau**

L'octosyllabisme parfait du septième morceau est corroboré par les efforts visibles que l'auteur a déployés pour y arriver: l'emploi stratégique du pronom relatif *yō* dans la seule première partie; celui du pluriel de *vac-* dans la deuxième partie, mais de son singulier dans la troisième.

**Y 9.25.1-3.**
a̲. *ušta tē yō x*$^{v}$*ā aojaŋha*
uštā tai yah hvā aujahā (8)
b̲. *vasō.xšaθrō ahi haoma* ∴
vasah-xšaθrah ahi hauma (8)
a̲. *ušta tē* ×*apiuuatahi*
uštā tai api-vatahi (8)
b̲. ×*pouru* +*vacąm ərəžuxδanąm* ∴
parū vacām r̥š-ugdānām (8)
a̲. *ušta tē nōiṯ* ×*paiti.frāsa*
uštā tai na pati-frāsā (8)
b̲. *ərəžuxδəm pərəsahe vācim* ∴
r̥š-ugdam pr̥ssahai vācam (8)

**Huitième morceau**

Pour que le **Y 9.26.1** puisse être déclaré complètement octosyllabique, il faudrait restituer un vocatif *haoma* à la première ligne et démontrer que *pauruuanīm*, dont la morphologie exacte n'est pas connue, ne compte bien que trois syllabes:
a̲. *frā tē mazdā̊ baraṯ*
fra tai mazdāh barat (6)
b̲. *pauruuanīm aiβiiā̊ŋhanəm*
parvanyam abi-yāhanam (8)
c̲. *stəhrpaēsaŋhəm* +*mainiiu.tāštəm*

stṛ-paisaham manyu-taštam (8)

d̲. *vaŋᵛhīm daēnąm māzdaiiasnīm* ∴

vahvīm dainām māzda-yasnim (8)

Les deux derniers vers sont bien connus par ailleurs, mais leur juxtaposition, qui n'a lieu qu'ici, paraît sémantiquement assez brusque, voire forcée. L'emploi de c̲ pour la description de la ceinture sert ailleurs à celle d'autres réalités:

Yt 10.90.1.

a̲. *yō paoiriiō hāuuana* [123]*haomą uzdasta*

yah parviyah havanā haumānh us-dasta (12)

b̲. *stəhrpaēsaŋha mainiiutāšta*

stṛ-paisahā manyu-taštā (8)

c̲. *haraiθiiō paiti barəzaiiå* ∴

harāyā pati bṛzaθyā (8)

«(Ahura Mazdā) qui, en premier havanān (= officiant chargé du pressurage), prépara les Hauma (en les pressurant avec cette pierre qu'est le ciel) orné d'étoiles et forgé par (Spanta) Manyu, sur (cette autre pierre qu'est) la haute Harā»;

Yt 10.143.3.

a̲. [124]*yazāi hąm.taštəm*

yazāi ham-taštam (5)

b̲. [125]*yō daδuuå spəṇtō mainiiuš*

yah dadvāh spantah manyuš (7)

c̲. *stəhrpaēsaŋhəm mainiiu.tāštəm*

stṛ-paisaham manyu-taštam (8)

«J'offre le sacrifice au (char[126] de Miθra) qui a été fabriqué (par) l'instaurateur Spanta Manyu, orné d'étoiles et forgé par (Spanta) Manyu»;

---

[123] Division en deux lignes ici chez Gershevitch (1959), mais non chez Geldner.

[124] Les deux premières lignes ne sont pas considérées comme vers chez Geldner, mais Gershevitch introduit la division.

[125] L'emploi d'un nominatif introduit par le relatif comme alternative au génitif dans l'expression du complément d'agent n'est pas usuel. En réalité, cette ligne résulte de la transformation d'un vers fréquemment attesté (Yt 5.17.1b, etc.), *yō daδuuå ahurō mazdå*, à l'intérieur de ce qui est peut-être une glose de *mainiiutāštəm*.

Yt 13.3.1.
a. *yim mazdā̊* [127]*vaste vaŋhanəm*
yam mazdāh vastai vahanam (8)
b. *stəhrpaēsaŋhəm mainiiutāštəm* [V] ...
str̥-paisaham manyu-taštam (8)
«(ciel) dont Mazdā fait son vêtement, orné d'étoiles et forgé par (Spanta) Manyu».

Seule la dernière ligne de **Y 9.26.2** n'est pas octosyllabique, mais le lexique bourré d'hapax legomena ne nous permet pas de juger de la situation:
a. *āaṯ aŋhe ahi aiβiiāstō*
at hai ahi abi-yāstah (8)
b. [×]*barəšnušu paiti gairinąm*
baršnušu pati garīnām (8)
c. *drājaŋhe aiβidāitīšca*
drajyahai ... ca (8)
d. [+]*graūsca mąθrahe* °°°
grabānh ca manθrahya (6)

**Neuvième morceau**

Dans le paragraphe **Y 9.27**, l'hypercatalexe ne concerne que e, mais cette ligne nomme le corps tout comme Y 9.19.2c:
a. *haoma nmąnō.paite vīspaite*
hauma dmāna-patai vis-patai (8)
b. [+]*zaṇtu.paite* [+]*daŋhu.paite*
zantu-patai dahyu-patai (8)
c. *spanaŋha* [+]*vaēidiiā.paite* .·.
spanahvah vaidiya-patai (8)
d. *amāica θβā vərəθraγnāica*
amāi ca θvā vr̥θra-gnāi ca (8)
e. *māuuōiia upa.mruiiē tanuiiē*
mabya upa-mruvai tanuvai (9)
f. [×]*θrumāica* [ *yaṯ* ] *pouru.baoxšnahe* .·.

---

[126] Bartholomae.

[127] La clausule de ce vers a été réutilisée dans le V 4.49.

θrumāi ca paru-bau...nahai (8)
Il reste que le tour mabya ... tanuvai peut surprendre.

**Dixième morceau**

Les parties hypercatalectiques de ce morceau partiellement octosyllabique paraissent dériver pourtant d'octosyllabes, mais la catalexe de Y 9.29.2ab est délicate à expliquer.

**Y 9.28.1** ne fait aucune difficulté:
a. **niš nō ṭbišuuatąm* ⁺*ṭbaēšə.bīš*
niš nah dvišvatām dvaišah-byah (8)
b. ⁺*vīmanō bara gramən̦tąm* .·.
vi-manah bara grāmyantām (8)

**Y 9.28.2.**
a. *yō cišca ahmi nmāne yō aŋhe vīsi*
yah ciš ca ahmi dmānai yah ahyā visi (12)
b. *yō ahmi zan̦tuuō yō aŋhe daŋhuuō*
yah ahmi zantāu yah ahyā dahyāu (10)
c. ˣ*aēnaŋᵛhą̊ asti maṣ̌iiō*
ainahvāh asti martiyah (8)
d. *gəuruuaiia hē pādauue zāuuarə*
gr̥bāya hai padbyā zāvar (8)
e. *pairi šē uši vərənūiδi*
pari hai ūšī vr̥nudi (8)
f. *skən̦dəm* ˣ*hē manō kərənūiδi* .·.
skandam hai manah kr̥nudi (8)
Les deux premières lignes, les seules qui ne sont pas octosyllabiques, sont pourtant fabriquées à partir d'octosyllabes attestés dans le Vr 12.5.1[128]:
*humaiia nō buiiata*[129]
humāyā nah būyātam (7)
*asmana hāuuana aiiaŋhaēna*[130] *hāuuana*

[128] Absence de division en lignes chez Geldner.
[129] Mis pour le duel.

asmānā havanā āyahā havanā (12)
*fraoirisimna fraš́āuuaiiamna*
fra-vrisyamnā fra-šyāvayamnā (9)[131]
*nmānaiiaca vīsiiaca*
dmāniyā ca visiyā ca (8)
*zaṇtauuaca daŋ́hauuaca*
zāntavā ca dāhyavā ca (8)
*ahmi nmāne aŋ́he vīsi*
ahmi dmānai ahyā visi (8)
*ahmi zaṇtuuō aŋ́he* ⁺*daŋ́huuō*[132]
ahmi zantāu ahyā dahyāu (8)
*ahmākəmca mazdaiiasnanąm*
ahmākam ca mazda-yasnānām (9)
*frāiiazəmnanąm haδa.aēsmanąm*
fra-yazamnānām hadaismānām[133] (9)
*haδa.baoiδinąm haδa.ratufritinąm* ∴
hada-baudīnām hada-ratufrītīnām (12)

«Puissent nous être dociles les pierres presseuses en métal (= la partie inférieure du pressoir en pierre et la partie supérieure en métal)[134], lorsque nous les tournons et les mettons en mouvement, celles de la maison, celles du village, celles de la tribu, celles de la nation, dans la maison, dans le village, dans la tribu, dans la nation et (che)z nous qui sommes mazdéens et qui, pour officier, nous munissons de bûches, de parfums et de quoi propitier les Ratu!».

La variation que Y 9.28.2e montre par rapport à Yt 1.27.3b est visiblement due aux exigences syllabiques:

a̲. *aēšąm t̰baēšō sciṇdaiiaδβəm*
aišām dvaišah scandayadvam (8)
b̲. *pairi uši vāraiiaδβəm*
pari ūšī vārayadvam (8)
c̲. *hąm gauua nidarəzaiiaδβəm*

---

[130] Analogique de *zaranaēna* pour āyaha-.

[131] Mais le préverbe fra est présent deux fois. Voir R6.

[132] Geldner *daiŋ́hō*.

[133] En effectuant le sandhi compositionnel dans hada-ismānām (R17).

[134] Duel elliptique.

ham gabā ni-darzayadvam (8)
d. *hąm zanuua*[135] *zəmbaiiaδβəm*
ham zanavā zambayadvam (8)
e. *aipi dərəzuuanəm* ⁺*dərəzaiiaδβəm*[136] °₀°
api ... darzayadvam (9)
«Fracassez la nuisance qu'occasionnent les (Daiva et leurs suppôts mortels)! Bouchez les oreilles (du drugvant), attachez(-lui) les sales mains jointes, broyez(-lui) les mâchoires, liez(-lui) la sale langue!».

**Y 9.29.1.**
a. *mā zbaraθaēibiia fratuiiā̊*
mā zbaraθaibyā fra-tūyāh (8)
b. *mā gauuaēibiia* ˣ*aiβi.tuiiā̊*
mā gabaibyā abi-tūyāh (8)
La variation du préverbe entre ces deux lignes est clairement due aux exigences syllabiques.

**Y 9.29.2.**
a. *mā ząm vaēnōit̰ ašibiia*
mā zām vainait axšībyā (7)
b. *mā gąm vaēnōit̰ ašibiia*
mā gām vainait axšībyā (7)
c. *yō* ˣ*aēnaŋ́heiti nō manō*
yah ainahyati nah manāh (8)
d. *yō* ˣ*aēnaŋ́heiti nō kəhrpəm* °₀°
yah ainahyati nah kr̥pah (8)
Le déficit syllabique des deux premières lignes ne peut être résorbé sur base des hémistiches vieil-avestiques Y 32.10a'b *yə̄ acištəm vaēnaŋ́hē* ᵛ *aogədā gąm ašibiiā huuarəcā* «qui prononce un très mauvais hymne pour voir de ses yeux la vache (aurore) et le soleil». La restauration d'un préverbe *ā* devant *vaēnōit̰* (ou d'une particule de coordination **u* > *ā* derrière *mā*) est ainsi affaire de conviction.

---

135 Acc. duel du type RS *bāhávā*.

136 Geldner *dərəzaiiaδβəm*.

**Onzième morceau**

L'octosyllabisme de ce morceau se dégrade petit à petit au gré des emprunts sans doute parce que le compositeur, peu soucieux de métrique, a adopté d'abord un texte métrique pour ensuite l'imiter en recourant aux matériaux de divers textes métriques ou non. C'est ce qui ressort de l'analyse de l'énumération que forme l'ensemble des phrases de ce morceau: la première phrase, qui est complètement octosyllabique, nomme un être maléfique inconnu par ailleurs tandis que les suivantes nomment des êtres maléfiques qui se retrouvent ailleurs et ensembles:

**Y 9.30.1.**
a. *paiti ažōiš zairitahe*
pati ajaiš zaritahya (8)
b. *simahe vīšō.vaēpahe*
simahya viša-vaipahya (8)
c. *kəhrpəm nāšəmnāi aṣ̌aone*
kr̥pam naššyamnāi r̥taunai (8)
d. *haoma zāire vadarə jaiδi* ∴
hauma zarai vadar jadi (8)

**Y 9.30.2.**
a. *paiti gaδahe* ×*vīuuarəzdiuuatō*
pati gadahya vi-vr̥zdivatah (10)
b. +*xruuīšiiaṇtō zazarānō*
xravišyantah zazarānah (8)
c. *kəhrpəm nāšəmnāi aṣ̌aone*
kr̥pam naššyamnāi r̥taunai (8)
d. *haoma zāire vadarə jaiδi* ∴
hauma zarai vadar jadi (8)

L'excès de syllabes dans la première ligne pourrait être dû à l'augmentation d'un octosyllabe par *paiti*, mais le raisonnement ne convient pas pour le paragraphe suivant.

**Y 9.31.1.**
a. *paiti maṣ̌iiehe druuatō sāstarš*

pati martiyahya drugvatah sāstr̥š (11)
b. *aiβi.vōiždaiiaṇtahe kamərəδəm*
abi-vaiždantah ka-mardam (8)
c. *kəhrpəm nāšəmnāi ašaone*
kr̥pam naššyamnāi r̥taunai (8)
d. *haoma zāire vadarə jaiδi* ∴
hauma zarai vadar jadi (8)

La ligne a peut avoir été fabriquée par l'addition de *paiti* à la version génitive de ce qui apparaît au nominatif dans un octosyllabe au Y 65.8f.

**Y 9.31.2.**

a. *paiti ašəmaoγahe anašaonō*
pati r̥ta-maugahya anr̥taunah (11)
b. *+ahūm.mərəcō aŋhå daēnaiiå*
ahu-mr̥cah ahyāh daināyāh (9)
c. *mąs vaca daθānahe*
manh u vācam dadānahya (8)
d. *nōiṱ š́iiaoθnāiš apaiiaṇtahe*
na šyāuθnā āpayantah (7)
e. *kəhrpəm nāšəmnāi ašaone*
kr̥pam naššyamnāi r̥taunai (8)
f. *haoma zāire vadarə jaiδi* ∴
hauma zarai vadar jadi (8)

La version nominative de ce qui suit *paiti* dans Y 9.31.2a est octosyllabique et attestée e. g. au V 21.1.2b.

La ligne b est probablement le résultat d'un collage peu soigneux: dans les autres attestations du segment *aŋhå daēnaiiå*, le rôle du démonstratif *aŋhå* est justifié:

Yt 13.99.
*yō bāzušca upastaca*
yah bāzuš ca upastā ca (8)
*vīsata aŋhå daēnaiiå*[137]
vīssata ahyāi daināyāi (8)
[138]*yaṱ +āhurōiš*[139] *zaraθuštrōiš* ∴

[137] Mis pour le datif.

[138] La version originale de ce vers est celle que donne le Y 8.7.

yā āhuriš zārat-uštriš (8)
«(Vištāspa) qui servit de bras et d'assistance pour cette religion mazdéenne zoroastrienne»;
Y 60.2[140].
... *aŋhå daēnaiiå*
... ahyāh daināyāh
*yat̰ āhurōiš zaraθuštrōiš* .·.
yā āhuriš zārat-uštriš (8)
«de cette religion mazdéenne zoroastrienne»;
Y 8.7[141].
... *aŋhå daēnaiiå* V ...
... ahyāh daināyāh
*yā āhūiriš zaraθuštriš* .·.
yā āhuriš zārat-uštriš (8)
«de cette religion mazdéenne zoroastrienne».
Il n'est donc pas exclu que le vers yā āhuriš zārat-uštriš soit à restituer dans notre texte.

**Y 9.32.1.**
a. *paiti jahikaiiāi yātumaitiiāi*
pati jahyāh yātumaθyāh (8)
b. *maoδanō.kairiiāi* ⁺*upastā.bairiiāi*
maudana-karāyāh upastābarāyāh (12)
c. *yeŋhe* ˣ*frafrauuaite manō*
yahyāh fra-fravatai manah (8)
d. *yaθa aβrəm vātō.šūtəm*
yaθā abram vāta-šyutam (8)
e. *kəhrpəm nāšəmnāi aṣ̌aone*
kr̥pam naššyamnāi r̥taunai (8)
f. *haoma zāire vadarə jaiδi* .·.
hauma zarai vadar jadi (8)
Sur base des autres attestations de *yātumaitī-* (V 21.17, Yt 3.9,12,16), il faut restituer *jahī-* en lieu et place de *jahikā-*.

---

[139] Geldner *ahurōiš* coquille.

[140] Absence de division en lignes chez Geldner.

[141] Absence de division en lignes chez Geldner.

**Y 9.32.2.**

a. †*yaṯ* †*hē*

b. *kəhrpəm nāšəmnāi aṣ̌aone*

c. *haoma zāire vadarə jaiδi* °°° °°°

Le Yt 3.9.2[142]

*jahi yātumaiti apa.duuarata*[143]

jahi yātumati apa-dvara (10)

*jahi kaxᵛarəδaine apa.duuarata* .·.

jahi ka-hvardāni apa-dvara (10)

«Décampe, ô Jahī qui es adoratrice des Yātu! Décampe, ô Jahī qui es épouse du crasseux!»

peut inviter à reconstituer Y 9.32.2a comme suit:

<*paiti jeŋ́hå kaxᵛarəδāniiå*>

pati jahyāh ka-hvardānyāh (8).

Les principaux passages énumératifs qui nomment les personnages maléfiques dont traite le dernier morceau du premier chapitre du HS sont les suivants:

Yt 11a.14.2. (= Y 57.15.2)

a. *yō vananō kaiiaδahe*

yah vananah ka-yādahya (8)

b. *yō vananō kāiδiiehe*[144]

yah vananah ka-yādyāh (7)

c. *yō jaṇta daēuuaiiå drujō*

yah jantā daivyāh drujah (7)

d. *aš.aojaŋhō ahūm.mərəṇcō*

aš-aujahah ahu-mr̥cah (8)

e. *yō harəta aiβiiāxštaca*

yah hartā abi-āxštā ca (8)

f. *vīspaiiå frauuōiš gaēθaiiå* .·.

vispahyāh frabuš gaiθāyāh (8)

«(Srauša) qui sait comment ensorceler (et vaincre) le Kayāda[145], (Srauša) qui sait comment ensorceler (et vaincre) la

---

[142] Absence de division en lignes chez Geldner.

[143] Mis pour le singulier.

[144] Mis pour le gén. sg. du féminin de *kaiiaδa-*? Cf. Y 61.3d.

[145] Sur cet être maléfique qui symbolise probablement l'avarice en

Kayādī, (Srauša) qui sait comment frapper la Daivī Druj qui, d'une grande puissance, détruit l'existence, (Srauša) qui préserve et surveille le monde entier en propriétaire»;

Y 61.2-4[146].

a̱. *hamistaiiaēca nižbərətaiiaēca*
ham-mistayai ca niš-br̥tayai ca (10)
ḇ. *aṇgrahe mainiiəuš*
ahrahya manyauš (5)
c̱. *mat̰.dāmanō pouru.mahrkahe*
hmat-dāmnah paru-markahya (8)
ḏ. *hamistaiiaēca nižbərətaiiaēca*
e̱. *kax<sup>v</sup>arəδanąmca kax<sup>v</sup>arəiδinąmca*
ka-hvardānām ca ka-hvardīnām ca (10)
f̱. *hamistaiiaēca nižbərətaiiaēca*
g̱. *kax<sup>v</sup>arəδaheca kax<sup>v</sup>arəδiiå̊sca*
ka-hvardahya ca ka-hvardyāh ca (9)
a̱. *hamistaiiaēca nižbərətaiiaēca*
ḇ. *kaiiaδanąmca kaiieiδinąmca*
ka-yādānām ca ka-yādīnām ca (10)
c̱. *hamistaiiaēca nižbərətaiiaēca*
ḏ. *kaiiaδaheca kāiδiiå̊sca*
ka-yādahya ca ka-yādyāh ca (9)
e̱. *hamistaiiaēca nižbərətaiiaēca*
f̱. *tāiiunąmca hazasnąmca*
tāyūnām ca hazasnām[147] ca (8)
g̱. *hamistaiiaēca nižbərətaiiaēca*
ẖ. [148]*zaṇdąmca yātumatąmca*

---

offrandes, Pirart 2000c : 96 n. 58.

[146] Absence de division en lignes chez Geldner.

[147] Si le nom. sg. de ce mot est *hazaŋha*, son acc. sing. *hazaŋhanəm* et son gén. plur. *hazasnąm*°, c'est forcément le dérivé secondaire en ii. *-*Han-*/-*Hn-* de *hazah-* au même titre que RS *sómān-* l'est de *sóma-*.

[148] La seule autre attestation de ce mot de lecture incertaine et d'étymologie inconnue le donne au duel et l'accorde avec *yātumaṇt-*: *ziṇda yātuməṇta* (V 18.55, FiO 636) «les deux Z° qui sont avec le Yātu» ou, s'il faut y voir un dvandva, «le Z° et celui qui est avec le Yātu». Dans la première hypothèse au moins, il faudrait peut-être en déduire que la coordination °*ca* ...

... (?)

i. *hamistaiiaēca nižbərətaiiaēca*
j. *miθrō.ziiąmca miθrō.drujəmca*
miθra-zyām ca miθra-drujām ca (9)
a. *hamistaiiaēca nižbərətaiiaēca*
b. *aṣ̌auuaγnąmca aṣ̌auua.t̰baēṣ̌ąmca*
r̥tāva-gnām ca r̥tāva-dvišām ca (11)
c. *hamistaiiaēca nižbərətaiiaēca*
d. *aṣ̌əmaoγaheca anaṣ̌aonō*
r̥ta-maugahya ca anr̥taunah (10)
e. *sāstraheca pouru.mahrkahe*
sāstr̥š ca paru-markahya (8)
f. *hamistaiiaēca nižbərətaiiaēca*
g. *kahiiācīt̰ druuatąm araθβiiō.manaŋhąm*
kahya cit drugvatām araθviya-manahām (13)
h. *araθβiiō.vacaŋhąm araθβiiō.śiiaoθənanąm*
araθviya-vacahām araθviya-šyāuθnānām (14)
i. *spitama zaraθuštra* ∴
spāitāma zarat-uštra (7)

«pour combattre et refouler Ahra Manyu et tout ce qu'il a pu mettre en place, lui qui est la cause de nombreuses destructions, pour combattre et refouler les crasseux et les crasseuses, pour combattre et refouler le crasseux et la crasseuse, pour combattre et refouler les Kayāda et les Kayādī, pour combattre et refouler le Kayāda et la Kayādī, pour combattre et refouler le voleur et le violent, pour combattre et refouler les ... adorateurs de Yātu, pour combattre et refouler ceux qui dépossèdent Miθra et ceux qui lui portent préjudice, pour combattre et refouler ceux qui frappent les r̥tavan et ceux qui leur nuisent, pour combattre et refouler celui qui, n'étant pas r̥tavan, fait dévier R̥ta et celui qui, par de (mauvaises) instructions, cause de nombreux dommages, pour combattre et refouler chacun des drugvant qui ne recourent pas quand il le faut à la pensée, à la parole et au geste rituels, ô Zaraduštra descendant de Spitāma»;

---

°*ca* au Y 61.3h fût secondaire et que le duel y fût peut-être aussi à restaurer: **ziṇdaiiå yātumatå**.

Y 65.8.
a. *yō tāiiuš yō hazaŋha*
yah tāyuš yah hazahā (7)
b. *yō gaδō yō aṣ̌auuaja*
yah gadah yah r̥tāva-jā (8)
c. *yō yātumå yō nasuspå*
yah yātumāh yah nasu-spāh (9)
d. *yō spərəzuuå yō arāitiuuå*
yah spr̥zvā yah arātivāh (8)
e. *yō aṣ̌əmaoγō anaṣ̌auua*
yah r̥ta-maugah anr̥tāvā (9)
f. *yō maṣ̌iiō druuå sāsta*
yah martiyah drugvāh sāstā (8)
g. *təm aoi t̰baēšå paitiiaṇtu*
tam abi dvaišāh pati-yantu (9)
h. *iθiiejå īša yō ī daδa*
θyajāh ... yah[149] ī dadā[150] (8)
i. *iθiiejå yaṇtu yō dī daδa* .·.
θyajāh yantu yah dī[151] dadā (8)

«Le voleur, le violent, le bandit, celui qui frappe les r̥tavan, l'adorateur des Yātu, le lanceur de charogne, celui qui est plein de convoitise, celui qui ne fait aucune offrande, celui qui, n'étant pas r̥tavan, fait dévier R̥ta, le mortel drugvant qui donne de (mauvaises) instructions, que leur reviennent aussitôt[152] les maux et les abandons puisque ce sont eux qui en sont la cause! Que les abandons touchent ceux qui en sont la cause!»;

Yt 3.7.2[153].

---

[149] L'accord a beau se faire avec le plus proche d'entre eux (tam ... yah), la désignation des maux et abandons leur correspondant se maintient au pluriel.

[150] Ou dadāu ?

[151] Nous ignorons si la variation dans le choix du thème de pronom enclitique avait une portée sémantique ou une justification grammaticale.

[152] Selon Bartholomae qui fait de *īša* un adverbe qu'il rapproche de *išarə*.

[153] Absence de division en lignes chez Geldner.

a. [154]*aṣ̌əmaoγō anaṣ̌auua apa.duuarata*[155]
r̥ta-mauga anr̥tāvan apa-dvara (12)
b. *maṣ̌iiō <druuā̊> sāsta apa.duuarata* ∴.

martiya drugvah sāstar apa-dvara (11)
«Décampe, toi qui, n'étant pas r̥tavan, fais dévier R̥ta! Décampe, ô mortel <drugvant> qui donnes de (mauvaises) instructions!»;
V 21.1.2[156].
a. *yā jahi mərəṇcaite*
yā jahī mr̥ncatai (6)
b. *aṣ̌əmaoγō anaṣ̌auua*
r̥ta-maugah anr̥tāvā (8)
c. *maṣ̌iiasca druuā̊ sāsta* ∴.
martiyah ca drugvāh sāstā (8)
«eux deux que détruisent la Jahī, celui qui, n'étant pas r̥tavan, fait dévier R̥ta et le mortel drugvant qui donne de (mauvaises) instructions».

## Chapitre II
## Premier morceau

L'octosyllabisme sporadique que nous rencontrons dans le premier morceau du deuxième chapitre du HS sans doute est-il à expliquer par la réutilisation de vers, mais aucun parallèle ne nous permet de l'assurer.

**Y 10.1.1.**
a. *+viš́a apąm iδa patəṇtu*
vīšyā apām it patantu (8)
b. *vī daēuuā̊ŋhō vī daēuuaiiō* ∴.
vi daivāhah vi daivayā (8)

---

[154] Les nominatifs sont mis pour des vocatifs.
[155] Mis pour le singulier.
[156] Absence de division en lignes chez Geldner.

Le caractère poétique de ces deux lignes est visible à la volonté que l'auteur a eue d'arriver à huit syllabes: l'adverbe vīšyā et la particule it peuvent être considérés comme des chevilles; l'emploi du postverbe répété vi et celui de la finale lourde °āhah du nominatif masc. pl. des thèmes en °a- sont autant de stratagèmes.

**Y 10.1.2.**

a. *vaŋhuš sraošō mitaiiatu*
vahuš straušah mitāyatu (8)
b. *aṣ̌iš vaŋᵛhi iδa miθnatu*
ārtiš vahvī ida miθnatu (9)

La séquence *iδa miθnatu* ne peut que difficilement être séparée de *iδa miθnāt̰* qui ouvre une phrase dans le V 3.32 ... ∴ *iδa miθnāt̰ daēuua aipi.jaiṇti nmāne aŋ́hāi guṇdaiiāi* ...[157], très obscure à vrai dire, mais où la position initiale paraît garantir que *iδa* y est le correspondant du védique *ihá* «ici». Dès lors, puisque la ligne compterait neuf syllabes — le sandhi externe °i | i° n'est jamais à effectuer (**R29**; cf. Y 10.14.3b) —, la variation du thème de présent *mitaiiatu* ... *miθnatu* ne serait pas due à l'exigence syllabique, mais ceci me laisse perplexe[158].

**Y 10.1.3.**

a. *aṣ̌iš vaŋᵛhi rāmiiat̰ iδa*
ārtiš vahvī rāmyat ida (8)
b. *upa imat̰ nmānəm yat̰ āhūiri*
upa imat dmānam yat āhuri (10)
c. *yat̰ haomahe aṣ̌auuazaŋhō* ∴
yat haumahya r̥tavāzahah (9)

Si l'on adopte un divādi intransitif *rāmiiat̰*[159], la ligne a compte huit syllabes. La deuxième ligne pourrait être fabriquée en faisant précéder de *upa* un octosyllabe préexistant: le

---

[157] Voir Kellens 1984 : 178 n. 11.

[158] Faut-il imaginer que la situation serait le fruit d'une corruption par anticipation sur la ligne suivante et que *vaŋᵛhi* aurait pris la place d'un mot monosyllabique (e. g. °*ca*)?

[159] Voir Kellens 1984 : 125, 230 n. 1.

procédé consistant à placer une préposition ou un préverbe devant un octosyllabe préexistant est fréquent. La dernière est, quant à elle, clairement fabriquée à partir d'un octosyllabe, celui qu'atteste notamment Y 8.9.2a.

**Deuxième morceau**

La grande régularité octosyllabique de ce deuxième morceau est pourtant entachée de deux exceptions inexplicables: Y 10.2.1b = Y 10.2.2b et Y 10.5.1d.

**Y 10.2.1.**
a. *fratarəmcit̰ tē hauuanəm*
frataram cit tai havanam (8)
b. *vaca upa.staomi huxratuuō*
vacā upa-stāumi hu-xratau (9)
c. *yō ąsuš haŋgəuruuaiieiti* ∴
yah ansūnš ham-gr̥bāyati (8)
Pour régulariser la strophe, il faudrait considérer *vaca upa* comme le fruit d'une corruption pour *vacə̄biš*, ce qui est évidemment invérifiable. L'excès syllabique caractérise la ligne commune à cette strophe et à la suivante, ce qui va à l'encontre de ce qui a pu être constaté jusqu'ici: c'était dans les parties variables que l'excès syllabique pouvait exister, non dans les lignes récurrentes.

**Y 10.2.2.**
a. *uparəmcit̰ tē hauuanəm*
uparam cit tai havanam (8)
b. *vaca upa.staomi huxratuuō*
vacā upa-stāumi hu-xratau (9)
c. *yahmi niγne narš aojaŋha* ∴
yahmi ni-gnai nr̥š aujahā (8)

**Y 10.3.1-2.**
a. *staomi maēγəmca vārəmca*
stāumi maigam ca vāram ca (8)
b. *yā tē kəhrpəm vaxšaiiatō*

yā tai kr̥pam vaxšayatah (8)
c. *×barəšnušu paiti gairinąm* ∴
baršnušu pati garīnām (8)
a. *staomi garaiiō bərəzaṇtō*
stāumi garayah br̥zantah (8)
b. *yaθra haoma ×urūruδiša* ∴
yaθra hauma rurudīša (8)

**Y 10.4.1-2.**
a. *staomi ząm pərəθβīm paθanąm*
stāumi zām pr̥θvīm paθanām (8)
b. *+varəzi.aŋhuuąm $x^v$āparąm*
varzi-ahvām hu-aparām (8)[160]
c. *barəθrīm tē haoma aṣ̌āum* ∴
barθrīm tai hauma r̥tāvan (8)
a. *staomi zəmō +yaθra raoδahe*
stāumi zmah yaθra raudahai (8)
b. *hubaoiδiš auruuō ×carainīm* ∴
hu-baudiš arvah caranim (8)

**Y 10.5.1.**
a. *uta +mazā̊ huruθma* ∴
uta mazāh hu-ruθmiš (7)
b. *haoma raose gara paiti*
hauma raussai garā pati (8)
c. *uta frāδaēša višpaθa*
uta frādaiša višpaθā[161] (8)
d. *haiθīmca aṣ̌ahe xā̊ ahi* ∴
haθyam ca r̥tahya xāh ahi (9)

La catalexe apparente de la première ligne coïncide avec des difficultés philologiques (voir Texte) et une ponctuation intempestive. L'hypercatalexe de la dernière ligne va de pair avec un emploi non répertorié de *haiθīmca*.

---

[160] En vertu de R25 et de R27.

[161] < vi-spaθā.

**Y 10.5.2.**

a. *varəδaiiaŋ$^{v}$ha mana vaca*
vardayahva manā̆ vacā (8)
b. *vīspə̄sca paiti varšajīš*
vispānh ca pati vr̥šajīnš (8)
c. *vīspə̄sca paiti frasparəγə̄*
vispānh ca pati fra-spargānh (8)
d. *vīspə̄sca paiti frauuāxšə̄* °°°
vispānh ca pati fra-vaxšānh (8)

Comment justifier l'emploi de la forme tonique du pronom personnel au premier vers?

Y 71.9.2 reprend de manière presque servile une partie de Y 10.5.2b puisque, dans la rection de *yazamaide*, *paiti* n'a pas de raison d'être: *vīspå uruuarå uruθmīšca paiti varšajīšca yazamaide* ∴. «nous offrons le sacrifice aux jets et racines de toutes les plantes». Le caractère secondaire de ce passage est encore visible à la réutilisation du nom.-acc. *vīspå uruuarå* en tant que génitif. En réalité, le passage que Y 71.9.2 a dû piller n'est pas exactement le nôtre, mais un parallèle dans lequel figurait aussi le mot *uruθmīš* qui, faut-il bien voir, ne pouvait figurer dans le nôtre en raison de sa quantité syllabique (ruθmīnš): ***vīspå uruuarå uruθmīšca paiti varšajīšca varəδaiieiṇte* «toutes les plantes croissent de chacun de leurs jets et de chacune de leurs racines».

**Troisième morceau**

Comme le deuxième, le troisième morceau est d'une régularité octosyllabique rarement prise en défaut: 10.6.1b, 10.7.1b, 10.7.2, 10.8.2e. Ici aussi sans que ce soit explicable.

**Y 10.6.1-2.**

a. *haomō uxšiieiti stauuanō* ∴.
haumah uxšyati stavānah (8)
b. *aθa nā yō dim staoiti*
aθā nā yah dim stā̆uti (7)
c. *vərəθrająstarō bauuaiti*
vr̥θra-janstarah bavati (8)

a̲. *nitəmacit̰ haoma.hūitiš*
nitamā cit hauma-hutiš (8)
b̲. *nitəmacit̰ haoma.stūitiš*
nitamā cit hauma-stutiš (8)
c̲. *nitəmacit̰ haoma.x$^{v}$araitiš*
nitamā cit hauma-hvartiš (8)
d̲. *hazaŋrayniiāi* [ *asti* ] *daēuuanąm* ∴
hazahra-gnāyāi daivānām (8)

**Y 10.7.1.**

a̲. *nasiieiti* $^{\times}$*hixra.frā.kərəsta*
nasyati hixra-frakr̥stā (8)
b̲. *ahmat̰ haca nmānāt̰ āhitiš*
ahmāt haca dmānāt ā-hitiš (9)
c̲. *yaθra bāδa upāzaiti*
yaθra bādā upāzati (8)
d̲. *yaθra bāδa* $^{+}$*upa.staoiti*
yaθra bādā upa-stāuti (8)
e̲. *haomahe baēšaziiehe*
haumahya baišazayahya (8)
f̲. *ciθrəm dasuuarə baēšazəm*
ciθram dasvaram baišazam (8)

La ligne Y 9.17.1c ne figurant pas en contexte rigoureusement octosyllabique, il était difficile de se prononcer sur la quantité de syllabes du mot *dasuuarə*: était-il à lire dasvar ou, comme le latin *decorum* le suggère, dasvaram? Au vu de ses autres attestations, il devait compter trois syllabes pour que le tandem qu'il forme avec *baēšazəm* fût généralement marqué par la double coordination °*ca* ... °*ca* et que les exceptions allassent de pair avec l'intervention d'un mot de deux syllabes, comme ici, ou de deux mots monosyllabiques, comme en Y 9.17.1c. La chute de °*m* derrière °*arə* est un phénomène sporadique répertorié[162], mais, pour savoir si c'est bien le cas ici, il suffit de prendre en considération les deux attestations pouvant suggérer

[162] Deux autres exemples: Yt 5.90 *tacarə* (Pirart 2003b : § 46 n. 111); Yt 10.117 *pitarə* (Pirart 2000a : 392 n. 84).

que c'est un thème en °*a*-, *dasuuara* (Y 55.3) et +*dasuuaire* (Y 68.2).

Il faut laisser de côté le V 9.53, sans doute est rédigé en prose, qui combine erronément ou inusuellement l'emploi de °*ca* et la répétition de *para* pour assurer la coordination:

[163]*para nū ahmāṯ haca asaŋhaṯca šōiθrāaṯca*
*axštaṯ spitama zaraθuštra ižāca āzūitišca*
*para dasuuarəca baēšazəmca*
*para fradaθəmca varədaθəmca vaxšaθəmca*
*para yauuanąmca vāstranąmca uruθən*[164] .·.

«Jusqu'alors, ô Zaraduštra descendant de Spitāma, de cette région et de ce terroir ne surgirent qu'Ižā et Āzuti, santé et remède, prospérité et croissance et développement, levée de l'orge et du fourrage».

Dans Y 55.3.1,

a. *tā nō ama tā vərəθrayna*
tā nah amā tā vr̥θra-gnā (8)
b. *tā dasuuara tā baēšaza*
tā dasvarā tā baišazā (8)
c. *tā fradaθa tā varədaθa*
tā frādaθā tā vardaθā (8)
d. *tā hauuaŋᵛha tā aiβiiāuuaŋha*[165]
tā hāu-ahavā tā ābi-avahā (11)
e. *tā huδåŋha*[166] *tā aṣ̌auuasta*
tā hāu-dāhā tā r̥tāvastā (9)
f. *tā frārāiti tā vīdīše*
tā fra-rātī tā vi-dišayā (9)
g. *uzjamiiąn [ yā ] staota yesniia*

---

[163] Absence de division en lignes chez Geldner.

[164] Mot mal identifié. Var. lect. *uruθməm.*

[165] Hapax. Selon Bartholomae, *aiβiiāuuah-* nt. «Beihilfe, Unterstützung».

[166] Bartholomae range le mot sous *huδī-* au lieu de *huδāh-* ou du dérivé de ce dernier par vr̥ddhi de la syllabe initiale et thématisation en °*a*-. Cette dernière analyse est à préférer vu le statut d'abstrait avéré de plusieurs des termes de l'énumération: «statut de qui possède ou reçoit de bonnes offrandes».

us-jamyān stautā yasniyā (8)

«Puissent les Stauta Yasniya nous apporter (au delà de la mort) la force offensive, la capacité de briser les obstacles, la santé, le remède, la prospérité, la croissance, l'accès à la bonne existence, le statut de (divinité) à qui l'offrande est bonne à faire, l'état de grâce, le statut de r̥tavan, la valeur d'une offrande, l'exception!»,

l'énumération compte plusieurs termes supplémentaires, précisément ceux qui forment des lignes non octosyllabiques.

La partie primaire de l'énumération est confirmée par Y 71.17.2:

*dasuuarəca baēšazəmca*
dasvaram ca baišazam ca (8)
*yazamaide* .·.
*fradaθəmca varədaθəmca*
frādaθam ca vardaθam ca (8)
*yazamaide* .·.
*paitištātə̄e axtinąmca astarəmanąmca* .·.

«Nous offrons le sacrifice à la santé et au remède. Nous offrons le sacrifice à la prospérité et à la croissance. C'est dans le but de contrecarrer les douleurs et les stupidités».

On ne peut pleinement tenir compte du Y 68.2 qui est artificiel[167]:

a̱. *xšuuīδaēca āzūtaiiaēca*
xšvidai ca ā-zutayai ca (8)
ḇ. *māuuaiiaca zaoθre*[168] *paiti.jamiiā̊*
mām[169] ca zauθrai pati-jamyāh (8)
c̱. *+dasuuaire*[170] *baēšazāica*
dasvarāi baišazāi ca (7)

---

[167] Absence de division en lignes chez Geldner. Emploi forcé de formes en °*e* et en °*āi*; réutilisation violente du Vr 11.1 *ahurāi mazdāi haomą āuuaēδaiiamahī yat̰ uzdātəm səuuištəm vərəθrayne frādat̰.gaēθāi* ... (cf. Y 55.3 ... *mazdā̊ yə̄ səuuištō vərəθrajā̊ frādat̰.gaēθō* ...).

[168] Locatif de *zaoθra-* «fonction de zautar» ou anomalie pour *zaotārəm*?

[169] L'accusatif, d'après le Y 36.2.

[170] Geldner *dasuuarə*.

d. *fradaiθe varədaθāica*
frādaθāi vardaθāi ca (7)
e. *hauuaŋᵛhe aṣ̌auuastāica*
hāu-ahavāi r̥tāvastāi ca (9)
f. *vərəθrayne frādat̰.gaēθāica* ∴
vr̥θra-gnai frādat-gaiθāi ca (8)
«Pour (quand la séquence rituelle est celle du) lait et la libation, puisses-tu m'apporter, dans mon office de zautar, la santé et le remède, la prospérité et la croissance, l'accès à la bonne existence et le statut de r̥tavan et (le pouvoir du syntagme) "à (Mazdā) briseur des obstacles qui permet d'accroître les troupeaux"!».

**Y 10.8.1.**
a. *vīspe zī aniiē ⁺maδåŋhō*
vispai zi anyai madāhah (8)
b. *aēšma haciṇte ⁺xruuī.druuō*
išmā hacatai xravi-drū (8)
c. *āat̰ hō yō haomahe maδō*
at hah yah haumahya madah (8)
d. *ˣaṣ̌i hacaite uruuāsmana* ∴
ārtī hacatai vrāzmanā[171] (8)
Le parallèle qu'offre le Yt 17.5.2 n'est pas aussi régulier:
a. *at̰cit̰ bā nəmō haomāi*
at cit bā namah haumāi (7)
b. *yat̰ vīspe aniie maδåŋhō*
yat vispai anyai madāhah (8)
c. *aēšma haciṇte ˣxruuī.druuō*[172]
išmā hacatai xravi-drū (8)
d. *āat̰ hō yō haomahe maδō*
at hah yah haumahya madah (8)
d. *ˣaṣ̌i*[173] *hacaite ˣxᵛāpaiθe*[174] ∴
ārtī hacatai hu-apaθyā (9)

---

[171] Avec °z̲° par convention basée sur v.-p. *brazman-* «texte sacré».

[172] Geldner *xruuidruuō*.

[173] Geldner *aṣ̌a*.

[174] Geldner *xᵛaē.paiθe*.

«Pour sûr, hommage est à rendre à Hauma parce que, si toutes les autres ivresses sont accompagnées par Išma à la javeline cruelle, l'ivresse de Hauma est accompagnée par Ārti qui assure une bonne descendance».

Au lieu du rare *uruuāsmana*, ce parallèle recourt à ˣ*xᵛāpaiθe*, épithète courante de la déesse Ārti si l'on en juge par son attestation scythique: **ārti-* **hu+apašyā-*[175] > *Artímpasa* (Hérodote 4.59). Comme ce recours débouche sur un excédent syllabique, on considérera la divergence que montre le Yt 17.5.2 par rapport au HS comme le fruit d'une retouche[176]. Signalons ici encore l'emploi utile de la finale °*ā̊ŋhō* de nom. masc. pl.

**Y 10.8.2.**

a. *rəṇjaiti haomahe maδō*
ranjati haumahya madah (8)
b. *yō yaθa puθrəm taurunəm*
yah yaθā puθram tarunam (8)
c. *haoməm vaṇdaēta maṣ̌iiō*
haumam vandaita martiyah (8)
d. *frā ābiiō tanubiiō haomō*
pra ābyah tanūbyah haumah (8)
e. *vīsāite baēšazāi* .·.
vīssatai baišazāi (6)

Rien ne permet de justifier le manque syllabique de la dernière ligne: la fin du morceau irait-elle de pair avec une coupure arbitraire?

[175] Selon la phonétique des dialectes «asa».

[176] Ou d'une glose si l'on considère que «réjouissante» est à comprendre comme en sanscrit épique *nandana-* «qui réjouit, rend heureux» peut signifier «fils» notamment en fin de composé (e. g. *kurunandana-* «descendant de Kuru»).

**Quatrième morceau**

La grande régularité de ce morceau est brisée pour les quelques lignes Y 10.9.4ab et Y 10.11abc, mais certaines explications peuvent être envisagées.

**Y 10.9.1-3.**
a. *haoma dazdi mē baēšazanąm*
hauma dazdi mai baišazā (8)
b. *yābiiō ahi baēšazaδā̊* ∴
yaibiš ahi baišaza-dāh (8)
a. *haoma dazdi mē* +*vārəθraγnanąm*
hauma dazdi mai vr̥θra-gnā (8)
b. *yābiiō ahi vərəθra.tauruuā̊* ∴
yaibiš ahi vr̥θra-turvā (8)
a. *frā tē vīsāi uruuaθō staota* ∴
fra tai vīssāi vraθah stautā (8)

La dernière partie du paragraphe Y 10.9 contraste avec les précédentes qui elles se caractérisaient par une grande régularité:

**Y 10.9.4.**
a. *uruuaθəm staotārəm vaŋ́haŋhəm daδō*
vraθam stautāram vahyāham dadah (12)
b. *aoxta ahurō mazdā̊*
augda ahurah mazdāh (7)
c. *yaθa aṣ̌əm yat̰ vahištəm* °o°
yaθā r̥tam yat vahištam (8)

Le paragraphe Y 10.10 montre lui aussi une belle régularité octosyllabique:

**Y 10.10.1-2.**
a. *auruuaṇtəm θβā dāmiδātəm*
arvantam θvā dāmi-dātam (8)
b. *baγō tatašat̰ huuāpā̊* ∴
bagah tatāša hu-apāh (8)
a. *auruuaṇtəm θβā dāmiδātəm*
arvantam θvā dāmi-dātam (8)

b. *bayō nidaθat huuāpå*
bagah ni-dadā[177] hu-apāh (8)
c. *haraiθiiō paiti barəzaiiå* ∴
harāyā pati br̥zaθyā (8)[178]

Les deux seules lignes excédentaires du paragraphe **Y 10.11** ne sont pas innocentes:
a. *āat θβā* $^{+}$*haθra* $^{\times}$*spəṇta.fradixšta*
at θvā haθra spanta-fradištā (9)
b. *mərəγa* $^{\times}$*vīžuuaṇcō* $^{+}$*vī.barən*
mr̥gā vižvancah vi-baran (8)
c. *auui* $^{+}$*iškata.upāiri.saēna*
abi iškataupari-sainā (9)[179]
d. *auui staēra.starō.sāra*
abi stirā-starah-sārā (8)
e. *auui kusrāδa.kusrō.patāδa*
abi kusrā-kusra-patā (8)
f. *auui paβrāna.višpaθa*
abi ...-višpaθā (8)
g. *auui* $^{\times}$*spiti.gaona gairi* ∴
abi spiti-gaunā garī (8)

L'excédent syllabique de la première ligne est inséparable d'une anomalie: l'emploi de l'adverbe *aθra* (s'il ne faut pas le corriger en $^{+}$*haθra*) pour connoter un point de départ.

Les deux seuls oronymes formant une ligne excédentaire (c) sont aussi les deux seuls qui se retrouvent dans le catalogue des montagnes que dresse le Zamyād Yašt:

Yt 19.3.1[180] [ série de 3 + 3 oronymes ].
a. *ādaranasca baiianasca* $^{+}$*iškatāca*[181] (12 ou 13)

---

[177] Ou ni-dadāu d'après l'indien ?

[178] Cependant, le doute plane sur l'authenticité de Y 10.10.2c : voir Introduction 12 et Commentaire.

[179] En effectuant le sandhi entre les deux termes du dvandva (R9).

[180] Division en trois lignes chacune faite de deux oronymes chez Hintze (1994) comme chez Humbach & Ichaporia (1998). Absence de division en lignes chez Geldner.

[181] Geldner *iśatāca*. Correction avec Hintze (1994).

b. *upāiri.saēna kąsō.tafəδra* ×*varafra*[182] (12)

Dès lors, il faut envisager la possibilité que ces deux oronymes aient été introduits secondairement dans notre texte. Voir Commentaire.

**Y 10.12.1.**

a. *āaṯ āhuua pauruuatāhuua*
at aišu ā parvataišu (8)
b. *pouru.sarəδō vīraoδahe*
paru-sardah vi-raudahai (8)
c. ×*haoma* ×*gaomō zairi.gaonō* .·.
hauma gaumah zari-gaunah (8)

Il va de soi que, dans la première ligne, la seconde postposition *ā* doit être biffée[183].

Le dernier paragraphe du quatrième morceau montre lui aussi une grande régularité octosyllabique:

**Y 10.12.2.**

a. *ā tē baēšaza* ×*irīriθβarə*
at tai bišazah ririθvar (8)
b. *vaŋhəuš manaŋhō māiiābiiō* .·.
vahauš manahah māyābiš (8)

**Y 10.12.3-4.**

a. *āaṯ mē ahe* +*duš.saŋhahe*
at mai ahya duš-sanhahya (8)
b. *parāca vaēpaiia manō* .·.
parā ca vaipaya manah (8)
a. *āaṯ ahe nī.manō manō*
at ahya ni-mina manah (8)
b. *yō mē* +*duš.saŋhō hištaite* °₀°
yah mai duš-sanhah hištatai (8)

La régularité du quatrième morceau n'étant prise en défaut que pour deux lignes symptomatiques Y 10.11a et c, son

---

182 Geldner *varafa*. Correction avec Humbach & Ichaporia (1998).

183 Voir Pirart 2000a : 373 n. 10.

caractère métrique paraît assuré. Ceci renforce l'idée que la première de ces deux lignes a été la victime d'un accident et que la seconde est le fruit d'une interpolation.

### Cinquième morceau

L'octosyllabisme du cinquième morceau n'est pris en défaut de façon sérieuse qu'à la ligne Y 10.14.1a, l'autre exception, Y 10.14.3a, pouvant être facilement résorbée.

Le premier paragraphe du cinquième morceau, hétérogène par ailleurs, est pourtant parfaitement octosyllabique:

**Y 10.13.1-2.**

a. [ *nəmō haomāi yaṯ kərənaoiti*
namah haumāi yah kr̥nauti (8)
b. *drigaoš hauuaṯ.masō manō*
drigauš āvat-masah manah (8)
c. *yaθa raēuuastəmahecit̰* ∴.
yaθā raivastamahya cit (8)
a. *nəmō haomāi yaṯ kərənaoiti*
namah haumāi yah kr̥nauti (8)
b. *drigaoš hauuaṯ.masō manō*
drigauš āvat-masah manah (8)
c. *yaṯ usnąm.aēiti* +*vaēiδiia* ∴. ]
yat us-namati vaidiyā (8)

En admettant que *vaēiδiia-* «science», en accord avec l'ensemble de ses attestations, est trisyllabique et doit non être rapproché du substantif védique *vidyā́-* formé sur le thème de présent en *-ya-/-yá-* (divādi/passif), mais bien être expliqué comme adjectif verbal en **-iHa-* substantivé (RS *védya-*): «ce qui est à savoir» (cf. R10 et 11).

**Y 10.13.3.**

a. +*pouru.narəm tūm kərənūši*
paru-naram tu kr̥nauši (8)
b. *spainiiaŋhəm cistiuuastarəm*
spanyāham cistivastaram (8)

c. *yasə tē bāδa haoma zāire*
yah tai bādā hauma zarai (8)
d. *gauua iristahe baxšaite* ∴
gavā ristahya baxšatai (8)
En admettant que *tūm*, vu sa position, recouvre l'ancienne forme enclitique (**R30**).

Les difficultés lexicales de **Y 10.14.1** ne nous permettent pas de juger:
a. *mā mē yaθa gāuš.drafšō*
mā mai yaθā gau-drafšah (7)
b. *āsitō vārəm* ˣ*acairi* ∴
abitah vāram ā-cari (8)
Cependant, l'ambiance octosyllabique laisse penser qu'une inconnue nous empêche de trouver huit syllabes en a. Il est vrai que le tour qui combine *mā* avec *yaθa* n'inspire pas confiance. Quelque chose nous échappe.

**Y 10.14.2.**
a. *frašā fraiiaṇtu tē maδō*
frāšyā fra-yantu madā (8)
b. ⁺*varəzi.aŋᵛhåŋhō jasəṇtu* ∴
varzi-ahvāhah jassantu (8)
Emploi utile de la finale °*åŋhō*.

**Y 10.14.3.**
a. *pairi tē haoma aṣ̌āum aṣ̌auuāzō*
pari tai hauma ṛtāvan ṛtavāzah (8 + 4)
b. *daδąmi imąm tanūm*
dadāmi imām tanuvam (8)
c. *yā mē vaēnaite huraoδa* °°°
yā mai vainatai hu-raudā (8)
L'excédent syllabique énorme de la première ligne ne peut être résorbé puisqu'il existe aussi dans le passage parallèle Y 13.4.1. Ce dernier réutilise un hémistiche gâthique pour sa

deuxième ligne, ce qui entraîne l'hypercatalexe, mais sa troisième ligne est octosyllabique[184]:

a̲. *pairī vā aməṣ̌ā spəṇtā huxšaθrā huδåŋhō daδąmi*
pari vah amr̥tā spantā hu-xšaθrā hu-dāhah dadāmi (8 + 9)
b̲. *tanuuascīt̰ x$^{v}$axiiå uštanəm* (= Y 33.14a')
tanuvah cit hvahyāh uštānam (9)
c̲. *pairī vīspå hujītaiiō* ∴
pari vispāh hu-jitayah (8)

«Je vous livre, ô Amr̥ta Spanta avec qui l'emprise est bonne à exercer et les offrandes bonnes à faire, l'aura de mon propre corps, (à vous,) ô toutes victoires!»

**Sixième morceau**

Alors que les parties suivantes du paragraphe Y 10.15 paraissent bien obéir à l'octosyllabisme, la première, qui traite pourtant bien du même personnage féminin, non, et de manière irréparable — serait-ce donc un cas d'hypercatalexe voulue comme on en connaît dans les Gāθā lorsque l'on nomme Druj[185]? —:

**Y 10.15.1-2.**
a̲. *auuaŋhərəzāmi janiiaoš ūnąm*
ava-hr̥zāmi janyuš ūnām (9)
b̲. *mairiiaiiå $^{x}$əuuītō.x$^{v}$arəδaiiå*
maryāyāh avīta-hvardāyāh (9)
a̲. *yā $^{x}$mainiiete dauuaiieiṇti*
yā manyatai dābayantī (8)
b̲. *āθrauuanəmca haoməmca*
aθarvānam ca haumam ca (8)
c̲. *hā [yā] dapta apanasiieiti* ∴
hā daptā apa-nasyati (8)

En admettant que l'eḍāfe *yā*, syntaxiquement bizarre et superflue, voire incorrecte, est secondaire.

---

[184] Absence de division en lignes chez Geldner.

[185] Kellens & Pirart 1988-1991 : I 89 § 1.1.3.

**Y 10.15.3.**

a. *yā tat̰ yat̰ haomahe draonō*
yā tat yat haumahya draunah (8)
b. *nigā̊ŋhəṇti* ˣ[*niš.*]*haδaiti*
ni-gāhayantī hadati (8)
c. *nōit̰ tąm āθrauuō.puθrīm*
na tām aθarva-puθriyam (8)
d. *naēδa dasti hupuθrīm* °₀°
na u ... hu-puθriyam (8)

En admettant que le préverbe qui marque le participe présent *nigā̊ŋhəṇti* (forcément pentasyllabique) serve aussi pour le verbe conjugué ˣ[*niš.*]*haδaiti* ou que le participe, à tort ou à raison, n'en est marqué qu'illusoirement à la faveur d'une tmèse *ni°* ... ˣ[*niš.*]*haδaiti* que la diascévase aurait voulu résoudre[186]. Sur base du védique (e. g. *āś^uváśv^iya-* «qualité de qui possède de rapides chevaux»), le suffixe des abstraits neutres en *-iia-* est dissyllabique (**R31**). L'inconnue lexicale qui affecte la dernière ligne (*dasti*) ne doit pas inquiéter.

Malgré quelques embûches, le sixième morceau ne s'avère pas être un mauvais candidat au statut de texte versifié.

**Septième morceau**

Le style yajuṣ du septième morceau confirme son statut de texte non versifié, mais deux octosyllabes, sans doute repris à un texte versifié, le referment:

**Y 10.16.**

a. *paṇcanąm ahmi paṇcanąm nōit̰ ahmi* ∴
pancanām ahmi pancanām na ahmi (5 + 6)
b. *humatahe ahmi dušmatahe nōit̰ ahmi* ∴
hu-matahya ahmi duš-matahya na ahmi (6 + 7)
c. *hūxtahe ahmi dužūxtahe nōit̰ ahmi* ∴
hūxtahya / hu-uxtahya[187] ahmi

---

[186] La première alternative doit être la bonne au vu du Yt 8.54 (ci-dessus ad Y 9.1.4) *pairiθnəm* qui illustre °i̯+i̯° > °ī°.

[187] Cf. R6.

duš-uxtahya na ahmi (5 ou 6 + 7)
d. +*huuarəštahe ahmi* +*dužuuarəštahe nōit̰ ahmi* ∴
hu-vr̥štahya ahmi duš-vr̥štahya na ahmi (6 + 7)
e. *sraošahe ahmi asruštōiš nōit̰ ahmi* ∴
sraušahya ahmi asruštaiš na ahmi (5 + 6)
f. *aṣ̌aonō ahmi druuatō nōit̰ ahmi*
r̥taunah ahmi drugvatah na ahmi (5 + 6)
g. *at̰cit̰ ahmāt̰ yaθa apəməm*
ā cit ahmāt yat apamā (8)
h. +*mainiuuā̊ aŋhat̰ niuuāitiš* °o°
manyuvāh ahat ni-vātiš (8)

En admettant que *yaθa* est fautif pour *yat̰* puisque toutes les autres versions de la locution conjonctive de temps «avant que, jusqu'à ce que» recourent à *yat̰*: vieux-perse *ā cit yat* (XPf 21); vieil-avestique *parā hiiat̰*; av. réc. *para ahmāt̰ yat̰* et *vīspəm ā ahmāt̰ yat̰*.

### Huitième morceau

Après l'introduction de discours (Y 10.17.1), laquelle est sporadiquement métrique, et le namah (Y 10.17.2-3), en partie métrique comme précédemment, nous trouvons, dans le huitième morceau, un ensemble d'une grande régularité octosyllabique:

**Y 10.17.2.**
a. [ *nəmō haomāi mazdaδātai* ∴
namah haumāi mazdā-dātāi (8)
b. *vaŋhuš haomō mazdaδātō* ∴
vahuš haumah mazdā-dātah (8)

**Y 10.17.4.**
a. *vīspe haoma upastaomi*
vispānh haumānh upa-stāumi (8)
b. ×*yaēcit̰* +*barəšnušuu*[*a*] *gairinąm*
yai cit baršnušu garīnām (8)
c. ×*yaēcit̰ jąfnušuu*[*a*] *raonąm*
yai cit janfnušu ravānām (8)
d. *yaēcit̰ ązahu dərətā̊ŋhō*

yai cit anzahu dr̥tāhah (8)

e̱. *jaininąm* ⁺*upa* ˣ*dərəzrāhu* .·.

janīnām upa[188] dr̥zraišu (8)

En admettant que la postposition *ā* qui accompagne les locatifs pluriels de b̲ et c̲ est à biffer comme c'est si souvent le cas[189]. Le parallèle que le V 2.23 nous offre pour ces deux lignes, faisant feu de tout bois, n'est guère fiable[190]:

*θrižaṯca iδa*[191] *yima gāuš* ⁺*apa.jasāṯ*[192]

θriš āvat ca it yama gauš apa-jassāt (?)

*yaṯca aŋhaṯ θβiiąstəmaēšu asaŋhąm*

yat ca ahat θvayanstamaišu āsahām (4 + 8)

*yaṯca aŋhaṯ* ⁺*barəšnušu*[193] *paiti gairinąm*

yat ca ahat baršnušu pati garīnām (4 + 8)

*yaṯca jąfnušuua raonąm*

yat ca janfnušu ā ravānām (9)

*paxrumaēšu nmānaēšu* .·.

... dmānaišu (?)

«Trois fois autant de la vache (= Trois fois autant de bétail), ô Yama, va chaque fois périr, et que ce soit dans les plus effrayantes des régions, et que ce soit sur le sommet des montagnes, et que ce soit dans le fond des vallées, dans les maisons ...».

---

[188] Ordre des mots de type poétique: encerclement du complément d'agent par l'adjectif verbal et son postverbe; second encerclement par le groupe locatif.

[189] E. g. Y 10.12.1a.

[190] Absence de division en lignes chez Geldner.

[191] Si *θrižaṯ°* devait être fautif pour ˣ*θrižauuaṯ* < **θriš auuaṯ* «trois fois autant» (cf. ŚBM 14.6.3.2 *dvís tā́vat*; voir Wackernagel 1930 : 430 § 215g), il faudrait peut être chercher noise aussi à °*ca iδa*. En effet, la séquence °*ca iδa* pourrait représenter le conglomérat particulaire habituellement orthographié °*cā īṯ* en v.-av. (sur quoi Kellens & Pirart 1988-1991 : 129 sq.) et *cōiṯ* en récent. Il reste que la troisième position qu'occuperait alors °*ca* ferait difficulté.

[192] Correction par Kellens 1984 : 265 n. 3.

[193] Geldner *barəṣ̌nuš*. Cf. Y 10.3.1c.

Dans ce parallèle, par ailleurs grevé d'incertitudes lexicales (*θrižatca iδa*; *paxrumaēšu*), la suite des couples réunissant un locatif pluriel et un génitif pluriel montre une variété surprenante de solution: °šu, °šu pati, °šu ā.

**Y 10.17.5.**

a. *ərəzataēna haca tašta*
r̥zatinat haca taštāt (8)
b. *zaranaēnəm aoi taxše* ∴
zaraninam abi taxšai (8)
c. *mā tē nīri zəmi paiti*
mā tai nīri zami pati (8)
d. *iθa raēuuaṇtō arəjahe* °°°
iθā raivatah arjahya (8)

**Neuvième morceau**

Partiellement octosyllabique, les irrégularités du neuvième morceau sont difficiles à justifier.

Comme le Y 10.19.1 ne paraît faire écho qu'à ses trois premières lignes, il n'est pas exclu que les dernières de **Y 10.18**, non octosyllabiques, constituent une addition secondaire, mais remarquons que l'irrégularité va aussi de pair avec des difficultés grammaticales (le singulier pour le pluriel: *dāsmainiš vārəθraγniš paiti.bišiš*) ou lexicales (*dāsmainiš ... paiti.bišiš*):

a. *imåsə tē haoma gāθå*
imāh tai hauma gāθāh (7)
b. *imå hənti* +*staomāuiiō*
imāh hanti staumāyuvah (8)
c. *imå hənti* +*cīcišānå*
imāh hanti cicišānāh (8)
d. *ime hənti aršuxδa vācō*
imai hanti r̥š-ugdā vācah (9)
e. *dāsmainiš vārəθraγniš*
... (?)
f. *paiti.bišiš baēšaziia* ∴
... (?)

Il est impossible de se prononcer puisque, si l'on restitue le nominatif pluriel, seul e devient octosyllabique:

dāsvarayah vārθra-gnayah (8)

pāti-dvaišayah baišazayā (9)

Car, selon le Yt 18.8.1, ces différents adjectifs doivent bien tous concerner les R̥š-ugda Vac:

*ahunəm vairīm yazamaide* ∴

ahunam variyam yazāmadai

*aṣ̌əm vahištəm sraēštəm aməṣ̌əm spəṇtəm yazamaide* ∴

r̥tam vahištam srayištam amr̥tam spantam yazāmadai

[194]*vaca aršuxδa vārəθrayniš baēšaziš*[195] *yazamaide* ∴

vacah r̥š-ugdānh vārθra-gnīnš baišazayānh yazāmadai

*baēšaziš vaca aršuxδa vārəθrayniš yazamaide* ∴

baišazayānh vacah r̥š-ugdānh vārθra-gnīnš yazāmadai

[196]*mąθra spəṇta* [197]*daēna māzdaiiesne haomacanəm*[198] *yazamaide* ∴

manθram spantam dainājāh māzda-yasnaiš hauma-canaham yazāmadai

---

[194] Instr. sing. mis pour l'acc. plur. Cette même anomalie se retrouve dans le Vr 20.1: *vohu xšaθrəm yazamaide* ∴ *xšaθrəm vairīm yazamaide* ∴ *aiiōxšustəm yazamaide* ∴ *vaca aršuxδa vārəθrayniš daēuuō.ynita yazamaide* ∴ *auuaṯ miždəm yazamaide* ∴ *auuaṯ dasuuarə yazamaide* ∴ *auuaṯ baēšazəm yazamaide* ∴ *auuaṯ fradaθəm yazamaide* ∴ *auuaṯ varədaθəm yazamaide* ∴ «Nous offrons le sacrifice au Vahu Xšaθra. Nous offrons le sacrifice à l'emprise rituelle qui vaut la peine d'être exercée sur les dieux. Nous offrons le sacrifice à Ayah Xšusta (= le génie de l'ordalie "métal en fusion"). Nous offrons le sacrifice aux textes à prononcer rectilignement qui permettent de rompre les obstacles ... Nous offrons le sacrifice à la récompense qu'ils permettent d'obtenir. Nous offrons le sacrifice à la santé qu'ils permettent d'obtenir. Nous offrons le sacrifice au remède qu'ils permettent d'obtenir. Nous offrons le sacrifice à la prospérité qu'ils permettent d'obtenir. Nous offrons le sacrifice à la croissance qu'ils permettent d'obtenir».

[195] Corruption pour *baēšaziia* sous l'influence de *vārəθrayniš*.

[196] Vocatif mis pour le nominatif.

[197] Vocatif (ˣ*daēne*) mis pour le génitif? Celui-ci est donné par les mss. J10 et K39.

[198] Mis pour ˣ*haomacanaŋhəm*? Ou pour ˣ*haomacanaŋhō* gén. sg.?

*airiianəm x<sup>v</sup>arənō yazamaide ∴.*

aryānam hvarnah yazāmadai

«Nous offrons le sacrifice à Ahuna Variya (= le texte Y 27.13 divinisé). Nous offrons le sacrifice à Ṛta qui est l'excellent et très bel Amṛta Spanta (= le texte Y 27.14 divinisé). Nous offrons le sacrifice aux textes à prononcer rectilignement qui permettent de rompre les obstacles et de guérir. Nous offrons le sacrifice aux textes à prononcer rectilignement qui permettent de guérir et de rompre les obstacles (= ?). Nous offrons le sacrifice à Manθra Spanta (= l'ensemble de l'Avesta archaïque divinisé), (le fils) de Dainā Māzdayasni qui aime le Hauma. Nous offrons le sacrifice à Aryāna Hvarnah (= le texte Yt 18 divinisé)».

Dans ce passage publicitaire qui cherche à mettre l'Ērān Yašt (Yt 18) sur le même pavois que les textes les plus prestigieux et que tout l'Avesta, l'absence de la mention des Gāθā et du YH laisse penser que les Ṛš-ugda Vac les contiennent ou représentent. Si tel est bien ce qu'il faut penser, l'anomalie de Y 10.19.1, qui ne renverrait qu'à Y 10.18abc et laisserait Y 10.18def dans les nimbes, est levée.

Deux autres textes attestent *paiti.biši-* qui ne sont guère secourables. Le Vr 9.1 en fait une épithète non des Ṛš-ugda Vac, mais des Hauma:

[199]*haomanąm uzdātanąm*
*zaoθranąm uzdātanąm*
*uzdātanąm uzdāhiiamnanąm*
*vārəθraγninąm paiti.bišinąm*
*aṣ̌ōiš baēšaza hacimnanąm*
*cistōiš baēšaza hacimnanąm*
*mazdå baēšaza hacimnanąm*
*zaraθuštrahe baēšaza hacimnanąm*
*zaraθuštrōtəmahe baēšaza hacimnanąm*

«des Hauma qui ont été élaborés, des libations qui ont été élaborées, qui l'ont été, qui le seront, qui permettent de rompre les obstacles et de contrecarrer les nuisances, qu'accompagne le remède qu'offre Ārti, qu'accompagne le remède qu'offre Cisti,

---

[199] Absence de division en lignes chez Geldner.

qu'accompagne le remède qu'offre Mazdā, qu'accompagne le remède qu'offre Zaraduštra, qu'accompagne le remède qu'offre le dernier successeur de Zaraduštra»;

le FrW 9.1[200] attribue l'épithète de *paiti.biši-* au Manθra Spanta, mais il ne nous invite pas nécessairement à formuler l'équation Gāθā = Manθra Spanta:

*yaθā ahū vairiiō vairīm*
*tat̰ zī ×mazdā vairīm <vairīm>*
*vohū xšaθrəm vairīm*
*×yā ×daēnā vairīm hanāt̰ mīždəm <vairīm>*
*×yaθā ahū vairiiō ×mazdā.uxδəm vacō*
*sarəδiiō.vaxš mąθrō spəṇtō anāxštō anā.druxtō ×vārəθraγniš*[201] *×paiti.bišiš baēšaziiō ×mazdā.uxδō ...*

[202]«Le texte du Y 27.13 est à choisir. Le texte du Y 34.14 est à choisir. Le texte du Y 51.1 est à choisir. Le texte du Y 54.1 <est à choisir>. Le texte du Y 27.13, c'est le discours que Mazdā prononça. Le Manθra Spanta, dans lequel les textes sont regroupés en séries, qui ne peut être ni ... ni corrompu, devant permettre de rompre les obstacles, de contrecarrer les nuisances et de guérir, fut prononcé par Mazdā».

**Y 10.19.1.**
*imå̄sə tūmcit̰ māuuōiia .·.*
imāh tuvam cit mabya (7)

---

[200] Pour les corrections, voir Kellens 1974 : 158 n. 1, 202, 224 n. 1, 251, à l'exception de < >.

[201] Ce mot et le suivant sont corrigés sur base du HS.

[202] Traduction conjecturale. Tout dépend en réalité du sens que l'on accordera à l'hapax *sarəiδiiō.vaxš* que Bartholomae (1904 : 1567) a laissé sans traduction. Je propose d'en faire le composé bahuvrīhi de *sarəiδiia-*, le dérivé en ii. **-iHa-* de *sarəδa-* «série», et de *vac-*. Le sens exact reste conjectural: cette épithète signifie-t-elle que les textes étaient regroupés par thème au sein d'un Manθra Spanta qu'il faudrait envisager à l'image de l'Avesta sassanide qui, au dire des livres pehlevis, était composé de livres «gâthiques», «liturgiques» et «juridiques».

Cette ligne est d'une catalexe tout aussi irrémédiable que celle de la ligne Y 10.18a à laquelle elle fait écho. Catalexes voulues?

**Dixième morceau**

Y 10.19.2-3 paraît être complètement octosyllabique, mais de graves difficultés philologiques aux lignes Y 10.19.3bc nous empêchent d'appréhender la situation:

**Y 10.19.2-3.**
a. *fraša fraiiaṇtu tē maδō*
frāšyā fra-yantu madā (8)
b. *raoxšna fraiiaṇtu tē maδō* ∴
rauxšnā fra-yantu madā (8)
a. †*rənjiiō vazaiti <tē> maδō*†
? ranjyā vazantu tai madā (8)
b. †*vārəθraγniš həṇtəm āstaoite*†
? vārθragnayah hantu stautai (8)
c. †*haθra.ana gāθβiia*† *vaca* ∴
? haθrānā gāθviyā vacā (8)

Trop d'incertitudes grevent ce passage — seul le dernier mot est clair! —, mais il semble bien être octosyllabique. À la dernière ligne, *haθra* ne pouvant se construire avec l'instrumental, il doit être question d'autre chose. Les autres attestations de cette ligne montrent qu'il faut peut-être lire haθrānā, mais sans que nous puissions savoir ce que serait ce mot:

Y 65.14.1-2[203].
a. *yaṯca ahmāṯ asti maziiō*
b. *yaṯca ahmāṯ asti vaŋhō*
c. *yaṯca ahmāṯ asti sraiiō*
d. *yaṯca ahmāṯ asti parō.arəjastarəm*
e. *taṯ nō dāiiata*
f. *yūžəm yazata ašauuanō*
g. *xšaiiamna isāna*

[203] Absence de division en lignes chez Geldner.

h. *mošuca āsuiiāca* (cf. FrW 8.1)

i. *haθra.ana gāθβiia vaca* ∴

a. *haiθiiāuuarəštąm hiiaṯ vasnā frašōtəməm* ∴ (= Y 50.11dd')

«L'avantage qui est encore plus grand, qui est encore meilleur, qui est encore plus beau, qui est encore plus précieux, puissiez-vous nous l'octroyer, vous qui êtes les Yazata harmonieux, qui le pouvez et en disposez, sans retard et tout de suite, (je vous le dis) avec ce discours extrait des Gāθā: "Que ce soit accompli par un (geste) rituel qui, par la volonté (d'Ahura Mazdā), doit avoir de très plantureux effets!"»;

Ny 4.8

... V *haθra.ana*[204] *gāθβiia vaca* ∴

*garō nmāne ahurō mazdå jasaṯ paoiriiō* ∴ (= Y 51.15bb')

...

«avec ce discours extrait des Gāθā: "Ahura Mazdā fut le premier à se rendre au Garah Dmāna"[205]»;

FrW 9.2

... V *haθrąm kaitiia vaca*

*haiθiiå varəštąm hiiaṯ vasnā frašōtəməm* (= Y 50.11dd')

*xšaθrəmcā ahurāi.ā yəm drəgubiiō daδaṯ vastārəm* (= Y 27.13cc')[206]

«avec ce discours extrait des Gāθā: "que ce soit accompli par un (geste) rituel qui, par la volonté (d'Ahura Mazdā), doit avoir de très plantureux effets! (Exercez sur) Ahura (Mazdā la puissance) et l'emprise rituelles (de telle sorte) que l'(existence rituelle) fasse de lui un pâtre au service des indigents!"»;

H 2.20

a. *āaṯ mraoṯ ahurō mazdå* ∴

b. *auuaδa bā aṣ̌āum zaraθuštra*

c. *asne*[207] *kamərəδāṯ*[208] ×*haṇduuaraiti*[209]

---

[204] Var. lect. *haθrana.*

[205] Traduction selon la compréhension que l'auteur du Ny devait en avoir.

[206] Voir Commentaire du 3e morceau du Chapitre I.

[207] *asne* TD28, Westergaard, Haug, Bartholomae; *ašne* K20.

[208] *kamərəδāṯ* TD28, Westergaard, Haug, Bartholomae; *kəmərəδāṯ*

d. ˣimą[210] ˣgāθβiią[211] *vacō srāuuaiiō*
e. *kām*[212] *nəmē*[213] *ząm ahura mazda kuθra nəmē aiieni* ∴
(cf. Y 46.1aa' *kām nəmōi ząm kuθrā nəmōi aiienī*)
f. *upa aētąm xšapanəm*
g. *auuauuat̰* ˣ*aš́ātōiš*[214] *uruua* †*isaiti*[215]
h. *yaθa vīspəm imat̰ yat̰ juiiō aŋhuš* ∴

«Alors Ahura Mazdā dit: Pour sûr, ô r̥tavan Zaraduštra, son ruvan à distance de sa sale tête se précipite en récitant le discours extrait des Gāθā que voici: "Pour quelle terre ...? Où ... vais-je partir?" À la tombée de cette nuit-là, le ruvan ressent autant de tristesse qu'il en connut de[216] tout son vivant»;

P 50.2-3
ˣ*gāθβōištacit̰*[217] ˣ*vaca*[218]
*huuō zī* ˣ*druuā̊ yə̄* ˣ*druuāite vahištō* (= Y 46.6cc', Y 71.13)

---

K20.

[209] *handuuaraiti* Westergaard, Haug, Bartholomae; *haiduuaraiti* TD28; *haṇduuaraiti* K20.

[210] *imąm* Bartholomae; *kimąm* K20, TD28, Westergaard, Haug. Acc. masc. pl.

[211] *gāθβiiąm* K20, TD28, Westergaard, Haug, Bartholomae.

[212] *kām* K20, TD28, Westergaard, Haug; *kąm* Bartholomae.

[213] *nəmē ... nəmē* K20; *nəmō°* ... *nəme* TD28; *nəme ... nəme* Westergaard; *nəmōi ... nəme* Haug, Bartholomae.

[214] *ašātōiš* TD28, Haug, Bartholomae; *aṣ̌ātōiš* K20, Westergaard.

[215] *isaiti* Bartholomae; *išaite* TD28, Haug; *iṣ̌aite* K20; *iṣ̌aiti* Westergaard; *iš́aiti* Kellens (1995a : n. 21).

[216] Différemment Kellens (1995a : 54) qui, pour H 2.4, ne rend pas compte de *vīspəm*.

[217] Ms. *gāθβōiš tascit̰*. Cité FiO 649 avec la traduction pehl. *gāhān-xvāhišnīh* «das Suchen der Gāθās» (trad. Klingenschmitt).

[218] Ms. *vana*. Pour cette correction et les suivantes, voir JamaspAsa & Humbach (1971). La traduction pehlevie est *pad gāhān xvāhišnīh-iz guft* «dans les Gāθā, le souhait (en) est aussi formulé», ce qui est commenté par *ēdōn ciyōn rad cē gōvam ham pad-iz gāhān guft* «exactement comme le ratu que je dis, le même est exprimé aussi dans les Gāθā».

«Aussi avec ce discours tiré des Gāθā: "Car celui qui est très bon pour le drugvant est un drugvant"».

Ce dernier passage enseigne tout d'abord que l'invariable *haθra* n'est pas nécessaire. D'autre part, il confirme l'analyse de JamaspAsa & Humbach (1971) que *gāθβiia-* dérive de **gāθβa-*, mais, quand ils affirment que ce dernier dérive non de *gāθā-*, mais directement de √ *gā*, en argumentant que les paroles citées au Y 10.19 ne sont pas uniquement ou strictement gâthiques, il convient de nuancer. Tout d'abord, l'argument me paraît faible: toutes les autres occurrences annoncent bien une citation gâthique; la présence de deux citations au lieu d'une, au Y 10.19, la première n'étant pas gâthique, mais la seconde bel et bien, ne me paraît pas contraignante. En outre, il n'est même pas certain que cette première citation en soit bien une: pour moi, c'est plutôt un développement, une amplification du texte gâthique qui suit. Ceci dit, si l'argument sémantique, trop rapide, ne peut convaincre, l'analyse morphologique est pourtant irréprochable. En réalité, tout se passe comme si les Gāθā ne s'appelaient pas *gāθā-*, mais **gāθβā-*. La P 50.2, confirmée par FiO 649, attesterait donc un composé lo. gāθvā-išta- «cherché dans les G°, tiré des G°», ce qui pourrait inviter à considérer *gāθā-* comme une faute générale pour ˣ*gāθβā-*. En plus de ce composé *gāθβōišta-* et du dérivé *gāθβiia-*, il existe un troisième témoignage que leur nom n'était peut-être pas *gāθā-*, le difficile *gāθrō.raiiaṇtąm* du Yt 13.105.2[219]:

*yō fraēštəm*
*usaγanąm gāθrō.raiiaṇtąm*[220]
*aṣ̌əmaoγanąm anaṣ̌aonąm*
*anahuranąm aratunąm simanąm auuascastō.frauuaṣ̌inąm auua.jaγnaṯ*[221]

«(Manθravāka) qui parvint à éliminer la plupart des promoteurs du culte funeste qui ne récitaient pas les Gāθā,

---

[219] Absence de division en lignes chez Geldner.

[220] P13 est le seul ms. qui donne *gāθō.raiiaṇtąm*.

[221] *auua.jaγnaṯ* est-il mis pour l'indicatif parfait (cf. Y 10.10 *tatašaṯ*)? Kellens (1984 : 194 sq.) considère que c'est l'injonctif présent de l'intensif à thématisation secondaire.

faisaient dévier Ṛta, n'étaient pas ṛtavan, ne rendaient aucun culte à Ahura (Mazdā), ne respectaient aucune séquence rituelle, étaient des Sima[222], sautaient la déclaration de foi mazdéenne».

Le composé *gāθrō.raiiaṇtąm* fait doublement difficulté: il lui manque un préfixe négatif (cf. *asrāuuaiiat̰.gāθa-* e. g. Yt 5.92), et le participe présent qui constitue son second terme, dont le thème et le caractère positif paraissent confirmés par N 5.1 *yā gāθā̊* ˣ*afsmainiuuąn*[223] *rāiiatō̄*[224] *uua* ˣ*ratufriia*[225] «s'ils sont à deux pour réciter les Gāθā vers par vers, ils satisfont à la séquence», n'a pas d'étymologie. Néanmoins, je crois que ce dernier doit être rapproché du vieil-avestique *rə̄na-* «type de récitation». Comme le signe pour °*r*° du premier terme pourrait devoir être lu °*v*° comme en pehlevi, je propose de reconstituer *a-gāθvā-rāyant- «qui n'observe pas la diction requise pour réciter les G°».

Il est sans doute abusif de reconnaître des octosyllabes dans **Y 10.20.1** (= Yt 14.61.3). Et le **Y 10.20.2** étant un vers extrait de la Spantāmanyu Gāθā (= Y 48.5dd', Yt 14.61.4), nous n'avons pas à le commenter.

### Onzième morceau

Le dernier morceau (**Y 10.21**) du second chapitre étant un Yašt au sens étroit du terme, c'est-à-dire une série de phrase en yazāmadai, peut-être est-il normal que ce ne soit pas un texte rédigé en vers.

---

222 Cf. Y 9.30.1b.

223 Bartholomae; Ms. *afsmainiiia.*

224 ˣ*srāuuaiiatō* Bartholomae.

225 Ms. *ratufriš.*

## Chapitre III
## Premier morceau

Le premier morceau du troisième chapitre est d'une assez grande régularité octosyllabique. Quelques lignes font exception, mais, hormis Y 11.1.2, c'est chaque fois que des faits lexicaux inconnus ou mal répertoriés surgissent: Y 11.1.3ef, Y 11.2.2c, Y 11.3.2c. Quant à la dernière ligne, Y 11.3.2f (cf. Y 9.2.1b), nous pouvons, sans trop nous aventurer, la mettre au compte de la diascévase scolaire. Il est donc probable que ce morceau ait le statut de texte en vers:

**Y 11.1.1.**

a. *θrāiiō haiθīm aṣ̌auuanō*
θrayah haθyam r̥tāvānah (8)
b. ⁺*āfri.vacaŋhō* ˣ*zauuaiṇte*
āfrī-vacahah zavantai (8)
c. *gāušca aspasca haomasca* ∴
gāuš ca aspah ca haumah ca (8)

**Y 11.1.2.**

*gāuš zaotārəm* ⁺*zauuaite* ∴
gāuš zautāram zavatai (7)
La vr̥ddhi que contient *gāuš* justifie-t-elle la catalexe?

**Y 11.1.3.**

a. *uta buiiå̄ afrazaiṇtiš*
uta būyāh afrazāntiš (8)
b. *uta dǝuš.srauuå̄ hacimnō*
uta duš-sravāh hacamnah[226] (8)
c. *yō mąm xᵛāstąm nōit̰* ⁺*baxšahi* ∴
yah mā hvāstām na baxšahi (8)
d. *āat̰ mąm tūm fšaonaiiehe*
at mā tuvam[227] fšauniyahai (8)

---

[226] Mais cette ligne contient une anomalie syntaxique : voir note au Texte.

[227] En vertu de la règle selon laquelle deux pronoms enclitiques ne

e. *nāiriiå vā puθrahe vā*
nāryāh vā puθrahya vā (7)
f. *haoiiå vā maršuiiå* ∴
... (?)

**Y 11.2.1.**
*aspō bāṣ̌ārəm* ˣ*zauuaite* ∴
aspah bartāram zavatai (8)

**Y 11.2.2.**
a. *mā buiiå auruuatąm yūxta*
mā būyāh arvatām yuxtā (8)
b. *mā auruuatąm aiβišasta*
mā arvatām abi-hastā (8)
c. *mā auruuatąm niθaxta*
mā arvatām ni-θaxtā (7)
d. *yō mąm zāuuarə nōit̰* ⁺*jaiδiiehe*
yah mā zavar na jadyahai (8)
e. ⁺*pouru.maiti hanjamaine*
parumati ham-jamanai (8)
f. *pouru.naraiiå karšuiiå* ∴
paru-narāyāh karšūyāh (8)
La catalexe de c doit-elle être résorbée en introduisant la particule **u* de coordination derrière *mā* comme aux lignes Y 9.29.2a-b?

**Y 11.3.1-2.**
a. *haomō x*ᵛ*āṣ̌ārəm* ˣ*zauuaite* ∴
haumah hvartāram zavatai (8)
a. *uta buiiå afrazaiṇtiš*
uta būyāh afrazāntiš (8)
b. *uta dāuš.srauuå hacimnō*
uta duš-sravāh hacamnah (8)
c. *yō mąm [*⁺*aiβiš.]hutəm* ⁺*dāraiiehe*
yah mā hutait dārayahai (8)
d. *yaθa tāiiūm pəṣ̌ō.sārəm* ∴

---

peuvent se suivre.

yaθā tāyum pr̥ta-sāram (8)
e. *nauua ahmi pəṣ̌ō.sārō*
na vā ahmi pr̥ta-sārah (8)
f. *azəm yō haomō aṣ̌auua dūraošō* °₀°
azam yah haumah r̥tāvā durauša h (11)

La dernière ligne est apparemment fabriquée à partir d'un octosyllabe que Y 9.2.2b atteste, mais il est possible que ce dernier vers soit plutôt à l'origine d'une augmentation secondaire de celui-ci (inertie): azam yah haumah r̥tāvā [durausah] ou azam yah haumah [r̥tāvā] durausah.

**Deuxième morceau**

Le deuxième morceau n'est octosyllabique que sporadiquement, mais les difficultés grammaticales et philologiques nombreuses ne permettent aucune analyse saine de la situation:

**Y 11.4-7.**
a. *ˣuši mē ˣptā [haomāi] draonō frərənaot̰*
ūšī mai ptā draunah frārnaut[228] (8)
b. *ahurō mazdå aṣ̌auua*
ahurah mazdāh r̥tāvā (8)
c. *haŋᵛharəne*
ha-hvaranai (4)
d. *mat̰.hizuuō hōiiūmca dōiθrəm* .·.
hmat-hizū havyam[229] ca daiθram (8)
a. *yō mąm tat̰ draonō zināt̰ vā*
yah mā tat draunah zināt vā (8)
b. *trəfiiāt̰ vā apa vā yāsāiti*
tr̥fyāt vā apa vā yassāt(i) (8/9)
c. *yat̰ mē daθat̰*
yat mai dadāt (4)
d. *ahurō mazdå aṣ̌auua*
ahurah mazdāh r̥tāvā (8)

228 En vertu de R5.

229 En vertu de R18.

e. *haŋᵛharəne*
ha-hvaranai (4)
f. *mat̰.hizuuō hōiiūmca dōiθrəm* ∴
hmat-hizū havyam ca daiθram (8)
a. *nōit̰ ahmi nmāne zānāite*
na ahmi dmānai zānătai (8)
b. *āθrauua naēδa raθaēštā̊*
aθarvā na u raθai-stāh (8)
c. *naēδa vāstriiō fšuiiąs* ∴
na u vāstrayah fšuyans (7)
d. *āat̰ ahmi nmāne zaiiā̊ṇte*
at ahmi dmānai zāyāntai (8)
e. *dahakāca mūrakāca*
dāhakā ca mūrakā ca (8)
f. *pouru.sarəδa varšnāca* ∴
paru-sardā ... (?)
a. *θβāṣ̌əm ā gə̄uš frāθβərəsō*
θvartam ā gauš fra-θvr̥ssah (7)
b. *taṇcištāi haomāi draonō* ∴
tancištāi haumāi draunah (7)
c. *mā θβā haomō baṇdaiiāt̰*
mā θvā haumah bandayait (7)
d. *yaθa mairīm baṇdaiiat̰*
yaθā maryam bandayat (7)
e. *yim tūirīm fraŋrasiiānəm*
yam turiyam fra-hrasyānam (8)
f. *maδəme θrišuue aŋhā̊ zəmō*
madyamai θrišvai ahyāh zmah (8)
g. ⁺*pairiš.xᵛaxtəm aiiaŋhahe* ⁰₀⁰
pari-hvaxtam āyahahai (8)

L'épithète patronymique de Frahrasyān possède deux formes distinctes en accord avec les nécessités métriques : *tura-* et *tūiriia-*. C'est ce qui ressort clairement pour le nominatif: Yt 19.57b[230] = Yt 19.58.2b[231] *fraŋrase turō aš.varəcā̊* fra-hrasyā

[230] Ainsi Humbach & Ichaporia (1998), mais Hintze (1994) réunit cette ligne avec la précédente.

[231] Ainsi Humbach & Ichaporia (1998), mais Hintze (1994) réunit

turah aš-varcāh (8); Yt 19.93a *yim baraṯ fraŋrase turō* yam barat fra-hrasyā turah (8); Yt 5.41.1b = Yt 19.56b[232] = Yt 19.82b[233] *mairiiō tūiriiō fraŋrase* maryah turiyah fra-hrasyā (8). Les manuscrits doivent avoir confondu les deux formes à l'accusatif: Yt 9.18.2b = Yt 9.22.2b = Yt 19.77.4c [234]*mairīm tūirīm fraŋrasiiānəm* maryam turam fra-hrasyānam (8). Ces données appartiennent à des passages parallèles caractérisés par un octosyllabisme assez grand:

Yt 9.18.1-4.
a. *dazdi mē vaŋ$^{v}$hi səuuište*
dazdi mai vahvi savištai (8)
b. *druuāspe taṯ*[235] *āiiaptəm*
druvāspai āvat ā-yaptam (8)
a. *yaθa azəm banḍaiieni*
yaθā azam bandayāni (8)
b. *mairīm tūirīm fraŋrasiiānəm*
maryam turam fra-hrasyānam (8)
a. *uta bastəm vāδaiieni*
uta bastam vādayāni (8)
b. [236]*uta bastəm upanaiieni*
uta bastam upa-nayāni (9)
c. [*bas*]*təm* [237]*kauuōiš haosrauuaŋhahe*
tam kavayai hu-sravahai (8)
a. *janāṯ təm*[238] *kauua hausrauua*
janat tam kavā hu-sravāh (8)
b. +*pašne*[239] *varōiš* +*caēcastahe*[240]

---

cette ligne avec la précédente.

[232] Hintze (1994) comme Humbach & Ichaporia (1998) réunissent cette ligne avec la précédente.

[233] Ainsi Hintze (1994) comme Humbach & Ichaporia (1998).

[234] Humbach & Ichaporia (1998) introduisent <*janaṯ*> en tête de cette ligne.

[235] Mis pour **auuaṯ* d'après e. g. Yt 5.18.

[236] Les lignes bc n'en font qu'une chez Geldner.

[237] Mis pour le datif.

[238] Initiale différée.

[239] Geldner *pasne*.

pašnai varaiš caicastahya (8)
c̲. *jafrahe uruiiāpahe*
jafrahya ... (?)
d̲. *puθrō kaēna siiāuuaršānāi*
puθrah kainā syāva-r̥šnah[241] (8)
e̲. *zūrō.jatahe narahe*
zurah-jatahya narahya (8)
f̲. [242]*aγraēraθaheca narauuahe* .·.
agrai-raθahya ca nāravahya (10)

«(Alors Hauma lui adressa cette prière:) Accorde-moi, ô très opulente déesse Druvāspā, la faveur de pouvoir enchaîner le marya Frahrasyān descendant de Tura! Et que je puisse l'emmener prisonnier pour le livrer enchaîné au Kavi Husravah, de façon que le Kavi Husravah le frappe au bord du réservoir de Caicasta, la profonde réserve d'eau, pour venger (et) son père Syāvar̥šan Nara et Agrairaθa Nārava, que (ce Frahrasyān) a frappé(s) traitreusement»;

Yt 19.77.4.
a̲. *vīspe bauuat̰ aiβi*[243] *vaniiå*
vispānh bavat abi vanyāh (8)
b̲. *ahurō kauua haosrauua*
ahurah kavā hu-sravāh (8)
c̲. [244]*mairīm tūirīm fraŋrasiiānəm*
maryam turam fra-hrasyānam (8)
d̲. *baṇdaiiat̰ kərəsauuazdəm*
bandayat kr̥sa-vazdaham (8)
e̲. *puθrō kaēna siiāuuaršānāi*
puθrah kainā syāva-r̥šnah (8)
f̲. *zūrō.jatahe narahe*
zurah-jatahya narahya (8)

---

240 Geldner *caēcistahe.*

241 En vertu de R17 et de R5, le sandhi compositionnel °a̲-r̥̲° n'est à effectuer que si le premier terme est le préverbe *ā* ou *frā*.

242 Geldner ne considère pas cette ligne comme un vers.

243 Postverbe: cf. véd. *abhí BHŪ.*

244 Humbach & Ichaporia (1998) introduisent <*janat̰*> en tête de cette ligne.

g. *ayraēraθaheca narauuahe* ∴.
agrai-raθahya ca nāravahya (10)
«Le roi Kavi Husravah, mieux capable de victoire, eut le dessus sur tous, enchaîna le marya Frahrasyān descendant de Tura qui rendait un culte à Kr̥sa, (Husravah) qui put ainsi venger (et) son père Syāvar̥šan Nara et Agrairaθa Nārava, que (ce Frahrasyān) avait frappé(s) traitreusement».

**Troisième morceau**

Ce dernier morceau, fait de reprises et de citations gâthiques, n'appelle aucun commentaire particulier.

**Conclusions**

Le HS n'est pas rédigé en vers, mais il contient de nombreux vers du fait même que son auteur ou son compositeur, même si ce fut sans aucun souci de préserver leur caractère métrique, pillèrent généralement ou imitèrent des textes en vers pour le constituer ou leur empruntèrent même des morceaux étendus.

Cette situation rend malaisée la recherche quant à savoir si les textes en vers auxquels il a été puisé était strophique, mais, si les données manquent, l'organisation de certains passages du HS en séries de deux ou trois octosyllabes pourrait le laisser penser.

Le caractère isosyllabique des vers de la poésie avestique récente repose sur une façon de compter légèrement distincte de celle à laquelle se plie la poésie vieil-avestique. Le compte syllabique récent ne révèle pas de grande évolution de la langue depuis le vieil avestique: pour le sandhi interne des voyelles, la seule différence entre v. av. et av. réc. concerne *°*aHa*°; pour leur sandhi compositionnel, *°*a*+V°. Et la situation reste inchangée pour leur sandhi externe.

# LEXIQUE[1]

Avertissements

Pour l'étymologie, il est généralement renvoyé à un mot védique. Le lecteur désireux d'approfondir cet aspect du lexique consultera donc principalement le dictionnaire de Mayrhofer (1986-2001).

Ordre: *a ā å ą ə / ə̄ e / ē o / ō i / ī u / ū k x g / γ c j t / t̰ θ d δ p f b / β ŋ ŋ́ ŋᵛ n / ṇ m y / ii v / uu r s z š / š́ / ṣ̌ ž h x́ xᵛ*. Les voyelles d'épenthèse et d'anaptyxe ne sont pas prises en compte dans l'ordonnancement des entrées.

*a-* : voir *aēm*, *ta-*.

*a+/an+*: préfixe négatif.

*aēibiš*: voir *ta-*.

***aēnaŋ́ha-*** «se montrer violent à l'égard de *acc.*». Présent dénominatif de *aēnah-*.

ˣ*aēnaŋ́heiti* (ainahyati) 3e sg. act. subj. prés. : 9.29.2c, 9.29.2d.

***aēnaŋᵛhaṇt-*** (véd. *énasvant-*) «caractérisé par la violence, (de) qui (le rituel) est empreint de violence, méchant».

*aēnaŋᵛhå* (ainahvāh) nom. masc. sg. : 9.28.2c.

***aēnah-*** nt. (véd. *énas-*) «violence (dont le rituel réprouvé est empreint), faute rituelle». Voir *aēnaŋ́ha-* et *aēnaŋᵛhaṇt-*.

***aēm*** (véd. *ayám*) adjectif-pronom démonstratif tonique proche ou cataphorique. Formé sur le pronom enclitique *i-* par suffixation tonique *°*ám* / *°*má-*. Pour les cas obliques, les formes sont empruntées au thème *a-* de *ta-*: voir *ta-*. Voir aussi *ana-*.

*aēm* (ayam) nom. masc. sg. : 9.2.1a, 9.4.1a, 9.7.1a, 9.10.1a, 9.13.1a.

*imat̰* (imat) acc. nt. sg. : 10.1.3b.

[1] Ne tient compte ni de Y 10.21.4 ni de Y 11.11.

*iməm* acc. masc. sg. mis pour l'acc. nt. sg.: 9.19.1a, 9.19.2a, 9.19.3a, 9.20.1a, 9.20.2a, 9.21a. L'anomalie peut provenir d'une mauvaise analyse du sandhi ima θvā < | imat | θvā |.

*imąm* (imām) acc. fém. sg. : 10.14.3b, 11.10.1b.
*imā̊* (imāh) nom. fém. pl. : 10.18b, 10.18c.
*imā̊sə* (imās t° < | imāh | t° |) forme en sandhi de l'acc. fém. pl. : 10.18a, 10.19.1.
*ime* (imai) nom. masc. sg. : 10.18d.

***aēša-*** (véd. *eṣá-*) «capable, vigoureux».
*aēšō* (aišah) nom. masc. sg. : 9.20.1c.

***aēšma-*** masc. sg. (cf. véd. *iṣmín-*) «fureur, Išma», nom d'un Daiva (voir Commentaire).
*aēšma* (išmā) instr. : 10.8.1b.

*aoi* : voir *aiβi*.
*aoxta*: voir √ *uj*.

***aojah-*** nt. (véd. *ójas-*) «puissance (développée par le rituel), autorité». Voir aussi *aš.aojah-*.
*aojō* (aujah [analogique pour *augah[2]] ) acc. sg. : 9.17.1e.
*aojaŋha* (aujahā) instr. sg. : 9.25.1a, 10.2.2c.
*aojā̊s°* (aujās ca < | aujāh | ca |) forme en sandhi de l'acc. pl. : 9.22.1c.

***aojišta-*** (véd. *ójiṣṭha-*) «très puissant».
*aojištō* (aujištah) nom. masc. sg. : 9.15.2a.

***aota-*** «froid» (cf. véd. *omán-*).
*aotəm* (ūtam) nom. nt. (substantivé) sg. : 9.5.1b (mis pour le nom. masc. sg. sous-entendant *vāta-* «le vent»?).

***aγa-*** (véd. *aghá-*) «funeste pour *dat.*».
*aγəm* (agam) acc. masc. sg. : 9.8.3a.

---

[2] Cf. v.-av. *aogō* < ie. *$H_2$éugos*.

***aγrū-*** fém. (véd. *agrū́-*) «sans partenaire sexuel». Le mot est sans doute apparenté au védique *jārá-*[3] «amant».
*aγruuō* ou +*aγrauuō* (agruvah) nom. pl. : 9.23.1b.

***ajaiiamna-*** (véd. *ákṣīyamāṇa-*) «inépuisable».
*ajaiiamnəm* (adjīyamnam) acc. nt. sg. : 9.4.4d.

*at̰cit̰* (10.16g): voir [1]*ā*.

***aθa*** «d'autre part, en contrepartie» (cf. véd. *átha*). Peut signaler la proposition principale dans un diptyque tonal.
aθa: 10.6.1b, ×10.18C.

***aθauruuan-*** masc. (véd. *átharvan-*) «prêtre, aθarvan». Dérivé en +*u̯an-* de **aθar-* nt. «hospitalité (offerte aux dieux)» (< ie. **Hét*$H_2$*-r̥-*, de la racine contenue dans *asti-* = véd. *átithi-* «hôte» < ie. **Hét*$H_2$*-ti-*)? Voir aussi *āθrauuō.puθriia-*.
*āθrauua* (aθarvā) nom. sg. : 9.24.2a, 11.6b.
*āθrauuanəm*° (aθarvānam) acc. sg. : 10.15.2b.

***aθra*** «là». Adverbe de lieu (cf. véd. *tátra, átra*).
aθra: ? 10.11a (voir *haθra*).

***ap-*** fém. (véd. *áp-*) «rivière, eau». Voir aussi *āpa.uruuarā-*.
*āpəm* (āpam) acc. sg. : 9.11.4b.

***apa*** (véd. *ápa*): préverbe marquant l'éloignement. Voir aussi *apara-*, *apəma-*.

***apa.xšaθra-*** «privé (du bénéfice) de l'emprise rituelle». Composé (prādisamāsa) de *apa* et de *xšaθra-*.
*apa.xšaθrəm* (apa-xšaθram) acc. masc. sg. : 9.24.1b.

---

[3] Contre Mayrhofer 1986-2001 : I 46.

***apa*+√ *tac*** «s'éloigner en courant, fuir». Présent bhvādi[4].
*apatacat̰* (apa-tacat) 3e sg. act. inj. prés. : 9.11.4c.

***apa*+√ $^{2}$*nas*** (véd. *ápa NAŚ*) «disparaître». Présent divādi +*nasiia-*.
*apanasiieiti* (apa-nasyati) 3e sg. act. indic. prés. : 10.15.2c.

***apaiiaṇt-*** «faisant arriver, mettant en pratique, menant à bien». Participe présent actif du causatif de √ *āp*.
*apaiiaṇtahe* est mis pour le gén. masc. sg. (āpayantah) : 9.31.2d.

***apa*+√ *yam*** «mettre *acc.* à l'écart de (*abl.*)». Présent inchoatif (ie. **-sk̂e-*) +*yā̆sa-* (véd. *YAM :: yáchati*).
*apa ... yāsāiti* (apa ... yassāti) 3e sg. act. subj. prés. : 11.5b.

***apara-*** (véd. *ápara-*) «ultérieur, futur». Comparatif tiré du préverbe *apa*. Voir aussi *$x^v$āpara-*.
*aparəm* (aparam) acc. masc. sg. : 9.14f.
*apara*° (aparā) nom. masc. pl. : 9.2.3d.

***apəma-*** (véd. *apamá-*) «dernier, final, décisif». Superlatif tiré du préverbe *apa*.
*apəməm* acc. nt. sg. adverbial mis pour le nom. fém. sg.: 10.16g. La diascévase scolaire a analysé erronément la séquence attendue apamā manyuvāh en y voyant un adverbe | apamam | manyuvāh | (*apəməm mainiuuā̊ aŋhat̰ niuuāitiš́*).

---

[4] Kellens (1984 : 111) pense que √ *tac* n'est thématique que partiellement, mais les formes rassemblées (1984 : 87) avec la caution des hapax védiques *takti* (RS 9.16.1c) et *atakta* (RS 10.28.4d) peuvent toutes s'interpréter autrement (Y 10.17.5b *taxše* comme infinitif; V 5.12-13 *apatacin* comme injonctif figé mis pour le subj. ou comme subjonctif à voyelle secondairement brève °*cin* < lo. °cān). Pour moi, la divergence entre avestique et védique, pour autant que les deux hapax suffisent, est donc complète.

***apąm*** adverbe «dorénavant». Dérivé mal expliqué de *apa*[5].

apām: 9.24.2a, 10.1.1a.

***aipi*** (véd. *ápi*): préverbe marquant l'adhérence.

***aipi+√ vat*** (véd. *ápi VAT*) «être inspiré à l'instant de comprendre *acc.*». Présent bhvādi.

×*apiuuatahi* (api-vatahi) 2e sg. act. indic. prés. : 9.25.2a.

***afrazaiṇti-*** «dépourvu de la possibilité de fonder une famille, qui est sans descendance». Composé (bahuvrīhi) du préfixe négatif *a+* et de *frazaiṇti-*.

*afrazaiṇtiš* (a-frazāntiš) nom. masc. sg. : 11.1.3a, 11.3.2a.

***aiβi*** (véd. *abhí*) préposition ou postposition + acc. «en direction de, à destination de». Comme préverbe, le mot est habituellement orthographié *aiβi*, mais, comme préposition ou postposition, il est plutôt écrit *auui* ou *aoi*. Voir aussi *aiβitō*.

abi préposition: 9.8.3d, 10.11cdefg.

abi postposition: 10.17.5b.

*aiβitō* «tout autour»: voir *āsitō*.

***aiβi+√ tū*** «être capable». Présent adādi.

×*aiβi.tuiią̊* (abi-tūyāh) 2e sg. act. opt. prés. : 9.29.1b. La forme attestée *aiβi.tūtuiią̊* s'explique comme un bégaiement.

***aiβiδāiti-*** fém. « ? ». Paraît représenter une réalité rituelle. C'est en principe une forme du dérivé en *-ti-* de *aiβi+√* $^{1}$*dā* «prendre au piège, entraver, empêcher» (véd. *abhí DHĀ*).

*aiβiδāitīš*° (abi-dātīš) acc. plur. 9.26.2c.

*aiβi+√ yāh* «ceindre»: voir *aiβiiāsta-*, *aiβiią̊ŋhana-*. Sur cette racine, voir Mayrhofer 1986-2001 : II 450.

---

[5] Haplologie pour apamām (type védique *upamā́m*)?

***aiβi.vōiždaiiaṇt(a)-*** «qui tient haut (la tête)». Participe présent de *aiβi+vižd* « arborer » (cf. véd. *VĪḌ*). La forme est tirée du thème artificiel *aiβi.vōiždaiia-* (croisement secondaire du thème d'origine aoristique *+vōižda-* avec **vīždaiia-* = véd. *vīḻáya-*) et présente un suffixe secondairement augmenté de °*a*-, mais la métrique suggère de restituer abi-vaiždant-.

*aiβi.vōiždaiiaṇtahe* gén. masc. sg. (abi-vaiždantah): 9.31.1b.

***aiβi+√ stu*** (véd. *abhí+STU*) «adresser la louange à *acc.*». Présent adādi. L'attestation est douteuse, le préverbe ayant toute chance d'être une corruption pour ˣ*auuat̰* corrélatif de *yaθa* (voir *auuat̰*).

*aoi ... stūiδi* (abi ... studi) 2e sg. act. impér. prés. : ? 9.2.3c.

***aiβišasti-*** fém. «fait de s'asseoir sur, de chevaucher». Dérivé en *-ti-* de *aiβi+√ had* «chevaucher».

*aiβišasta* (abišastā < abi-hastā) loc. sg.: 11.2.2b.

***aiβišti-*** fém. « -?- ». Pourrait être le correspondant du véd. *abhíṣṭi-* «assistance».

*aiβištiš* instr. pl. (?) : 9.24.2a.

***aiβiš.huta-*** (véd. *abhíṣuta-*) «que l'on a pressuré à l'adresse de (la divinité)». Adj. verbal en *-ta-* de *aiβi+√ hu* «pressurer comme offrande». Dans la forme attestée, la métrique met l'authenticité du préverbe en doute et la tradition médiévale suggère que c'est le résultat d'une retouche diascévastique pour l'ablatif de *aiβiš.hūiti-* (contre Pirart 2001 : 120 n. 90).

⁺*aiβiš.hutəm* (abišutam < abi-hutam) acc. masc. sg. : 11.3.2c (ou retouche pour l'ablatif sg. abišutait de *aiβiš.hūiti-*).

*aiβiš.hūiti-* fém. «action de pressurer comme offrande». Dérivé en *-ti-* de *aiβi+√ hu*. Voir *aiβiš.huta-*.

*aiβi+√ had* : voir *aiβišasti-*.

*aiβi+√ hu*: voir *aiβiš.huta-*, *aiβiš.hūiti-*.

***aiβiiāsta-*** «ceint». Adj. verbal en *-ta-* de *aiβi+√ yāh*.
*aiβiiāstō* (abi-yāstah) nom. masc. sg. : 9.26.2a.

***aiβiiā̊ŋhana-*** masc. «ceinture». Dérivé en *-ana-* de *aiβi+√ yāh*.
*aiβiiā̊ŋhanəm* (abi-yāhanam) acc. sg. : 9.26.1b.

***aβra-*** nt. (véd. *abhrá-*) «nuage».
*aβrəm* (abram) nom. sg. : 9.32.1d.

***aŋhaošəmna-*** «qui ne souffre pas de la sécheresse». Composé du préfixe négatif *a+* et du participe présent du bhvādi moyen de √ *huš* «sécher»[6]. La différence de diathèse par rapport au védique *ŚUṢ* :: *śúṣyati* va de pair avec celle du thème, elle aussi confirmée par le Yt 13.66 *haošātaē*° (Kellens 1984 : 110).
*aŋhaošəmne* (ahaušamnai) acc. fém. duel : 9.4.4c.

*aŋhā̊(sə), aŋhe*: voir *ta-*.

***aŋhu-*** masc. (véd. *ásu-*) «état d'être, existence, monde». L'existence matérielle ou profane dite «osseuse», qui est celle de ce monde avec lequel elle se confond, s'oppose à l'existence dite «mentale» que le continuum du rituel configure et qui préfigure l'existence dite «excellente» que les bienheureux doivent goûter au delà de la mort (voir Kellens 1995a : 23; Pirart 1996 : 26 n. 122). Voir aussi *ahuna-*, *ahūm.mərəc-*, *varəzi.aŋ$^{v}$ha-*, *hauuaŋhauua-*.
*ahūm* (ahum) acc. sg. : 9.19.1c, 11.10.3c.
*aŋhə̄uš* (ahauš) gén. sg. : 9.1.4b.

***aŋra-*** (véd. *asrá-*) «funeste, mauvais, Ahra». Désignation de l'archidémon.
*aŋrō* (ahrah) nom. masc. sg. : 9.8.3c.

---

[6] Le futur en *-hiia-* n'est pas exclu (ahauššyamnai).

***ana-*** (véd. *aná-*) : thème de démonstratif servant à compléter la déclinaison de *aēm*. L'attestation est douteuse (voir *haθra.ana*).

*ana* (anā) instr. masc. sg. : ? 10.19.3c.

***anašauuan-*** «qui n'est pas avec Ṛta», désignation de celui qui pratique un culte qui n'est pas empreint d'harmonie ou dont l'agencement entre les diverses séquences rituelles n'est pas le bon (voir *ašauuan-*). Composé du préfixe négatif *an+* et de *ašauuan-*. Sur la graphie, Pirart 2001 : 141.

*anašaonō* (anṛtaunah) gén. masc. sg. : 9.31.2a.

***aniia-*** (véd. *anyá-*) «autre», adj.-pronom; *aniia- ... aniia-* «l'un ... l'autre».

*aniiō ... aniiō* (anyah ... anyah) nom. masc. sg. : 9.10.4ab.

*aniiē* (anyai) nom. masc. pl. : 10.8.1a.

***ama-*** masc. (véd. *áma-*) «force offensive, impétuosité». Voir aussi *amauuaṇt-*.

×*aməm* (amam; les mss. donnent *nəmō*) acc. sg. mis pour le nom. sg. (amah): 10.20.1a.

*aməm* (amam) acc. sg. : 9.17.1b.

*amāi*° (amāi) dat. sg. : 9.27d.

***amauuaṇt-*** (véd. *ámavant-*) «doué de force offensive, impétueux».

*amauuå* (amavāh) nom. masc. sg. : 9.20.1c.

***amaršaṇt-*** ou ***amarəšiiaṇt-*** «immortel, indestructible». Composé du préfixe négatif *a+* et d'un participe actif. Ce dernier pourrait appartenir au futur en *-hiia-* de √ [1]*mar* «mourir» (véd. *MṚ*), mais, en principe, ce verbe est moyen tantum. L'hypothèse du présent en *-i̯a-* de √ *marc* «détruire» (véd. *MṚC*) conduit à admettre un passif avec suffixe de participe actif (Kellens 1984 : 126) ou un divādi qui ne serait pas autrement documenté.

×*amaršəṇta* (amṛšyantā ?) acc. masc. duel : 9.4.4b.

*amərəza* : voir *mərəzu-*.

***aməṣ̌a-*** (véd. *amṛ́ta-*) «immortel» (voir Pirart 2001 : 114).

*aməṣ̌ahe* (amṛtahya) gén. masc. sg. : 9.1.4e.

***aiiaŋha-*** (véd. *āyasá-*) «en métal».

*aiiaŋhahe* (āyahahya) gén. masc./nt. sg.: 11.7g.

*aiiaŋhō* mis pour **aiiaŋhahe* (āyahahya) gén. masc./nt. sg. : 9.11.4a (ou *aiiaŋhō* gén. sg. de *aiiah-*).

+*aiiaŋ́he* (āyahahai) loc. masc./nt. sg. : 9.11.3b (ou *aiiaŋha* instr. sg. de *aiiah-*).

***aiiah-*** nt. (véd. *áyas-*) «métal, objet en métal».

*aiiaŋha* (ayahā) instr. sg. : 9.11.3b (ou +*aiiaŋ́he* loc. sg. de *aiiaŋha-*).

*aiiaŋhō* (ayahah) gén. sg. : 9.11.4a (ou mis pour **aiiaŋhahe* gén. sg. de *aiiaŋha-*).

***auuaṯ*** (cf. véd. *tā́vat*) adverbe «autant, de cette manière». Dérivé acc. sg. nt. adv. en +*u̯an̩t-* du démonstratif *a-*. Sert de corrélatif à *yaθa*. L'attestation est incertaine (voir *aiβi*+√ *stu*). Voir aussi *hauuaṯ.masah-*.

†*aoi* (āvat): 9.2.3c.

*auuaṯ.masah-*: voir *hauuaṯ.masah-*.

***auua*+√ *harz*** (véd. *áva SṚJ*) «faire aller vers le bas». Présent tudādi.

*auuaŋhərəzāmi* (ava-hṛzāmi) 1e sg. act. indic. prés. : 10.15.1a.

*auui* : voir *aiβi*.

√ [1]*ar* (véd. *Ṛ*) : voir *ā*+√ [1]*ar*, *frā*+√ [1]*ar*.

***araska-*** masc. «convoitise». Dérivé en +*ka-*[7] de **arah-*

---

[7] Daivisme ?

nt. «envie» (cf. védique *irasyá-*).
*araskō* (araskah) nom. sg. : 9.5.1d.

***arəja-*** (scr. *arha-*) «précieux». Participe en °*a-* de √ *arj* «valoir» (véd. *ARH*).
*arəjahe* (arjahya) gén. masc. sg. : 10.17.5d.

***arənauua-*** masc. (véd. *arṇavá-*) «course, route».
*arənāum* (arnavam) acc. sg. : 9.22.1b.

***airiiāna-*** «relatif ou appartenant aux Arya». Dérivé en °*āna-* de *airiia-* «qui peut observer des pratiques religieuses adéquates, Arya, Iranien» (véd. *aryá-*)[8].
*airiiene* (aryānai) loc. nt. sg. : 9.14a.

***auruua-*** «ūrva», titre royal faisant allusion à la gestion des réserves en eau (cf. véd. *aurva-* n. p.)[9]. Dérivé en -*u̯a-* d'une racine mal identifiée qui explique aussi *vairi-* «réservoir d'eau» et le véd. *ūrvá-* «réservoir d'eau».
*auruuahe* (ūrvahya) gén. masc. sg. : 9.5.1a.

***auruuaṇt-*** (véd. *árvant-*) masc. «cheval de course».
*auruuaṇtəm* (arvantam) acc. sg. : 10.10.1a, 10.10.2a.
*auruuō* (arvah) voc. sg. : 10.4.2b.
*auruuaṇtō* (arvantah) nom. pl. : 9.22.1a.
*auruuatąm* (arvatām) gén. pl. : 11.2.2abc.

*aršuxδa-* : voir *ərəžuxδa-*.

***arš.dāta-*** «placé rectilignement». Adj. verbal en -*ta-* de *ərəš*+√[1]*dā*.
+*arš.dātō* (r̥ždātah < r̥š-dātah) nom. masc. sg. : 9.16.3a.

***astuuaṇt-*** (cf. véd. *asthanvánt-*) «osseux, matériel». Dérivé en +*u̯aṇt-* de *ast-* nt. «os» (cf. véd. *ásthi*).

---

[8] Sur *airiia-*, voir Pirart 1995a : 59; 1998 : 526 sqq.
[9] Pirart 2002c : 222; 2003b : § 37.

*astuuatō* (astvatah) gén. masc. sg. : 9.1.4b.

*astuuaitīm* (astvatīm) acc. fém. sg. : 9.8.3d.

*astuuaiθiiāi* est mis pour le gén. fém. sg. (astvaθyāh) : 9.3.3b, 9.4.2b, 9.6.1b, 9.7.2b, 9.9.1b, 9.10.2b, 9.12.1b, 9.13.2b.

***aspa-*** masc. (véd. *áśva-*) «cheval». Voir aussi *aspō.gara-*, *kərəsāspa-*, *paourušaspa-*.

*aspō* (aspah) nom. sg. : 11.2.1.

*aspas°* (aspasca < | aspah | ca |) nom. sg. : 11.1.1c.

***aspō.gara-*** «dévoreur de chevaux». Composé (type latin *carnivorus*) de *aspa-* et de la forme compositionnelle de √ $^{3}$*gar* «dévorer» (véd. $^{2}$*GR̥̄*)[10].

*aspō.garəm* (aspa-garam) acc. masc. sg. : 9.11.1b.

***asrušti-*** fém. «fait de ne pas pouvoir se faire entendre des dieux, Asrušti», nom d'une entité démoniaque. Composé du préfixe négatif *a+* et du dérivé en *-ti-* de √ *sruš* «faire entendre» (véd. *śruṣṭí-*). Antonyme de *sraoša-*.

*asruštōiš* (a-sruštaiš) gén. sg. : 10.16e.

***azəm*** (véd. *ahám*) pronom de la première personne. Les formes *azəm* et *mąm* contiennent *+*ám* (cf. *aēm*).

*azəm* (azam) nom. sg. : 9.1.4a, 9.2.2a, 11.3.2f.

*mąm* (mām) acc. sg. (mis pour *mā* enclitique) : 9.2.3abc, 9.4.2a, 9.7.2a, 9.10.2b, 9.13.2a, 11.1.3cd, 11.2.2d, 11.3.2c, 11.5a.

*mā* (mā) acc. sg. encl. : 9.2.3d.

*māuuōiia* (mabya) dat. sg. : 10.19.1. Emploi irrégulier (voir Commentaire métrique; mais voir Haudry 1977 : 78): 9.27e.

*mē* (mai) dat. sg. encl. : 10.12.3a, 10.12.4b, 11.4a (ou gén. sg.), 11.5c, 11.10.3a.

*mē* mis pour **hē* dat. sg. encl. de 3e personne: 9.2.1a, 9.4.1a, 9.7.1a, 9.10.1a, 9.13.1a.

*mana* (mana) gén. sg. : 10.5.2a (ou forme du possessif

---

[10] Kellens (1974 : 30 sq.) admet le nom-racine comme second terme.

*ma*-?).

*mē* (mai) gén. sg. encl. : 9.24.2a, 10.9.1a, 10.9.2a, 10.14.1a, 10.14.3c, 11.4a (ou dat. sg.), 11.10.1c.

*nō* (nah) acc. pl. encl. : 9.21e, 9.28.1a.

*nō* (nah) gén. pl. encl. : 9.29.2cd.

*aš*+ (grec *aga*+): forme préfixale de *mazā̊nṭ*-.

***aṣ̌a***- nt. (véd. *ṛtá*-) «agencement, harmonie cosmico-rituelle, Ṛta» (voir Pirart 1995a : 58 sqq.; 1996 : 19 n. 84; 2002a : 21). C'est aussi le nom donné au Y 27.14 (texte cité en 11.11). Sur la graphie, voir Pirart 2001 : 114. Voir aussi *aṣ̌auuan*-, *aṣ̌auuāzah*-, *aṣ̌əmaoγa*-.

*aṣ̌əm* (ṛtam) nom.-acc. sg. : 10.9.4c.

+*aṣ̌a* (ṛtā) instr. sg. : 9.15.2c.

*aṣ̌ahe* (ṛtahya) gén. sg. : 9.8.3e, 10.5.1d.

***aš.aojastəma***- «disposant plus que tout autre d'une grande puissance». Superlatif en +*təma*- de *aš.aojah*-.

×*aš.aojastəmąm* (aš-aujastamām) acc. fém. sg. : 9.8.3b.

***aš.aojah***- «qui dispose d'une grande puissance». Composé de *aš*+ et de *aojah*-. Voir aussi *aš.aojastəma*-.

+*aš.aojaŋhəm* (aš-aujaham) acc. fém sg. : 9.8.2.

***ašan***- nt. (véd. *akṣán*-) «sale œil». Eu égard à l'étymologie (voir Mayrhofer 1986-2001 : I 43), °*š*° est, en principe, mis pour °xš°. Au duel et au nominatif-acc. sg., le suffixe -*an*- est remplacé par -*i*-. Daivisme[11]. Voir aussi *xšuuaš.aša*-.

*ašibiia* (axšībyā) instr. duel : 9.29.2ab.

***aṣ̌auua.frazaiṇti***- fém. «fait de pouvoir fonder une famille de ṛtavan». Composé de *aṣ̌auuan*- et de *frazaiṇti*-. La réalité de ce composé est douteuse (voir *aṣ̌auuan*- :: *aṣ̌auua* et *frazaiṇti*- :: *frazaiṇtīm*).

---

[11] Le mot non daivique est *dōiθra*-.

*aṣ̌auua.frazaiṇtīm* (r̥tāva-frazāntim) acc. sg. : 9.22.2c.

***aṣ̌auuan-*** (véd. *r̥tā́van-*) «qui respecte l'harmonie cosmico-rituelle, accompagné de R̥ta, r̥tavan», titre de ceux qui ont accédé, accèdent ou accéderont à l'excellente existence (voir Kellens 1995a : 29 sq.). Voir aussi *anaṣ̌auuan-*, *aṣ̌auua.frazaiṇti-*, *aṣ̌auuasta-*.

*aṣ̌auua* (r̥tāvā) nom. masc. sg. : 9.2.1b, 9.2.2b, 9.4.1b, 9.7.1b, 9.10.1b, 9.13.1b, 9.22.2c (ou premier terme d'un composé *aṣ̌auua.frazaiṇti-*), 11.3.2f, 11.4b, 11.5d.

*aṣ̌aone* (r̥taunai) dat. masc. sg. : 9.30.1c, 9.30.2c, 9.31.1c, 9.31.2e, 9.32.1e, 9.32.2b.

*aṣ̌aonō* (r̥taunah) gén. masc. sg. : 10.16f, 10.21.3a.

*aṣ̌āum* (r̥tāvan) voc. masc. sg. : 10.4.1c, 10.14.3a, 11.10.1a, ×11.10.3b.

*aṣ̌auuanō* (r̥tāvānah) nom. masc. pl. : 11.1.1a.

*aṣ̌aonąm* (r̥taunām) gén. masc. pl. : 9.19.1c, 11.10.3c.

***aṣ̌auuasta-*** nt. «qualité de r̥tavan». Dérivé en *+ta-* de *aṣ̌auuan-* (le suffixe développe un **s* mobile[12]).

*aṣ̌auuastāi* (r̥tāvastāi) dat. sg. : 11.10.2b.

***aṣ̌auuāzah-*** «qui a R̥ta pour véhicule». Composé de *aṣ̌a-* et de *vāzah-* nt. « fait de véhiculer, véhicule » (véd. *vā́has-*). Cf. RS 8.6.2c *r̥tásya vā́hasā*.

*aṣ̌auuazaŋhō* (r̥ta-vāzahah) gén. masc. sg. : 10.1.3c.

*aṣ̌auuāzō* (r̥ta-vāzah) voc. masc. sg. : 10.14.3a, 11.10.1a.

***aṣ̌əmaoγa-*** «qui rend R̥ta vain». Composé de *aṣ̌a-* et de *maoγa-* «vain» (cf. véd. *mógha-*): voir Pirart 2001 : 115.

*aṣ̌əmaoγahe* (r̥ta-maugahya) gén. masc. sg. : 9.31.2a.

*aṣ̌əmaoγanąm*° (r̥ta-maugānām) gén. masc. pl. : 9.18g.

***aṣ̌i-*** fém. «ce qui arrive (de bon), chance, octroi, Ārti». Dérivé en *-ti-* de *ā*+√ $^{1}$*ar* (Pirart 2001 : 106 sqq.)[13]. La chance

---

[12] Voir Introduction 10d. Contre Kellens 1995a : 32 n. 28.

[13] Contre Kellens 1999 : 457-464; Hintze 2000 : 73 sqq.

dont il est question est celle d'obtenir une richesse (cf. Y 43.1, RS 8.7.13) consistant en descendance (cf. Y 31.21, RS 2.2.12). En védique, *ā́rti-* a pris un sens défavorable: «ce qui arrive (de mauvais), malheur, douleur, affection».

*aṣ̌iš* (ārtiš) nom. sg. : 9.3.4a, 9.6.2a, 9.7.3a, 9.9.2a, 9.10.3a, 9.12.2a, 9.13.3a, 10.1.2b, 10.1.3a.

*aṣ̌īm*° (ārtim) acc. sg. : 10.21.3b.

$^{\times}$*aṣ̌i* (ārtī) instr. sg. : 10.8.1d.

***aži-*** masc. (véd. *áhi-*) «serpent, Aji». Désignation d'une catégorie de démons.

*ažīm* (ajim) acc. sg. : 9.8.1a, 9.11.1a.

*ažōiš* (ajaiš) gén. sg. : 9.30.1a.

√ $^{1}$***ah*** (véd. $^{1}$*AS*) «exister, être vraiment, être». Présent adādi. Voir aussi *haiθiia-*.

*ahmi* (ahmi) 1e sg. act. indic. prés. : 9.2.2a, 10.16a, 10.16a, 10.16b, 10.16b, 10.16c, 10.16c, 10.16d, 10.16d, 10.16e, 10.16e, 10.16f, 10.16f, 11.3.

*ahi* (ahi) 2e sg. act. indic. prés. : $^{+}$9.1.4a, 9.25.1b, 9.26.2a, 10.5.1d, 10.9.1b, 10.9.2b.

*asti* (asti) 3e sg. act. indic. prés. : 9.28.2c, 10.6.2d.

*hə̨nti* (hanti) 3e pl. act. indic. prés. : 10.18b, 10.18c, 10.18d.

*aŋhat̰* (ahat) 3e sg. act. subj. prés. : 10.16h.

$^{\times}$*hə̨ntu* (hantu) 3e sg. act. impér. prés. : 10.19.3b ( ?).

*ā̊ŋha* (āha) 3e sg. act. indic. pft. : 9.5.1bc.

√ $^{2}$*ah* : voir *para*+√ $^{2}$*ah*.

*ahe*: voir *ta-*.

*ahu-* : voir *aŋhu-*.

***ahuna-*** «comportant le mot *aŋhu-*» ; masc. nom de la strophe vieil-avestique Y 27.13 (voir Commentaire de 9.14). Dérivé en +*na-* de *aŋhu-*.

*ahunəm* (ahunam) acc. masc. sg. : 9.14c.

***ahūm.mərəc-*** «destructeur de l'existence (rituelle et,

partant, de toute possibilité d'accès à l'excellente existence)». Composé de *aŋhu-* et du nom-racine de √ *marc*.

+*ahūm.mərəcō* (ahu-mr̥cah) gén. masc. sg. : 9.31.2b.

***ahura-*** masc. (véd. *ásura-*) «roi, Ahura» (Pirart 1998 : 531 n. 31; 2000a : 398 n. 108; 2002b : 122 n. 6). Voir aussi *ahura.t̰kaēša-*, *āhūiri-*.

*ahurō* (ahurah) nom. sg. : 10.9.4b, 11.4b, 11.5d.

*ahurəm* (ahuram) acc. sg. : 9.8C.

***ahura.t̰kaēša-*** «qui a reçu les enseignements d'Ahura Mazdā». Composé de *ahura-* et de *t̰kaēša-*.

*ahura.t̰kaēšō* (ahura-tkaišah) nom. masc. sg. : 9.13.4c.

*ahmat̰, ahmāi, ahmāt̰, ahmi* : voir *ta-*.

[1]***ā*** (véd. *ā́*): préverbe, préposition, postposition.

Préverbe sous-entendu : voir *ā*+√ *ar*, *ā*+√ *gam*, *para*+√*vip*.

Pour 9.1.1, voir *ā*+√ *mrū*.

Postverbe: 9.4.4a *xšaθrāδa* (xšaθrād ā < | xšaθrāt | ā | ) est le sandhi de l'abl. sg. et du postverbe *ā* (voir *ā*+√ [1]*kar*) ou de la postposition *ā*.

Postposition + acc. : 11.7a *θβāṣ̌əm ā*. Voir *θβāṣ̌a-*.

Préposition + abl. «avant» : 10.16g *at̰cit̰ ahmāt̰ yaθa* (ā cit ahmāt yat) «jusqu'à ce que». Voir aussi *āxtūirīm*, *ā.rapiθβina-*.

Postposition + abl.: 9.4.4a *xšaθrāδa* (xšaθrād ā < | xšaθrāt | ā | ) sandhi de l'abl. sg. et de la postposition *ā* (ou du postverbe *ā*: voir *ā*+√ [1]*kar*).

Postposition + loc. «dans, sur» : 9.5.2b *raoδaēšuu a* (raudaišu ā); 9.17.2a *gaēθāhuua* (gaiθāhu ā); 9.24.2b *daŋ́hauua* (dahyāu ā; ou préverbe: voir *ā*+√ *car*); 10.12.1a *āhuua pauruuatāhuua* (aišu ā parvataišu [ā]); 10.17.4bc *barəšnušuua ... jafnušuua* (baršnušu [ā] ... janfnušu [ā]).

[2]*ā* (véd. *u*) particule. Voir **u*.

[3]*ā* forme en sandhi de *āat̰* devant dentale. Voir *āat̰*.

***āat̰*** (< **át* ; cf. véd. *ā́t*) particule dérivant du démonstratif *a-* (Kellens & Pirart 1988-1991 : II 105 sqq.). Marque le début d'un développement, mais ne peut marquer le début absolu d'un texte.

*āat̰* (at) 9.2.1a, 9.3.1, 9.4.1a, 9.7.1a, 9.10.1a, 9.10.4b, 9.13.1a, 9.16.1, 9.26.2a, 10.8.1c, 10.12.1a, 10.12.3a, 10.12.4a, 10.17.1, 11.1.3d, 11.6d, 11.8.1.

*ā* (par sandhi devant dentale) : 9.1.3 *ā dim* (< | at | dim |), 10.12.2a *ā tē* (< | at | tai |)[14]. Le sandhi a été défait : 10.11a *āat̰ θβā* (| at | θvā | > ā θvā).

***ā+√ $^{1}$ar*** «arriver» (< ie. *$H_1$*er*). Le présent svādi a le sens causatif «faire arriver, octroyer»; le présent svādi passif, «échoir»[15]. Dans les attestations, le préverbe *ā* est sous-entendu pour être déjà présent dans le sujet interne *aṣ̌iš*[16]. Voir *aṣ̌i-*.

*ərənāuui* (r̥nāvi) 3e sg. inj. prés. svādi passif : 9.3.4a, 9.4.3a, 9.6.2a, 9.7.3a, 9.9.2a, 9.10.3a, 9.12.2a, 9.13.3a.

***ā+√ $^{1}$kar*** «situer, rendre» (véd. *ā́ KR̥*). Présent en *-nu-* (svādi). Voir *ākərən(a)uua-*.

*kərənaot̰* ... °*a* (kr̥naut ... ā) 3e sg. act. inj. prés. 9.4.4a (ou √ $^{1}$*kar*). Le postverbe se situe en univerbation dans *xšaθrāδa* (xšaθrād ā < | xšaθrāt | ā | ): voir Commentaire métrique.

***ā+√ $^{4}$kar*** (véd. *ā́ $^{2}$KR̥̄*) «répandre, verser». Voir Commentaire.

⁺*acairi* (ā-cari) 3e sg. inj. aoriste radical passif : 10.14.1b.

***ākərən(a)uua-*** «situant». Participe en °*a-*[17] (type védique

---

[14] Cf. Kellens 1996 : 105.

[15] Le présent passif en °*i* est attesté en védique par *jārayā́yi* (RS 6.12.4d): Pirart 2001 : 106 n. 55.

[16] La même remarque est à faire pour le Y 52.3 et le Y 56.3 (Y 56.4, 65.17, 65.18).

[17] Voir Introduction 10a. Dans le védique *káṇva-* (< **kr̥ṇvá-*), le statut de nom propre est responsable de la remontée de l'accent.

*pramr̥ṇá-*) du svādi de *ā*+√ [1]*kar*.

*ākərənauuō* ou $^{+}$*ākərənuuō*[18] (ākr̥nvah) [19] nom. masc. sg. : 9.15.1a.

***āxtūirīm*** «jusqu'au quatrième, quatre fois». Composé adverbial (avyayībhāva) de [1]*ā* et d'une forme mal expliquée de l'adj. ordinal dérivé de *caθβar-* «quatre».

*āxtūirīm* (ā-turiyam ?): 9.14e.

***ā*+√ *gam*** (véd. *ā́GAM*) «venir, arriver». Présent inchoatif.

*jasaṯ* (jassat) 3e sg. act. inj. prés. avec préverbe *ā* sous-entendu en raison de sa présence dans le sujet interne *āiiaptəm*: 9.3.4b, 9.4.3b, 9.6.2b, 9.7.3b, 9.9.2b, 9.10.3b, 9.12.2b, 9.13.3b.

***ā*+√ *car*** (véd *ā́ CAR*) «circuler». Présent bhvādi.

°*a carāṯ* (ā-carāt) 3e sg. act. subj. prés. : 9.24.2b (ou verbe simple précédé d'un locatif renforcé par la postposition *ā*).

***ātərə-*** masc. «feu, Ātr̥». Étymologiquement obscur (cf. grec *êtor* «coeur»?) et morphologiquement exceptionnel: sans doute est-ce un ancien neutre que la divinisation a masculinisé.

*ātrəm* (ātr̥m) acc. sg. : 9.1.2b.

***āθβiia-*** (véd. *āptyá-*) «Āθpiya», anthroponyme masc. Serait-ce le dérivé en *-*iHa-* du dérivé à degré zéro radical et thématisation primaire en °*a-* de *ā*+√ *tap* type védique *nīḍá-* (cf. RS 1.55.1c *ātapá-*): «appartenant ou relatif à l'échauffement/au tourment»? Voir aussi *āθβiiāni-*. Voir Commentaire.

*āθβiiō* (āθpiyah) nom. sg. : 9.7.2a.

*āθβiiāna-* «Āθpiyāna, descendant d'Āθpiya». Dérivé patronymique en °*āna-* de *āθβiia-*. Voir *āθβiiāni-*.

---

[18] Sur la graphie, voir Kellens 1984 : 175.

[19] Pour Kellens (1984 : 174, 228), c'est la 2e sg. act. de l'indicatif imparfait thématisé de √ *kar*.

***āθβiiāni-*** «relatif aux Āθpiyāna». Dérivé par vr̥ddhi (invisible) de la syllabe initiale et thématisation en °*i-* de *āθβiiāna-*.

*<āθβiiānōiš>* (āθpiyānaiš) gén. fém. sg. : 9.7.2c'.

***āθrauuō.puθriia-*** nt. «qualité ou fait d'avoir des fils qui sont aθarvan». Dérivé en **-iHa-* de *āθrauuō.puθra-* «de qui le fils est un aθarvan» (composé de *aθauruuan-* et de *puθra-*). Voir *dasti*.

*āθrauuō.puθrīm* (aθarva-puθriyam) acc. sg. : 10.15.3c.

√ *āp* (véd. *ĀP*) «atteindre». Présent causatif *ăpaiia-*[20]. Voir *apaiiaṇt-*.

***āpa.uruuarā-*** fém. duel «l'eau et la flore». Composé dvandva de *ap-* et de *uruuarā-* fém. «plante» (cf. véd. *urvárā-*).

*āpa.uruuaire* (āpaurvarai) acc. : 9.4.4c.

***ā+√ $^{1}$pat*** (véd. *á $^{1}$PAT*) «souvent venir en volant, infester». Présent itératif en *-aiia-* (véd. *patáyati*). Daivique.

*apataiiən* (ā-patayan) 3e pl. act. inj. prés. : 9.15.1d.

*āpəm* : voir *ap-*.

***āfri.vacah-*** «qui recourt à des paroles propitiatoires». Composé de *āfrī-* fém. «(strophe) propitiatoire» (véd. *āprī́-*) et de *vacah-* nt. «fait de dire, parole» (véd. *vácas-*).

+*āfri.vacaŋhō* (āfrī-vacahah) nom. masc. pl. : 11.1.1b.

*ā+√ bar* : voir *upastā.barā-*.

***ā+√ bū*** «être présent» (véd. *á BHŪ*). Présent bhvādi. La forme attestée (*abauuaṯ* 3e sg. act. inj. prés.[21] : 9.15.2d) est le fruit d'une corruption pour **ubaiiā̊* (voir *uba-*).

---

[20] Mais voir Kellens 1984 : 138.

[21] Pour Kellens (1984 : 245), c'est la 3e sg. act. de l'indicatif imparfait de √ *bū*.

*ābiiō* : voir *ta-*.

***ā*+√ *mrū*** «s'adresser verbalement à *acc.*» (cf. véd. *BRŪ*). Présent adādi.

*ā* ... [*ā.*]<*mruiiē*> (ā ... mruvai) ou *ā* ... [*ā.*]<*mrūmaide*> (ā ... mrūmadai) 1e sg. ou plur. moy. ind. prés.: 9.1.1.

*āiia* : voir *ta-*.

***āiiapta-*** nt. «faveur». Paraît être l'adj. verbal substantivé, dérivé en *-ta-* d'une racine inconnue préverbée de *ā*[22].

*āiiaptəm* (ā-yaptam) nom. sg. : 9.3.4b, 9.4.3b, 9.6.2b, 9.7.3b, 9.9.2b, 9.10.3b, 9.12.2b, 9.13.3b.

*āiiaŋha-* : voir *aiiaŋha-*.

***ā*+√ *yam*** (véd. *ā́ YAM*) moy. «ramener la main que l'on a étendu vers, cueillir». Présent inchoatif (< ie. **-sk̂e-*) *+yăsa-*.

*ā* ... *yāsaŋ$^{v}$ha* (ā ... yassahva) 2e sg. moy. impér. prés. : 9.2.3a.

***ā.rapiθβina-*** «qui va jusqu'à midi, avant midi». Composé (bahuvrīhi) dérivé de l'avyayībhāva[23] de *ā* et de *rapiθβin-* «qui comprend le temps de midi» (dérivé en *-in-* de *rapiθβā-* fém. «midi» : cf. véd. *abhipitvá-*).

*ā.rapiθβinəm* (ā-rapiθvinam) acc. masc. sg. : 9.11.3c.

***ārəštiiō.barəzah-*** «qui va aussi haut qu'une lance». Composé (type véd. *ádribarhas-*) de *ārəštiia-* nt. «portée de lance» (dérivé par vr̥ddhi de l'initiale et thématisation en °*a-* de *aršti-* fém. «lance» = véd. *r̥ṣṭí-*) et de *barəzah-* nt. «hauteur».

$^{+}$*ārəštiiō.barəza* mis pour le nom. nt. sg. **ārəštiiō.barəzō* (ārštya-barzah) : 9.11.2b.

---

[22] Pour des tentatives d'étymologie, voir Hintze 2000 : 76.

[23] Comme le suggère la traduction sanscrite *ārapithvinikālam* | *āmadhyāhnasaṁdhyākālam*.

***āsitō*** (10.14.1b): mot inconnu. Erreur pour $^{\times}$*aiβitō* adv. «tout autour» (véd. *abhítaḥ*)? Voir Commentaire. La même hypothèse est alors à formuler pour l'épithète *āsitō.gātu-*[24], qui serait à lire $^{\times}$*aiβitō.gātu-* «qui peut aller de tout côté», que le Y 62.5 ($^{\times}$*aiβitō.gātūm* acc. fém. sg.: abitah-gātuvam) applique à la déesse de la bravoure, Nariyā Hamvr̥ti.

***āsišta-*** (véd. *ā́śiṣṭha-*) «très rapide».
*āsištō* (āsištah) nom. masc. sg. : 9.15.2b.

***ā+√ stu*** «louer». Présent adādi. L'attestation est fort douteuse.
*āstaoite* 3e sg. moy. indic. prés. : 10.19.3b (ou locatif sg. de *staota-*).

***ā+√ zan*** «naître». Le thème +*zīzana-*[25], d'un type exceptionnel (redoublement en °*ī*°, degré plein radical, thématisation), mais confirmé par le védique *jījana-*, a le sens causatif «mettre au monde» (véd. *ā́ JAN*): voir *āzīzanāitī-*.

***āzīzanāitī-*** fém. «femme sur le point d'accoucher». Participe mal expliqué de *ā+√ zan*. L'allongement de la voyelle thématique[26] qui va de pair avec la chute de la nasale du suffixe de participe actif, confirmé par le Yt 5.87.2 *zīzanāitiš*, ou bien traduit une intervention diascévastique, ou bien reproduit un fait d'élocution liturgique médiévale.
$^{+}$*āzīzanāiti.biš* instr. plur. mis pour le dat. plur. (ā-

---

[24] Lubotsky (1998 : 91-94) veut expliquer *āsitō* dans *āsitō.gātu-*, auquel il donne le sens «of 'unlied' couch, > who never sees his bed», par √ *si* «être couché» (véd. *ŚĪ*) alors que cette racine ne produit pas d'adjectif verbal en *-ta-*.

[25] Kellens (1984 : 185, 319) pose un athématique.

[26] Voir Kellens 1984 : 319. Le phénomène pourrait être attesté aussi dans *carāitī-* «enceinte» si ce mot est à rapprocher de RS 1.167.3 *gúhā cárantī mánuṣo ná yóṣā* que l'on rendrait alors comme suit: «secrètement enceinte comme la jeune femme de Manu». Un exemple plus sûr est fourni par le Yt 8.40.2 *vījasāitiš* «les (eaux) en divergeant» (voir Kellens 1984 : 322).

zizanantībyah) : 9.22.2a (Pirart 2000a : 386).

√ ***āh*** (véd. *ĀH*) moyen tantum «rester assis, être assis». Présent adādi protérodynamique. Futur āh-hya- > āhya-.
×*ā̊ŋhāire* (āhārai) 3e pl. moy. indic. prés. : 9.23.1b.
*ā̊ŋhəṇte* (āhyantai) 3e pl. moy. indic. fut. : 9.22.3b[27].

***āhiti-*** fém. «affection, souillure». Dérivé en *-ti-* de *ā*+√ *hi* «attraper» (véd. *ā́ SE*) : Pirart 2003b : §§ 8 sqq.
*āhitiš* (ā-hitiš) nom. sg. : 10.7.1b.

***āhūiri-*** «relatif ou appartenant aux mazdéens». Dérivé par vr̥ddhi de l'initiale et thématisation en °*i-* de *āhūiriia-* (ahura-ya-[28]: participe en °*a-* du dénominatif de *ahura-*) «adorateur d'Ahura Mazdā, mazdéen».
<*āhūiriš*> (āhuriš) nom. fém. sg.: 9.31.2b'.
*āhūiri* (āhuri) nom.-acc. nt. sg. : 10.1.3b.

*āhuua* : voir *ta-*.

***ąsu-*** masc. (véd. *aṁśú-*) «tige». Voir aussi *nąmi.ąsu-*.
*ąsuš* (ansūnš) acc. pl. : 10.2.1c.

***ązah-*** nt. (véd. *áṁhas-*) «resserrement, noeud».
*ązahu* (anzahu < anzah-hu) loc. pl. : 10.17.4d.

***əuuītō.$x^v$arəδa-*** «à la crasse repoussante». Composé de *əuuīta-* «qui n'invite pas, désagréable» (véd. *ávīta-*) et de *$x^v$arəδa-* «crasse» (cf. lat. *sordidus*).
×*əuuītō.$x^v$arəδaiiā̊* (avīta-hvardāyāh) gén. fém. sg. : 10.15.1b.

*ərənāuui*: voir *ā*+√ *ar*.

---

[27] Kellens (1984 : 91, 98) donne *ā̊ŋhəṇte* pour un indicatif présent à thématisation secondaire.

[28] Devant la thématisation en °i-, il y a chute de °ay°. Modifier ainsi Pirart 2000a : 399 n. 112.

***ərəzatin-*** «en argent». Dérivé en *-in-* de *ərəzata-* nt. «argent» (lat. *argentum*).

*ərəzataēna* instr. nt. sg. mis pour l'abl. nt. sg. (r̥zatinat) : 10.17.5a.

***ərəzu-*** (véd. *r̥jú-*) «rectiligne, droit». Voir aussi *ərəš*.

*ərəzuuō* (r̥zau) voc. masc. sg. : 9.13.4a.

***ərəš / arš*** : préverbe apparenté à l'adj. *ərəzu-* et au subst. nt. *razah-* «extension en ligne droite» (véd. [1]*rájas-*)[29].

*ərəš*+√ [1]*dā*: voir *arš.dāta-*.

***ərəžuxδa-*** «prononcé rectilignement, en dictio continua, en effectuant les sandhi». Adj. verbal en *-ta-* de *ərəš*+√ *uj*. Voir Pirart 1995b : 553 sqq.

*ərəžuxδəm* (r̥žugdam < r̥š-ugdam) acc. masc. sg. : 9.25.3b.

×*arš.uxδa* (r̥žugdā < r̥š-ugdā) instr. masc. sg. : 9.25C.

×*arš.uxδa* (r̥žugdā < r̥š-ugdā) nom. masc. pl. : 10.18d.

*ərəžuxδanąm* (r̥žugdānām < r̥š-ugdānām) gén. masc. pl. : 9.25.2b.

×*arš.uxδanąm*° (r̥žugdānām < r̥š-ugdānām) gén. masc. pl. : 10.13C.

√ *i* : voir *upa*+√ *i*, *frā*+√ *i*.

*i-* pronom enclitique de 3e personne. Voir *aēm*, *iṯ*, *iθa*, [1]*iδa*, [2]*iδa*, *hē*.

*iṯ* particule (véd. *ít*): voir [2]*iδa*.

***iθa*** (cf. véd. *itthā́*) «ainsi». Adverbe de manière en *-θa* dérivé de *i-*.

*iθa* (iθā): 10.17.5d, ×10.21.3a (ou *iδa*).

[1]***iδa*** (véd. *ihá*) «ici». Adverbe de lieu en *-δa* dérivé de *i-*.

---

[29] Voir Kellens & Pirart 1997 : 57.

*iδa* (ida): 10.1.2b, 10.21.3a (ou ˣ*iθa*)[30].

**²*iδa***: graphie de *iṯ* particule. Accompagne l'adverbe de temps *apąm* (cf. véd. *sádam ít*).

*apąm iδa* (apām it): 10.1.1a.

*imaṯ, iməm, imąm, imå̄, imå̄sə, ime*: voir *aēm*.

***iškata.upāiri.saēna-*** masc. duel «Iškata et Upari-saina». Composé dvandva de deux oronymes. Le premier, d'étymologie inconnue, est probablement à rapprocher de l'ethnonyme qui transparaît dans le nom des villes de Cyreschata et d'Alexandrie Eschaté; le second, qui désigne la chaîne du Hindukuš, signifie «qui est au delà (*upairi*) du vol des aigles (*saēna-* masc.; cf. véd. *śyená-*)».

⁺*iškata.upāiri.saēna* (iškatauparisainā) acc.: 10.11c.

***u*** (véd. *u*) particule. Souvent écrite *ā* (Kellens & Pirart 1988-1991 : II 131 sqq.). Ses attestations dans notre texte sont cryptées:

— comme coordination de la négation normale (na u = véd. *nó*) dans *naēδa* (< *nōiṯ* + *ā*): 10.15.3d, 11.6c.

— comme coordination invisible de la négation prohibitive (mā u = véd. *mó*) dans *mā* (< *mā* + *ā*): 9.29.2a, 9.29.2b, 11.2.2c;

— comme marque concessive dans *mąs vaca* (9.31.2c) qui est le fruit d'une confusion de signes pour ˣ*mąuuaca* < manh u vacā. Voir *mąs*.

***uxδa-*** nt. «hymne». Adjectif verbal en *-ta-* de √ *uj*. Voir aussi *ərəžuxδa-*.

*uxδəm* (ugdam) nom. sg. : 10.20.1c.

√ ***uj*** «dire» (véd. *óhate*). Présent adādi protérodynamique, moyen tantum. Voir aussi *uxδa-*, *paiti*+√ *uj*.

*aoxta* (augda) 3e sg. moy. inj. prés. : 9.3.1, 9.16.1,

[30] Voir Kellens 1999 : 457 n. 1.

10.9.4b, 10.17.1, 11.8.1.

***uta*** (véd. *utá*) « à nouveau, encore, et ».
uta : 9.22.2c, 10.5.1a, 10.5.1c, 10.7.2, 11.1.3a, 11.1.3b, 11.3.2a, 11.3.2b.

***upa*** (véd. *úpa*): préverbe et préposition. Voir aussi *upara-*.
Postverbe en tmèse (upa): 10.17.4e (voir *dərəta-*).
Préposition + acc. «près de» (upa): 10.1.3b.

***upa+√ az*** (véd. *úpa+AJ*) «conduire auprès, amener». Présent bhvādi.
*upāzaiti* (upāzati < upa-azati) 3e sg. act. indic. prés. : 10.7.1c.

***upa+√ i*** (véd. *úpa+I*) «aller auprès de *acc.*». Présent adādi.
*upāiṯ* (upāit) 3e sg. act. indic. impft. : 9.1.2a.

*upa+√ dar* : voir *dərəta-*.

***upa+√ mrū*** (véd. *úpa BRŪ*) «s'adresser à *acc.* pour *dat.*». Présent adādi.
*upa.mruiiē* (upa-mruvai) 1e sg. moy. indic. prés. : 9.27e.

***upara-*** (véd. *úpara-*) «qui se place en second lieu, supérieur». Comparatif tiré de *upa* ou de *upairi*?
*uparəm°* (uparam) acc. masc. sg. : 10.2.2a.

*uparō.kairiia-* : graphie pour *upairi.kairiia-*.

***upairi*** (véd. *upári*) postposition «en haut, au-dessus de». Voir aussi *upara-*, *upairi.kairiia-*, *upāiri.saēna-*.
upari + acc.: 9.11C, 9.11.2a.
upari + acc. mis pour le loc. : 9.11.3a.

***upairi.kairiia-*** «aux prouesses incomparables». Composé (prādisamāsa) de *upairi* et de *kairiiā-* fém. «activité» (dérivé en *-įā-* de √ $^{1}$*kar*; véd. *kriyā́-*). Cf. *upairi* + √ *kar* «placer hors d'atteinte» (V 6.50)[31].

*uparō.kairiiō* mis pour[32] **upairi.kairiiō* (upari-karyah) nom. masc. sg. : 9.10.4b.

***upa*+√ *stu*** (véd. *úpa STU*) «dire la louange annexe». Présent adādi.

*upa.staomi* (upa-stāumi) 1e sg. act. indic. prés. : 10.2.1b, 10.2.2b, $^{+}$10.17.4a.

$^{+}$*upa.staoiti* (upa-stāuti) 3e sg. act. indic. prés. : 10.7.1d.

***upastā.barā-*** fém. «qui offre son vagin». Composé (upapadasamāsa) de **upasta-* «vagin» (véd. *upástha-*) et de la forme compositionnelle de *ā*+√ *bar* «offrir» (véd. *ā́ BHR̥*)[33].

$^{+}$*upastā.bairiiāi* mis pour le gén. sg. (upastābarāyāh < upasta-ābarāyāh): 9.32.1b.

*upāiri.saēna-*: voir *iškata.upāiri.saēna-*.

***uba- / uua-*** (véd. *ubhá-*) «tous deux», duel tantum. La forme attestée est mal transmise (elle a été déformée en *abauuat̰*[34] 3e sg. act. inj. prés de *ā*+√ *bū*).

**ubaiiå* (ubayāh) gén. masc.: 9.15.2d.

***ūnā-*** fém. (véd. *ūnā-*) «trou, con».

*ūnąm* (ūnām) acc. sg. : 10.15.1a.

*uruuarā-* : voir *āpa.uruuarā-*.

***us*+√ *nam*** (scr. *un NAM*) «élever, déployer». Présent

---

[31] Pirart 2003b : § 50. Contre Humbach & Ichaporia 1998 : 81 sq.

[32] Pirart 1999a : 470 n. 22

[33] Selon Caland (1933 : 61 sq.), fém. en °*uuairī-* de **upastāuuan-* (= véd. *upasthāvan-*).

[34] Pour Kellens (1984 : 245), c'est la 3e sg. act. de l'indicatif imparfait de √ *bū*.

bhvādi[35].

*usnąm.aēiti* (us-nămati) 3e sg. act. indic. prés. : 10.13.2c.

***us*+√ *zan*** moy. (véd. *új JAN*) «naître». Présent divādi.
*us.zaiiaŋha* (us-zāyaha) 2e sg. moy. inj. prés. : 9.13.3c.
*us.zaiiata* (us-zāyata) 3e sg. moy. inj. prés. : 9.4.3c, 9.7.3c.
*us.zaiiōiθe* 2e duel moy. indic. prés. mis pour **us.zaiiaētəm* (us-zāyaitam) 3e duel moy. inj. prés. : 9.10.3c.

***ušan-*** nt. (cf. scr. *ūṣa-*) «oreille». Au duel et au nom.-acc. sg., le suffixe *-an-* est remplacé par *-i-*.
*uši* (ūšī) acc. duel : 9.28.2e, ×11.4a.

***uštāna-*** masc. «champ d'action, aura». Étymologie inconnue.
*uštānahe* (uštānahya) gén. sg. : 9.19.3c.

***ušti-*** fém. «souhait». Locatif adverbial *ušta* « à souhait ». Dérivé en *-ti-* de √ *vas* «vouloir» (véd. *VAŚ*).
*ušta* (uštā) loc. sg. : 9.25.1a, 9.25.2a, 9.25.3a.

***ka-*** (véd. *ká-*) «quel», adj. interrogatif. Voir aussi *kaiti-*, *katāra-* °*cit̰*.
*kō* (kah) nom. masc. sg. : 9.1.4a, 9.8C.
*kasə* forme en sandhi devant dentale sourde pour le nom. masc. sg. : *kasə θβąm* (kas θvā < | kah | θvā |) 9.3.3a, 9.6.1a, 9.9.1a, 9.12.1a.
*cit̰* (cit) pronom nom.-acc. nt. sg. mis pour **kat̰* (kat) adjectif nom. nt. sg. : 9.3.4b, 9.6.2b, 9.9.2b, 9.12.2b.
*kā* (kā) ou *kā.nā* (kanā) instr. masc. sg. : 9.25C (voir *nā*).
*kā* (kā) nom. fém. sg. : 9.3.4a, 9.6.2a, 9.9.2a, 9.12.2a.

***katāra-*** °***cit̰*** (cf. véd. *kataráś caná*) «l'un des deux, l'un (comme l'autre)», adj. indéfini comparatif. Dérivé en *+tara-* de

---

[35] Sur les graphies montrant une voyelle radicale longue, voir Kellens 1984 : 115.

*ka-* accompagné de la particule °*ciṯ*.

*katarasciṯ* (kataras cit < | katarah | cit | ) nom. masc. sg. : 9.5.2b.

***kaiti-*** (cf. véd. *káti*) «tant», adj. numéral indéfini. Dérivé par déclinaison de l'adverbe en *-ti* de *ka-*.

*kataiiō* (katayah) nom. masc. pl. : 9.22.3a.

***kainiian-*** fém. (véd. *kanyánām*) «jeune fille».

*kainīnō* (kanyanah) nom. pl. : 9.23.1a.

***kamərəδa-*** nt. «sale tête». Composé du préfixe péjoratif *ka+* (véd. *ka+*) et de **mərəδan-* «tête» (= véd. *mūrdhán-*). Daivisme. Allongement de la voyelle du préfixe comme dans l'indien *kāpatha-* «mauvais chemin». Graphie °*ərə*° de °ar° derrière labiale. Voir aussi *θrikamərəδa-*.

*kamərəδəm* (kāmardam) acc. sg. : 9.31.1b.

√ $^{1}$***kar*** (véd. *KR̥*) «faire». Présent en *-nu-* (svādi). Voir aussi *ā+*√ $^{1}$*kar*, *upairi.kairiia-*, *maoδanō.kara-*.

*kərənūšī*[36] (kr̥nauši) 2e sg. act. indic. prés. : 10.13.3a.

*kərənaoiti* (kr̥nauti) 3e sg. act. indic. prés. : 10.13.1a, 10.13.2a.

*kərənaoṯ* (kr̥naut) 3e sg. act. injonctif présent : 9.4.4a (ou *ā+*√ $^{1}$*kar*). Voir Commentaire métrique.

*kərənūiδi* (kr̥nudi) 2e sg. act. impér. prés. : 9.28.2f.

√ $^{4}$*kar*: voir *ā+*√ $^{4}$*kar*.

√ *kart*: voir *frā+*√ *kart*.

***karapan-*** masc. (véd. *kr̥pán-* ?)[37] «pleureur, implorateur, Kr̥pan», titre sacerdotal honni. Dérivé de √ *xrap* «se lamenter» (véd. *KRAP*).

*karafnąm*° (kr̥fnām) gén. pl. : 9.18e.

---

[36] Contre Kellens (1984 : 174), je crois non à une erreur de transmission, mais à un fait de graphie.

[37] Pirart 1998 : 546.

***karəšuiia-*** «arable» (d'après FiO 103 qui traduit *zəmō karšuuiā̊* par *zamīg ī kiš-cār* «terre arable» [ *zmyk ZY kyš c'l* ] ), mais, à première vue, ce sens ne paraît pas convenir au contexte. Participe en °*a-* du dénominatif de **karəšū-* «sillon» (= védique *karṣū́-*).

×*karəšuiiā̊* haplologique pour **karəšuiiaiiā̊* gén. fém. sg. (karšūyāh < karšūyāyāh): 11.2.2f.

***kəuui-*** masc. (véd. *kaví-*) «voyant, kavi», titre sacerdotal honni, mais que portèrent pourtant aussi neuf personnages réputés bons appartenant à l'histoire mythique de l'Iran[38].

*kaoiiąm* gén. pl. : 9.18e. Création diascévastique (kavi-ām > kavyām) pour **kəuuīnąm* (kavi-nām > kavīnām) consistant à substituer la terminaison -nām, usuelle pour les thèmes vocaliques, par -ām qui est requis pour les thèmes consonantiques.

***kəhrp-*** fém. (véd. *kŕ̥p-*) «forme, corps matériel». À ne pas confondre avec *tanū-*. Voir aussi *hukəhrp-*.

*kəhrpəm* (kr̥pam) acc. sg. : 9.29.2d, 9.30.1c, 9.30.2c, 9.31.1c, 9.31.2f, 9.32.1e, 9.32.2b, 10.3.1b.

[1]*kərəsa-* : voir *kərəsāspa-*.

[2]*kərəsa-* : voir *kərəsāna-*.

***kərəsāna-*** «descendant de Kr̥sa», anthroponyme masc. Dérivé patronymique en °*āna-* de [2]*kərəsa-* masc. «bandit, Kr̥sa».

*kərəsānəm* (kr̥sānam) acc. sg. : 9.24.1a.

***kərəsāspa-*** (véd. *kr̥śā́śva-*) «qui a de maigres chevaux, Kr̥sāspa» ; anthroponyme masc. Composé (bahuvrīhi) de [1]*kərəsa-* «maigre» (véd. *kr̥śá-*) et de *aspa-*.

*kərəsāspō* (kr̥sāspah < kr̥sa-aspah) nom. sg. : 9.11.3a, 9.11.4d.

---

[38] Sur l'ambiguïté des Kavi, voir Pirart 1998 : 546.

*kərəsāspas*° nom. sg en sandhi devant °*ca* (kṛsāspas ca < | kṛsa-aspah | ca | ): 9.10.3d.

***kusrā.kusrō.pata-*** masc. duel «Kusra et Kusrapata». Dvandva d'oronymes. Le premier oronyme et le premier terme du second sont *kusra-* «bombé, rond» (adj. en *-ra-* tiré de la racine qui explique le véd. *kóśa-*).

*kusrāδa.kusrō.patāδa*, avec terminaison d'abl. sg. pour les deux termes, fruit d'une spéculation diascévastique, est mis pour l'acc. (kusrā-kusrapatā): 10.11e.

***xan-*** (véd. *khán-*) fém. «source».

*xā̊* (xāh) nom. sg. : 10.5.1d.

***xraoždiiah-*** (fém. *xraoždiiehī-*) «plus dur». Comparatif en *-iiah-* de √ *xružd* «être dur» (véd. *KRŪḌ*).

+*xraoždiiehe* ou, avec graphie archaïsante, +*xraoždaiiehiiā* (xrauždyahyā) instr. fém. sg. : 9.14f.

***xruuī.dru-*** «à la javeline cruelle». Composé bahuvrīhi de la forme compositionnelle en *-i-* (cf. véd. *ákravihasta-*) de *xrūra-* «sanglant, cruel» (véd. *krūrá-*) et de celle de *dāuru-* nt. «bois, javeline» (véd. *dā́ru-*).

+*xruuī.druuō* vocatif masc. sg. (xravi-drau) mis pour l'instr. masc. sg. (xravi-drū) : 10.8.1b.

***xruuīšiiaṇt-*** «qui recherche la viande crue, cruel». Participe présent actif du dénominatif en *-i̯a-* de **xruuīš-* nt. «viande crue» (véd. *kravíṣ-*).

+*xruuīšiiaṇtō* (xravišyantah) gén. masc. sg. : 9.30.2b.

***xšaēta-*** «brillant, splendide». Adj. de couleur en *-(i)ta-* (type véd. *hárita-*, *śvetá-*) tiré d'une racine inconnue.

*xšaētō* (xšaitah) nom. masc. sg. : 9.4.3d.

***xšaētō.puθriia-*** nt. «fait d'avoir des fils splendides». Dérivé en **-iHa-* de *xšaētō.puθra-* «qui a des fils splendides» (bahuvrīhi de *xšaēta-* et de *puθra-*).

*xšaētō.puθrīm* (xšaita-puθriyam) acc. sg. : 9.22.2b.

***xšaθra-*** (véd. *kṣatrá-*) nt. «emprise rituelle» (voir Kellens & Pirart 1988-1991 : II 232; Pirart 2002a : 21). Voir aussi *apa.xšaθra-*, *xšaθrō.kāmaiiā-*, *vasō.xšaθra-*.

*xšaθrāδa* (xšaθrād ā < | xšaθrāt | ā | ) sandhi de l'abl. sg. et de la postposition *ā* (ou du postverbe *ā*: voir *ā*+√ [1]*kar*) : 9.4.4a. Voir Commentaire métrique.

*xšaθre* (xšaθrai) loc. sg. : 9.5.1a.

***xšaθrō.kāmaiiā-*** fém. «désir de pouvoir exercer l'emprise rituelle sur les dieux». Composé de *xšaθra-* et de l'abstrait féminin tiré du dénominatif de *kāma-* masc. «désir» (véd. *kā́ma-*).

*xšaθrō.kāmiia* instr. sg. haplologique (xšaθra-kāmayā < xšaθra-kāmayayā): 9.24.1c (mis pour le nom. masc. sg. du composé type védique *dhiyaṁjinvá-* dans lequel le second terme est le participe en °*a-* : xšaθra-kāmayah ?).

√ ***xšā*** (véd. *KṢĀ*) «pouvoir, exercer l'emprise rituelle sur». Présent primaire en *-aiia-*. Voir aussi *xšaθra-*, *uruuā.xšaiia-*.

*xšaiiōiṯ* 3e sg. act. opt. prés. mis pour la 3e sg. act. inj. prés. (xšayat)[39] : 9.5.2c.

***xštuua-*** «sixième». Dérivé mal descriptible de *xšuuaš* «six» (véd. *ṣáṭ*). D'après le gaulois *suexos*, la forme originale attendue est hvašta- (< ie. **su̯ek̂s-tH₂o-*).

*xštūm* (hvaštam) acc. nt. sg. : 9.21a.

***xšuuaēpa-*** masc. «queue, dard». Dérivé en *-a-* d'une racine mal connue.

*xšuuaēpaiia* (xšvaipahya) gén. sg. : 9.11C.

***xšuuaš.aša-*** (véd. *ṣaḍakṣá-*) «qui a six yeux», dvigubahuvrīhi de *xšuuaš* «six» (véd. *ṣáṭ*) et de la forme

[39] Contre Kellens 1999-2000 : 729.

compositionnelle de *ašan-*. Consonantisme artificiel des deux termes de ce composé (cf. *xštuua-* ; voir Introduction 8d).

*xšuuaš.ašīm* (hvažaxšam < hvaš-axšam) acc. masc. sg. : 9.8.1c. La vocalisation en °*ī*° est due ou bien à l'influence secondaire de la finale du mot qui suit, ou bien à une spéculation diascévastique scolaire.

***xšuuid-*** fém. «lait». Nom-racine.

*xšuuīdəm* (xšvidam) acc. sg. : 11.9f (citation vieil-avestique).

***gaēθā-*** fém. sg. «troupeau, monde matériel»; fém. pl. «êtres vivants». Dérivé par suffixation en *-θā-* d'une racine apparentée à √ *jiiā* «vivre» (voir *gaiia-*). Voir aussi *frādaṯ.gaēθa-*.

*gaēθąm* (gaiθām) acc. sg. : 9.8.3d.

×*gaēθaiiāi* mis pour le gén. sg. (gaiθāyāh)[40]: 9.3.3b, 9.4.2b, 9.6.1b, 9.7.2b, 9.9.1b, 9.10.2c, 9.12.1b, 9.13.2b.

+*gaēθāuuaiiō* (gaiθābyah) dat. pl. : 9.8.3a.

*gaēθanąm* (gaiθānām) gén. pl. : 9.8.3e.

*gaēθāhuu*° (gaiθāhu) loc. pl. : 9.17.2a.

***gaēsu-*** «aux cheveux bouclés (ou : frisés)». Dérivé en *-u-* d'une racine inconnue.

*gaēsuš* (gaisuš) nom. masc. sg. : 9.10.4c.

***gao-*** fém. (véd. *gó-*) «vache ; lait ; viande bovine». Voir aussi *gaomaṇt-*, *gāuš.drafša-*.

*gāuš* (gāuš) nom. sg. : 11.1.2.

*gāuš*° (gāuš) nom. sg. : 11.1.1c.

*gąm* (gām) acc. sg. : 9.29.2b.

*gauua* (gavā) instr. sg. : 10.13.3d.

*gauue* (gavai) dat. sg. : 10.20.1 (six fois).

*gəuš* (gauš) gén. sg. : 11.7a.

---

[40] Sur base de Yt 13.89.3a *yō paoiriiō stōiš astuuaiθiiå* (yah parviyah staiš astvaθyāh), contre Kellens 1999 : 459.

*gaona-*: voir *spiti.gaona-*, *zairi.gaona-*.

***gaomaṇt-*** (véd. *gómant-*) «qui est accompagné de vaches, qui possède des vaches, mélangé à du lait».

ˣ*gaomō* (gaomah) voc. masc. sg. : 10.12.1c.

***gaδa-*** masc. «bandit» (cf. véd. *GADH*).

*gaδəm* (gadam) acc. sg. : 9.21c.

*gaδahe* (gadahya) gén. sg. : 9.30.2a.

***gaδauuara-*** «porteur de massue». Composé (upapadasamāsa) de *gaδā-* fém. «massue» (védique *gadā-*) et de √ *bar* (véd. *BHṚ*) «porter».

*gaδauuarō* (gadā-barah) nom. masc. sg. : 9.10.4c.

√ ***gam*** (véd. *GAM*) «aller». Présent inchoatif *jasa-*. Voir aussi *hanjamana-*.

*jasat̰* (jassat) 3e sg. act. inj. prés. avec préverbe *ā* sous-entendu: voir *ā*+√ *gam*.

*jasəṇtu* (jassantu) 3e pl. act. impér. prés. : 10.14.2b.

***gaiia-*** masc. (véd. *gáya-*) «possibilité de vivre, moyens de vivre», dérivé en *-a-* d'une racine ie. *$g^{u}$*ei*[41] documentée aussi par *gaēθā-* et apparentée à √ *jiiā* «vivre» (ie. *$g^{u}$*i̯eH*; véd. ²*JYĀ* :: *jīva-*).

*gaiiehe* (gayahya) gén. sg. : 9.1.4d, 9.1Cb.

***gauua-*** masc. «sale main» (cf. véd. *gábhasti-*; lat. *habeo*). Daivisme.

*gauuaēibiia* (gabaibyā) instr. duel : 9.29.1b.

√ ³*gar*: voir *aspō.gara-*, *narə.gara-*.

***gairi-*** masc. (véd. *girí-*) «montagne».

*gara* (garā) loc. sg. : 10.5.1b.

---

41 À distinguer de *$g^{u}$*ei* «gagner» qu'il faut reconnaître dans *darəyō.jīti-*.

*gairi* (garī) acc. duel : 10.11g.
*garaiiō* (garayah) nom. pl. : 10.3.2a.
*gairinąm* (garīnām) gén. pl. : 9.26.2b, 10.3.1c, 10.17.4b.

***garəma-*** (véd. *gharmá-*) «chaud».
*garəməm* (garmam) nom. nt. (substantivé) sg. : 9.5.1b (mis pour le nom. masc. sg. sous-entendant {*vātō*}?).

***gāuš.drafša-*** «(Hauma) dans lequel sont tombées des gouttes de lait». Composé incertain de *gao-* et de *drafša-* masc. «goutte» (véd. *drapsá-*). Voir Commentaire et Commentaire métrique.
*gāuš.drafšō* (gau-drafšah) nom. masc. sg. : 10.14.1a.

***gāθā-*** fém. (véd. *gā́thā-*) «poème à chanter, Gāθā», désignation des textes vieil-avestiques rédigés en vers. La réalité de la forme *gāθā-* de ce mot est à mettre en doute au vu de l'adjectif *gāθβiia-* qui en dérive (voir Commentaire métrique de 10.19.3). De toute façon, leur dénomination de «poèmes à chanter» est en contradiction avec l'indication qu'elles étaient récitées si tel est bien le sens du causatif de *frā*+√ *sru*.
*gāθā̊* (gāθāh) nom. pl. : 10.18a.
*gāθā̊s°* forme en sandhi devant °*ca* de l'acc. pl. (gāθās ca < | gāθāh | ca | ): 9.1.2c.

***gāθβiia-*** «appartenant aux Gāθā, tiré des Gāθā». Dérivé en **-iHa-*: voir Commentaire métrique.
*gāθβiia* (gāθviyā) instr. masc. sg. : 10.19.3c.

√ ***graf*** (véd. *GRABH*) «se saisir de, prendre». Présent en ie. **°n̥$H_2$-i̯é-*. (véd. *gr̥bhāyá-*). Voir aussi *grauua-*, *hąm*+√ *graf*.
*gəuruuaiia* (gr̥bāya) 2e sg. act. impér. prés. : 9.28.2d.

***graməṇt-*** «furieux». Participe actif du présent divādi de √ *gram*[42] «être fâché».
*graməṇtąm* (grāmyantām) gén. masc. pl. : 9.28.1b.

[42] Pour Kellens (1984 : 107), c'est du bhvādi.

***grauua-*** (véd. *gráha-*) masc. «puisée, récipient». Voir Commentaire.

+*graūs*° forme en sandhi devant °*ca* de l'acc. pl. (grabāns ca < | grabānh | ca | ) : 9.26.2d.

°***ca*** (véd. *ca*) particule.

I. Particule de coordination.

= Schéma B°*ca* : 9.8.3c (voir *frā*+√ *kart*), 10.12.3b (? voir *para*+√ *vip*).

= Schéma A (...) B°*ca* :

– deux substantifs : 9.5.2b, 9.10.3d, 9.18c, 9.18d, 9.22.1c, 9.22.3c, 9.23.1c, 11.4d, 11.5d;

– deux participiales : 9.1.2c;

– deux nominales : 9.16.4b.

= Schéma A B C°*ca* :

– trois substantifs : 9.18e.

= Schéma A°*ca* (...) B°*ca* :

– deux substantifs : 9.26.2cd, 10.3.1aa, 10.15.2bb, 10.21.3bb;

– deux verbes : 9.11.3dd.

= Schéma A°*ca* (...) B°*ca* (...) C°*ca* :

– trois substantifs : 9.27ddf, 10.5.2bcd, 11.1.1ccc, 11.6eef.

= Schéma A°*ca* B°*ca* C°*ca* D°*ca* :

– quatre substantifs : 9.18fghi.

II. Particule entrant dans la formation des indéfinis toniques : 9.28.2a.

III. Rebut: 9.8.3c *fraca kərəṇtat̰* (voir *frā*+√ [1]*kar*); 10.5.1d *haiθīmca*.

*caθβar-*: voir *caθβarə.zəṇgra-*, *tūiriia-*.

***caθβarə.zəṇgra-*** «quadrupède». Daivisme. Composé (dvigubahuvrīhi) de *caθβar-* « quatre » (véd. *catúr-*) et de +*zəṇgra-* «patte» (variante daivique de *zəṇga-* «cheville», cf. véd. *jáṅghā-*).

+*caθβarə.zəṇgranąm* (caθvar-zangrānām) gén. masc. pl. :

9.18h.

√ ***car*** (véd. *CAR*) «circuler». Présent bhvādi. Voir aussi *frā*+√ *car*.

*carāṯ* (carāt) 3e sg. act. subj. prés. : 9.24.2b (ou *ā*+√ *car*).

***caraini-*** nt. «terrain agricole». Avec *zəmō*, «lopin de terre». Dérivé en *-ani-* de √ $^{3}$*kar* «tirer (la charrue)».

$^{\times}$*carainīm* (caranim) acc. sg. : 10.4.2b.

$^{1}$***ci-*** (véd. *kíḥ*, *kím*) pronom interrogatif.

*ciṯ* pron. mis pour **kaṯ* (kat) adj. nom. nt. sg. : 9.3.4b, 9.6.2b, 9.9.2b, 9.12.2b.

$^{2}$***ci-*** (véd. °*ki-* dans *nákiḥ*) pronom indéfini enclitique.

*ciš* (ciš) nom. masc. sg. : 9.21e.

***ci- °ca*** (véd. *kí- ca*) pronom indéfini tonique. Formé par adjonction de la particule °*ca* au pronom interrogatif $^{1}$*ci-*. En combinaison avec *ya-* dans l'expression du pronom relatif indéfini *ya- ci- °ca* «quiconque».

*cišca* (ciš ca) nom. masc. sg. (employé comme adjectif relatif indéfini) : 9.28.2a.

***cīcišāna-*** «qui a été commenté». Participe parfait moyen de √ *ciš* «fournir, donner un sens» (ie. √ **$k^{u}$is* ; cf. lat. *curare*).

$^{+}$*cīcišānå* (cicišānāh) nom. fém. pl. : 10.18c.

°***ciṯ*** (véd. *cit*) particule tirée de l'acc. nt. sg. de $^{2}$*ci-*.

I. Marque l'indétermination : voir *katāra- °ciṯ*.

II. Marque l'emphase :

– d'un adjectif : 10.13.1c.

– d'un adjectif tiré d'un préverbe : 9.2.3d, 10.2.1a, 10.2.2a, 10.6.2abc;

– d'un adjectif-pronom : 9.22.3a, 9.23.1a, 9.24.1a, 10.17.4bcd, 10.19.1, 11.10.3a;

– d'une préposition (voir *ā*): 10.16g *aṯciṯ* (ā cit).

***ciθra-*** (véd. *citrá-*) «remarquable, caractéristique».
*ciθrəm* (ciθram) acc. nt. (substantivé?) sg. : 10.7.1f.

***cistiuuastara-*** «qui, mieux que tout autre, possède l'art de faire remarquer ou d'enseigner». Comparatif en +*tara-* de *cistiuuaṇt-* (adj. en +*u̯aṇt-* dérivé de *cisti-* fém. «fait de remarquer» = véd. *cítti-*).
*cistiuuastarəm* (cistivastaram < cistivat-taram) acc. masc. sg. : 10.13.3b.

√ ***jad*** «implorer, demander pour avoir» (ie. √ **g*$^{u}$*hedh* ; grec *théssomai*, gaulois *uediíumí*). Prés. divādi *jaiδiia-*. Voir aussi *jaiδiiamna-*.
*jaiδiiemi* (jadyāmi) 1e sg. act. indic. prés. : 9.19.1b, 9.19.2b, 9.19.3b, 9.20.1b, 9.20.2b, 9.21b.
+*jaiδiiehe* (jadyahai) 2e sg. moy. indic. prés. : 11.2.2d.

***jaiδiiamna-*** «sollicité». Ptcp. prés. moy.-passif de √*jad*.
*jaiδiiamnō*[43] (jadyamnah) nom. masc. sg. : 9.23.2.

√ ***jan*** (véd. *HAN*) «frapper, tuer». Présent adādi[44], mais bhvādi à l'injonctif (véd. *ahanat*). Voir aussi *nī*+√ *jan*, *paiti*+√ *jan*, *vərəθrajan-*, *vərəθraγna-*, *hazaŋraγnā-*.
*janat̰* 3e sg. act. inj. prés. : 9.8.1a, 9.11.1a.

***jaini-*** fém. (véd. *jáni-*) «épouse». Daivisme.
*janiiaoš* (janyuš) gén. sg. : 10.15.1a.
*jaininąm* (janīnām) gén. pl. : 10.17.4e.

***jahī-*** fém. «putain». Étymologie incertaine[45]. Voir aussi *jahikā-*.
La forme du génitif singulier de ce mot (jahyāh) figurait

---

[43] Sur la graphie, Kellens 1984 : 325 sq.

[44] L'adādi injonctif du vieil-avestique (Kellens 1984 : 86) est à biffer: Y 48.10 *ajən* appartient à *ā*+√ *gam* (Kellens & Pirart 1988-1991; Kellens 1995b : 23 n. 3).

[45] Voir Mayrhofer 1986-2001 : III 568.

peut-être aux lignes 9.32.1a et 9.32.2a: voir Commentaire métrique.

***jahikā-*** fém. «putain». Dérivé en +*kā-* de *jahī-* fém. «putain».

*jahikaiiāi* dat. sg. mis pour le gén. sg. (jahīkāyāh): 9.32.1a. Pourrait avoir remplacé le génitif sg. de *jahī-*: voir Commentaire métrique.

***jąfnu-*** masc. «fond». Dérivé en *-nu-* de la racine qui explique aussi le védique *gabhīrá-*.

*jąfnušuu*° (janfnušu) loc. pl. : 10.17.4c.

***ta-*** (véd. *tá-*) adj.-pron. démonstratif normal. Corrélatif de *ya-*. Les nominatifs masc. sg. et fém. sg. se forment sur le thème *ha-*, une partie des cas obliques sur le thème *a-* (tonifié en *ahm*(*a*)- au dat., à l'abl. et au loc. sg.). L'acc. enclitique, pour le masc. et le nt., recourt aux thèmes *i-* ou *di-*[46] (v.-p. *di-*). Le gén. sg. enclitique est formé sur le thème *h-*.

*hō* (hah) nom. masc. sg. : 9.11.3d, 9.24.3a, 10.8.1c.

*təm*° (tam) acc. masc. sg. : 9.24.1a.

*dim* (dim) acc. masc. sg. enclitique: 9.1.3, 10.6.1b, 10.18C.

*tat̰* (tat) acc. nt. sg. : 9.4.3b, 9.7.3b, 9.10.3b, 9.13.3b, 9.17.2a, 9.18.1a, 10.15.3a, 11.5a.

*ahmāi* (ahmāi) dat. masc. sg. : 9.3.4ab, 9.4.3ab, 9.6.2ab, 9.7.3ab, 9.9.2ab, 9.10.3ab, 9.12.2ab, 9.13.3ab.

*ahmāt̰* (ahmāt) abl. nt. sg. : 9.15.1c, 10.16g.

*ahmat̰* (ahmāt) abl. nt. sg. : 10.7.1b.

*ahe* (ahya) gén. masc. sg. : 10.7.2, 10.12.3a, 10.12.4a.

*aŋhe* (ahyā) loc. fém. sg. mis pour le gén. masc. sg. (ahya): 9.4.4a.

*aŋhe* loc. fém. sg. mis pour **hē* gén. masc. sg. encl. (hai):

---

46 Selon Beekes (1982-1983 : 231) et Kellens (1996 : 61 n. 20), le thème *di-* est un néologisme issu d'une fausse coupe de la séquence initiale de phrase ā̆d im > *ā dim*, mais Bader (1973 : § 3) a bien montré qu'une base pronominale **d-* devait exister en ie.

9.26.2a.

*hē* (hai) gén. masc. sg. encl. : 9.4.3c, 9.7.3c, 9.10.3c, 9.13.3c, 9.28.2d, ×9.28.2f.

*hē* est le moignon d'un mot: 9.32.2a (voir Commentaire métrique).

**hē* (gén. masc. sg. encl.) a été secondairement remplacé par *mē*: 9.2.1, 9.4.1, 9.7.1, 9.10.1, 9.13.1.

*šē* forme en sandhi derrière °*i* de *hē* génitif masc. sg. encl. ( pari šai < | pari | hai | ): 9.28.2e.

*ahmi* (ahmi) loc. masc. sg. : 9.28.2b.

*ahmi* (ahmi) loc. nt. sg. : 9.28.2a, 11.6a, 11.6d.

*hā* (hā) nom. fém. sg. : 9.4.3a, 9.7.3a, 9.10.3a, 9.13.3a, 10.15.2c.

*tąm* (tām) acc. fém. sg. : 10.15.3c, 10.20.2.

*aŋhā̊* (ahyāh) gén. fém. sg. : 9.31.2a, 11.7f.

*aŋhā̊sə* sandhi devant *t*° du gén. fém. sg. (ahyās tanuvah < | ahyāh | tanuvah |): 9.19.2c.

*aŋhe* (ahyā) loc. fém. sg.: 9.28.2ab.

*āiia* (ayā) instr. fém. sg. mis pour le loc. fém. sg. (ahyā) : 9.15.1d (voir Commentaire métrique).

*taē*° (tai) nom. masc. pl. : 9.22.3a.

*tā̊s*° sandhi devant °*cit̰* du nom. fém. pl. ( tās cit < | tāh | cit | ): 9.23.1a.

*aēibiš* instr. masc. pl. mis pour le dat. masc. pl. (aibyah) : 9.22.1a (Pirart 2000a : 386).

*ābiiō* (ābyah) dat. fém. pl. : 10.8.2d.

*āhuu*° (āhu) loc. fém. pl. mis pour le loc. masc. sg. (aišu) : 10.12.1a.

*taxše* : voir √ *tac*.

√ ***tac*** (véd. *TAC*) «courir». Voir aussi *apa*+√ *tac*.
*taxšəṇti* (taxšyanti) 3e pl. act. indic. fut. : 9.22.1b[47].
*taxše* (taxšai) infinitif radical en *-he* : 10.17.5b[48].

---

[47] Pour Kellens (1984 : 197), c'est +*tixšəṇti* la 3e pl. act. de l'indicatif présent du désidératif de √ *tac*.

√ ***tap*** (véd. *TAP*) «devenir chaud, prendre fièvre». Présent inchoatif *tafsa-*. Voir aussi *āθβiia-*.

*tafsat̰°* (tafsat) 3e sg. act. inj. prés. : 9.11.3d.

***tanū-*** (véd. *tanū́-*) fém. «extension corporelle, corps». À distinguer de *kəhrp-* «forme, corps matériel» (voir Commentaire du 5e morceau du Chapitre I). Voir aussi *vīspō.tanu-*.

*tanūm* (tanuvam) acc. sg. : 10.14.3b, 11.10.1b.
*tanuiiē* (tanuvai) dat. sg. : 9.27e.
*tanuuō* (tanuvah) gén. sg. : 9.19.2c.
*tanubiiō* (tanūbyah) dat. pl. : 10.8.2d.

***taṇcišta-*** «très solide, très vaillant» (dans le cas de Hauma, pourrait signifié «bien caillé»). Superlatif en *-išta-* tiré de √ *taṇc* «figer» (véd. *TAÑC*) correspondant au simple *taxma-* «ferme, vaillant».

*taṇcištō* nom. masc. sg. : 9.15.
*taṇcištāi* dat. masc. sg. : 11.7.

***tauruna-*** (véd. *táruṇa-*) «tendre».

*taurunəm* (tarunam) acc. masc. sg. : 10.8.2b.

*tauruuaiia-*: voir √ *θβar*.

***taršta-*** «effrayé». Adj. verbal en *-ta-* de √ *θrah* «craindre» (véd. *TRAS*).

*tarštō* (tr̥štah) nom. masc. sg. : 9.11.4c.

√ ***taš*** (véd. *TAKṢ*) «façonner, donner une forme à». Voir aussi *tašta-*.

*tatašat̰* 3e sg. act. subj. pft.[49] mis pour la 3e sg. act. indic.

---

[48] Pour Kellens (1984 : 87), c'est la 2e sg. moy. de l'indicatif présent radical de √ *tac*.

[49] Kellens (1984 : 411), mais c'est un plus-que-parfait thématisé selon Hintze (1994 : 122; 2000 : 40 n. 65.

pft. (tatāša): 10.10.1b.

***tašta-*** masc. «coupe». Adjectif verbal en *-ta-* substantivé de √ *taš*. Voir aussi *mainiiu.tašta-*.

*tašta* instr. sg. mis pour l'abl. sg. (taštāt) : 10.17.5a.

***tāiiu-*** (véd. *tāyú-*) masc. «voleur».

*tāiiūm* (tāyum) acc. sg. : 9.21c, 11.3.2d.

√ *tū* (véd. *TŪ*) : voir *aiβi*+√ *tū* et *frā*+√ *tū*.

***tūm*** (véd. *tvám*) pron. de la 2e personne.

*tūm* (tuvam) nom. sg. : 9.13.3c, 9.13.4a, 9.14b, 9.15.1a (mais voir Commentaire métrique), 11.1.3d.

*tūm* mis pour le nom. sg. enclitique (tu) : 10.13.3a.

*tūm*° (tuvam) nom. sg. : 10.19.1, 11.10.3a.

*θβąm* mis pour l'acc. sg. enclitique (θvā) : 9.3.3a, 9.6.1a, 9.8C, 9.9.1a, 9.12.1a, 9.19.1a, 9.19.2a, 9.19.3a, 9.20.1a, 9.20.2a, 9.21a.

*θβā* (θvā) acc. sg. enclitique : 9.27d, 10.10.1a, 10.10.2a, 10.11a, 11.7c.

*tē* (tai) dat. sg. encl. : 9.17.1a, 9.25.1a, 9.25.2a, 9.25.3a, 9.26.1a, 10.9.3, 10.14.3a, 10.18a, 11.10.1a.

*tē* (tai) gén. sg. encl. : 10.2.1a, 10.2.2a, 10.3.1b, 10.4.1c, 10.12.2a, 10.13.3c, 10.17.5c, 10.19.2a, <10.19.3a>.

***tūiriia-*** (véd. *turī́ya-*) «quatrième (9.12.1a, 9.13.2a, 9.20.1a); fils de Tura (11.7e)». Dérivé en **-iHa-* de *tūra-* «*quatrième ; Tura (anthroponyme masc.)»[50]. Le Tura des Gāθā est probablement distinct du Tura[51] père de Frahrasyān. Cf. véd. *turá-*, thrace (Hérodote) *Turódiza* «forteresse de(s) Tura». Au vu de la métrique, l'adjectif patronymique *tūiriia-* est parfois mis pour *tūra-*, lequel peut avoir le même sens (voir Commentaire métrique), mais ce n'est pas le cas dans le HS. Voir aussi *āxtūiriia-*.

---

[50] Voir Kellens 1997-1998 : 751 n. 25.

[51] Sur les démons Tura, voir aussi Pirart 2001 : 135 n. 141.

*tūiriiō* (turiyah) nom. masc. sg. : 9.12.1a, 9.13.2a.
*tūirīm* (turiyam) acc. masc. sg. : 11.7e.
*tūirīm* (turiyam) acc. nt. sg. : 9.20.1a.

***t̰kaēša-*** masc. «qui étudie la doctrine». Dérivé en *-a-* d'une racine inconnue. Voir aussi *ahura.t̰kaēša-*.
*t̰kaēšō* (tkaišah) nom. sg. : 9.10.4a.

***t̰baēšah-*** nt. (véd. *dvéṣas-*) «nuisance, nocivité». Voir aussi *t̰baēšō.tauruuan-*.
*t̰baēšå* (dvaišāh) acc. pl. : 9.18b.
$^{+}$*t̰baēšə.bīš* (dvaišah-biš) instr. pl. mis pour l'abl. pl. (dvaišah-byah) : 9.28.1a (Pirart 2000a : 386).

***t̰baēšō.tauruuan-*** «qui surmonte la nuisance». Composé de *t̰baēšah-* et du nom-racine (védique +*túr-*) de √ *θβar* élargi en *-u̯an-*.
*t̰baēšō.tauruuå* nom. masc. sg. avec sigmatisation secondaire (dvaišah-turvā) : 9.17.2c, 9.20.1e, 9.20.2e.

***t̰bišuuaṇt-*** «nuisible, nocif». Dérivé en +*u̯aṇt-* du nom-racine tiré de √ *duuiš* (véd. *DVIṢ*).
*t̰bišuuatąm* (dvišvatām) gén. masc. pl. : 9.18b, 9.28.1a.

√ *θaṇg* : voir *niθaxti-*.
√ *θβaxš* : voir *θβaxšāi*, *θβaxšišta-*.

***θβaxšāi*** mot incertain : 11.10.2a. Ce pourrait être le dat. sg. d'un thème *θβaxša-* masc. «préparation, soin», la corruption du dat. sg. de *θβaxšah-* nt. «préparation, soin» ou une forme conjuguée de √ *θβaxš* (véd. *TVAKṢ*)[52].

***θβaxšišta-*** «particulièrement soigneux, plein de sollicitude». Superlatif en *-išta-* tiré de √ *θβaxš*.
*θβaxšištō* (θvaxšištah) nom. masc. sg. : 9.15.2b.

---

[52] Voir Kellens & Pirart 1988-1991 : II 252.

√ ***θβar*** (véd. *TVAR*) «être rapide, surmonter». Présent en -*u̯aiia*- pouvant provenir du croisement des deux thèmes qu'atteste le védique, *tū́rva*- et *turáya*- (Kellens 1984 : 163, mais en rapportant ces formes à √ *tar* = véd. *TR̥̄*; voir Commentaire métrique). Voir aussi *θβāṣ̌a*-.

*tauruuaiieni* (turvayāni) 1e sg. act. subj. prés. : 9.18a.

***θβāṣ̌a***- (véd. *tūrtá*-) «rapide». Adjectif verbal en -*ta*- de √ *θβar* (voir Pirart 2001a : 120).

*θβāṣ̌əm* acc. nt. sg. en locution adverbiale avec *ā* (θvartam ā): 11.7a.

***θraētaona***- «Θrāitauna»[53], anthroponyme masc. Sur les variantes manuscrites, Kellens 1998 : 470 n. 38. Pourrait être le dérivé par vr̥ddhi de la syllabe initiale et thématisation en °*a*- de *θritauuan*- «qui possède le troisième», lequel serait le dérivé en +*u̯an*- de *θrita*- «*troisième». Cf. véd. *tritá*-. Voir Commentaire métrique.

*θraētaonō* (θrāitaunah) nom. sg. : 9.7.3d.

√ ***θrap*** «détourner» (cf. véd. *paśutŕ̥p*-). Présent divādi.

*trəfiiāt̰* (tr̥fyāt) 3e sg. act. subj. prés. : 11.5b.

√ *θrah*: voir *taršta*-.

***θrąfəδa***- « -?- ».

*θrąfəδō* nom. masc. sg. : 9.20.1c.

***θri***- (véd. *trí*-) «trois». Voir aussi *θrikamərəδa*-, *θrita*-, *θrizafan*-, *θrišuua*-.

*θrāiiō* (θrayah) nom. masc. pl. : 11.1.1a.

***θrikamərəδa***- «tricéphale». Épithète du mauvais feu rituel (Pirart 1998 : 547). Composé (dvigubahuvrīhi) de *θri*- et de *kamərəδa*-.

*θrikamərəδəm* (θrikāmardam) acc. masc. sg. : 9.8.1b.

---

[53] Modifier ainsi Pirart 2003b : § 15.

***θrita-*** «*troisième ; Θrita», anthroponyme masc. Dérivé en +*ta-* de *θri-*. Voir aussi *θraētaona-*, *θritiia-*.

*θritō* (θritah) nom. sg. : 9.10.2a.

***θritiia-*** (cf. véd. *tr̥tī́ya-*) «troisième». Adjectif dérivé en *-*iHa-* de *θrita-*.

*θritiiō* (θritiyah) nom. masc. sg. : 9.9.1a, 9.10.2b.

*θritīm* (θritiyam) acc. nt. sg. : 9.19.3a.

***θrizafan-*** «qui a trois gueules». Composé (dvigubahuvrīhi) de *θri-* et de *zafan-* nt. «gueule» (cf. véd. *jámbha-* ?). Daivisme.

*θrizafanəm* (θri-zafānam) acc. masc. sg. : 9.8.1a.

***θrišuua-*** nt. «tiers». Dérivé en +*huua-* de *θri-*.

*θrišuue* (θrišvai) loc. sg. : 11.7f.

***θruma-*** masc. «aliment». Dérivé en *-ma-* de √ *θru* «alimenter» (adjectif substantivé ?).

×*θrumāi*° (θrumāi) dat. sg. : 9.27f.

***daēnā-*** (véd. *dhénā-*) fém. «conscience religieuse ; Dainā», désigne tout à la fois la religion mazdéenne, déifiée comme fille de Mazdā, et la conscience religieuse d'un individu en particulier duquel c'est une part immortelle au même titre que l'âme[54]. Les correspondances qui existent entre Dhenā, épouse du védique Br̥haspati «(dieu) maître du respect», et la déesse avestique Dainā, objet du verbe √ *barj* «respecter, saluer» dans une Gāθā et dans le Mihr Yašt[55], invitent à abandonner l'explication que Kellens et moi avons défendue[56] du mot comme dérivé en *-anā-* de √ *dī* «voir» et à considérer que le trisyllabisme vieil-avestique est dû à une prononciation

[54] Voir Kellens 1999-2000 : 728 n. 9.

[55] Y 51.17, Yt 10.90.2.

[56] Kellens & Pirart 1988-1991 : II 252.

lente[57]. Je renoue ainsi avec l'analyse communément reçue (voir Mayrhofer 1986-2001 : I 797), mais sans écarter qu'il faille, dans le cas précis du nom de l'épouse de Bṛhaspati, se tourner vers la racine *DHĪ* «penser» au lieu de *DHE* «sucer».

*daēnąm* (dainām) acc. sg. : 9.26.1d.

*daēnaiiå* (daināyāh) gén. sing. : 9.31.2b.

***daēuua-*** masc. «qui jette un sort, Daiva» (cf. véd. *devá-* «*joueur[58], Deva»). Désignation de la catégorie d'êtres surnaturels maléfiques à laquelle de mauvais hommes rendent un culte. Pour le fém., voir *daēiuuī-*. Voir aussi *daēuuaiia-*, *daēuuō.dāta-*, *vīdaēuua-*.

*daēuuåŋhō* (daivāhah) nom. pl. : 10.1.1b.

*daēuua* nom. pl. mis pour l'acc. pl. (daivānh): 9.15.1b.

*daēuuanąm* (daivānām) gén. pl. : 9.18c, 10.6.2d.

***daēuuaiia-*** «qui rend un culte aux Daiva» (cf. véd. *devayā́nī-*, *devayánt-*: Pirart 1995a : 61 sq. n. 18)[59]. Participe en °*a-* du dénominatif de *daēuua-*.

*daēuuaiiō* (devayah) nom. masc. sg. mis pour le nom. masc. pl. (devayāh): 10.1.1b.

***daēuuō.dāta-*** «causé par les Daiva, causé par le Daiva (Ahra Manyu)». Composé (tatpuruṣa) de *daēuua-* et de *dāta-* (adj. verbal en *-ta-* de √ ¹*dā*).

*daēuuō.dātō* (daiva-dātah) nom. masc. sg. : 9.5.1d.

***daēiuuī-*** fém. «qui jette un sort, Daivī» (cf. véd. *devī́-* «déesse»). Désignation d'une catégorie d'êtres surnaturels maléfiques. Voir aussi *daēuua-*.

ˣ*daēiuuīm* (daivīm) acc. sg. : 9.8.2.

---

[57] Sur la catalexe voulue dans les Gāθā, voir Kellens & Pirart 1988-1991 : I 89.

[58] Pirart 1995-2000 : I 95 sq.

[59] En accord avec les traductions médiévales, ce n'est évidemment pas une forme de *daēiuuī-* comme le croit encore Hintze 2000 : 275 n. 24.

***daδa-*** «qui rend (+ 2 acc.)». Participe en °*a-* de √ $^{1}$*dā*.
*daδō* (dadah) nom. masc. sg. : 10.9.4a.

***dapta-*** «réduit, anéanti». Adj. verbal en *-ta-* de √ *dąf* «anéantir» (véd. *DAMBH*).
*dapta* (daptā) nom. fém. sg. : 10.15.2c.

√ *dab* : voir *dauuaṇt-* et *dauuaiiaṇt-*.

*dauuata*: voir √ *du*.

***dauuaṇt-*** « -?- ». Participe présent actif d'une racine mal déterminable. Selon Kellens (1984 : 103 et 107), de √ *dab* «tromper» (véd. *dábhati*) ou de √ *dū* «être habile» (cf. véd. *dúvas-*).
*dauuąiθiiå* (dabanθyāh ?) gén. fém. sg. : 9.18j.

***dauuaiiaṇt-*** «trompant». Participe prés. act. caus. de √ *dab* (véd. *dábhati*).
*dauuaiieiṇti* (dābayantī) nom. fém. sg. : 10.15.2a.

√ $^{1}$***dar*** (véd. *DHR̥*) «être ferme». Causatif moyen *dāraiia-* «retenir, empêcher de (+ abl.)». Voir aussi *upa*+√ $^{1}$*dar*, *druuatāt-*.
$^{+}$*dāraiiehe* (dārayahai) 2e sg. moy. indic. prés. caus. : 11.3.2c.

***darəɣa-*** (véd. *dīrghá-*) «long, éternel». Acc. nt. sg. adv. «longtemps».
*darəɣəm* (dargam) adv. : 9.23.1b.

***darəɣō.jīti-*** fém. «la victoire éternelle». Composé (karmadhāraya) de *darəɣa-* et de *jīti-* fém. «victoire» (védique *jíti-*)[60].
*darəɣō.jītīm* (darga-jitim) acc. sg. : 9.19.3c.

√ ***dars*** (véd. *DR̥Ś*) «voir». Voir aussi *huuarə.darəsa-*

---

[60] Contre Kellens 1999 : 463. Voir s. v. *gaiia-*.

*dādarəsa*[61] (dadarsa) 1e sg. act. indic. pft. : 9.1.4c.

***dasti*** mot inconnu: 10.15.3d. Ne peut appartenir à √ [1]*dā* «donner» en raison de la construction (2 substantifs à l'acc.). Hintze (2000 : 317 n. 215) peut donner le sens de «machen zu» à +*daste* parce qu'elle fait de *āθrauuō.puθrīm* et de *hupuθrīm* des adjectifs, ce qui est morphologiquement inacceptable (cf. védique *suputrā́-*).

*dasuuara-* nt. «santé». Dérivé en -*u̯ara-* d'une racine inconnue (= lat. *decorum* ?). Voir Commentaire métrique. Voir aussi *dāsmainiš*.

*dasuuarə* (dasvaram) acc. sg. : 9.17.1c, 10.7.1f.

***dahāka-*** «impie; Dāhaka». Dérivé en +*ka*- de *dāha-* «*impie, Dāha» (véd. *dā́sa-*)[62].

*dahākəm* (dāhakam) acc. masc. sg. : 9.8.1a.

*dahakā°* (dāhakā) nom. masc. pl. : 11.6e.

***dańhu-*** (vieux-perse *dahyu-*) fém. «nation» (cf. véd. *dásyu-* masc. «chef d'une nation (impie)»)[63].

*dańhuuō* (dahyāu) loc. sg. : 9.28.2b.

*dańhauua* loc. sg. en sandhi avec la postposition *ā* (dahyāv ā < | dahyāu | ā | ): 9.24.2b.

***dańhu.paiti-*** masc. «maître de nation, roi». Composé (tatpuruṣa) de *dańhu-* et de *paiti-* masc. «maître» (véd. *páti-*).

+*dańhu.paite* (dahyu-patai) voc. sg. : 9.27b.

**√ [1]*dā*** (véd. [1]*DĀ* et [1]*DHĀ*) «donner, conférer ; placer, rendre». Présent hvādi *dadā- / dad-*. Voir aussi *aiβi*+√ [1]*dā*, *ərəš*+√ [1]*dā*, *dasti*, *daδa-*, *dāta-*, *dāman-*, *dąmi.dāta -*, *pairi*+√ [1]*dā*, *nī*+√ [1]*dā*, *yaoždaθaṇt-*.

---

61 Sur la longueur probablement secondaire de la voyelle du redoublement, Kellens 1984 : 408.

62 Sur le sens de ce mot et sur son étymologie, Pirart 1995a : 59 sq.; 1998 : 526 sqq.; 2002b : 123 n. 8, 142 n. 108.

63 Pirart 1998 : 533 sq.

*daδāiti* (dadāti) 3e sg. act. indic. prés. : 9.22.2b.

*daθaṯ* 3e sg. subj. prés. act. mise pour la 3e sg. act. inj. prés. (dadāt) : 11.5c.

*dazdi* (dazdi) 2e sg. act. impér. prés. : 10.9.1a, 10.9.2a.

*dāta-* «placé, situé»; nt. «disposition du rituel, loi»[64]. Adjectif verbal en *-ta-* de √ $^{1}$*dā*. Voir *arš.dāta-*, *daēuuō.dāta-*, *dātō.rāza-*, *dāitiia-*, *dāmiδāta-*, *mazdaδāta-*, *vaŋhuš.dāta-*, *huδāta-*.

***dātō.rāza-*** «qui dirige le rituel, enseignant» (voir Kellens 1974 : 281). Composé (upapadasamāsa) de *dāta-* nt. et de la forme compositionnelle de √ *raz* «former une ligne droite» (véd. $^{2}$*RAJ*). Le second terme n'est pas sûrement à considérer comme un nom-racine secondairement thématisé[65].

*dātō.rāzō* (dāta-rāzah) nom. masc. sg. : 9.10.4a.

***dāitiia-*** «relatif ou appartenant à la loi, légal, juridique»; fém. °*ā-* hydronyme (voir Commentaire).

<*dāitiiaiiå*> (dātiyāyāh) gén. fém. sg.: 9.14a'.

***dāman-*** (véd. *dhā́man-*) nt. «instauration». Voir Commentaire.

*dāmąn* acc. pl. mis pour le gén. pl. (dāmnām) : 9.15.2d.

***dāmiδāta-*** «instauré par l'instaurateur (Mazdā)». Composé (tatpuruṣa) de *dāmi-* masc. «instaurateur» (dérivé en *-mi-* de √ $^{1}$*dā*) et de l'adj. verbal en *-ta-* de √ $^{1}$*dā*.

*dāmiδātəm* (dāmi-dātam) acc. masc. sg. : 10.10.1a, 10.10.2a.

***dāsmainiš*** mot inconnu: 10.18e. Ce pourrait être le fruit de la corruption de la forme de nominatif masculin pluriel d'un dérivé de *dasuuara-*. Voir Commentaire métrique.

---

[64] Pirart 1997a : 379; 2000c : 81; 2003b : § 13; Kellens 1999-2000 : 723.

[65] Contre Kellens 1999-2000 : 744.

√ *daf* : voir *dapta-*.

***dərəta-*** combiné avec le postverbe *upa* «retenu dans *loc.*». Adj. verbal en *-ta-* de *upa*+√ [1]*dar*.

*dərətā̊ŋhō* ... [+]*upa* (dr̥tāhah ... upa) nom. masc. pl. : 10.17.4e.

***dərəzra-*** «solide». Dérivé en *-ra-* de √ *darz* «être solide» (véd. *DR̥H*).

[×]*dərəzrāhu* loc. fém. pl. mis pour le loc. nt. pl. (dr̥zraišu): 10.17.4e.

*dǝuš.srauuā̊*: voir *duš.srauuah-*.

***dōiθra-*** nt. «moyen de voir, œil». Dérivé en *-θra-* de √ *dī* «voir» (véd. *DĪ* «briller»).

*dōiθrəm* (daiθram) acc. sg. : 11.4d, 11.5f.

*di-* pronom enclitique de 3e personne. Voir *ta-*.

√ ***du*** «proférer (une insulte ou une menace)». Verbe daivique. Présent bhvādi (?). Étymologie inconnue.

*dauuata* 3e sg. moy. inj. prés. : 9.24.1d.

√ *dū* : voir *dauuaṇt-*.

***dūraoša-*** (véd. *duróṣa-*) « ? ». Épithète de Hauma. Voir Commentaire.

*dūraošō* (durausah) nom. masc. sg. : 9.2.1b, 9.2.2b, 9.4.1b, 9.7.1b, 9.10.1b, 9.13.1b, 11.3.2f.

*dūraošəm* (duraušam) acc. masc. sg. : 10.21.1c.

*dūraoša* (durauša) voc. masc. sg. : 9.19.1b, 9.19.2b, 9.19.3b, 9.20.1b, 9.20.2b, 9.21b, 11.10.3b.

***duš+*** (= véd. *duḥ+*): préfixe péjoratif.

***duš.mata-*** nt. «mauvaise pensée» (cf. véd. *durmatí-*).

*dušmatahe* (duš-matahya) gén. sg. : 10.16b.

***duš.saŋha-*** (véd. *duḥśáṁsa-*) «qui a de mauvaises définitions». Composé (bahuvrīhi) de *duš+* et de *saŋha-* «définition» (véd. *śáṁsa-*).

$^{+}$*duš.saŋhō* (duš-sanhah) nom. masc. sg. : 10.12.4b.

$^{+}$*duš.saŋhahe* (duš-sanhahya) gén. masc. sg. : 10.12.3a.

***duš.srauuah-*** «qui a une mauvaise audience auprès des dieux». Composé (bahuvrīhi) de *duš+* et de *srauuah-* nt. «moyen de se faire entendre (des dieux), hymne» (védique *śrávas-*). L'attestation comporte un fait de syntaxe anormale (voir note au texte). La graphie en °*ǝ̄u*° du préfixe reste inexpliquée[66].

*dǝ̄uš.srauuą̊* (duš-sravāh) nom. masc. sg. : 11.1.3b, 11.3.2b.

***dužūxta-*** nt. (véd. *duruktá-*) «mauvaise parole».

*dužūxtahe* (dužuxtahya < duš-uxtahya) gén. sg. : 10.16d.

***dužuuarǝšta-*** nt. «mauvaise action». Composé (karmadhāraya) de *duš+* et de l'adj. verbal en *-ta-* de √ *varz* «accomplir».

$^{+}$*dužuuarǝštahe* (dužvarštahya < duš-varštahya) gén. sg. : 10.16d.

[66] Elle n'est pourtant pas isolée : au Yt 19.34.2, *dǝ̄uš.manahiiāica* est à expliquer par une vr̥ddhi selon Hintze (1994 : 194), mais il n'est certain ni que vr̥ddhi et suffixe *-iia-* puissent cohabiter ni que ce soit un abstrait. Comme c'est le régime de √ *star* «abattre» (sur quoi, voir Humbach & Ichaporia 1998 : 111), il n'est pas exclu, vu le monosyllabisme de °*iia*°, que ce soit le participe en °*a-* du dénominatif de *duš.manah-* (cf. véd. *sumanasyá-*): Yt 19.34.2 *auuaēnō x*$^{v}$*arǝnō *frašūtǝm* (Geldner *fraēštō*) $^{V}$ [*yō yimō xšaētō huuąθβō*$^{V}$] *brāsaṯ* <*yō*> *yimō ašātō* $^{V}$ *dǝ̄uš.manahiiāica hō stǝrǝtō* $^{V}$ *nidāraṯ upairi ząm* .·. ā-vainah hvarnah fra-šyutam brassat yah yamah ašyātah duš-manahyāi ca hah str̥tah ... upari zām «Voyant que Hvarnah s'en était allé, [le splendide Yama aux bons troupeaux] Yama s'affola (véd. *BHRAṀŚ*): plein d'infortune et soumis au malin, il se mit à ravager la terre».

*duua-*: voir *bi+*.

√ *duuiš*: voir *ṯbaēšah-*, *ṯbišuuaṇt-*.

***draonah-*** nt. (véd. *dráviṇas-*) «portion».
*draonō* (draunah) acc. sg. : 10.15.3a, 11.4a, 11.5a, 11.7b.

√ *draŋj* : voir *drājaŋ́he*.

***drājaŋ́he*** pourrait être, sous l'influence de *drājah-* nt. «longueur», la déformation de l'infinitif en *-he* du présent divādi *draža-* de √ *draŋj* «affermir»: 9.26.2c.

**<*drəjiia*>** est le locatif sg. d'un mot inconnu: 9.13.4a'. Voir Commentaire et Commentaire métrique.

***driγu-*** «pauvre» (cf. véd. *ádhrigu-*).
*driγaoš* (drigauš) gén. masc. sg. : 10.13.1b.

***druj-*** (véd. *drúh-*) fém. «désorganisation, désarticulation, corruption, tromperie ; Druj» (voir Pirart 1995a : 58 sqq.; 1996 : 19 n. 84). Voir aussi *drujəm.vana-*, *druuaṇt-*.
*drujəm* (drujam) acc. sg. : 9.8.2, 9.8.3b.

***drujəm.vana-*** «qui vainc la Druj». Composé (upapada-samāsa) de *druj-* et de la forme compositionnelle de √ *van*.
*drujəm.vanō* (drujam-vanah) nom. masc. sg. : 9.17.2c, 9.20.1e, 9.20.2e.

***druuatāt-*** fém. «fermeté, santé», dérivé en *+tāt-* de *druua-* «fixe, ferme, sain» (véd. *dhruvá-*).
*druuatātəm* (druvatātam) acc. sg. : 9.19.2c. La forme originale présentait-elle une haplologie: druvātam (voir Commentaire métrique)?

***druuaṇt-*** «accompagné par la Druj, drugvant; Drugvant» (cf. véd. *drúhvan-*). Dérivé en *+u̯aṇt-* de *druj-*. Désignation générale de tous les êtres maléfiques ou impies, humains (9.31.1a) ou surnaturels, et, en particulier, d'un démon non identifié (9.8.3a, 10.16f: Ahra Manyu?).

*druuaṇtəm* (drugvantam) acc. masc. sg. : 9.8.3a.

*druuatō* (drugvatah) gén. masc. sg. : 9.31.1a, 10.16f.

***paoiriia-*** (véd. *pūrvyá-*) «premier (de beaucoup), fondamental».

*paoiriiō* (parviyah) nom. masc. sg. : 9.3.3a, 9.4.2a, 9.14b.

*paoirīm* (parviyam) acc. nt. sg. : 9.19.1a.

*paourušaspa-* : voir après *pouru.sarəδa-*.

√ ***pac*** (véd. *PAC*) moy. «se préparer (le repas)». Présent bhvādi.

*pacata* (pacata) 3e sg. moy. inj. prés. : 9.11.3b.

√ $^{1}$*pat* (védique $^{1}$*PAT*): voir *ā*+√ $^{1}$*pat*, *pataṇt-*, *pāθmainiiō.təma-*, *vī*+√ $^{1}$*pat*.

***pataṇt-*** «volant». Participe présent du bhvādi de √ $^{1}$*pat*. Daivique.

*patąiθiiå* (patanθyāh) gén. fém. sg. : 9.18j.

*paiti-*: voir *daŋhu.paiti-*, *nmānō.paiti-*, *vaēiδiiā.paiti-*, *vīspaiti-*, *zaṇtu.paiti-*.

***paiti*** (cf. véd. *práti*) préverbe, préposition ou postposition.

pati postposition + acc. : 10.5bcd (*vīspāsca*).

pati postposition + instr. mis pour le loc. (voir Commentaire métrique): 9.20.1d (*zəmā*), 9.20.2d (*zəmā*).

pati postposition + loc. : 9.13.4a' (*drəjiia ... zbarahi*), 9.26.2b ($^{\times}$*barəšnušu*), 10.3.1c ($^{\times}$*barəšnušu*), 10.5.1b (*gara*), 10.17.5c (*zəmi*).

pati postposition + gén. mis pour le loc.: 10.10.2c (*haraiθiiō ... barəzaiiå*).

pati préposition + instr. mis pour le loc. (voir Commentaire métrique): 9.15.1d (*āiia zəmā*).

***paiti*+√ *uj*** «répondre à *dat.*» (cf. véd. *óhate*). Présent adādi protérodynamique.

$^{+}$*paiti.aoxta* (pati-augda) 3e sg. moy. inj. prés. : 9.2.1a, 9.4.1a, 9.7.1a, 9.10.1a, 9.13.1a.

***paiti*+√ *jan*** (véd. *práti HAN*) «porter un coup de *acc.* sur *acc.*». Présent adādi *+jan-* / *+ja-*.

*paiti ... jaiδi* (pati ... jadi) 2e sg. act. impér. prés. : 9.30.1d, 9.30.2d, 9.31.1d, 9.31.2f, 9.32.1f, 9.32.2c.

***paiti*+√ *fras*** «commenter» avec préverbe sous-entendu en 9.25.3b: voir √ *fras* et aussi *paiti.frāsa-*. Le correspondant vieux-perse *pati*+√ *fraθ* a fondamentalement le même sens (Pirart 2000c : 79 n. 10).

***paiti.frāsa-*** masc. (véd. *prátiprāśa-*) «exégète». Dérivé en °*a-* de *paiti*+√ *fras*. Voir aussi *naskō.frāsa-*.

$^{\times}$*paiti.frāsa* (pati-frāsā) instr. sg. : 9.25.3a.

***paiti.biši-*** « -?- ». Voir Commentaire métrique.

*paiti.bišiš* nom. masc. sg. mis pour le pl. (?): 10.18f.

***paθana-*** «ample, praticable, spacieux». Dérivé en *-ana-* de la racine qui explique *paθ-* masc. «chemin» (véd. *pánthāḥ*).

*paθanąm* (paθanām) acc. fém. sg. : 10.4.1a.

***pad-*** masc. (véd. *pád-*) «pied».

*pāδauue* (padbyā) abl. duel : 9.28.2d.

***paβrāna.višpaθa-*** : composé dvandva (masc. duel) de deux oronymes. Le premier est d'étymologie inconnue[67]; le second pourrait être le dérivé en *-aθa-* de *vī*+√ $^{2}$*spā* «gonfler,

---

[67] La traduction que j'en donne («le mont Juteux») est le fruit d'une conjecture hasardeuse: la séquence *paβ*° étant impossible tout comme la graphie °.*vr*° de la var. lect. *pa(.)vrāna-*, je corrigerais *p*° en $^{\times}$*h*° obtenant ainsi un mot $^{\times}$*haβr*° rapprochable du véd. *sabar+* «jus» (sur lequel voir Mayrhofer 1986-2001 : II 701).

développer» (scr. *ví+SPHĀ*). Voir *višpaθa-*.
*paβrāna.višpaθa* (...-višpaθā) acc.: 10.11f.

***paṇca.dasa-*** (véd. *pañcadaśá-*) «quinzième ; qui a quinze (ans)», composé de *paṇcan-* et d'une forme thématisée en *-a-* de *dasan-* «dix» (véd. *dáśan-*).
*paṇca.dasa* (panca-dasā) nom. masc. duel : 9.5.2a.

***paṇcan-*** (véd. *páñcan-*) «cinq». Voir aussi *paṇca.dasa-*, *puxδa-*.
*paṇcanąm* (pancanām) gén. masc.-nt. pl. : 10.16aa.

[1]***para*** (véd. *párā*): préverbe. Voir aussi *parā̊ṇc-*.

[2]***para*** (véd. *purā́*) préposition + abl. «avant» : (parā) 9.15.1c.

***para+√ [2]ah*** (véd. *párā+[2]AS*) «renverser, rejeter». Présent divādi *+aŋha-*.
*parā̊ŋhāṯ* (parāhyāt < parā-ahyāt) 3e sg. act. subj. prés. : 9.11.4b (voir Texte).

***para+√ vip*** :: causatif *+vaēpaiia-* (avec coordination elliptique pour *āca parāca*?) «faire avorter les tentatives d'entrer en transe (*manō*) de *gén.*» (cf. véd. *VIP*).
*parā°* ... *vaēpaiia* (parā ... vaipaya) 2e sg. act. impér. prés. caus. : 10.12.3b.

***parā̊ṇc-*** (véd. *párāñc-*) «à l'écart».
*parąš* (parānxš) nom. masc. sg. : 9.11.4c.

***pairi*** (véd. *pári*) préposition renforçant l'ablatif; préverbe. Voir aussi *pairikā-*.
Le régime de la préposition est sous-entendu en 9.1.2b (pari).

***pairikā-*** fém. «Parīkā», classe d'êtres surnaturels maléfiques. Si c'est le féminin du dérivé en *+ka-* (forme thématisée de *-anc-*; cf. scr. *paryak*) de *pairi*, le sens du mot pourrait être «celle qui rode».

*pairikanąm*° (parīkānām) gén. pl. : 9.18d.

***pairi*+√ $^{1}$*dā*** (véd. *pári* $^{1}$*DĀ*) «livrer *acc.* à *dat.*». Présent hvādi. Aoriste radical. Voir Kellens 1995a : 41.

*pairi ... daδąmi* (pari ... dadāmi) 1e sg. act. indic. prés. : 10.14.3b, 11.10.1b.

*pairi ... daiiā̊*[68] (pari ... dāyāh) 2e sg. act. opt. aor. : 11.10.3a.

***pairi*+√ $^{1}$*var*** (véd. *pári* $^{2}$*VṚ*) «obstruer». Présent svādi.

*pairi ... vərənūiδi* (pari ... vṛnudi) 2e sg. act. impér. prés. : 9.28.2e.

***pairiš.x$^{v}$axta-*** «enlacé, ligoté». Adj. verbal en *-ta-* de *pairi*+√ *x$^{v}$ag* «enlacer» (véd. *pári SVAJ*).

+*pairiš.x$^{v}$axtəm* (parišvaxtam < pari-hvaxtam) acc. masc. sg. : 11.7g.

***pauruua-*** (véd. *pū́rva-*) «premier (de deux), antérieur».

*pauruuō* (parvah) nom. masc. sg. : 9.21e.

*pauruua* est mis pour nom. masc. pl. (parvai): 9.21c, 9.21c, 9.21d.

***pauruuata-*** (véd. *párvata-*) masc. «montagne».

*pauruuatāhu*° présente la finale d'un loc. fém. pl. au lieu du loc. masc. pl. (parvataišu) : 10.12.1a. Voir Pirart 2000a : 372 sq.

***pauruuānīm*** (9.26.1b) est l' acc. masc. sg. d'un adjectif de forme mal déterminable, mais apparenté au véd. *párvan-* et signifiant probablement «que l'on se met autour des reins». Voir Mayrhofer 1986-2001 : II 100.

*pasu-*: voir *pasu.vīra-*, *fšu+*.

---

[68] Sur la graphie, Kellens 1984 : 359 n. 14.

***pasu.vīra-*** masc. duel «la tête de bétail et le héros». Composé (dvandva) de *pasu-* (véd. *paśú-*) et de *vīra-*.
*pasu.vīra* (pasū-vīrā) acc. : 9.4.4b.

***pāθmainiiō.təma-*** «qui convient mieux que tout autre pour le voyage». Superlatif en *+təma-* du participe en °*a-* du dénominatif de *paθman-* nt. «vol, voyage» (véd. *pátman-*). Voir Kellens 1995a : 28.
$^{+}$*pāθmainiiō.təmō* (paθmanyatamah) nom. masc. sg. : 9.16.4b.

$^{1}$***pərəθu-*** (véd. $^{1}$*pṛthú-*) «large» (fém. °*θβī-*).
*pərəθβīm* (pṛθvīm) acc. fém. sg. : 10.4.1a.

$^{2}$*pərəθu-* : voir *pərəθu.ainika-*.

***pərəθu.ainika-*** «possédant une arme perforante». Composé (bahuvrīhi) de $^{2}$*pərəθu-* «traversant, perforant, perçant» (véd. $^{2}$*pṛthú-*: Kellens & Pirart 1988-1991 : II 268) et de *ainika-* nt. «face, visage, pointe, arme pointue» (véd. *ánīka-*).
*pərəθu.ainikaiiā̊* (pṛθu-anīkāyāh) gén. fém. sg. : 9.18i.

***pəṣ̌ō.sāra-*** «de qui la tête est soldée». Composé (bahuvrīhi) de *pəṣ̌a-* «perdu, soldé» (adjectif verbal en *-ta-* de √$^{2}$*par* «confisquer») et de *sāra-* nt. «tête» (cf. véd. *śíras-*). Voir Pirart 2001 : 124 sq.
*pəṣ̌ō.sārō* (pṛta-sarah) nom. masc. sg. : 11.3.2e.
*pəṣ̌ō.sārəm* (pṛta-saram) acc. masc. sg. : 11.3.2d.

***pouru-*** (véd. *purú-*) «nombreux». Voir aussi les 4 suivants.
$^{\times}$*pouru* (parū) acc. nt. pl. : 9.25.2b.

***pouru.baoxšnah-*** «qui apporte beaucoup de réjouissances» (cf. véd. *purubhójas-*). Composé (bahuvrīhi) de *pouru-* et de *baoxšnah-* nt. «motif de jouissance» (dérivé en *-nah-* de √$^{2}$*bug* «jouir» = véd. *BHUJ*, mais °*xš*° reste mal expliqué).

*pouru.baoxšnahe* (paru-bau...nahai) dat. nt. sg. : 9.27f.

***pouru.nara-*** «qui est accompagné de beaucoup de seigneurs». Composé (bahuvrīhi) de *pouru-* et de la forme compositionnelle en °*a-* de *nar-* «seigneur, homme» (véd. *nṛ́-*).
+*pouru.narəm* (paru-naram) acc. masc. sg. : 10.13.3a.
*pouru.naraiiå̄* (paru-narāyāh) gén. fém. sg. : 11.2.2f.

***pouru.maṇt-*** «qui possède beaucoup, accompagné de beaucoup, nombreux, de grande affluence». Dérivé en +*maṇt-* de *pouru-*.
+*pouru.maiti* (parumati) loc. nt. sg. : 11.2.2e.

***pouru.sarəδa-*** «en de nombreuses collections, aux nombreuses variétés, de toutes sortes». Composé (bahuvrīhi) de *pouru-* et de *sarəδa-* masc. «série» (véd. *śárdha-*).
*pouru.sarəδō* (paru-sardah) nom. masc. sg. : 10.12.1b.
*pouru.sarəδa* (paru-sardā) nom. masc. pl. : 11.6f.

***paourušaspa-*** «aux chevaux grisâtres, Parušāspa», anthroponyme masc. Composé (bahuvrīhi) de *paouruša-* «grisâtre»[69] (véd. *paruṣá-*) et de *aspa-*.
+*paourušaspō* (parušāspah < paruša-aspah) nom. sg. : 9.13.2a.
+*paourušaspahe* (parušāspahya < paruša-aspahya) gén. sg. : 9.13.4b.

*pita* : voir *ptar-*.

***pitu-*** masc. (véd. *pitú-*) «repas». Voir aussi *ā.rapiθβina-*.

---

[69] Parušāspa partage avec son fils Zaraduštra le fait de porter un nom indiquant la possession d'animaux de mauvaise qualité (type véd. *andhīgu-* «qui possède des vaches aveugles»), sans doute pour ne pas attirer la convoitise des démons (voir Kellens & Pirart 1988-1991 : I 8 sqq.). Le caractère défavorable de la couleur grise fait du sanscrit épique *paruṣamaṇīṣa-* «d'une imagination funeste» l'antonyme du n. p. v.-p. *haxāmanīša-* «d'une capacité mentale amie (des dieux), Achéménès».

*pitūm* (pitum) acc. sg. : 9.11.3b.

***puxδa-*** «cinquième». Adjectif numéral ordinal. Dérivé en -*θa*- de la racine de *paṇcan*-. Diverge du véd. *pakthá*- par son vocalisme °*u*° sans que son authenticité soit claire.

*puxδəm* (paxθam ?) acc. nt. sg. : 9.20.2a.

***puθra-*** masc. (véd. *putrá*-) «fils». Voir aussi *āθrauuō.puθriia-*, *vīsō.puθra-*, *hupuθriia-*.

*puθrō* (puθrah) nom. sg. : 9.4.3c, 9.5.2d, 9.7.3c.
*puθras*° (puθrah | ca | > puθras ca) nom. sg. : 9.5.2b.
*puθrəm* (puθram) acc. sg. : 10.8.2b.
*puθrahe* (puθrahya) gén. sg. : 11.1.3e.
*puθra* (puθrā) nom. duel : 9.10.3c.

***ptar-*** masc. (véd. *pitár*-) «père». Le nominatif sg. est souvent déformé en *paiti, paita, patā, pita*. Cette dernière variante a été souvent adoptée sur la foi du védique *pitā́* et du vieux perse *pitā*, mais le vieil avestique et la métrique imposent $^{\times}$*ptā*. Quant au soi disant datif *piθrē*, c'est en réalité le datif de «nourricier» (Pirart 2002c : 222).

$^{\times}$*ptā* (ptā) nom. sg. : 9.5.2b, 11.4a.

*fraxštāne* : voir *frā*+√ *stā*.

***fratara-*** «qui se place en premier lieu» (cf. véd. *pratarám*).

*fratarəm*° (frataram) acc. masc. sg. : 10.2.1a.

***fradaθa-*** nt. «prospérité». Dérivé en -*aθa*- de √ *frād*.

*fradaθəm* (frādaθam) acc. sg. : 9.17.1d.

***frauuaṣ̌i-*** fém. «préférence, engagement ; Fravr̥ti». Désignation de la profession de foi dont le texte, qui commence par le verbe *frauuarānē*, est donné au Y 11.16. Dérivé en -*ti*- de *frā*+√ $^{2}$*var* moy. «déclarer son choix d'être *nom.*» (véd. *prá VR̥*). Sur la graphie, Pirart 2001 : 126 sqq.

*frauuaṣ̌īm*° (fravr̥tim) acc. sg. : 10.21.3b.

***frauuāxša-*** masc. «tige, branche». Dérivé en °*a-*[70] de *frā*+√ *vaxš* «croître» (cf. véd. *VAKṢ*). La voyelle longue radicale ne doit pas être étymologique.

*frauuāxšə̄* (fra-vaxšānh) acc. pl. : 10.5.2d.

√ ***fras*** (véd. *PRAŚ*) «interroger» ; moy. «s'entretenir, commenter». Présent inchoatif *pərəsa-*. Voir aussi *paiti*+√ *fras* et *naskō.frāsa-*.

*pərəsaṯ* (pṛssat) 3e sg. act. inj. prés. : 9.1.3.

*pərəsahe* (pṛssahai) 2e sg. moy. indic. prés. : 9.25.3b (avec préverbe *paiti* sous-entendu).

***fraspərəγa-*** masc. «pousse» [71]. Dérivé en *-a-* de *frā*+ √*sparg* (cf. véd. *SPHŪRJ*).

*fraspərəγə̄* (fraspargānh) acc. pl. : 10.5.2c.

***frasrūiti-*** fém. «action de (faire) entendre, diction». Dérivé en *-ti-* de *frā*+√ *sru*. En réalité, le préverbe est le fruit d'une intervention diascévastique scolaire: voir Commentaire métrique.

*frasrūiti* (frasrutī) instr. sg. : 9.14f.

***frazaiṇti-*** fém. «fait de fonder une famille». Dérivé en *-ti-* de *frā*+√ *zam* « fonder une famille » (cf. grec *gámos*: Pirart 2000a : 399 n. 114 ; 2003a : 159). Voir aussi *afrazaiṇti-*, *aṣ̌auua.frazaiṇti-*.

*frazaiṇtīm* (frazāntim) acc. sg.: 9.22.2c (ou second terme de composé: voir *aṣ̌auua.frazaiṇti-*).

*fraša* : voir *frā̊ṇc-*.

***fraŋrasiiān-*** anthroponyme masc. «Frahrasyān».

---

[70] Contre Kellens (1974 : 295 sqq.) qui admet le nom-racine.

[71] Le simple est attesté dans le n. p. scythe et massagète *Spargapísēs* / *Spargapeíthēs* (Hérodote) «(qui possède un couvre-chef) orné de cornes ou de rameaux».

Étymologie inconnue.

*fraŋrasiiānəm* (frahrasyānam) acc. sg. : 11.7e.

***frā*** (véd. *prá*) préverbe. Voir aussi *fratara-*, *frā̊ṇc-*.

***frā+√ $^{1}$ar*** (véd. *prá+R̥*) «octroyer». Présent svādi.

*frārənaot̰* (fra-r̥naut > frarnaut) 3e sg. act. inj. prés. : 11.4a.

***frā+√ i*** (véd. *prá+I*) «aller de l'avant». Présent adādi.

*fraiiaṇtu* (fra-yantu) 3e pl. act. impér. prés. : 10.14.2a, 10.19.2a, 10.19.2b.

***frā+√ kart*** (véd. *prá+KR̥T*) «découper, configurer, programmer». Présent thématique à infixe nasal *+kərəṇta-*. Voir aussi *hixra.frā.kərəsta-*.

*fra° ... kərəṇtat̰* (fra ... kr̥ntat) 3e sg. act. inj. prés. : 9.8.3c (ou *fraca.kərəṇtat̰* 3e sg. act. ind. parfait fra-cakarta).

***frā+√ car*** moy. (véd. *prá CAR*) «passer le temps, se comporter, vivre». Présent bhvādi.

*fracarōiθe* 2e duel moy. indic. prés. mis pour la 3e duel moy. inj. prés. (fra-caraitam) : 9.5.2a.

*fracarāne* (fra-carānai) 1e sg. moy. subj. prés.: 9.17.2b.

***frā+√ tū*** «être en pleine possession de ses moyens» (cf. véd. *TŪ*). Présent adādi.

*fratuiiā̊* (fra-tūyāh) 2e sg. act. opt. prés. : 9.29.1a.

***frā+√ θβars*** «trancher, couper» (cf. védique *TVARŚ* :: *tváṣṭr̥-*). Présent inchoatif ou tudādi (Lubotsky 1994 : 96 n. 1).

*frāθβərəsō* (fra-θvr̥s(s)ah) 2e sg. act. inj. prés. : 11.7a.

***√ frād*** moy. «prospérer» (cf. grec *plêthos*). Présent bhvādi. Voir aussi *fradaθa-*, *frādat̰.gaēθa-*.

*frāδaēša* (frādaiša) 2e sg. moy. opt. prés. : 10.5.1c.

***frādat̰.gaēθa-*** «qui fait prospérer les troupeaux».

Composé (type véd. *kṣayádvīra-*) de la forme compositionnelle de √ *frād* et de *gaēθā-*.

*frādat̰.gaēθəm* (frādat-gaiθam) acc. masc. sg. : 10.21.1b.

***frā*+√ *fru*** «flotter» (cf. véd. *PRU* / *PLU*). Présent bhvādi.

ˣ*frafrauuaite* (fra-fravatai) 3e sg. moy. indic. prés. : 9.32.1c.

***frā*+√ *bar*** (véd. *prá BHR̥*) «apporter». Présent bhvādi.

*frā* ... *barat̰* (fra ... barat) 3e sg. act. inj. prés. : 9.26.1a.

*frā*+√ *vaxš*: voir *frauuāxša-*.

***frā*+√ *vī*** (véd. *prá VĪ*) moy. «se mettre au service de *gén.* en tant que *nom.*; servir à *2 dat.*». Présent inchoatif[72].

*frā* ... *vīsāi* (fra ... vīssāi) 1e sg. moy. indic. prés. : 10.9.3.

*frā* ... *vīsāite*[73] (fra ... vīssatai) 3e sg. moy. indic. prés. : 10.8.2e.

***frā*+√ *stā*** (véd. *prá STHĀ*) moy. «se présenter, surgir». Présent thématique à redoublement °hišta- écrit °*xšta-*[74].

*fraxštāne* (fra-hištānai)1e sg. moy. subj. prés. : 9.20.1d, 9.20.2d.

***frā*+√ *spar*** (véd. *prá SPHUR*) «frapper du pied, bondir, sauter sur *gén. partitif*». Présent tudādi +*spara-*[75].

*frasparat̰* (fra-sparat) 3e sg. act. inj. prés. : 9.11.4a.

***frasrāuuaiia-*** «occupé à réciter». Participe en °*a-* du présent causatif de *frā*+√ *sru*.

*frasrāuuaiiō* (fra-srāvayah) nom. masc. sg. : 9.14d.

---

[72] Pirart 1995-2000 : II 213. Jusqu'ici, le thème *vīsa-*, moyen tantum, était attribué à √ *vis* (voir Kellens 1984 : 100) et comparé avec le védique *VIŚ* pourtant actif tantum.

[73] Longue secondaire.

[74] Kellens 1984 : 192.

[75] Kellens 1984 : 100.

***frasrāuuaiiaṇt-*** «occupé à réciter». Participe prés. caus. act. de *frā*+√ *sru*. Voir aussi *frasrāuuaiia-*.

*<fra>srāuuaiiaṇtəm* (fra-srāvayantam) acc. masc. sg. : 9.1.2c.

*frā*+√ *sru* (véd. *prá ŚRU*) «écouter bien». Causatif «faire entendre, réciter». Voir *frasrāuuaiia-* et *frasrāuuaiiaṇt-*. Voir aussi *frasrūiti-*.

*frā*+√ *zam*: voir *frazaiṇti-*.

***frāšmi-*** « -?- ». Étymologie inconnue[76]. Voir Commentaire.

*frāšmīm* acc. masc. sg. : 10.21.1b.

***frā*+√ *hu*** (véd. *prá SU*) moy. «pressurer pour soi». Présent en *-nu-* thématisé à l'impératif[77].

*frā ... hunuuaŋ^vha* (fra ... hunvahva) 2e sg. moy. indic. prés. : 9.2.3b.

***frąṇc-*** (véd. *prā́ñc-*) «dirigé vers l'avant». Renforce le préverbe *frā*.

*frąš* (frānxš) nom. masc. sg. : 9.11.4a.

*fraša* (frāšyā) instr. fém. sg. adverbial : 10.14.2a, 10.19.2a.

√ *frī* : voir *ā*+√ *frī*.

√ *fru*: voir *frā*+√ *fru*.

***fšaonaiia-*** moy. «faire paître le bétail, lui donner à brouter». Dénominatif[78] de *fšaoni-* fém. «prairie» (véd. *kṣoṇí-*).

*fšaonaiiehe* (fšauniyahai) 2e sg. moy. indic. prés. : 11.1.3d.

*fšu*+ (véd. *kṣu*+) forme compositionnelle de *pasu-* masc. «tête de

---

[76] Liste des tentatives chez Panaino 1990 : 121 sq.

[77] Voir Kellens 1984 : 176.

[78] Voir Kellens 1984 : 131.

bétail» (véd. *paśú-*). Voir *fšaonaiia-*, *fšuiia-*.

***fšuiia-*** «s'occuper du bétail». Dénominatif de *fšu+*. Voir aussi *fšuiiaṇt-*.

*fšuiiō* 2e sg. act. inj. prés. : 10.20.2.

***fšuiiaṇt-*** «éleveur». Participe présent actif de *fšuiia-*.

*fšuiiąs* (fšuyans) nom. masc. sg. : 11.6c.

***baēšaza-*** nt. (véd. *bheṣajá-*) «remède». Voir aussi *baēšazaδā-*, *baēšazaiia-*.

*baēšazəm* (baišazam) acc. sg. : 9.17, 10.7.1f.

*baēšazāi* (baišazāi) dat. sg. : 10.8.2e.

*baēšazanąm* gén. pl. mis pour l'acc. pl. (baišazā) : 10.9.1a.

*baēšaza* (10.12.2a): voir *bišaz-*.

***baēšazaδā-*** «qui offre un remède». Composé (tatpuruṣa) de *baēšaza-* et du nom-racine de √ [1]*dā*.

*baēšazaδå* (baišaza-dāh) nom. masc. sg. : 10.9.1b.

***baēšazaiia-*** «qui apporte remède». Participe en °*a-* du dénominatif de *baēšaza-*[79].

*baēšaziiō* (baišazayah) nom. masc. sg. : 9.16.3b.

*baēšaziiehe* (baišazayahya) gén. masc. sg. : 10.7.1e.

*baēšaziia* (baišazayā) nom. masc. pl. : 10.18f.

√ ***baxš*** act. «répartir, impartir *acc.* à *dat.*» ; moy. «avoir part à, consommer *gén.*». Présent bhvādi. Sur le comportement diathétique, voir Kellens 1984 : 68.

+*baxšahi* (baxšahi) 2e sg. act. indic. prés. : 11.1.3c.

*baxšaiti* (baxšati) 3e sg. act. indic. prés. : 9.22.1c, 9.22.3c, 9.23.1c.

*baxšaite* (baxšatai) 3e sg. moy. indic. prés. : 10.13.3d.

---

[79] Selon Kellens (1984 : 131), c'est le dénominatif de *bišaz-* masc. «médecin» (véd. *bhisajyáti*), mais la métrique s'y oppose.

***baγa-*** masc. «qui fraie un chemin, guide». Dérivé en *-a-* de √ *bag* «frayer un chemin» (grec *phébomai*): Pirart 2002b, 128[80].

*baγō* (bagah) nom. sg. : 10.10.1b, 10.10.2b.

√ ***baṇd*** (véd. *BANDH*) «enchaîner». Présent en *-aiia-* (dénominatif?)[81].

*baṇdaiiaṯ* (bandayat) 3e sg. act. inj. prés.: 11.7d.

*baṇdaiiāṯ* 3e sg. act. subj. prés. (employé comme optatif?): 11.7c.

√ *bar*: voir *upastā.bara-*, *gaδauuara-*, *frā+√ bar*, *barəθrī-*, *bāṣ̌ar-*, *niš+√ bar*, *vī+√ bar*, *sruuara-*.

***barəθrī-*** fém. «porteuse, mère». Nom d'agent féminin en *-θrī-* de √ *bar*.

*barəθrīm* (barθrīm) acc. sg. : 10.4.1c.

√ *barz* «être haut, grand»: voir *ārəštiiō.barəzah-*, *barəšn-*, *barəšnu-*, *bərəzaṇt-*.

***barəzaiią̊*** (10.10.2c) est le loc. fém. sg. d'une forme artificielle de *bərəzaṇt-*: voir ce mot.

*barəziman-*: voir *barəšn-*.

***barəšn-***: thème annexe de *barəziman-* masc. «hauteur». Dérivé (type véd. *mahimán- :: mahnā́*) de √ *barz*.

*barəšna* (baršnā) instr. sg. : 9.11C.

***barəšnu-*** masc. «hauteur». Dérivé en *-nu-* de √ *barz*.

ˣ*barəšnušu* (baršnušu) loc. pl. : 9.26.2b, 10.3.1c.

⁺*barəšnušuu*° (baršnušu) loc. pl. : 10.17.4b.

---

[80] Contre Hintze 2000 : 40.

[81] Mais voir Kellens 1984 : 138.

***bāδa*** «aussitôt» (cf. véd. *sabā́dhaḥ*)[82]. Adverbe.
bādā: 10.7.1c, 10.7.1d, 10.13.3c.

***bāṣ̌ar-*** masc. «cavalier». Graphie de *barətar-* (fém. *barəθrī-* ; véd. *bhartṛ́-*), nom d'agent en *-tar-* de √ *bar* «porter» (véd. *BHR̥*) dans le sens du causatif moyen «se faire porter, chevaucher» (voir Pirart 2001 : 131 sq.).
*bāṣ̌ārəm* (bartāram) acc. sg. : 11.2.1.

*barəzah-* : voir *ārəštiiō.barəzah-*.

***bərəzaṇt-*** (véd. *bṛhánt-*) «haut». Ancien participe présent radical actif de √ *barz*.
*bərəzaṇtəm* (bṛzantam) acc. masc. sg. : 10.21.1a.
*bərəzaṇtō* (bṛzantah) nom. masc. pl. : 10.3.2a.
*barəzaiiā̊* forme artificielle devant représenter le loc. fém. sg. (bṛzaθyā): 10.10.2c.

*bi+*: forme compositionnelle de *duua-* «deux». Voir *bitiia-*, *bizəṇgra-*.

***bitiia-*** (véd. *dvitī́ya-*) «deuxième». Dérivé de *bi+*.
*bitiiō* nom. masc. sg. : 9.6.1a, 9.7.2a.
*bitīm* acc. nt. sg. : 9.19.1a.

***bizəṇgra-*** «bipède», désignation daivique. Composé (dvigubahuvrīhi) de *bi+* et de *+zəṇgra-* «patte» (variante daivique de *zəṇga-* «cheville», cf. véd. *jáṅghā-*).
⁺*bizəṇgranąm* gén. masc. pl. : 9.18f, 9.18g.

***bišaz-*** masc. (véd. *bhiṣáj-*) «médecin».
*baēšaza* nom. duel (?)[83] mis pour le nom. masc. pl. (bišazah): 10.12.2a.

√ ***bū*** (véd. *BHŪ*) «devenir, se faire». Présent bhvādi. Aoriste radical *bū-*. Voir aussi *ā+*√ *bū*.

---

[82] Contre Pirart 2000c : 89 n. 39.

[83] Ou instr. sg. de *baēšaza-* ?

*bauuaiti* (bavati) 3e sg. act. indic. prés. : 10.6.1c.
*buiiā̊* (būyāh) 2e sg. act. opt. aor. : 11.1.3a, 11.2.2a, 11.3.2a.

√ $^{1}$***bud*** moy. (véd. *BUDH*) «être éveillé, se rendre compte, apercevoir *acc.*». Présent divādi.
*būiδiiaēta* (budyaita) 3e sg. moy. opt. prés. : 9.21e.
$^{+}$*būiδiiōi.maiδi* (budyaimadi) 1e pl. moy. opt. prés. : 9.21d, 9.21f.

√ $^{2}$*bud*: voir *hubaoiδi-*.

***naēδa*** (voir *nōit̰*) est mis pour na u (véd. *nó*) «ni» (voir **u*): 10.15.3d, 11.6c.

√ *nam* : voir *us*+√ *nam, nəmah-, nąmi.ąsu-*.

***nauua*** «alors que ... ne ... pas». Serait à corriger en $^{\times}$*nauue* si c'était le conglomérat des particules de négation na (véd. *ná*) et d'emphase vai (cf. véd. *vái*), la valeur emphatique étant en principe peu attendue pour vā, mais le Yt 6.3 confirme *nauua*: 11.3.2e.

***nar-*** masc. (véd. *nŕ̥-*) «seigneur, homme». Pour 9.25C, voir *nā*. Voir aussi *pouru.nara-*, *narə.gara-*, *naire.manah-*, *nāirī-*.
*nā* (nā) nom. sg. : 10.6.1b, 10.18C.
*naršˇ* (nr̥š) gén. sg. : 10.2.2c.
*narə* (nar) voc. sg. : 9.1.4a.

***naire.manah-*** «à la pensée masculine» (cf. véd. *nr̥máṇas-*). Composé (bahuvrīhi) de *nairiia-* «masculin» (véd. *nárya-*) et de *manah-*.
*naire.manā̊* (nariya-manāh) nom. masc. sg. : 9.11.4d.

***narə.gara-*** «qui dévore les seigneurs». Composé (upapadasamāsa) de *nar-* et de la forme compositionnelle de √ $^{4}$*gar* «dévorer» (véd. *GR̥̄*)[84].

$^{+}$*narə.garəm* (nar-garam) acc. masc. sg. : 9.11.1b.

√ $^{1}$*nas* : voir *nāšəmna-*.

√ $^{2}$***nas*** (véd. $^{2}$*NAŚ*) «disparaître». Présent divādi *nasiia-*. Voir aussi *apa*+√ $^{2}$*nas*.

*nasiieiti* (nasyati) 3e sg. act. indic. prés. : 10.7.1a.

***naskō.frāsa-*** «qui commente les livres». Composé (upapadasamāsa) de **naska-* «livre» (mot d'étymologie inconnue)[85] et de la forme compositionnelle de √ *fras*. Cette dernière (cf. *paiti.frāsa-*), dans l'attestation, montre un abrègement radical secondaire.

*naskō.frasą̊hō* (naska-frāsāhah) nom. masc. pl. : 9.22.3b.

***nū*** (véd. *nú*): particule emphatique[86].

nu: 9.25C (ou terminaison d'instr. masc. sg. de *ka-*?).

***nāirī-*** fém. (véd. *nā́rī-*) «épouse de seigneur, dame».

*nāiriią̊* gén. sg. mis pour le dat. sg. (nāryāi): 11.1.3e.

***nāšəmna-*** «prêt à partir». Participe du futur en *-hiia-* moy. de √ $^{1}$*nas* «atteindre» (véd. $^{1}$*NAŚ*) [87]. Voir la note ad 9.30.1c.

*nāšəmnāi* (naššyamnāi) dat. masc. sg. : 9.30.1c, 9.30.2c, 9.31.1c, 9.31.2e, 9.32.1e, 9.32.2b.

---

[84] Kellens (1974 : 30 sq.) admet le nom-racine comme second terme.

[85] Selon Kellens (1998 : 485 n. 61), l'attestation du mot *nask* dans les inscriptions de Kirdīr constitue peut-être le plus ancien témoignage de l'Avesta sassanide, mais n'implique pas sa mise par écrit. Cependant, si le mot devait s'expliquer par √ *nad* «nouer» (voir Mayrhofer 1986-2001 : II 32), la question se poserait déjà pour l'époque à laquelle Y 9.22.3 fut rédigé.

[86] Kellens & Pirart 1988-1991 : II 170 sqq.

[87] Selon Kellens (1984 : 367, 368 n. 14), ce participe est tiré du thème d'aoriste sigmatique (mais voir 1984 : 79 et 396 n. 3).

***namah-*** nt. (véd. *námas-*) «hommage».

*nəmō* (namah) nom. sg. : 9.3.2, 9.16.2, 10.13.1a, 10.13.2a, 10.17.2a, 10.17.3, 10.20.1b, 11.8.2a, 11.8.3.

*nəmō* erreur des mss. pour $^{\times}$*aməm* ou $^{\times}$*amō* (voir *ama-*) : 10.20.1a.

***nōit̰*** «ne ... pas». Particule de négation (< ie. **ná+ít* ; cf. véd. *nét*). D'après *nauua* et la métrique gâthique, il n'est pas à écarter que la particule **it̰* soit le produit d'une diascévase perse (v.-p. $n^a$*-i-y*). Voir aussi *naēδa* et *nauua*.

na: 9.5.1bb, 9.5.1cc, 9.5.1d, 9.24.2a, 9.25.3a, 9.31.2d, 10.15.3c, 10.16abcdef, 11.1.3c, 11.2.2d, 11.6a.

***nąmi.ąsu-*** «dont les tiges sont courbes ou flexibles». Composé (bahuvrīhi de la forme compositionnelle de *namra-* «qui se courbe» (véd. *namrá-*) et de *ąsu-*.

$^{\times}$*nąmi.ąsuš* (nāmi-ansuš) nom. masc. sg. : 9.16.3d.

***nī*** (véd. *ní*) préverbe. Voir aussi *nitəma-*.

***nī+√*** $^{1}$***ar*** (véd. *ny* Ṛ̥) «répandre». Présent hvādi.

$^{+}$*nīri* (nīri < ni-īri) 1e sg. moy. inj. prés.[88] : 10.17.5c.

***nī+√ jan*** (véd. *ní HAN*) «abattre». Présent bhvādi ou adādi.

*nī* ... $^{\times}$*janat̰* (ni ... janat) 3e sg. act. inj. prés. : 9.24.3b.

*niγne* (ni-gnai) 1e sg. moy. indic. prés. : 10.2.2c.

***nigə̊ŋhəṇtī-*** «elle qui dévore». Fém. du participe présent du dénominatif *nī+gə̊ŋhaiia-* de **nigə̊ŋha-* «nourriture» (scr. *nighāsa-*)[89]: Pirart 2000a : 371 n. 5.

*nigə̊ŋhəṇti* (ni-gāhayantī) nom. sg. : 10.15.3b.

***nitəma-*** «tout indiqué» (cf. véd. *nítya-*). Dérivé en +*təma-* de *nī*.

---

[88] Kellens met *nīre* au rebut (1984 : 193 n. 1).

[89] Contre Kellens 1984 : 114.

*nitəma*° (nitamā) nom. fém. sg. : 10.6.2abc.

***niθaxti-*** fém. «conduite contrôlée d'un attelage». Dérivé en *-ti-* de *nī*+√ *θaŋg* «conduire de façon contrôlée».
*niθaxta* (ni-θaxtā) loc. sg. : 11.2.2c.

***nī*+√ ¹*dā*** (véd. *ní DHĀ*) «déposer, charger». Sur le sens de «charger *acc.* d'être *acc.*», voir Commentaire. Cf. Introduction 15 n.
*nidaθat̰* 3e sg. act. subj. pft.[90] mise pour la 3e sg. act. ind. pft. (ni-dadā ou ni-dadāu ?): 10.10.2b.

***nī.manō*** (10.12.4a) pourrait représenter la 2e sg. act. de l'impératif du kryādi thématisé de *nī*+√ *mī* «réduire» (véd. *MĪ*): ni-mina.

***nī*+√ *mrū*** moy. (cf. véd. *BRŪ*) «formuler un souhait de (acc. / *tat̰ yaθa*) devant (dat.)». Présent adādi.
*nī ... mruiiē nī ... nī ... nī ... nī ... nī ... nī ... nī ... nī ... nī ... nī* (ni ... mruvai ... ) 1e sg. moy. indic. prés. : 9.17-18.

***niuuāiti-*** fém. «victoire décisive». Dérivé en *-ti-* de *nī*+√ *van* «écarter tout danger, rétablir la sécurité» (véd. *ní VAN* :: *nivātá-*).
*niuuāitiš* (ni-vātiš) nom. sg. : 10.16h.

***niš*** (véd. *níḥ*) préverbe.

***niš*+√ *bar*** (véd. *níḥ+BHR̥*) «débarrasser *acc.* de *abl.*». Présent bhvādi.
*vī ... bara* est mis pour ˣ*niš ... bara* (niš ... bara) 2e sg. act. impér. prés. (intervention diascévastique ou faute manuscrite ?): 9.28.1b.

***nī*+√ *had*** (véd. *ní ṢAD*) «s'asseoir». Présent bhvādi[91].

---

[90] Mais voir Kellens (1984 : 411).

[91] Contre Kellens 1984 : 192.

Causatif «faire s'asseoir, installer, confiner». En 10.15.3b, le préverbe doit avoir été restitué secondairement : voir Commentaire métrique.

×*[niš.]haδaiti* (ni-hadati > nišadati) 3e sg. act. indic. prés. : 10.15.3b.

×*niš.hāδaiiat̰* (ni-hādayat > nišādayat) 3e sg. act. inj. prés. causatif : 9.24.1b.

***nmāna-*** nt. (véd. [2]*mā́na-*) «maison». Voir aussi *nmānō.paiti-*.

*nmānəm* (dmānam) acc. sg. : 10.1.3b.
*nmānāt̰* (dmānāt) abl. sg. : 10.7.1b.
*nmānahe* (dmānahya) gén. sg. : 9.13.4b.
*nmāne* (dmānai) loc. sg. : 9.28.2a, 11.6a, 11.6d.

***nmānō.paiti-*** masc. «maître de maison». Composé (tatpuruṣa) de *nmāna-* et de *paiti-*.

*nmānō.paite* (dmāna-patai) voc. sg. : 9.27a.

***ma-*** «mien». Adjectif possessif. L'attestation est incertaine.

*mana* (manā) instr. masc. sg. : 10.5.2a (ou forme de *azəm*?).

***maēγa-*** masc. (véd. *meghá-*) «brouillard».

*maēγəm°* (maigam) acc. sg. : 10.3.1a.

***maēθana-*** nt. «résidence». Dérivé en *-ana-* de √ [2]*miθ*.

*maēθanəm* (maiθanam) nom.-acc. sg. mis pour le loc. sg. (maiθanai) : 10.7.2.

***maoδanō.kara-*** (fém. *°ā-*)[92] «de qui l'action a pour objet de donner du plaisir». Composé (upapadasamāsa) de *maoδana-* «jouissance, plaisir» (dérivé en *-ana-* de √ *mud* «jouir» = véd. *MUD*) et de la forme compositionnelle de √ [1]*kar*.

*maoδanō.kairiiāi* dat. fém. sg. mis pour le gén. fém.

[92] Kellens (1974 : 63) pose *maoδanō.kairiiā-*.

sg. (maudana-karāyāh): 9.32.1b.

***maṯ.hizu-*** «accompagné de la langue, fourni conjointement avec la langue» (cf. véd. *sajihva-*). Composé de *maṯ* (véd. *smát+*) «avec» et de *hizū-* masc. «langue» (cf. véd. *jihvā́-*, *juhū́-*).

*maṯ.hizuuō* vocatif nt. duel ou locatif nt. sg. (hmat-hizā̆u ?) mis pour l'acc. nt. duel (hmat-hizū): 11.4d, 11.5f.

***maδa-*** masc. (véd. *máda-*) «ivresse».

*maδō* (madah) nom. sg. : 10.8.1c, 10.8.2a.

*maδəm* (madam) acc. sg. : 9.17.1a.

*maδāi* (madāi) dat. sg. : 11.10.

*maδō* nom. sg. mis pour le nom. pl. (madā)[93]: 10.14.2a, 10.19.2a, 10.19.2b, 10.19.3a.

+*maδā̊ŋhō* (madāhah) nom. pl. : 10.8.1a.

***maδəma-*** (véd. *madhyamá-*) «central».

*maδəme* (madyamai) loc. nt. sg. : 11.7f.

√ ***man*** moy. (véd. *MAN*) «penser». Présent divādi. Voir aussi *dušmata-*, *manah-*, *mainiiu-*, *mąs*, *mąθra-*, *humata-*.

×*mainiiete* (manyatai) 3e sg. moy. indic. prés. : 10.15.2a.

***manah-*** nt. (véd. *mánas-*) «pensée», le premier des trois niveaux du comportement rituel humain[94]. En raison de sa graphie °*a*°, il n'est pas exclu que, contre l'indien, la voyelle radicale, dans la langue originale, fût longue (mānah-). Voir aussi *naire.manah-*, *nī.manō*, *mąs*, *vīmanah-*.

*manō* (manah) acc. sg. : 9.28.2f, 9.29.2c, 9.32.1c, 10.12.3b, 10.12.4a, 10.13.1b, 10.13.2b.

*manaŋhō* (manahah) gén. sg. : 10.12.2b.

***mainiiu-*** masc. «opinion, Manyu» (cf. véd. *manyú-*). Voir Kellens 1990 : 97-123; Kellens & Pirart 1997 : 31-72.

---

[93] Contre Kellens (1974 : 182) qui pose un nom-racine *mad-*.

[94] Voir Kellens & Pirart 1997 : 64; Pirart 2002a : 21.

Voir aussi *mainiiu.tašta-*.

*mainiiuš* (manyuš) nom. sg. : 9.8.3c.
*mainiuuā̊* (manyuvāh) gén. du. : 9.15.2d, $^{+}$10.16h.

***mainiiu.tašta-*** «façonné par Spanta Manyu». Composé (tatpuruṣa) de *mainiiu-* et de l'adjectif verbal en *-ta-* de √ *taš*. Ce dernier présente souvent une voyelle radicale secondairement longue.

$^{+}$*mainiiu.tāštəm* (manyu-taštam) acc. masc. sg. : 9.26.1c.

√ $^{1}$*mar* : voir *amaršaṇt-*, *aməṣ̌a-*, *maṣ̌iia-*, *mərəiθiiu-*.

***mahrka-*** masc. (véd. *márka-*) «destruction».
*mahrkāi* (markāi) dat. sg. : 9.8.3e.

√ *marc* : voir *amaršaṇt-*, *ahūm.mərəc-*, *mahrka-*.

***maršuiiā̊*** mot inconnu: 11.1.3f. Voir Mayrhofer 1986-2001 : II 334.

***mairiia-*** masc. (cf. véd. *márya-*) «mauvais garçon, marya» ; fém. °*ā-* «sale garce, maryā», désignation daivique dont le correspondant ahurique est *vīra-*.

*mairiiō* (maryah) nom. masc. sg. : 9.11.3d.
*mairīm* (maryam) acc. masc. sg. : 11.7e.
*mairiianąm*° (maryānām) gén. masc. pl. : 9.18f.
*mairiiaiiā̊* (maryāyāh) gén. fém. sg. : 10.15.1b.

***masti-*** fém. «compréhension, étude». Dérivé en *-ti-* de √ $^{1}$*dā-* combiné avec la forme préverbiale atone (ie. **mṇ-s*) de *manah-* (voir *mąs*): < ie. **mn̥s-dh(H)-tí-* (Pirart 2000a : 400; 2001 : 88 n. 2).

*mastīm* (mastim) acc. sg. : 9.17.1f.
*mastīm*° acc. sg. : 9.22.3c.

***mazā̊ṇt-***, *mazat-*, *mazah-* (véd. *mahā́nt-*) «grand». Voir aussi *aš+*.

$^{+}$*mazā̊* (mazāh) nom. masc. sg.: 10.5.1a.

***mazdaδāta-*** «qu'Ahura Mazdā a mis en place». Composé (tatpuruṣa) de $^{1}$*mazdā-* et de l'adjectif verbal en *-ta-* de √ $^{1}$*dā*.

*mazdaδātō* (mazdā-dātah) nom. masc. sg. : 10.17.2b, 11.8.2b.

*mazdaδātāi* (mazdā-dātāi) dat. masc. sg. : 10.17.2a, 11.8.2a.

$^{1}$***mazdā-*** masc. «qui fait comprendre, Ahura Mazdā» (cf. l'abstrait $^{2}$*mazdā-* = véd. *medhā́-*). Nom-racine de √ $^{1}$*dā-* combiné avec la forme préverbiale atone de *manah-* (voir *mąs*): Pirart 2002a : 21; 2002b : 129 n. 46. Voir aussi *mazdaδāta-*, *māzdaiiasni-*.

*mazdå* (mazdāh) nom. sg. : 9.26.1a, 10.9.4b, 11.4b, 11.5d. Sur 10.5.1a, voir *mazåṇt-*.

*mazdąm* (mazdām) acc. sg. : 9.8C.

***maṣ̌iia-*** masc. (véd. *márt$^{i}$ya-*) «mortel, humain» (voir Pirart 2001 : 138).

*maṣ̌iiō* (martiyah) nom. sg. : 9.3.3a, 9.4.2a, 9.6.1a, 9.7.2a, 9.9.1a, 9.10.2b, 9.12.1a, 9.13.2a, 9.28.2c, 10.8.2c.

*maṣ̌iiehe* (martiyahya) gén. sg. : 9.31.1a.

*maṣ̌iiānąm* (martiyānām) gén. pl. : 9.4.3f.

*maṣ̌iiānąm°* gén. pl. : 9.18c.

***mā*** (véd. *mā́*) particule de négation prohibitive.

*mā* + inj. prés.: 10.17.5c.

*mā* + inj. aor. : 10.14.1a.

*mā* + subj. prés.: 11.7c.

*mā* + opt. prés. (avec coordination invisible par **u* ?): 9.21e, 9.29.1ab, 9.29.2ab.

*mā* + opt. aor.: 11.2.2abc.

***māiiā-*** fém. (véd. *māyā́-*) «plan, astuce, ruse».

*māiiābiiō* dat.-abl. pl. mis pour l'instr. pl. (māyābiš) : 10.12.2b.

***māzdaiiasni-*** «relatif aux mazdéens, mazdéen». Dérivé

par vr̥ddhi de la syllabe initiale et thématisation en °*i*- de *mazdaiiasna*- «qui sacrifie à Ahura Mazdā, mazdéen» (bahuvrīhi de [1]*mazdā*- et de *yasna*- masc. «sacrifice» = véd. *yajñá*-).

*māzdaiiasnīm* (māzdā-yasnim) acc. fém. sg. : 9.26.1d.

***mərəγa***- masc. (véd. *mr̥gá*-) «animal sauvage, oiseau de proie».

*mərəγa* (mr̥gā) nom. pl. : 10.11a.

***mərəiθiiu***- masc. (véd. *mr̥tyú*-) «mort». Le mot comporte un indice de polarité °*u*° qui souligne que la vie et la mort ne peuvent être conçus l'un sans l'autre[95].

*mərəiθiiuš* (mr̥θyuš) nom. sg. : 9.5.1c.

***mərəzu***- nt. «cou». Emploi substantivé de *mərəzu*- «bref» (cf. véd. *múhuḥ*): Tremblay 1999 : 206. La forme attestée *amərəza* reste mal expliquée : 9.1Cb[96].

***mošu***- (véd. *makṣú*-) «prompt».

*mošu* (maššu ou maššū) acc. ou instr. nt. sg. adv. : 9.23.2.

***mąθra***- masc. (véd. *mántra*-) «formule sacrée».

*mąθrahe* (manθrahya) gén. sg. : 9.26.2d.

***mą*° ... *daθāna***- «comprenant». Participe présent ou parfait moyen de √ [1]*dā* combiné avec la forme préverbiale de *manah*-. La forme tonique de ce préverbe est *mą*° (ie. **mén-s* ; cf. véd. *mandhātŕ̥*-) tandis que *mas*°/*maz*° dans *masti*- et *mazdā*-, représente la forme atone. Voir aussi *masti*-, *mazdā*-.

*mą*° ... *daθānahe* (manh ... daθānahya) gén. masc. sg. : 9.31.2c.

*mąs vaca* (9.31.2c): fruit d'une confusion de signe pour ˣ*mąuuaca* < manh u vacā. Voir *mą*° *daθāna*-, *vac*-, **u*.

---

[95] Voir Pirart 1993.

[96] Voir Gershevitch 1959 : 221; Mayrhofer 1986-2001 : 334.

√ *mī* : voir *nī.manō.*

√ [2]***miθ*** «résider». Présents kryādi *miθnā- / miθn-* (**mit-neH- / *mit-nH-*) et type véd. *gr̥bhāyá- mitaiia-* (**mit-n̥H-i̯é-*). Voir aussi *maēθana-*.

*miθnatu* (miθnatu) 3e sg. act. impér. prés. thématisé : 10.1.2b.

*mitaiiatu* (mitāyatu) 3e sg. act. impér. prés. : 10.1.2a.

***miθrō.ziiā-*** «qui prive Miθra (de la part sacrificielle)» ou «qui fait dévier l'échange que le rituel permet entre les mondes». Composé de *miθra-* nt., masc. «échange, Miθra» (véd. *mitrá-*) et du nom-racine de √ *ziiā.*

*miθrō.ziiāt̰* (miθra-zyāt) abl. masc. sg. : 9.1Ca.

***mūraka-*** «idiot». Dérivé en *+ka-* de *mūra-* «idiot» (véd. *mūrá-*).

*mūrakā°* (mūrakā) nom. masc. pl. : 11.6e.

***ya-*** (véd. *yá-*) pronom relatif. Pour *yat̰* acc. nt. sg. adverbial, voir *yat̰.*

*yō* (yah) nom. masc. sg. : 9.4.3d, 9.8.1a, 9.11.1a, 9.15.2aabbc, 9.24.1cd, 9.25.1a, 9.29.2cd, 10.2.1c, 10.6.1b, 10.8.2b, 10.12.4b, 10.18C, 11.1.3c, 11.2.2d, 11.3.2c, 11.3.2f, 11.5a, 11.9a.

*yasə* nom. masc. sg. en sandhi devant *tē* (yas tai < | yah | tai | ): 10.13.3c.

*yat̰* mis pour le nom. masc. sg. (yah)[97] : 9.4.4a, 10.13.1a, 10.13.2a.

*yim* (yam) acc. masc. sg. : 9.1.4a, 9.8C, 9.11.1bc, 9.11.2a, 9.11C, 9.24.1a, 11.7e.

*yat̰* (yat) nom. nt. sg.: 10.1.3b, 10.1.3c, 10.9.4c.

*yat̰* (yat) acc. nt. sg. : 10.15.3a, 11.5c.

*yahmi* (yahmi) loc. masc. sg. : 10.2.2c.

*yim* acc. masc. sg. mis pour le loc. masc. sg. (yahmi): 9.11.3a.

---

[97] Pour d'autres exemples, voir Kellens 1997-1998 : 744 n. 9.

*yā* (yā) nom. fém. sg. : 9.31.2b', 10.14.3c, 10.15.2a, 10.15.2c, 11.10.1c.

*yąm* (yām) acc. fém. sg. : 9.8.3b, 9.8.3d.

*yeŋhe* gén. masc.-nt. sg. mis pour le gén. fém. sg. (yahyāh) : 9.32.1c.

*yā* (yā) nom. masc. duel : 10.3.1b.

*yōi* (yai) nom. masc. pl. : 9.15.1c, 9.22.1a, 9.22.3a, 11.9k.

*yaē°* (yai) nom. masc. pl. : 10.17.4b, 10.17.4c, 10.17.4d.

*yābiiō* dat.-abl. pl. mis pour l'instr. nt. pl. (yābiš): 10.9.1b, 10.9.2b.

*yå* (yāh) nom. fém. pl. : 9.23.1a.

***yaēšiiaṇt-*** (fém.: *yaēšiiaṇtī-*) «bouillant». Participe présent act. du présent à redoublement et suffixe -*i̯a*- de √ *yah* (véd. *YAS*)[98].

*yaēšiiaṇtīm* (yaišyantīm) acc. fém. sg. : 9.11.4b.

*yaoš*+√ *dā* «mettre en état, purifier»: voir *yaoždaθaṇt-*. Voir aussi *hazaŋrā.yaoxšti-*.

***yaoždaθaṇt-*** «étant occupé à nettoyer *acc.* de (*pairi* + abl.)». Participe présent actif du hvādi thématisé (secondairement ?)[99] de √ [1]*dā* combiné avec la forme préverbiale d'un mot correspondant étymologiquement au latin *iūs* (voir *yauuan-*).

*yaoždaθəṇtəm* (yauš-dadatam) acc. masc. sg. : 9.1.2b.

[1]***yat̰*** comme moignon de mot: 9.32.2a.

[2]***yat̰*** (yat, véd. *yát*) «consistant en ceci que ; le fait que», acc. nt. sg. adverbial de *ya*- servant à introduire une explicative.

*yat̰* + inj. prés. : 9.4.3c, 9.7.3c, 9.10.3c.

*yaθa* mis pour *yat̰* + subj. prés.: 9.20.1c,2c (corrélatif imat), 10.16g (locution conjonctive ā cit ahmāt yat «avant même le fait que, jusquà ce que».

---

[98] Voir Kellens 1984 : 194.

[99] Voir Kellens 1984 : 191.

eḍāfe secondaire : 9.27f.

*yat̰* mis pour le nom. masc. sg. (yah) : 9.4.4a, 10.13.1a, 10.13.2a.

[3]***yat̰*** (yat, véd. *yát*) «quand, si, dans la mesure où, parce que». Conjonction de subordination tirée de *ya-*.

*yat̰* + indic. prés. : 10.13.2c.

***yaθa*** (yaθā, véd. *yáthā*) «comme».

*yaθa* + inj. prés.: 11.7d.

*yaθa* + inj. aor.: 10.14.1a.

*yaθa* + subj. prés. : 9.2.3d.

*yaθa* + opt. prés. : 10.8.2b.

*yaθa* introduit une comparative elliptique ou nominale: 9.16.4a, 9.32.1d, 10.9.4c, 10.13.1c, 11.3.2d.

*yaθa* introduit une explicative «consistant en ceci que + subj.» : 9.17.2a, 9.18a.

*yaθa* mis pour [2]*yat̰* : 9.20.1c, 9.20.2c, 10.16g.

***yaθra*** (yaθra, véd. *yátra*) «où».

*yaθra* + opt. parfait: 10.3.2b.

*yaθra* + indic. prés.: 10.4.2a

*yaθra bāδa* «dès qu'y» + indic. prés.: 10.7.1cd.

√ *yam* : voir *apa*+√ *yam*, *ā*+√ *yam*.

***yauuata*** (yāvatā) «tout le temps que». Emploi adverbial de l'instr. nt. sg. de *yauuaṇt-* «autant que» (véd. *yā́vant-*).

*yauuata* + opt. prés. mis pour l'inj. prés.[100]: 9.5.2c.

***yauuan-*** (véd. *yúvan-*) «mature». Ce mot signifie non «jeune», mais «en parfait état de fonctionnement, mature», sa racine étant celle du substantif latin *iūs* «le comment ce doit être pour bien fonctionner» (< ie. **i̯éu̯es-*) dont la forme préverbiale ie. **i̯eus* entre dans la composition du verbe av. *yaoš*+√ *dā*.

---

[100] Je ne crois pas à la réalité linguistique de l'optatif prétérital (sur lequel voir Kellens 1984 : 309, 311 n. 1).

*yauua* (yuvā) nom. masc. sg. : 9.10.4c.

√ ***yaz*** (véd. *YAJ*) «offrir le sacrifice à *acc.*». Présent bhvādi. Voir aussi *māzdaiiasni-*.

*yazamaide* (yazāmadai) 1e pl. moy. indic. prés. : 10.21.1abc, 10.21.2, 10.21.3b.

√ *yah* : voir *yaēšiiaṇt-*.

***yātu-*** masc. (véd. *yātú-*) «Yātu», classe d'êtres surnaturels maléfiques[101]. Étymologie inconnue.

*yāθβąm* forme artificielle de gén. pl. (voir Introduction 8b)[102] mise pour yātūnām : 9.18d.

***yātumaṇt-*** masc. (véd. *yātumánt-*), °*maitī-* fém. (véd. *yātumátī-*) «accompagné par le Yātu, adorateur des Yātu». Dérivé en +*maṇt-* de *yātu-*.

*yātumaitiiāi* dat. fém. sg. du thème artificiel (yātumatā- :: yātumatāyāi: voir Introduction 8b) mis pour le gén. fém. sg. (yātumaθyāh): 9.32.1a.

***yāna-*** nt. (véd. *yā́na-*) «demande».

*yānəm* (yānam) acc. sg. : 9.19.1a, 9.19.2a, 9.19.3a, 9.20.1a, 9.20.2a, 9.21a.

√ *yāh* : voir *aiβi*+√ *yāh.*

***yima-*** masc. (véd. *yamá-*) «jumeau ; Yama».

*yimō* (yamah) nom. sg. : 9.4.3d, 9.5.2d.

*yimahe* (yamahya) gén. sg. : 9.5.1a.

***yuxti-*** fém. (véd. *yuktí-*) «action d'atteler».

*yūxta* (yuxtā) loc. sg. : 11.2.2a.

*yuuan-*: voir *yauuan-*.

---

[101] Corriger en ce sens ce que j'ai avancé 1998 : 546 sq.

[102] Autre exemple: *raθβąm* (e. g. Y 1.17) pour **ratunąm*.

***vaējah-*** nt. «tourbillon (?) ; Vaijah». Dérivé en *-ah-* de √*vig* «être agité» (véd. *VIJ*) ? Sur l'Aryāna Vaijah de la Vahvī Dātiyā, voir Kellens 1999-2000 : 732, 736, 738 sq.

×*vaējahi* (vaijahi) loc. sg. : 9.14a.

***vaēiδiia-*** nt. (véd. *véd́ya-*) «ce qui est à savoir, science». Voir Commentaire métrique. Voir aussi *vaēiδiiā.paiti-*.

+*vaēiδiia* (vaidiyā) instr. sg. : 10.13.2c.

***vaēiδiiā.paiti-*** masc. «détenteur du savoir». Composé (tatpuruṣa) de *vaēiδiia-* et de *paiti-* «maître» (véd. *páti-*).

+*vaēiδiiā.paite* (vaidiya-patai) voc. masc. sg. : 9.27c.

√ ***vaēn*** (véd. *VEN*) «voir». Présent bhvādi. Voir aussi *vaēna-*.

*vaēnaite* (vainatai) 3e sg. moy. indic. prés. : 10.14.3c, 11.10.1c.

*vaēnōiṯ* (vainait) 3e sg. act. opt. prés. : 9.29.2a, 9.29.2b.

***vaēna-*** masc. (véd. *véna-*) «visage».

*vaēnaiia* gén. sg. : 9.11C.

√ ***vaxš*** (véd. *VAKṢ*) «croître». Présent divādi *uxšiia-*. Causatif *vaxšaiia-* «faire croître». Voir aussi *frā*+√ *vaxš*.

*uxšiieiti* (uxšyati) 3e sg. act. indic. prés. : 10.6.1a.

*vaxšaiiatō* (vaxšayatah) 3e du. act. indic. prés. caus. : 10.3.1b.

√ *vac* : voir *dužūxta-*, *vac-*, *vacah-*, *hūxta-*.

***vac-*** masc. (cf. véd. *vā́c-* fém.) «parole».

*vācim* (vācam) acc. sg. : 9.25.3b.

*vaca* (vacā) instr. sg. : 9.25C, 10.2.1b, 10.2.2b, 10.5.2a, 10.19.3c.

*vaca* instr. sg. peut-être mis pour l'acc. sg. ou plur.: 9.31.2c (voir Pirart 2000a : 381 n. 43).

*vācō* (vācah) nom. pl. : 10.18d.

$^{+}$*vacąm* (vacām) gén. pl. : 9.25.2b.

*vacah-* (véd. *vácas-*) : voir *āfri.vacah-*.
√ *vat* : voir *aipi+*√ *vat*.

**vadan-** nt. (véd. *vádhan-*) «arme».
*vadarə* (vadar) acc. sg. : 9.30.1d, 9.30.2d, 9.31.1d, 9.31.2f, 9.32.1f, 9.32.2c.

**vaŋhu-** masc. (véd. *vásu-*) «bon ; Vahu», titre divin. Pour le fém., voir *vaŋ*$^{v}$*hī-*. Voir aussi *vaŋ́hah-*, *vaŋhuš.dāta-*, *vahišta-*.
*vaŋhuš* (vahuš) nom. m. sg. : 9.16.3a, 11.8.2b, 10.1.2a.
*vaŋhəuš* (vahauš) gén. nt. sg. : 10.12.2b.

**vaŋhuš.dāta-** «que le Vahu (Mazdā) a mis en place». Composé (tatpuruṣa) de *vaŋhu-* et de l'adjectif verbal en *-ta-* de √ $^{1}$*dā*.
*vaŋhuš.dātō* (vahu-dātah) nom. masc. sg. : 9.16.3b.

**vaŋ**$^{v}$**hī-** fém. (véd. *vásvī-*) «bonne ; Vahvī», titre divin. Fém. de *vaŋhu-*.
*vaŋ*$^{v}$*hi* nom. sg. (vahvī): 10.1.2b, 10.1.3a.
*vaŋ*$^{v}$*hīm* acc. sg. (vahvīm) : 9.26.1d.
<*vaŋhuiiå*> gén. sg. (vahvyāh): 9.14a'.

**vaŋ́hah-** (véd. *vás(ī)yāṁs-*) «meilleur». Comparatif de *vaŋhu-*.
*vaŋ́haŋhəm* (vahyāham) acc. masc. sg. : 10.9.4a.

√ **van** (véd. *VAN*) «charmer, gagner, vaincre». Présent bhvādi. Voir aussi *drujəm.vana-*, *niuuāiti-*, *vanaṯ.pəṣ̌ana-*, *huuąθβa-*.
$^{\times}$*vanaṯ* (vanat) 3e sg. act. inj. prés. : 9.24.3a.

**vanaṯ.pəṣ̌ana-** «qui vainc l'adversaire». Composé (type véd. *kṣayádvīra-*) de la forme compositionnelle de √ *van* et de *pəṣ̌ana-* masc. «adversaire» (dérivé en *-ana-* de √ *part* «combattre» = véd. *PR̥T*): voir Pirart 2001 : 132 sq.

*vanaṯ.pəṣ̌anō* (vanat-pr̥tanah) nom. masc. sg. : 9.20.2c.

√ ***vaṇd*** (véd. *VAND*) «parler affectueusement, cajoler, chérir». Présent bhvādi.

*vaṇdaēta* (vandaita) 3e sg. moy. opt. prés. : 10.8.2c.

√ $^{1}$*var*: voir *pairi*+√ *var*, *vərəθra-*.

√ $^{2}$*var*: voir *frauuaṣ̌i-*, *vairiia-*.

***vairiia-*** (cf. véd. *vā́r*$^{i}$*ya-*) «à choisir». Adjectif verbal en *-*iHa-* de √ $^{2}$*var* «choisir» (véd. *VR̥*).

*vairīm* (variyam) acc. masc. sg. : 9.14c.

√ ***vard*** (véd. *VR̥DH*) «croître». Causatif moy. «s'accroître». Voir aussi *varədaθa-*.

*varəδaiiaŋ*$^{v}$*ha* (vardayahva) 2e sg. moy. impér. prés. caus. : 10.5.2a.

***varədaθa-*** nt. «accroissement». Dérivé en -*aθa-* de √*vard*.

*varədaθəm* (vardaθam) acc. sg. : 9.17.1d.

***varəiδiiā- daŋhu-*** fém.: nom propre d'une nation ? Voir aussi *varəiδiiāna-*.

$^{+}$*varəiδiiē* loc. sg. avec haplologie (vr̥dyā < vr̥dyāyā) : 9.24.2b ( ?).

***varəiδiiāna-*** «descendant de Vr̥dya» ? Voir le précédent.

$^{\times}$*varəiδinąm* (vr̥dyānānh) acc. masc. pl.: 9.24.3a, 9.24.3b.

√ ***varz*** «accomplir». Présent divādi. Voir aussi *dužuuarəšta-*, *huuarəšta-*, *huuərəz-*.

*vərəziiātąm* (vr̥zyatām) 3e sg. moy. passif impér. prés. : 10.20.2.

***varəzi.aŋ***$^{v}$***ha-*** «où l'existence est agréable». Composé (bahuvrīhi en °*a-*) de la forme compositionnelle en -*i-* d'un adj. dérivé de √ *uruuāz* (cf. v.-p. varzraka- [*va-z-r*$^{a}$*-ka-*]

«*réjouissant, grand») et de *aŋhu-*[103].

$^{+}$*varəzi.aŋhuuąm* (varzi-ahvām) acc. fém. sg. : 10.4.1b.

$^{+}$*varəzi.aŋ$^{v}$hå̊ŋhō* (varzi-ahvāhah) nom. masc. pl. : 10.14.2b.

***varšaji-*** ou *varəšaji-* masc. «racine». Étymologie incertaine[104].

*varšajīš* acc. sg. : 10.5.2b.

***varšna-*** ou *varəšna-* ou *°šəna-* masc. «impotent (?)», désignation daivique. Étymologie inconnue[105].

*varšnā°* ou *varəšnā°* nom. pl. : 11.6f.

√ *vas* (véd. *VAŚ*) «vouloir»: voir *ušti-*, *vasō.xšaθra-*.

***vasō.xšaθra-*** «qui dispose de toute l'emprise qu'il veut (exercer sur les dieux)». Composé (bahuvrīhi) de *vasah-* nt. «vouloir» (dérivé en *-ah-* de √ *vas* = véd. *VAŚ*) employé adverbialement et de *xšaθra-* nt. «pouvoir» (dérivé en *-aθra-* de √ *xšā* «pouvoir» = véd. *KṢĀ* ; véd. *kṣatrá-*).

*vasō.xšaθrō* (vasah-xšaθrah) nom. masc. sg. : 9.17.2b, 9.25.1b.

√ ***vaz*** (véd. *VAH*) «véhiculer». Présent bhvādi. Voir aussi *aṣ̌auuāzah-*.

*vazaiti* (vazati) 3e sg. act. ind. prés. ou $^{x}$*vazəṇtu* (vazantu) 3e pl. act. impér. prés. : 10.19.3a.

***vahišta-*** (véd. *vásiṣṭha-*) «excellent». Superlatif de *vaŋhu-*.

*vahištō* (vahištah) nom. masc. sg. : 9.16.4a.

*vahištəm* (vahištam) acc. masc. sg. : 9.19.1c, 11.10.3c.

*vahištəm* (vahištam) nom.-acc. nt. sg. : 10.9.4c.

---

[103] Différemment Kellens 1974 : 185 n. 2, 362.

[104] Apparenté à véd. *vṛkṣá-* (voir Mayrhofer 1986-2001 : II 524)?

[105] Voir Mayrhofer 1986-2001 : II 524.

***vā*** (véd. *vā*) conj. de coordination. Pourrait avoir une valeur emphatique dans *nauua* (voir cette entrée).
11.1.3eef, 11.5abb.

***vātō.śūta-*** «poussé par le vent». Composé (tatpuruṣa) de *vāta-* masc. «vent» (véd. *vā́ta-*) et de l'adj. verbal en *-ta-* de √ *śu* «mettre en mouvement» (véd. *CYU*). Cf. RS 1.116.1, 10.68.5.
*vātō.śūtəm* (vāta-šyutam) nom. nt. sg. : 9.32.1d.

***vāra-*** masc. «pluie» (cf. véd. *vā́r-*).
*vārəm*° (vāram) acc. sg. : 10.3.1a.

***vāra-*** masc. (véd. *vā́ra-*) «crin, filtre».
*vārəm* (vāram) acc. sg. : 10.14.1b.

*vārəθrayna-* : voir *vərəθrayna-*.

***vārəθrayni-*** «relatif ou appartenant à la capacité de briser les obstacles, permettant de briser les obstacles». Dérivé par vr̥ddhi de la syllabe initiale et thématisation en °*i-* de *vərəθrayna-*.
*vārəθrayniš* est probablement mis pour le nom. masc. plur. (vārθragnayah) : 10.18e, 10.19.3b.

***vāstra-*** nt. « pâture » (voir Pirart 2000a : 372). Dérivé en *-θra-* d'une racine mal connue.
ˣ*vāstrəm* (vāstram) nom. sg. : 10.20.1f.

***vāstraiia-*** masc. «qui s'occupe de faire paître le bétail, pâtre». Participe présent en °*a-* du dénominatif de *vāstra-* (Pirart 1995a : 61).
*vāstriiō* (vāstrayah) nom. sg. : 11.6c.

***vəhrka-*** masc. (véd. *vŕ̥ka-*) «loup».
*vəhrkəm* (vr̥kam) acc. sg. : 9.21d.
*vəhrkanąm*° (vr̥kānām) gén. pl. : 9.18h.

***vərəθra-*** nt. (véd. *vr̥trá-*) «blocage, obstacle ;

protection». N'est jamais le nom propre d'un démon dans l'Avesta. Voir aussi *vərəθrayna-*, *vərəθrajan-*, *vərəθra.tauruuan-*.

*vərəθrəm* (vr̥θram) acc. sg. : 10.20.1d.

***vərəθrayna-*** nt. «capacité de briser les obstacles». Composé (upapadasamāsa) de *vərəθra-* et de la forme compositionnelle de √ *jan*. Voir Pirart 1999a : 467 sqq. Voir aussi *vārəθrayni-*.

*vərəθraynəm* (vr̥θragnam) acc. sg. : 9.17.1b.

*vərəθraynāi°* (vr̥θragnāi) dat. sg. : 9.27d.

+*vārəθraynanąm* gén. plur. mis pour l'acc. plur. (vr̥θragnā) : 10.9.2a.

***vərəθrajan-*** masc. (véd. *vr̥trahán-*) «qui brise les obstacles». Composé de *vərəθra-* et du nom-racine tiré de √ *jan*. Voir Pirart 1999a : 467 sqq. Voir aussi les deux suivants.

*vərəθrajå* nom. sg. secondairement sigmatisé (vr̥θrajā) : 9.16.3c, 9.20.2c.

***vərəθrająstara-*** «qui brise mieux les obstacles». Comparatif en +*tara-* (le suffixe développe un **s* mobile: cf. latin *-ssimus*) de *vərəθrajan-*.

*vərəθrająstarō* (vr̥θrajanstarah) nom. masc. sg. : 10.6.1c.

***vərəθrająstəma-*** «qui plus que tout autre brise les obstacles». Superlatif en +*təma-* (le suffixe développe un **s* mobile: cf. latin *-ssimus*) de *vərəθrajan-*.

*vərəθrająstəmō* (vr̥θrajanstamah) nom. masc. sg. : 9.15.2c.

***vərəθra.tauruuan-*** masc. (cf. véd. *vr̥tratúr-*) «qui surmonte les obstacles», composé de *vərəθra-* et du nom-racine étoffé en *-u̯an-* de √ *θβar*.

*vərəθra.tauruuå* nom. sg. secondairement sigmatisé (vr̥θra-turvā) : 10.9.2b.

*vərəiδinąm*: voir *varəiδiiāna-*.

*vəraiδiiē*: voir *varaiδiiā-*.

×°*uue* (cf. véd. *vái*) particule : voir *nauua*.

***vī*** (véd. *ví*) préverbe. Voir aussi *viiaṇc-*, *vīdaēuua-*, *vīmanah-*.

√ *vī* (véd. *VĪ*). Présent adādi «suivre»; présent inchoatif[106] moy. «servir de *acc.* à *gén.*». Voir *əuuītō.xᵛarəδa-*, *frā*+√ *vī* et *vīra-*.

***vīdaēuua-*** «qui est séparé des Daiva, sans Daiva, qui chasse les Daiva, antidémoniaque». Composé (pradisamāsa) de *vī* et de *daēuua-*.

*vīdaēuuō* (vi-daivah) nom. masc. sg. : 9.13.4c.

√ *vip* : voir *para*+√ *vip*, *vīšō.vaēpa-*.

***vī*+√ ¹*pat*** (véd. *ví* ¹*PAT*) «prendre la fuite en volant, décamper» (voir Pirart 1995a : 61 n. 18). Présent bhvādi.

*patəṇtu vī ... vī* (patantu vi ... vi) 3e pl. act. impér. prés. : 10.1.1ab.

***vī*+√ *bar*** (véd. *ví BHR̥*) «étendre, déployer, diffuser». Présent bhvādi. Voir aussi *vī.bərəθβaṇt-*.

⁺*vī.barən* (vi-baran) 3e pl. act. inj. prés. : 10.11b.

*vī ... bara* (9.28.1b): voir *niš*+√ *bar*.

***vī.bərəθβaṇt-*** (cf. véd. *vibhŕ̥tvan-*) «in extenso, sans marquer de pause», dérivé en *+u̯aṇt-* du nom-racine tiré de *vī*+√*bar*.

⁺*vī.bərəθβaṇtəm* (vibr̥θvantam) acc. masc. sg. : 9.14e.

***vīmanah-*** (véd. *vímanas-*) «qui a le mental déployé, intelligent». Composé (prādisamāsa) de *vī* et de *manah-*.

⁺*vīmanō* (vi-manah) voc. masc. sg. : 9.28.1b.

---

[106] Pirart 1995-2000 : II 213. Jusqu'ici, le thème *vīsa-*, moyen tantum, était attribué à √ *vis* (voir Kellens 1984 : 100; Mayrhofer 1986-2001 : II 584) et comparé avec le védique *VIŚ* pourtant actif tantum.

***vīuuarəzdiuuaṇt-*** « disposant de moyens ». Dérivé en *-u̯aṇt-* du substantif en *-ti-* tiré de *vī*+√ *vard* (véd. *ví VR̥DH*).

×*vīuuarəzdiuuatō* (vivr̥zdivatah) gén. masc. sg. : 9.30.2a.

***vīuuaŋᵛhaṇt-*** masc. (véd. *vívasvant-*) «radieux ; Vivahvant».

*vīuuaŋᵛhå* (vivahvāh) nom. sg. : 9.4.2a.

*vīuuaŋᵛhatō* (vivahvatah) gén. sg. : 9.5.2d.

*vīra-*: voir *pasu.vīra-*, *vīrō.raoδa-*.

***vīrō.raoδa-*** «qui fait obstacle à la naissance des héros». Composé (upapadasamāsa) de *vīra-* «suiveur des troupeaux, guerrier, jeune homme»[107] et de la forme compositionnelle de √ ³*rud* «bloquer». Voir Commentaire métrique.

*vīrō.raoδa* (vīra-raudā) nom. masc. pl. : 9.15.1c.

***vī*+√ ²*rud*** (véd. *ví* ²*RU(D)H*) «se développer». Présent bhvādi.

*vīraoδahe* (vi-raudahai) 2e sg. moy. indic. prés. : 10.12.1b.

***vīs-*** fém. (véd. *víś-*) «clan, village». Voir aussi *vīsō.puθra-*, *vīspaiti-*.

*vīsō* (visah) gén. sg. : 9.7.3d.

*vīsi* (visi) loc. sg. : 9.28.2a, ×10.7.2.

***vīsō.puθra-*** masc. «fils du clan, héritier, prince». Composé du génitif singulier de *vīs-* et de *puθra-*.

<*vīsō.puθrō*> (visah-puθrah) nom. sg.: 9.7.3'.

***vīspa-*** (véd. *víśva-*) «tout, chaque». Voir aussi *vīspō.xᵛāθra-*, etc.

*vīspahe* (vispahya) gén. masc. sg. : 9.1.4b.

*vīspe* (vispai) nom. masc. pl. : 10.8.1a.

---

[107] Pirart 1998 : 535.

+*vīspə* (vispānh) acc. masc. pl. : 9.21f, 9.24.3a, 9.24.3b.
*vīspe* nom. masc. pl. mis pour l'acc. masc. pl. (vispānh): 9.15.1b, 10.17.4a, 10.21.2.
*vīspəs°* acc. masc. pl. en sandhi devant °*ca* ( vispāns ca < | vispānh | ca | ): 10.5.2b, 10.5.2c, 10.5.2d.
*vīspanąm* (vispānām) gén. masc. pl. décliné comme les noms, mis pour **vīspaēšąm*[108] (vispaišām): 9.18b.

***vīspaiti-*** masc. (véd. *viśpáti-*) «maître de clan».
*vīspaite* (vispatai) voc. sg. : 9.27a.

***vīspō.x$^v$āθra-*** «qui comporte tout bien-être». Composé (bahuvrīhi) *vīspa-* et de *x$^v$āθra-* «bien-être» (composé karmadhāraya du préfixe *hu+* [véd. *su+*] «bien» et d'un mot inconnu ; antonyme de *dužāθra-* «malheur»).
*vīspō.x$^v$āθrəm* (vispa-hu-āθram) acc. masc. sg. : 9.19.1c, 11.10.3d.

***vīspō.tanu-*** «qui concerne tout le corps». Composé (bahuvrīhi) de *vīspa-* et la forme compositionnelle de *tanū-*.
*vīspō.tanūm* acc. masc. sg. mis pour l'acc. nt. sg. (vispa-tanu) : 9.17.1e.

***vīspō.paēsah-*** «qui possède divers ornement». Composé (bahuvrīhi) de *vīspa-* et de *paēsah-* nt. «décor ciselé» (véd. *péśas-*).
*vīspō.paēsaŋhəm* (vispa-paisaham) acc. fém. sg. : 9.17.1f.

***vīša-***[109] nt. (véd. *viṣá-*) «venin». Voir aussi *vīšauuaṇt-*, *vīšō.vaēpa-*.
×*vīšəm* nom. sg. : 9.11.2a, 9.11C.

*viša* : voir *viiaṇc-*.

***vīšauuaṇt-*** (véd. *viṣávant-*) «venimeux».

---

[108] Cette forme a subsisté dans quelques rares passages : e. g. Y 23.27.
[109] Kellens (1974 : 366 sqq.) admet le nom-racine.

*vīšauuaṇtəm* (višavantam) acc. masc. sg. : 9.11.1c.

***vīšō.vaēpa-*** «lance-venin» (cf. lat. *vipera* ?). Composé (upapadasamāsa) de *vīša-* et de la forme compositionnelle de √*vip* «vibrer».

*vīšō.vaēpahe* (viša-vaipahya) gén. masc. sg. : 9.30.1b.

***vīšpaθa-*** nt. «prospérité, exubérance». Dérivé en *-aθa-* de **vī*+√ [2]*spā* «gonfler, développer» (scr. *ví+SPHĀ*). Voir *paβrāna.višpaθa-*.

*višpaθa* (vi-spaθā > višpaθā) instr. sg. : 10.5.1c.

√ *vižd* : voir *aiβi.vōiždaiiaṇt(a)-*.

***vīžuuaṇc-*** (véd. *víṣvañc-*) «qui vont dans des sens différents».

*vīžuuaṇca* nom. masc. duel mis pour le nom. masc. pl. (vižvancah) : 10.11b.

***viiaṇc-*** «diffus, divergeant». Dérivé en *+aṇc-* (védique *+añc-*) du préverbe *vī* (véd. *ví*).

*viša* (vīšyā) instr. fém. sg. adverbial : 10.1.1a.

***raēuuaṇt-*** (véd. *revánt-*) «riche, capable d'offrandes». Voir aussi le suivant.

*raēuuaṇtō* nom. masc. pl. mis pour le gén. masc. sg. (raivatah) : 10.17.5d.

***raēuuastəma-*** «très riche». Superlatif en *+təma-* de *raēuuaṇt-*.

*raēuuastəmahe*° (raivastamahya) gén. masc. sg. : 10.13.1c.

***raoxšna-*** «brillant, lumineux» (cf. latin *lūnā*). Dérivé en *-šna-* de √ *ruc* «briller» (véd. *RUC*).

*raoxšna* (rauxšnā) nom. masc. pl. : 10.19.2b.

***raocah-*** «diurne, lumineux». Dérivé en *-ah-* de √ *ruc*

«briller» (véd. *RUC*).
*raocaŋhəm* (raucaham) acc. masc. sg. : 9.19.1d, 11.10.3d.

***raoδa-*** masc. «développement, âge, étape de la vie». Dérivé en *-a-* de √ ²*rud*. Je ne pense pas que ce soit le même mot qui figure dans le composé *vīrō.raoδa-*.
*raoδaēšuu*° (raudaišu) loc. pl. : 9.5.2b.

***raose*** (rusai ou rausai) infinitif radical en *-he* de √ ²*rud*[110]: 10.5.1b.

***raosta*** 3e sg. moy. inj. prés. (9.24.1c) : est-ce «il gémit» (√ ¹*rud*, véd. *RUD*) [111], «il se révolta, se souleva» (√ ²*rud*, véd. *RU(D)H*, ou √ ³*rud*, véd. *RUDH*)?

***ratu-*** masc. «séquence rituelle, Ratu», désignation de certaines divinités liées aux périodes du temps rituel (voir Kellens 1996 : 62 sqq.). Morphologie incertaine.
*ratūm* (ratum) acc. masc. sg. : 9.1.1.

*rapiθβin-*: voir *ā.rapiθβina-*.

√ ***ranj*** (véd. *RAṀH*) «donner de l'élan». Présent bhvādi. Voir aussi *rəṇjiia-*.
*rəṇjaiti* (ranjati) 3e sg. act. [112] indic. prés. : 10.8.2a.

√ ***ram*** (véd. *RAM*) «se reposer, s'arrêter». Présent divādi.
*rāmiiaṯ* 3e sg. act. inj. prés. : 10.1.3a.

***rauua-*** masc. «vallée, campagne» (cf. lat. *rūs*).
*raonąm* (ravānām) gén. pl. : 10.17.4c.

***rāδa-*** masc. «chef de harde». Dérivé en °*a-* de √ *rad* «frayer un chemin» (véd. *RAD*).

---

[110] Mais voir Kellens 1984 : 345, 349.

[111] Kellens 1984 : 88, 231.

[112] Mais voir Kellens 1984 : 23.

*rāδəm°* (rādam) acc. sg. : 9.23.1c.

***rəŋjiia-*** (véd. *rámhya-*) «supérieur en vitesse».
+*rəŋjaiiō* (ranjyah) nom. masc. sg. (mis pour le pl. ?): 10.19.3a.

√ ***rit*** «mélanger» (cf. véd. *rétas-* «sperme»?). Le présent *raēθβaiia-* est en réalité le dénominatif[113] de *raēθβa-* «ingrédient, mélange» (dérivé en *-ṷa-* de √ *rit*). Afin d'expliquer °*θ*°, je fais l'hypothèse que le parfait aurait conservé l'écho du suffixe caractérisant le substantif duquel est tiré ce verbe dénominatif[114]. Voir aussi *irista-*.
×*irīriθβarə* (ririθvar) 3e pl. act. indic. pft. : 10.12.2a.

***irista-*** «mélangé à *instr.*». Adj. verbal en *-ta-* de √ *rit*.
*iristahe* (ristahya) gén. masc. sg. : 10.13.3d.

√ *ruc*: voir *raoxšna-*, *raocah-*.
√ [1]*rud* (véd. *RUD*) «pleurer, gémir, se plaindre»: voir *raosta*.

√ [2]***rud*** (véd. [2]*RU(D)H*) «monter» ; moy. «croître». Présent bhvādi. Voir aussi *raose* et *raosta*.
*raoδahe* (raudahai) 2e sg. moy. indic. prés. : 10.4.2a.
+*raodaṯ* (raudat) 3e sg. act. inj. prés. : 9.11.2a, 9.11C.
×*urūruδīša* (rurudīša) 2e sg. moy. opt. pft. : 10.3.2b.

√ [3]*rud* (véd. [1]*RUDH*) «bloquer»: voir *vīrō.raoδa-*, *raosta*.

***uruuaθa-*** masc. «observant» (cf. véd. *vrā́tya-*). Dérivé en *-aθa-* de la racine qui explique *uruuata-* «observance» (véd. *vratá-*) ?
*uruuaθō* (vraθah) nom. sg. : 10.9.3.
*uruuaθəm* (vraθam) acc. sg. : 10.9.4a.

***uruuan-*** masc. «âme». Étymologie inconnue.

---

[113] Voir Kellens 1995b : 58 n. 2.

[114] Comme en indien *jughūrṇa* parfait de *ghūrṇayati*.

*urunaē°* (rūnai) dat. sg. : 9.16.4b.

*uruuarā-* : voir *āpa.uruuarā-*.

***uruuā.xšaiia-*** masc. «roi de Ruvā, Ruvāxšaya», anthroponyme. Composé (upapadasamāsa) de *uruuā-* fém. nom de pays et de la forme compositionnelle (tirée du thème de présent) de √ *xšā*. Voir Commentaire.
$^{+}$*uruuā.xšaiiō* (ruvā-xšayah) nom. sg. : 9.10.3d.

***uruuāsman-*** «réjouissant». Dérivé en *-man-* de √ *uruuāz* «prendre plaisir» (cf. véd. *ū́rj-*).
*uruuāsmana* (vrāzmanā) instr. fém. sg. : 10.8.1d.

√ *uruuāz* «prendre plaisir» (cf. véd. *ū́rj-*): voir *uruuāsman-*, *varəzi.aŋ$^{v}$ha-*.

*saēna-*: voir *iškata.upāiri.saēna-*.

***saošiiaṇt-*** masc. «qui gonflera ; Saušyant», désignation d'une classe de divinités. Participe act. futur en *-hiia-* de √ *sū* «gonfler, prospérer» (véd. *ŚŪ*)[115]. Voir Commentaire.
*saošiiaṇtō* (saušyantah) nom. pl. : 9.2.3d.

***sātar-*** masc. «immolateur ; sātar», titre sacerdotal daivique. Nom d'agent en *-tar-* de √ *sā* «couper» (véd. *CHĀ*): voir Pirart 1998 : 546 n. 95.
*sāθrąm* (sāθrām) gén. pl. : 9.18e.

***sāma-*** masc. «descendant de Sama». Dérivé par vr̥ddhi de la syllabe initiale de **səma-* «sans corne» (véd. *śáma-*)[116].
*sāmanąm* (sāmānām) gén. pl. : 9.10.2a.

---

[115] Le suffixe de présent secondaire occulte peut-être que c'est le sens causatif qui est envisagé: voir Kellens 1997-1998 : 752 sqq.

[116] Contre Kellens (1999-2000 : 735) qui lui donne le sens de «noir» alors que tout l'indo-iranien ancien, du scythique *siōmakhos* au védique *śyāmá-* (voir Mayrhofer 1986-2001 : II 661), montre par ailleurs le maintien de *i̯*.

*sāra-*: voir *pəṣ̌ō.sāra-*, *starō.sāra-*.

***sāstar-*** masc. «qui donne de (mauvaises) instructions ; sāstar», titre politique daivique. Nom d'agent en *-tar-* de √ *sāh* «instruire, commander» (véd. *ŚĀS*).
*sāstarš* (sāstr̥š) gén. sg. : 9.31.1a.

***sauuišta-*** (véd. *śáviṣṭha-*) «très opulent ; qui rend très opulent, qui fournit très bien les dieux en savah». Cette ambiguïté, permise par le suffixe *-išta-*, explique que les dieux qui prospèrent du fait des sacrifices offerts et les hommes qui les font prospérer de la sorte puissent les uns comme les autres recevoir cette épithète. Le savah qui est la force que les dieux retirent du culte que leur rendent les hommes se distingue de l'iš que leur envoient les dieux, par exemple sous forme de pluie. Superlatif de *sūra-*.
*səuuištō* (savištah) nom. masc. sg. : 9.10.2a.

***sima-*** masc. (véd. *śíma-*) «souillure, Sima», nom d'un démon.
*simahe* (simahya) gén. sg. : 9.30.1b.

√ *sū*: voir *saošiiaṇt-*, *səuuišta-*, *sūra-*.

***sūra-*** (véd. *śū́ra-*) «opulent ; qui rend opulent». Voir *səuuišta-*.
*sūraiiā̊* (sūrāyāh) gén. fém. sg. : 9.7.3d.

***skəṇda-*** «friable ( ?)» (cf. véd. *skándhas-*). Dérivé en °*a-* de √ *skaṇd* «fracasser, faire du petit bois».
*skəṇdəm* (skandam) acc. nt. sg. : 9.28.2f.

*staēra-* (véd. *sthirá-*) «ferme, solide, massif, compact». Voir *staēra.starō.sāra-*.

***staēra.starō.sāra-*** masc. duel «Stira et Starah-sāra». Composé dvandva de deux oronymes. Voir *staēra-* et *starō.sāra-*.

*staēra.starō.sāra* (stirā-starah-sārā) acc. : 10.11d.

***staota-*** nt. «texte de la louange»[117]. Dérivé en *-ta-* sur degré plein radical de √ *stu*. L'attestation est douteuse[118].

[*ā*]*staoite* locatif sg.: 10.19.3b (ou *āstaoite* 3e sg. moy. indic. prés. de *ā*+√ *stu*).

***staotar-*** masc. (véd. *stotṛ́-*) «laudateur».

*staota* (stautā) nom. sg. : 10.9.3.

*staotārəm* (stautāram) acc. sg. : 10.9.4a.

***staomaine*** (stumanai) infinitif[119] en *–maine* de √ *stu* : 9.2.3c.

***staomāiiu-*** (fém. °*iiū-*) «qui convient à la louange». Dérivé en +*i̯u-* de *staoma-* masc. «louange» (véd. *stóma-*)[120].

+*staomāuiiō* (staumāyuvah) nom. fém. pl. : 10.18b.

***stauuāna-*** (véd. *stávāna-*) «étant loué». Ptcp. prés. moy. de √ *stu*.

*stauuanō* ptcp. prés. moy. nom. masc. sg. : 10.6.1a.

*star-*: voir *starō.sāra-*, *stəhrpaēsah-*.

*starō.sāra-* «qui a les étoiles sur le sommet». Oronyme masc. Composé (type véd. *vájrahasta-*) nom. plur. de *stərə-* et de *sāra-* masc. «tête» (cf. véd. *śíras-*). Voir *staēra.starō.sāra-*.

√ ***stā*** (véd. *STHĀ*) moy. «se trouver debout, prendre pieds sur, se dresser». Présent thématique à redoublement *hišta-*. Voir aussi *frā*+√ *stā*.

*hištaite* (hištatai) 3e sg. moy. indic. prés. : 10.12.4b.

---

[117] Pirart 1997a : 377 sq.

[118] Voir Introduction 4.

[119] N'a pas été retenu par Kellens (1984 : 347) pour y voir le datif du substantif en *-man-* sur degré plein radical.

[120] Pirart 1997a : 377 n. 35.

***stəhrpaēsah-*** «décoré d'étoiles». Composé (bahuvrīhi) de *stərə-* masc. «astre, étoile» (véd. *stṛ́-*) et *paēsah-* nt. «ornement» (véd. *péśas-*).

*stəhrpaēsaŋhəm* (stṛ-paisaham) acc. masc. sg. : 9.26.1c.

√ ***stu*** (véd. *STU*) «louer». Présent adādi protérodynamique partiel. Voir aussi *aiβi+√ stu*, *ā+√ stu*, *upa+√ stu*, *staota-*, *staotar-*, *staomaine*, *staomāiiu-*, *stauuāna-*, *haoma.stūiti-*.

*staomi* (stāumi) 1e sg. act. indic. prés. : 10.3.1a, 10.3.2a, 10.4.1a, 10.4.2a.

*staoiti* (stāuti) 3e sg. act. indic. prés. : 10.6.1b, 10.18C.

*stauuąn* (stavan) 3e pl. act. subj. prés. : 9.2.3d.

*stūiδi* (studi) 2e sg. act. impér. prés. : 9.2.3c (ou *aoi* ... *stūiδi*: voir *aiβi+√ stu*).

***stūnā-*** (véd. *sthū́ṇā-*) fém. «colonne».

*stūna* (stūnā) nom. sg. : ? 9.1Cb[121].

√ *span* «étudier (?)»: voir *spainiiah-*, *spānah-*, *spəṇta-*.

***spanaŋʷhaṇt-*** «qui possède l'enseignement». Dérivé en *+u̯aṇt-* de *spānah-*.

*spanaŋha* (instr. sg. de *spānah-* ?) est mis pour le voc. masc. sg. (spānahvah) : 9.27c.

***spainiiah-*** « mieux capable d'étudier ». Comparatif en *-iiah-* tiré de √ *span*.

*spainiiaŋhəm* (spanyāham) acc. masc. sg. : 10.13.3b.

√ *spar*: voir *frā+√ spar*.

√ *spā*: voir *višpaθa-*.

***spānah-*** nt. «étude». Dérivé en *-ah-* de √ *span*. Voir aussi *spanaŋʷhaṇt-*.

---

[121] Voir Texte.

*spānō* (spānah) acc. sg. : 9.22.3c.

***spəṇta-*** «instructif, savant, bénéfique» (Pirart 2002a : 20 n. 3; 2002b : 144 n. 114). Dérivé en *-ta-* de √ *span*. Voir *spəṇta.fradixšta-*.

***spəṇta.fradixšta-*** «instruit par le savant (Ahura Mazdā)». Composé de *spəṇta-* et de l'adj. verbal en *-ta-* de *frā*+√ *dis* « instruire » (véd. *prá DIŚ*).

ˣ*spəṇta.fradixšta* (spanta-fradištā) nom. masc. plur. : 10.11a.

***spitāma-*** masc. «descendant de Spitāma». Adjectif patronymique avec vr̥ddhi invisible de la syllabe initiale[122]. Étymologie inconnue.

*spitāmahe* (spāitāmahya) gén. sg. : 10.21.3a.

*spitama* (spāitāma) voc. sg. : 9.2.3a.

***spiti.gaona-*** «de robe blanche». Composé (bahuvrīhi) de la forme compositionnelle *spiti+* de *spiθra-* «éclatant, clair, blanc» (véd. *śvitrá-*) ou de *spaēitita-* «blanc» (véd. *śvetá-*) et de *gaona-* nt. «pelage, robe, couleur» (cf. véd. *guṇá-* ?).

ˣ*spiti.gaona* (spiti-gaunā) acc. masc. duel : 10.11g.

***sraēšta-*** (véd. *śréṣṭha-*) «le plus beau».

*sraēštəm* (srayištam) acc. masc. sg. : 9.1.4c.

***sraoša-*** masc. «*capacité de se faire entendre ; Srauša». Dérivé en *-a-* de √ **sruš* «se faire entendre» (véd. *ŚRUṢ*).

*sraošō* (sraušah) nom. sg. : 10.1.2a.

*sraošahe* (sraušahya) gén. sg. : 10.16e.

√ *sru* (véd. *ŚRU*) «écouter»: voir *duš.srauuah-*, *frā*+√ *sru*, *srūta-*, *srūiti-*, √ *sruš*.

***srūta-*** «à propos duquel on a entendu dire, connu pour

---

[122] C'est du moins ce que laisse penser le fém. *spitāmī-* qui est en °*ī-*.

cela». Adj. verbal en *-ta-* de √ *sru*.
*srūtō* (srutah) nom. masc. sg. : 9.14a.

*srūiti-* : voir *frasrūiti-*.

***sruuara-*** masc. «*griffu ; Srūbara», nom d'un être démoniaque. Composé (upapadasamāsa) de *srū-* «patte munie d'ongles ou de griffes» (étymologie inconnue)[123] et de la forme compositionnelle de √ *bar*.
*sruuarəm* (srū-baram) acc. sg. : 9.11.1a.

√ *sruš* (ancien causatif de √ *sru*): voir *asrušti-*, *sraoša-*.

***zaotar-*** masc. (véd. *hótr̥-*) «libateur» (voir Texte, note sur 9.1.1).
*zaotārəm* (zautāram) acc. sg. : 11.1.2.

√ ***zan*** (véd. *JAN*) moy. «naître». Le prés. kryādi *zānā-* / *zān-* est ahurique et le divādi *zăiia-* non préverbé est daivique[124]. Voir aussi *ā*+√ *zan*, *us*+√ *zan*, *zaṇtu-*, *zāta-*.
*zānāite* (zānatai) 3e sg. moy. subj. prés. kryādi : 11.6a.
*zaiiąṇte* (zāyāntai) 3e pl. moy. subj. prés. divādi : 11.6d.

***zaṇtu-*** masc. (véd. *jantú-*) «tribu ; région». Voir aussi le suivant.
*zaṇtuuō* (zantāu) loc. sg. : 9.28.2b.

***zaṇtu.paiti-*** masc. «chef de tribu ; maître de région». Composé (tatpuruṣa) de *zaṇtu-* et de *paiti-*.
+*zaṇtu.paite* (zantu-patai) voc. sg. : 9.27b.

√ *zam* : voir *frā*+√ *zam*.

***zam-*** fém. (véd. *kṣám-*) «terre». Voir aussi *zəmarə.gūza-*.

---

[123] Cf. latin *crus* ?

[124] Des exceptions existent: e. g. V 1.17.1f *yahmāi zaiiata θraētaonō* (yahmi zāyata θrāitaunah).

*ząm* (zām) acc. sg. : 9.29.2a, 10.4.1a.
*zəmō* (zmah) gén. sg. : 10.4.2a, 11.7f.
*zəmi* (zami) loc. sg. : 10.17.5c.
*zəmā* (zmā) instr. sg.[125] mis pour le loc. sg. (zami) : 9.15.1d, 9.20.1d, 9.20.2d.

√ $^{1}$*zar* (véd. *HṜ*) moy. «s'irriter». Voir *zazarāna-*.
√ $^{2}$*zar*: voir *zaraθuštra-*, *zauruuā-*, *zruuan-*.
√ $^{3}$*zar*: voir *zaranin-*, *zairi.gaona-*, *zairita-*, *zāiri-*.

***zaraθuštra-*** masc. «*qui a de vieux chameaux ; Zaraduštra», anthroponyme. Composé (type indien *jaradgava-* «qui a de vieux bovins»: Pirart 2002b : 130 n. 47) de la forme compositionnelle de √ $^{2}$*zar* «être vieux» (véd. $^{2}$*JAR*) et de *uštra-* «chameau» (véd. *úṣṭra-*). Le °*θ*° représente le sandhi secondaire ou diascévastique consécutif à l'analyse du composé en **zaraṭ.uštra-* (Pirart 2000a : 399 n. 109). Voir aussi le suivant.
*zaraθuštrō* (zaraduštrah < zarat-uštrah) nom. sg. : 9.1.3, 9.3.1, 9.16.1, 10.17.1, 11.8.1.
*zaraθuštrəm* (zaraduštram) acc. sg. : 9.1.2a, 9.1Ca.
*zaraθuštrahe* (zaraduštrahya) gén. sg. : 10.21.3a.
*zaraθuštra* (zaraduštra) voc. sg. : 9.2.2a, 9.13.4a, 9.14b, 9.15.1b.

***zaraθuštri-*** «zoroastrien». Dérivé par vṛddhi invisible de la syllabe initiale et thématisation en °*i-* de *zaraθuštra-*.
<*zaraθuštriš*> (zāraθuštriš) nom. fém. sg.: 9.31.2b'.

***zarainin-*** (véd. *hiraṇín-*) «en or» (Pirart 2000a : 388 n. 70).
*zaranaēnəm* (zaraninam) acc. masc. sg. : 10.17.5b.

***zairi.gaona-*** «de couleur jaune». Composé (bahuvrīhi) de la forme compositionnelle *zairi+* (véd. *hiri+*) de *zairita-* et de *gaona-*.

---

[125] L'instr. peut parfois se justifier comme cas du lieu de passage: e. g. Yt 5.3d *yå̄ zəmā paiti frataciṇti* «les (rivières) qui coulent sur terre».

*zairi.gaonō* (zari-gaunah) nom. masc. sg. : 9.16.3d, 10.12.1c.

***zairita-*** (véd. *hárita-*) «jaunâtre». Daivisme.
*zairitəm* (zaritam) acc. masc. sg. : 9.11.1c, 9.11.2b.
*zairitahe* (zaritahya) gén. masc. sg. : 9.30.1a.

***zauruuā-*** fém. «vieillesse» (cf. véd. *jarimán-*). Dérivé en -*u̯ā*- de √ ²*zar*.
*zauruua* (zarvā) nom. sg. : 9.5.1c.

***zazarāna-*** «furieux». Participe parfait moyen de √ ¹*zar*.
*zazarānō* (zazarānah) nom.[126] masc. sg. : 9.30.2b.

***zāta-*** (véd. *jātá-*) «né». Adj. verbal en -*ta*- de √ *zan*.
*zātanąm* (zātānām) gén. masc. pl. : 9.4.3e.

***zāuuan-*** nt. «accélération, force d'aller vite». Dérivé en -*an*- (nom.-acc. en *-*r̥*) de √ ²*zū* «accélérer» (véd. *JŪ*).
*zāuuarə* (zavar) acc. sg. : 9.28.2d, 11.2.2d.
*zāuuarə* acc. sg. mis pour l'acc. pl. (zavār) : 9.22.1c.

***zāiri-*** (véd. *hári-*) «jaune». Épithète du jus de Hauma non encore filtré.
*zāirīm* (zarim) acc. masc. sg. : 10.21.1a.
*zāire* (zarai) voc. masc. sg. : 9.17.1a, 9.30.1d, 9.30.2d, 9.31.1d, 9.31.2f, 9.32.1f, 9.32.2c, 10.13.3c.

+*zəṇgra-*: voir *caθβarə.zəṇgra-*, *bizəṇgra-*.

***zəmarə.gūza-*** «qui se cache sous terre». Composé (upapadasamāsa) de *zəmarə* «sous terre», forme adverbiale de **zəman-* nt. «terre» (dérivé en -*an*- de *zam-*; véd. *jmán-*)[127], et de la forme compositionnelle de √ *guz* «cacher» (véd. *GŪH*). Le

---

[126] Contre Kellens 1984 : 425.

[127] Cette forme adverbiale, tirée du nom.-acc. sg. lo. zamar, se retrouve dans le nom de Zalmoxis (**zamar-xšaya-* «roi sur terre»).

second terme est bien en °*a-*[128] d'après FrW 4.3 *zəmargūzō bauuāt̰ aŋrō mainiiuš* «Ahra Manyu ne pourra que se cacher sous terre» et MBh *hemaguha-* nom d'un démon («se cachant en hiver, qui hiberne»?).

$^{+}$*zəmarə.gūzō* nom. masc. sg. (zamar-guzah) mis pour l'acc. masc. pl. (zamar-guzānh): 9.15.1a.

***zī*** (véd. *hí*) «car». Particule.

zi + indicatif présent : 10.8.1a.

√ $^{1}$***zū*** (véd. *HŪ*). Le présent en °*aiia-*, *zbaiia-* actif ou moyen, a les sens de «invoquer, appeler», mais le bhvādi *zauua-* moyen tantum signifie «maudire». La diathèse moyenne du bhvādi est assurée par le V 18.11 *naēδa ciš caθβārō* $x^{v}$*atō* $^{\times}$*zauuaiṇte* ∴ «chacun des quatre ne peut maudire (personne d'autre) que lui-même» où le sens réfléchi n'a pu être exprimé qu'en recourant à l'adverbe réféchi $x^{v}$*atō* (Pirart 2001 : 119 n. 90).

$^{+}$*zauuaite* (zavatai) 3e sg. moy. indic. prés : 11.1.2, 11.2.1, 11.3.1.

$^{+}$*zauuaiṇte* (zavantai) 3e pl. moy. indic. prés. : 11.1.1b.

***zbaraθa-*** masc. «jambe qui manque de stabilité». Dérivé en *-aθa-* de √ *zbar* «vaciller, chanceler» (véd. *HVAR*). Daivisme.

*zbaraθaēibiia* (zbaraθaibyā) instr. duel : 9.29.1a.

***zbarah-*** nt. « -?- ». Voir Commentaire métrique.

<*zbarahī*> loc. sg. (zbarahi): 9.13.4a'.

√ ***ziiā*** (véd. $^{1}$*JYĀ*) «déposséder, priver *acc.* de *acc.*». Présent rudhādi (thématisé[129] ?). Voir aussi *miθrō.ziiā-*.

*zināt̰* (zināt) 3e sg. act. subj. prés. ou indic. prés. mis pour le subj. prés. (zinat) : 11.5a.

---

128 Contre Kellens 1974 : 32, et Pirart 2001 : 109 n. 63.

129 Cf. v.-p. *adinam*.

***zruuan-*** masc. «temps». Dérivé en *-u̯an-* de √ $^{2}$*zar*. Voir Pirart 2003a : 144.

*zruuānəm* (zarvānam) acc. sg. : 9.11.3c.

***š́iiaoθna-*** nt. (véd. *cyautná-*) «mise en mouvement, acte». Dérivé en *-θna-* de √ *š́iiu*.

*š́iiaoθnāiš* instr. pl. mis pour l'acc. pl. (šyāuθnā) : 9.31.2d ( ?: voir Pirart 2000a : 381 n. 43).

√ *š́iiu* : voir *vātō.š́ūta-*, *š́iiaoθna-*.

***haēnā-*** fém. (véd. *sénā-*) «horde», terme daivique désignant collectivement des êtres surnaturels qui sont aux Drugvant ce que les Fravr̥ti sont aux R̥tavan.

$^{\times}$*haēnaiiå̊s°* (hainā̆yās ca < | hainā̆yāh | ca |) gén. sg. : 9.18i.

***haoma-*** masc. (véd. *sóma-*) «suc, Hauma».

*haomō* (haumah) nom. sg. : 9.1.2a, 9.2.1b, 9.2.2b, 9.4.1b, 9.7.1b, 9.10.1b, 9.13.1b, 9.16.3a, 9.16.3a, 9.22.1a, 9.22.2a, 9.22.3a, 9.23.1a, 9.24.1a, 10.6.1a, 10.8.2d, 10.17.2b, 11.3.1, 11.3.2f, 11.7c, 11.8.2b.

*haomas°* (haumas ca < | haumah | ca |) nom. sg. : 11.1.1c.

*haoməm* (haumam) acc. sg. : 10.8.2c, 10.21.1a, 10.21.1b, 10.21.1c.

*haoməm°* (haumam) acc. sg. : 10.15.2b.

*haomāi* (haumāi) dat. sg. : 9.3.2, 9.16.2, 10.13.1a, 10.13.2a, 10.17.2a, 10.17.3, 11.4a, 11.7b, 11.8.2a, 11.8.3.

*haomahe* (haumahya) gén. sg. : 10.1.3c, 10.7.1e, 10.8.1c, 10.8.2a, 10.15.3a.

*haoma* (hauma) voc. sg. : 9.3.3a, 9.6.1a, 9.9.1a, 9.12.1a, 9.19.1b, 9.19.2b, 9.19.3b, 9.20.1b, 9.20.2b, 9.21b, 9.25.1b, 9.27a, 9.30.1d, 9.30.2d, 9.31.1d, 9.31.2f, 9.32.1f, 9.32.2c, 10.3.2b, 10.4.1c, 10.5.1b, 10.9.1a, 10.9.2a, $^{\times}$10.12.1c, 10.13.3c, 10.14.3a, 10.18a, 11.10.1a, $^{\times}$11.10.2a, 11.10.3b.

*haoma* nom. pl. mis pour l'acc. pl. (haumānh): 10.17.4a, 10.21.2.

***haoma.stūiti-*** fém. «éloge de Hauma». Composé (tatpuruṣa) de *haoma-* et de *stūiti-* fém. «action de louer» (dérivé en *-ti-* de √ *stu*).

*haoma.stūitiš* (hauma-stutiš) nom. sg. : 10.6.2b.

***haoma.hūiti-*** fém. (véd. *sómasuti-*) «pressurage de Hauma».

*haoma.hūitiš* (hauma-hutiš) nom. sg. : 10.6.2a.

***haoma.x<sup>v</sup>arəiti-*** fém. «consommation de Hauma». Composé (tatpuruṣa) de *haoma-* et de *x<sup>v</sup>arəiti-* (voir Pirart 2001: 106).

*haoma.x<sup>v</sup>arəitiš* (hauma-hvartiš) nom. sg. : 10.6.2c.

***haoiia-*** (véd. *savyá-*) «gauche».

*hōiiūm°* (havyam) acc. nt. sg. : 11.4d, 11.5f.

*haoiiå* (11.1.3f): voir *x<sup>v</sup>a-*.

√ ***hac*** moy. «s'accompagner de» (véd. *SAC :: sácate*). Voir aussi *hacimna-*.

*hacaite* (hacatai) 3e sg. moy. indic. prés. : 10.8.1d.

*hacịnte* (hacantai) 3e pl. moy. indic. prés. : 10.8.1b.

***haca*** (véd. *sácā*) postposition.

\+ abl. «à partir de» seulement en iranien (haca): 10.7.1b, 10.17.5a.

\+ loc. «chez, etc.» : seulement en indien.

***hacimna-*** «accompagné de». Ptcp. prés. moy. de √ *hac*.

*hacimnō* (hacamnah) nom. masc. sg. : 11.1.3b, 11.3.2b. Anormalement accordé avec un bahuvrīhi au lieu d'être complété de l'instrumental.

***haiθiia-*** (véd. *satyá-*) «relatif aux Êtres (divins), cultuel»; masc. «haθya», désignation générale de tous les participants de la cérémonie sacrificielle, qu'ils soient sacrifiants ou officiants,

ou du saint homme; acc. nt. adv. «de façon véridique».
*haiθīm* (haθyam) acc. masc. sg.: 9.23.1a, 11.1.1a.
*haiθīm°* (haθyam) acc. nt. adverbial: 10.5.1d.

***haθra*** (véd. *satrā́*) adv. «au même endroit ; simultanément, instantanément». Voir aussi *haθra.ana*.
haθra: ? +10.11a (voir *aθra*).
*haθra*, à la ligne 10.7.1a, est fautif pour *hixra+*.

***haθra.ana***: mot inconnu si ce n'est pas *haθra* «au même endroit ; simultanément, instantanément» (véd. *satrā́*) suivi de l'instr. masc. sg. du démonstratif *ana-* (véd. *aná-*): 10.19.3c.

√ *had* (véd. *SAD*): voir *aiβi+√ had, nī+√ had.*

***hanjamana-*** nt. (véd. *saṁgámana-*) «rencontre, réunion, assemblée».
*hanjamaine* (ham-jamanai) loc. sg. : 11.2.2e.

***hauuaṯ.masah-*** «de la même grandeur que (*yaθa*)». Le premier terme du composé est mal descriptible s'il n'est pas à corriger en ×*auuaṯ* (cf. véd. *tā́vat*), tandis que le second, *masah-* nt. «grandeur», paraît être le dérivé en *-ah-* de la racine qui explique les mots grecs *mêkos* et *makrós*.
*hauuaṯ.masō* (āvat-masah) acc. nt. sg. : 10.13.1b, 10.13.2b.

[1]*hauuana-* nt. (véd. *sávana-*) «pressurage»: voir *hāuuani-*.

[2]***hauuana-*** masc. «pierre presseuse». Dérivé en *-ana-* de √ *hu*.
*hauuanəm* (havanam) acc. sg. : 10.2.1a, 10.2.2a.

***hauuaŋhauua-*** nt. «qualité de qui dispose d'une bonne existence spirituelle» (voir Kellens 1995a : 31). Dérivé par vr̥ddhi de l'initiale et thématisation en °*a-* de *huuaŋhu-* «qui possède une bonne existence (spirituelle)» (bahuvrīhi du préfixe *hu+* et de *aŋhu-*).

*hauuaŋ$^{v}$hāi* (hāu-ahavāi) dat. sg. : 11.10.2b.

***harā-*** fém. «*lieu d'où l'on surveille, Harā», oronyme. Dérivé de √ *har* «surveiller» (cf. lat. *servare*).

*haraiθiiō* forme aberrante de génitif mise pour le loc. sg. (harāyā): 10.10.2c.

√ *harz* : voir *auua*+√ *harz*.

*hazaŋra-*: voir les deux suivants.

***hazaŋraγnā-*** fém. «capacité de tuer mille». Dérivé en °*ā-* de *hazaŋrō.jan-* «qui tue mille (adversaires)» (composé tatpuruṣa de *hazaŋra-* nt. «mille», = véd. *sahásra-*, et du nom-racine de √ *jan*)?

*hazaŋraγniiāi* (hazahra-gnāyāi) dat. sg. : 10.6.2d.

***hazaŋrā.yaoxšti-*** «aux mille facultés». Composé (bahuvrīhi) de *hazaŋra-* nt. «mille» (= véd. *sahásra-*) et de *yaoxšti-* fém. «faculté» (dérivé en *-ti-* de *yaoš*+√ $^{1}$*dā* ?).

*hazaŋrā.yaoxštīm* (hazahra-yauštim ?) acc. masc. sg. : 9.8.1c.

***haŋ$^{v}$harəna-*** «avec les mâchoires». Composé du préfixe comitatif *ha*+ (véd. *sa*+) et de **x$^{v}$arəna-* «mâchoire» (dérivé en *-ana-* de √ *x$^{v}$ar* «avaler, consommer»).

*haŋ$^{v}$harəne* (ha-hvaranai) acc. nt. duel : 11.4c, 11.5e.

***hāuuani-*** «relatif au pressurage (du matin)»; masc. désignation d'une partie du jour et du génie qui la représente (voir Kellens 1996 : 65 sqq.). Dérivé par vr̥ddhi de la syllabe initiale et thématisation en °*i-* de $^{1}$*hauuana-*.

*hāuuanīm* (hāvanim) acc. sg. : 9.1.1.

***hąm+√ graf*** (védique *sáṁ GRABH*) «contenir». Présent en *-nā-* (kryādi) à suffixation en *-i̯a-* (véd. *gr̥bhāyá-* < **gr̥bh-n̥H-i̯á-*).

*haŋgəuruuaiieiti* (ham-gr̥bāyati) 3e sg. act. indic. prés. : 10.2.1c.

*həṇtəm* : voir √ [1]*ah* : : ˣ*həṇtu.*

*hē* gén.-dat. sg. masc.-nt.-fém. du pron. enclitique de 3e personne. Voir *i*-.

*mē* est mis pour **hē* dat. sg. encl. de 3e personne: 9.2.1a, 9.4.1a, 9.7.1a, 9.10.1a, 9.13.1a.

√ *hi*: voir *āhiti-*, *hita-*.

***hixra.frā.kərəsta-*** «programmé par le (Daiva) Hixra». Composé de *hixra-* «liquide polluant; Hixra» (dérivé en *-ra-* de √ *hic* «faire couler» = véd. *SIC*) et de l'adj. verbal en *-ta-* de *frā*+√ *kart*.

ˣ*hixra.frā.kərəsta* nom. fém. sg. : 10.7.1a.

***hita-*** masc. «cheval de trait d'un char de course». Spécialisation de l'adj. verbal en *-ta-* de √ *hi* «attacher» (véd. *SE : : syáti*).

*hita* (hitā) nom. pl. : 9.22.1b.

*hizū-*: voir *maṯ.hizu-*.

√ ***hu*** (véd. *SU*) «pressurer». Présent en *-nu-* (svādi). Voir aussi *aiβi*+√ *hu* et *frā*+√ *hu*, *haoma-*, *haoma.hūiti-*, *hauuana-*.

*hunūta* (hunuta) 3e sg. moy. inj. prés. : 9.3.3b, 9.4.2b, 9.6.1b, 9.7.2b, 9.9.1b, 9.10.2c, 9.12.1b, 9.13.2b.

***hu+*** (véd. *su+*) «bien». Préfixe.

***hukəhrp-*** «qui a un beau corps». Composé (bahuvrīhi) de *hu+* et de *kəhrp-*.

*hukərəfš* (hukr̥fš) nom. masc. sg. : 9.16.3c.

***hūxta-*** nt. (véd. *sūktá-*) «parole bien dite».

*hūxtahe* (hu-uxtahya) gén. sg. : 10.16c.

***huxratu-*** (véd. *sukrátu-*) «performant».

*huxratuš* (hu-xratuš) nom. masc. sg. : 9.23.2.

*huxratuuō* (hu-xratau) voc. masc. sg. : 10.2.1b, 10.2.2b.

***huδāta-*** (cf. véd. *súdhita-*) «bien mis».
*huδātō* (hu-dātah) nom. masc. sg. : 9.16.3a.

***hupuθriia-*** nt. «qualité de qui a de bons fils». Dérivé en **-iHa-* de *hupuθra-* «qui a de bons fils» (véd. *suputrá-*). Voir *dasti*.
*hupuθrīm* (hu-puθriyam) acc. sg. : 10.15.3d.

***hubaoiδi-*** «qui a une bonne odeur». Composé (bahuvrīhi) de *hu+* et de *baoiδi-* fém. (?) «odeur» (dérivé en *-i-* de √ ²*bud* «avoir une odeur»).
*hubaoiδiš* (hu-baudiš) nom. masc. sg. : 10.4.2b.

***humata-*** nt. (cf. véd. *sumatí-*) «pensée bien construite».
*humatahe* (hu-matahya) gén. sg. : 10.16b.

***huraoδa-*** «qui présente une bonne croissance, qui a les caractéristiques de l'âge idéal, séduisant». Composé de *hu+* et du dérivé en °*a-* de √ *rud* «croître» (véd. ²*RUDH*).
*huraoδa* (hu-raudā) nom. fém. sg. : 10.14.3c, 11.10.1c.

***huruθma*** (10.5.1a) paraît représenter le nominatif masculin singulier du composé (bahuvrīhi) de *hu+* et de *uruθmi-* «racine» (dérivé en *-mi-* de √ *rud* «croître» (= véd. ²*RUDH*), donc huruθmiš[130].

√ *huš* : voir *aŋhaošəmna-*.

***huuarə.darəsa-*** «qui a l'aspect du Soleil». Composé (bahuvrīhi) de *xᵛan-* nt. «Soleil» (véd. *svàḥ*; ie. **séH₂uH₁l̥*, **sH₂uH₁én-*) et du dérivé en °*a-* de √ *dars*.

---

[130] En vertu de la règle que ii. **°d(h)m°* > av. °*nm*° après **°a°* (e. g. *šənman-* «lame» = véd. *kṣádman-*) ; °*sm*° après **°i°* (e. g. *aēsma-* «bûche» = véd. *idhmá-*), mais °*θm*° après **°u°* (°*dəm*° en v.-av.: Y 29.8 *hudəma-* si ce dernier, contre Mayrhofer 1986-2001 : III 515, est à rapprocher du scr. épique *sudhā-* «nectar»).

*huuarə.darəsō* (huvar-darsah) nom. masc. sg. : 9.4.3f.

***huuarəšta-*** nt. «action bien accomplie». Composé de *hu+* et de *varəšta-* «accompli» (adj. verbal en *-ta-* de √ *varz*).
⁺*huuarəštahe* (hu-vr̥štahya) gén. sg. : 10.16d.

***huuāpah-*** (véd. *svápas-*) «qui a une bonne œuvre, habile».
*huuāpå* (hu-apāh) nom. masc. sg. : 10.10.1b, 10.10.2b.

***huuąθβa-*** «aux bons troupeaux». Composé (bahuvrīhi) de *hu+* et de *vąθβa-* nt. «*bien soumis à un charme, *ce qui se vend, *vénal, troupeau» (adj. verbal en *-θβa-* substantivé tiré de √ *van*).
*huuąθβō* (hu-vanθvah) nom. masc. sg. : 9.4.3d.

***huuərəz-*** «qui agit bien». Composé de *hu+* et du nom-racine de √ *varz*.
*huuarəš* (hu-vr̥š) nom. masc. sg. : 9.16.3c.

***$x^v$a-*** (véd. *svá-*) «propre». Adj.-pron. réfléchi.
*$x^v$ā* (hvā) instr. nt. sg. : 9.25.1a.
*$x^v$ahe* (hvahya) gén. masc. sg. : 9.1.4d.
*haoiią̊* forme aberrante mise pour le gén. fém. sg. (hvahyāh): 11.1.3f.

√ *$x^v$ag*: voir *pairi+*√ *$x^v$ag*.
*$x^v$an-*: voir *huuarə.darəsa-*, *$x^v$anuuaṇt-*.

***$x^v$anuuaṇt-*** (cf. véd. *svàrvant-*) «ensoleillé».
*$x^v$anuuatō* (huvanvatah) gén. masc. sg. : 9.1.4e.

√ *$x^v$ar* (véd. ²*SVAR* : Pirart 2001 : 119 n. 90) «avaler, consommer». Présent bhvādi. Voir *haŋ$^v$harəna-*, *$x^v$araṇt-*, *$x^v$arəiti-*, *$x^v$arəθa-*, *$x^v$arənaŋ$^v$hastəma-*, *$x^v$airiia-*, *$x^v$āṣ̌ar-*.

***$x^v$araṇt-*** «qui avale». Participe présent actif de √ *$x^v$ar*.
*$x^v$arəṇte* (hvarantai) dat. masc. sg. : 9.16.4a.

***x$^v$araiti-*** fém. «fait de manger», dérivé en *-ti-* de √ *x$^v$ar* (voir Pirart 2001 : 100). Voir aussi *haoma.x$^v$araiti-*.
*x$^v$aratəe* (hvartayai) dat. sg. : 9.2.3b.

***x$^v$araθa-*** nt. «nourriture». Dérivé en *-θa-* de √ *x$^v$ar*.
*x$^v$araθəm* (hvarθam) acc. sg. : 9.4.4d, 10.20.1e.
*x$^v$araθāi* (hvarθāi) dat. sg. : 10.20.2.

*x$^v$arəδa-* : voir *əuuītō.x$^v$arəδa-*.

***x$^v$arənaŋ$^v$hastəma-*** «qui plus que tout autre dispose de la possibilité d'alimenter ou de s'alimenter, bienheureux»[131]. Superlatif en *+təma-* de *x$^v$arənaŋ$^v$haṇt-* «qui dispose de la possibilité d'alimenter ou de s'alimenter» (dérivé en *+u̯aṇt-* de *x$^v$arənah-* nt. «réserve alimentaire, possibilité d'alimenter ou de s'alimenter, félicité ; Hvarnah»[132], dérivé en *-nah-* de √ *x$^v$ar*).
*x$^v$arənaŋ$^v$hastəmō* (hvarnahvastamah) nom. masc. sg. : 9.4.3e.

***x$^v$airiia-*** «comestible». Adj. verbal en **-iHa-* de √ *x$^v$ar*. Voir Commentaire métrique.
$^×$*x$^v$airiiąm* (hvariyam) acc. nt. sg. : 9.4.4d.

*x$^v$āθra-*: voir *vīspō.x$^v$āθra-*.

***x$^v$āpara-*** «pour qui le futur est favorable». Composé (bahuvrīhi) de *hu+* (véd. *su+*) et de *apara-* «futur» (véd. *ápara-*).
*x$^v$āparąm* (hu-aparām) acc. fém. sg. : 10.4.1b.

***x$^v$āsta-*** «assaisonné». Composé de *hu+* (véd. *su+*) et de l'adj. verbal en *-ta-* de √ *x$^v$ād* «adoucir» (véd. *SVĀD* :: *agniṣvāttá-*).
*x$^v$āstąm* (hvāstām) acc. masc. sg. : 11.1.3c.

---

[131] Kellens (1999-2000 : 729) suggère que le sens superlatif porte sur le temps: «qui put disposer le plus longtemps du hvarnah».

[132] Voir Pirart 1997b : 509 n. 29; 2002b : 146 n. 118.

***x*^v*āṣ̌ār-*** masc. (véd. *svaritṛ́-*: Pirart 2001 : 119 n. 90) «consommateur». Nom d'agent en *-tar-* tiré de √ *x*^v*ar*.

*x*^v*āṣ̌ārəm* (hvartāram) acc. sg. : 11.3.1.

√ ***x*^v*id*** (véd. *SVID*) «suer». Prés. inchoatif *x*^v*īsa-* (< **sui̯d-sḱé-*).

*x*^v*īsaṯ*° (hvissat) 3e sg. act. inj. prés. : 9.11.3d.

# BIBLIOGRAPHIE


BADER, F.,

1973. «Lat. *nempe*, *porceo* et les fonctions des particules pronominales», BSL 68, pp. 27-75.

BARTHOLOMAE, C.,

1904. *Altiranisches Wörterbuch*, Strassburg.

BEEKES, R. S. P.,

1982-1983. «On Laryngeals and Pronouns», KZ 96, pp. 200-232.

BENVENISTE, E. & RENOU, L.,

1934. *Vṛtra et Vṛθragna. Études de mythologie indo-iranienne*, Paris.

BOSWORTH, C. E.,

1985-1987. «Araxes. II Historical perspective», in E. Yarshater (ed.), *Encyclopaedia Iranica II*, London, pp. 270-271.

CALAND, W.,

1933. «Three notes on Avesta», in *Oriental Studies in honour of Cursetji Erachji Pavry*, London.

DARMESTETER, J.,

1883. Revue de K. Geldner: Ueber die Metrik des jüngeren Avesta, in J. Darmesteter, *Études Iraniennes. Tome second: Études sur la langue, la liitérature, les croyances de la Perse ancienne*, Paris, pp. 28-38.

1892-1893. *Le Zend-Avesta. Traduction nouvelle avec commentaire historique et philologique*, 3 vol., Paris.

DEHGHAN, K.,

1982. *Der Awesta-Text Srōš Yašt (Yasna 57) mit Pahlavi- und Sanskritübersetzung*, München.

DUCHESNE-GUILLEMIN, J.,

1936. *Études de morphologie iranienne. I: Les composés de l'Avesta*, Paris.

1987. «Haoma proscrit et réadmis», in M.-M. Mactoux et E. Geny (edd.), *Mélanges P. Lévêque. 1. Religion*, Paris, pp. 127-131.

GELDNER, K. F.,

1886-96. *Avesta, the Sacred Books of the Parsis*, 3 vol., Stuttgart.

GERSHEVITCH, I.,

1959. *The Avestan Hymn to Mithra. With an Introduction, Translation and Commentary*, Cambridge (GB).

GIGNOUX, Ph., & TAFAZZOLI, A.,

1993. *Anthologie de Zādspram. Édition critique du texte pehlevi traduit et commenté*, Paris.

GOTŌ, T.,

1987. *Die 'I. Präsensklasse' im Vedischen. Untersuchungen der vollstufigen thematischen Wurzelpräsentia*, Wien.

GRENET, F.,

2002. «Zoroastre au Badakhshān», StIr 31, pp. 193-214.

HARLEZ, C. de,

1881. *Avesta. Livre sacré du zoroastrisme. Traduit du texte zend, accompagné de notes explicatives et précédé d'une introduction à l'étude de l'Avesta et de la religion mazdéenne*, deuxième édition revue et complétée, Paris.

HAUDRY, J.,

1977. *L'emploi des cas en védique. Introduction à l'étude des cas en indo-européen*, Lyon.

HAUG, M.,

1872. «The three Fargards of the Hâḍôkht Nask translated», in M. Haug & W. West, *The Book of Arda Viraf*, Bombay.

HINTZE, A.,

1994. *Der Zamyād Yašt. Edition, Übersetzung, Kommentar*, Wiesbaden.

2000. *'Lohn' im Indoiranischen. Eine semantische Studie des Rigveda und Avesta*, Wiesbaden.

HOFFMANN, K.,

1975-1992. *Aufsätze zur Indoiranistik*, 3 vol., Wiesbaden, 1975 (I pp. 1–338 ; II pp. 339–708), 1992 (III pp. 709–917).

HOUBEN, J. E. M.,

2003. «The Soma-Haoma problem: Introductory overview and observations on the discussion», EJVS 9, sous presse.

HUMBACH, H.,

1957. Revue de: J. Wackernagel, Altindische Grammatik. II,2, DLZ 78, pp. 298-301.

1960. *Die Kaniška-Inschrift von Surkh-Kotal*, Wiesbaden.
1991. *The Gāthās of Zarathushtra and the Other Old Avestan Texts. In collaboration with* J. Elfenbein *and* P.O. Skjærvø. *Part I: Introduction - Text and Translation. Part II: Commentary*, Heidelberg.

HUMBACH, H. & ICHAPORIA, P. R.,

1998. *Zamyād Yasht. Yasht 19 of the Younger Avesta. Text, Translation, Commentary*, Wiesbaden.

JAMASPASA, K. M. & HUMBACH, H.,

1971. *Pursišnīhā. A Zoroastrian Catechism*, 2 vol., Wiesbaden.

JOSEPHSON, J.,

1997. *The Pahlavi Translation Technique as Illustrated by Hōm Yašt*, Uppsala.

JUNKER, H.,

1970. «Iranistische Parerga», MIO 16, pp. 566-577.

KELLENS, J.,

1974. *Les noms-racines de l'Avesta*, Wiesbaden.

1975. «L'expression avestique de la perpétuité», IIJ 17, pp. 211-215.

1984. *Le verbe avestique*, Wiesbaden.

1994. *Le panthéon de l'Avesta ancien*, Wiesbaden.

1990. «Un avis sur vieil-avestique *mainiiu-*», MSS 51, pp. 97-123.

1995a. «L'âme entre le cadavre et le paradis», JA 283, pp. 19-56.

1995b. *Liste du verbe avestique, avec un appendice sur l'orthographe des racines avestiques par* É. Pirart, Wiesbaden.

1996. «Commentaire sur les premiers chapitres du Yasna», JA 284, pp. 37-108.

1998. «Considérations sur l'histoire de l'Avesta», JA 286, pp. 451-519.

1997-1998. «De la naissance des montagmnes à la fin des temps: le Yašt 19», ACF, pp. 737-765.

1999. «Aṣ̌i ou le grand départ», JA 287, pp. 457-464.

1999-2000. «Promenade dans les Yašts à la lumière de travaux récents (suite)», ACF, pp. 721-751.

2001. «Fils du soleil, fils du sacrifice», in M. G. Schmidt & alii, *Philologica et Linguistica. Historia, Pluralitas, Universitas. Festschrift für Helmut Humbach zum 80. Geburtstag am 4. Dezember 2001*, Trier, pp. 316-322.

KELLENS, J. & PIRART, É.,

1988-1991. *Les textes vieil-avestiques. Volume I: Introduction, texte et traduction*; *Volume II: Répertoires grammaticaux et lexique*; *Volume III: Commentaire*, Wiesbaden, 1988-1990-1991.

1997. «La strophe des jumeaux: stagnation, extravagance et autres méthodes d'approche», JA 285, pp. 31-72.

KENT, R. G.,

1953. *Old Persian. Grammar, Texts, Lexicon* (Second Edition, Revised), New Haven.

KLINGENSCHMITT, G.,

1968. *Farhang-i ōīm. Edition und Kommentar. Inaugural-Dissertation der Philologischen Fakultät der Friedrich-Alexander-Universtität zu Erlangen-Nürnberg*, thèse inédite, Erlangen.

LAZARD, G.,

1984. «La métrique de l'Avesta récent», in *Orientalia J. Duchesne-Guillemin Oblata* (= AI 23), pp. 283-300.

1990. «Composition et métrique dans les Yashts de l'Avesta», in Gh. Gnoli & A. Panaino, *Proceedings of the First European Conference of Iranian Studies*, Rome, pp. 217-228.

LUBOTSKY, A.,

1994. «Avestan *θβōrəštar-* and the Indo-European root √ *turk̂-*», Spr. 36, pp. 94-102.

1998. «Avestan *āsitō.gātu-*», MSS 58, pp. 91-94.

MALAMOUD, C.,

1989. *Cuire le monde. Rite et pensée dans l'Inde ancienne*, Paris.

MAYRHOFER, M.,

1964. «Über Kontaminationen der indoiranischen Sippen von ai. *takṣ-*, *tvakṣ-*, **tvarś-*», in *Indo-Iranica. Mélanges présentés à Georg Morgenstierne à l'occasion de son soixante-dixième anniversaire*, Wiesbaden, pp. 141-148.

1986-2001. *Etymologisches Wörterbuch des Altindoarischen*, Heidelberg, I. Band : 1986–1992 ; II. Band : 1992–1996 ; III. Band : 1997-2001.

MINARD, A.,

1949-1956. *Trois Énigmes sur les Cent Chemins. Recherches sur le Śatapatha-Brāhmaṇa*, 2 vol., Paris.

MOLÉ, M.,

1960. «Deux notes sur le Râmâyana», in *Hommages à Georges Dumézil* (= Latomus 45), Bruxelles, pp. 140-149.

MOHL, J.,

1838-1878. *Abou'lkasim Firdousi: Le Livre des Rois, publié, traduit et commenté*, 7 vol., Paris.

NARTEN, J.,

1968. «Das altindische Verb in der Sprachwissenschaft», Spr. 14, pp. 113-134.

1982. *Die Aməṣ̌as Spəṇtas im Avesta*, Wiesbaden, 1982.

PANAINO, A.,

1990. *Tištrya. Part I: The Avestan Hymn to Sirius*, Roma.

PIRART, É.,

1985. «Gâthique *vazdaŋhā auuə̄mīrā*», IIJ 28, pp. 204-206.

1987. «Deux notes indo-iraniennes», AION 47, pp. 209-213.

1992. «Les fragments vieil-avestiques du Y 58», AION 52, pp. 225-247.

1993. «Avestique *janiiaoš*», IIJ 36, pp. 337-340.

1995a. «Les noms des Perses», JA 283, pp. 57-68.

1995b. «Notes de morphologie daivique», in B. F. Fragner & alii (edd.), *Proceedings of the Second European Conference of Iranian Studies*, Roma, pp. 551-559.

1995-2000. *Les Nāsatya. Volume I: Les noms des Aśvin. Traduction commentée des strophes consacrées aux Aśvin dans le premier maṇḍala de la R̥gvedasaṁhitā. Volume II: Traduction commentée des strophes consacrées aux Aśvin dans les maṇḍala II-V de la R̥gvedasaṁhitā*, Genève.

1996. «Le sacrifice humain. Réflexions sur la philosophie religieuse indo-iranienne ancienne», JA 284, pp. 1-36.

1997a. «Avestique *yašta*», JA 285, pp. 363-379.

1997b. «Subordinadas avésticas desconocidas», in E. Crespo & J. L. García Ramón (edd.), *Berthold Delbrück y la sintaxis indoeuropea hoy. Actas del Coloquio de la Indogermanische Gesellschaft, Universidad Autónoma, Madrid, 21-24 sept. 1994*, Madrid - Wiesbaden, pp. 501-524.

1998. «L'historicité des forces du mal dans la R̥gvedasaṁhitā», JA 286, pp. 521-569.

1999a. «Les métamorphoses de Vr̥thragna», JA 287, pp. 465-522.

1999b. «Avestica II», MSS 59, pp. 51-62.

2000a. «Anomalies grammaticales avestiques», JA 288, pp. 369-409.

2000b. «El nombre de Ecbatana», Aula Or. 17-18, pp. 463-467.

2000c. «Le Mihr Yašt est-il le Mihr Yašt?», St. As. 1, pp. 77-113.

2001. «Avestique *ṣ̌*», JA 289, pp. 87-146.

2002a. «Commentaire sur le Haftān Yašt», JA 290, pp. 19-30.

2002b. «Le mazdéisme politique de Darius Ier», IIJ 45, pp. 121-151.

2002c. «Estudio sobre el Hordād Yašt», BAEO 38, pp. 209-222.

2003a. «Le gendre de Tvaṣṭr̥ et la conception indo-iranienne du temps», in Vinciane Pirenne-Delforge & Önhan Tunca (edd.), *Représentations du temps dans les religions. Actes du Colloque organisé par le Centre d'Histoire des Religions de l'Université de Liège*, Genève, pp. 143-173.

2003b. «Les parties étiologiques de l'Ardvīsūr Bānūg Yašt et les noms de la grande déesse iranienne», IIJ 46, pp. 199-222.

2003c. «Énigmes arithmologiques dans la composition du Hōm Stōm», in C. Cereti & alii, *Religious themes and texts of pre-Islamic Iran and Central Asia: studies in honour of Professor Gherardo Gnoli on the occasion of his 65th birthday on 6 December 2002*, Wiesbaden, sous presse.

RENOU, L.,

1955–1969. *Études védiques et pāṇinéennes*, 17 volumes, Paris.

SANJANA, P.,

1916. *The Dēnkard. The original Pahlavi text of the first part of Book VIII, with its transliteration in Roman characters, translations into English and Gujarati with annotations, and a Glossary of select words. Volume XV., Book VIII., Contents of the Avesta Nasks, Part I.*, London.

SKJÆRVØ, P. O.,

1994. «Hymnic Composition in the Avesta», Spr. 36, pp. 199-243.

TREMBLAY, X.,

1999. *Études sur les noms suffixaux athématiques de l'Avesta*, Thèse de doctorat présentée à l'École pratique des hautes études, Sciences historiques et philologiques, Paris.

J. M. UNVALA,

1924. *Neryosangh's Sanskrit Version of the Hōm Yašt (Yasna IX-XI), with the original Avesta and its Pahlavi version. Translated with copious notes and a glossarial index by –*, Vienna.

WACKERNAGEL, J.,

1930. *Altindische Grammatik. Band III: Nominalflexion - Zahlwort - Pronomen*, Göttingen.

WEST, E. W.,

1880. *Pahlavi Texts. Part I: The Bundahis, Bahman Yast, and Shâyast lâ-Shâyast, translated*, Oxford.

WESTERGAARD, N. L.,

1852-1854. *Zendavesta or the Religious Books of the Zoroastrians. Volume I: The Zend texts edited*, Copenhagen.

WOLFF, F.,

1910. *Avesta. Die heiligen Bücher der Parsen übersetzt auf der Grundlage von Chr. Bartholomae's Altiranischem Wörterbuch*, Strassburg.

ZIEGLER, S.,

1998. Helmut Humbach & Susanne Ziegler, *Ptolemy: Geography, book 6: Middle East, Central and North Asia, China. Part 1: Text and English/German Translations*, Wiesbaden.

571923 - Juillet 2014
Achevé d'imprimer par

1livre.com
du rêve à la réalité !